신경과학철학

대우학술총서

635

신경과학철학

뇌중심주의에서 체화주의로

이영의 지음

아카넷

사랑하는 가족에게 이 책을 바칩니다.

| 감사의 글 |

이 책이 나오기까지 여러 선생님과 동료의 도움을 받았다. 그분들
의 가르침과 도움이 없었더라면 이 책은 세상에 나오지 못했을 것이
다. 특히 다음 분들께 감사 말씀을 드리고 싶다.

고 이정모 교수님에게 감사의 말씀을 드린다. 1980년에 고려대학
교에 입학했을 때 선생님의 학부 수업을 수강한 이후 계속 다양한 방
식으로 선생님의 가르침을 받았다. 이 책은 인지과학에 대한 선생님
의 폭넓은 이해와 끊임없는 탐구 정신을 본받은 결과이다.

1990년대에 매주 금요일 저녁에 다양한 학문적 배경을 지닌 연구
자들이 참여하는 〈인지과학 모임〉을 이끌어주셨던 고 소흥렬 교수님
에게 감사드린다. 선생님이 추구하셨던 새로운 인지과학이 내가 체
화주의를 본격적으로 공부하게 된 중요한 계기가 되었다. 금요일 모
임에서 발표와 토론, 향연을 함께 한 공용현, 최종덕, 박제윤, 윤혜
린, 석봉래, 여명숙, 최두원, 김옥선, 박소정, 박연숙, 김효은 선생님

에게 감사드린다.

1990년대에 '인지과학 연구모임'을 통해 인지심리학의 깊이와 너비를 접할 수 있도록 해주신 김영진, 김정호, 김청택, 박창호, 이건효, 이재호, 이흥철, 한광희 교수님에게 감사드린다.

학회와 프로젝트를 통해 '체화주의 공부'를 함께 해주신 고인석, 김광식, 김영진, 김종갑, 노양진, 박은진, 박충식, 배문정, 신상규, 심지원, 신혜은, 양선이, 유권종, 유정, 윤보석, 이기흥, 전지원, 최호영 선생님께 감사의 말씀을 드린다.

여러 차례 연구 기한을 연장했음에도 인내를 갖고 이 책의 출판을 지원해 준 대우재단에 감사드린다.

2021. 10

이 영 의

| 들어가는 말 |

이 책은 퍼트리샤 처칠랜드(Patricia S. Churchland)의 『신경철학
(Neurophilosophy)』(1986)의 영향을 받아 저술했다. 처칠랜드는 남편
이자 동료인 폴 처칠랜드(Paul M. Churchland)와 함께 지난 40여 년
동안 연결주의와 신경과학을 철학에 적용하여 문자 그대로 '신경철
학'을 개척했다. 내가 보기에 처칠랜드의 철학은 '20세기 후반' 논리
경험주의이다. 논리경험주의는 물리주의, 검증원리, 환원론, 통일과
학 등을 통해 20세기 전반의 과학철학을 완성했다. 처칠랜드는 20세
기 전반의 과학철학에 연결주의와 신경과학을 적용하여 제거적 물리
주의, 상태공간 의미론, 상호진화론 등을 중심으로 하는 20세기 후반
의 과학철학을 제시했다. 물론 처칠랜드의 신경철학은 과학철학 외
에도 심리철학, 윤리학, 종교에 관한 이론을 포함한다는 점에서 인지
과학 이론에 더 가깝다. 철학자의 눈으로 보기에 처칠랜드의 신경철
학은 쿤(T. Kuhn)이 이룩한 또 하나의 20세기 후반의 과학철학과 함

께 현대 과학철학의 두 중심축이다.

나는 그동안 처칠랜드가 신경철학에서 이룩한 많은 업적을 진정으로 존경한다. 그러나 나는 처칠랜드 철학이 그것의 근본적인 특징인 '**뇌중심주의**'로 인해 마음과 의식을 설명하는 데 있어 근본적인 한계를 갖는다고 생각한다. 이 책은 처칠랜드 신경철학의 기본 전략, 즉 철학적 문제를 신경과학의 관점에서 접근하는 데 동의하지만, 내재주의와 결합한 신경과학적 접근을 반대하고 그 대안을 제시한다. 이 책은 처칠랜드의 신경철학의 한계를 극복하는 방안으로 체화주의(embodimentism)를 주장한다. 나는 체화주의가 제거적 유물론에 기반을 둔 신경철학이 지닌 한계를 극복하고, 신경과학이 존재론적·방법론적·의미론적·윤리적 차원에서 더 많은 설명력과 철학적 함축을 확보할 수 있는 길을 제공할 수 있다고 주장한다.

스노(C. P. Snow)가 '두 문화'를 지적한 지 반세기가 지났지만, 여전히 인문학과 과학은 그 간극을 유지하고 있고, 어떤 점에서는 그 정도가 더 심해지고 있는 것처럼 보인다. 특히, 신경과학의 발달로 인해 우리는 마음과 의식을 이해하는 데 있어 '두 문화' 현상을 체험하고 있다. 전통적으로 마음을 이해하는 데 두 종류의 설명 방식이 경쟁해 왔다. 하나는 생물학, 인지과학, 신경과학 등이 제공하는 객관적이고 3인칭적인 방식이고, 다른 하나는 내성주의 심리학과 현상학 같이 현상적 경험을 강조하는 학문이 채택하는, 주관적이고 1인칭적인 방식이다. 지난 수십 년 동안 철학자들은 마음과 의식을 제대로 설명하기 위해서 그 두 가지 방식이 모두 필요한지, 아니면 그중 하나만으로 충분한지에 대해 논쟁을 해왔지만 어떤 합의점도 나오지 않았다. 그러나 우리의 경험에 따르면 3인칭적 접근이 제공하는 설명만으로는 마음을 제대로 이해할 수 없다는 점은 분명해 보인다.

신경과학은 뇌를 포함한 신경계를 연구한다. 신경과학의 역사에 따르면, 인간 뇌에 관한 학문적 관심은 고대 이집트 시대까지 거슬러 올라가지만, 신경과학이 하나의 독립된 과학 분야가 된 것은 20세기 초반이다. 뇌가 몸의 다른 부분과 달리 특별한 주목을 받게 된 것은 그것이 '영혼', '정신', '마음', '의식' 등 다양한 이름으로 불리는 '어떤 것'과 밀접한 관련이 있다고 생각되기 때문이다. 과학·기술이 발전하면서 신경과학은 뇌영상기법을 포함한 다양한 방법을 통해 뇌와 '어떤 것' 간의 상관을 확인하고, 다양한 정신질환을 '과학적으로' 설명하고 치료할 수 있게 되었다.

현대 신경과학의 성공은 여러 가지 점에서 분자생물학의 경우와 비교된다. 그 두 분야는 20세기 초반에 들어 본격적으로 연구되기 시작했고 단기간에 급속도로 발전하고 있다는 공통점을 갖고 있다. 분자생물학의 성공은 2003년 '유전체 지도'의 완성이 발표되었을 때 그 정점에 도달했다. 왓슨과 크릭(J. Watson and F. Crick)이 1953년 DNA의 구조를 발견한 이후 정확히 50년 후에 인류는 인간 유전의 기제를 과학적으로 설명할 수 있게 되었다. 이제 우리는 유전자 조작을 통해 특정 유전형질의 발현을 유도하거나 특정 질병을 치료하거나 예방할 수 있게 되었다. 분자생물학의 성공은 긍정적 측면과 더불어 부정적 측면을 갖는다. 가장 대표적인 예로 '주문형 아기'가 가능해졌다. 가능태는 현실태로 변환될 수 있다. 에이즈 감염 예방을 위한 것이었다고 하지만 2018년 허젠쿠이(賀建奎)에 의해 최초로 유전자 편집 아기가 탄생했다. 그 이후 유전자 편집을 금지하기 위한 국제적 합의가 유도되는 과정에서 드러나듯이 분자생물학은 심각한 윤리적 문제들을 내포하고 있다.

신경과학도 이런 점에서 분자생물학과 마찬가지이다. 신경과학이 제공하는 정보는 지능, 성격, 질병 등 인간성을 구성하는 주요 요소에 관한 정보를 담고 있다. 영화 〈마이너리티 리포트(Minority Report)〉(2002)에서 등장한 '프리크라임(Pre-crime)' 체계에서 볼 수 있듯이, 신경과학적 정보를 치안 유지에 활용하면 심각한 윤리적 문제가 발생한다. 또한 신경과학적 기법은 행복감을 만들고, 고통스러운 기억을 삭제하고, 소비 욕구를 조작할 수 있다. 이런 일이 윤리적으로 정당한가? 분자생물학의 경우와 달리 이 문제를 중점적으로 연구하는 분야로 신경윤리(neuroethics)가 등장했다. 여기서 나타나듯이, 신경과학이 분자생물학과 차이가 나는 부분은 바로 신경과학의 연구 대상인 신경계는 심적 현상의 물리적 기반이라는 점이다. 신경과학은 단순히 몸의 일부인 뇌를 연구하는 데 그치는 것이 아니라 뇌에 기반한 마음을 연구하므로 신경과학과 인지과학이 만나는 인지신경과학은 마음과 의식에 대해 다양한 함축을 한다.

이 책은 다음과 같이 5부로 구성되어 있다.

제1부 존재론
제2부 인지과학
제3부 방법론
제4부 의미론
제5부 신경윤리

제1부는 마음과 의식의 본성에 관한 이론인 존재론을 다룬다. 여기서는 차머스(D. Chalmers)의 제안에 따라 다양한 존재론의 이론들을 논리적 수반과 유물론에 대한 태도를 기준으로 이원론(실체이원론, 신경이원론, 신비주의), 환원적 유물론(행동주의, 동일론, 제거적 유물론, 기능주의), 비환원적 유물론(속성이원론, 표상주의, 개별자 동일론)으로 구분한다. 논의의 초점은 개별 이론들이 신경과학의 존재론이 될 가능성을 검토하는 데 있다. 논의 결과 몸과 마음을 엄격히 구분하고 마음의 실체성을 주장하는 실체이원론을 제외한 나머지 이론은 신경과학과 양립 가능하다는 점이 드러난다. 이런 사실은 신경과학자들이 대체로 환원적 유물론을 지지하고 있는 현실과 대비된다.

제2부는 인지과학의 주요 연구 프로그램인 기호주의, 연결주의, 체화주의를 다룬다. 기호주의에 따르면 인지는 기호처리의 과정이며 기호처리는 엄격한 규칙을 따른다. 연결주의에 따르면 인지는 대규모의 신경망에서 구현되는 패턴이며, 신경망의 변화는 유연한 규제로 나타난다. 이런 차이에도 불구하고 기호주의와 연결주의는 인지가 뇌에서 진행되는 표상 처리의 과정이라고 본다는 점에서 표상주의와 결합한 이론이다. 체화주의에 따르면, 인지는 뇌 안의 활동이 아니라 유기체로서의 인간이 몸을 통해 세계와 상호작용하는 과정에서 발생한다. 나는 왜 체화주의가 인지와 의식에 대한 최상의 설명을 제공하는지를 보이기 위해, 그 이론을 크게 네 가지 하위 이론으로 구분하고 그것들 간의 개념지도를 제시한다.

제3부는 신경과학의 연구 방법과 관련된 주요한 주제인 환원, 신

경상관자, 신경현상학을 차례로 다룬다. 처음 두 가지 주제는 신경과학의 핵심 방법이다. 다수의 신경과학자들이 심적 상태(사건)가 두뇌 상태(사건)로 환원될 수 있다고 본다. 그런 환원을 위해 그들은 심적 상태에 대응하는 두뇌 상태인 신경상관자를 찾고 있다. 나는 상관과 인과를 구별하고 공통원인의 가능성을 들어 그런 방법이 성공할 수 없다고 주장한다. 신경현상학은 체화주의가 제시하는 주요 방법이다. 논의를 통해 신경현상학이 1인칭적 접근과 3인칭적 접근 간 호혜적 규제와 하향인과 개념을 통해 환원적 방법보다 뇌−몸−세계의 관계에서 의식을 더 잘 설명할 수 있다는 점이 드러난다.

제4부는 표상의 의미와 처리를 다루는 의미론을 다룬다. 먼저 기호주의의 주요 의미론인 포더(J. Fodor)의 사고언어 가설과 마음의 모듈성을 검토하고 최근 진화심리학자들이 주장하는 대량모듈 가설을 논의한다. 연결주의의 주요 의미론은 원형 활성화 모형을 포함한 신경의미론인데, 그것에 따르면 표상의 의미는 신경망에서 구현된 상태공간의 분할 방식이다. 신경의미론은 신경망의 작동을 기반에 두고 표상의 의미를 설명하는 장점이 있으나, 여전히 표상의 의미가 내적으로 결정된다고 보는, 의미 내재주의를 벗어나지 못한다. 마지막으로 신경과학자들이 의식과 인지를 설명하면서 심각한 오류(부분 · 전체의 오류)를 범하고 있다는 주장이 검토된다. 그것에 따르면, 우리는 심적 술어를 뇌가 아니라 전체 인간에게 귀속해야 하며 이를 어기면 오류가 된다. 나는 그 주장을 체화주의 관점에서 검토하고 그런 오류는 개별과학의 발전 단계에서 나타나는 무해한 비유라는 점을 주장한다.

제5부는 신경과학적 발견이 함축하는 윤리적 주제를 다룬다. 먼저 신경과학이 인간을 자유의지를 갖는 존재로 보는지를 검토한다. 이와 관련된 이론들(결정론, 비결정론, 양립가능론)을 검토하고 이어서 자유의지를 부정한 것으로 보이는 리벳 실험을 논의한다. 나는 여기서 자아를 내러티브를 통해 구성되는 것으로 보는 체화주의 관점을 통해 자아와 자유의 문제를 설명한다. 두 번째 주제로 신경과학 기법을 이용하여 타인의 마음을 읽는 것의 윤리적 정당성 문제를 다룬다. 마음 읽기에 대한 인지과학 이론(이론-이론, 모의 이론), 거짓말 탐지 기법, 뇌 지문 기법을 논의하고 정신적 자유와 사밀성을 중심으로 그런 기법의 윤리적 정당성을 검토한다. 마지막 주제는 신경 향상이다. 여기서는 신경 향상을 인지적 향상과 도덕적 향상으로 구분하고 그 양자와 관련된 인지적 자유, 신경마케팅, 분배적 정의를 논의한다.

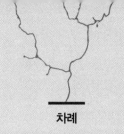

차례

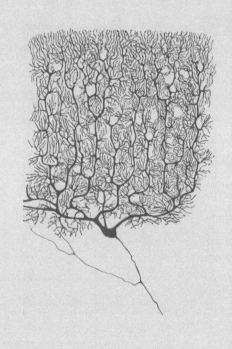

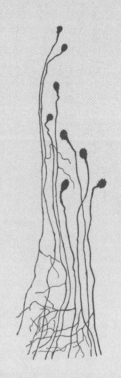

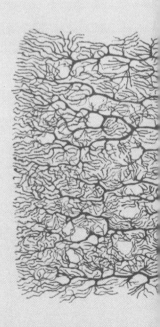

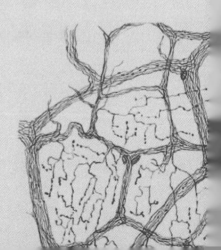

표 차례

그림
차례

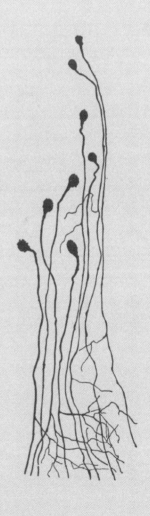

제1부

—

존재론

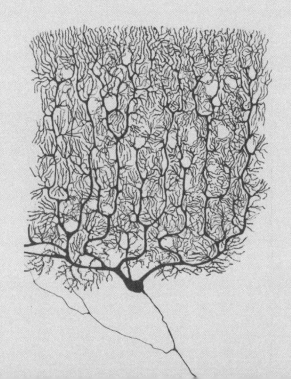

인간의 상상력과 호기심에는 한계가 없다. 마음에 대한 호기심은 인류 문명의 태동과 더불어 시작되었다. 고고학과 인류학을 비롯한 다양한 분야의 연구를 통해 원시 인류가 마음의 존재를 당연시했다는 점이 드러나고 있다. 역사 시대 이후로 마음에 대한 인류의 관심은 종교, 예술, 문학, 철학 등 여러 분야에서 폭발적으로 증가하였다. 마음이란 무엇이고 어떻게 작동하는가? 이 질문은 우리의 일상적 삶과 학문 세계에서 지속해서 제기되어 왔다는 점에서 인간의 근원적 화두에 해당한다.

마음과 관련된 화두의 또 다른 특징은 설명적 어려움이다. 그 화두가 어려운 이유는 무엇보다도 그것이 마음에 '관한' 문제이고 그것을 '해결'하는 것도 마음이기 때문이다. 마음으로 마음을 설명해야 한다. 그 화두가 어려운 또 다른 이유는 그것을 설명하기 위해서는 인간에 대한 이해가 필요하기 때문이다. 우리가 익히 알고 있듯이 인간 존재를 해명하는 것은 쉬운 일이 아니라는 점에서 마음의 화두는 여전히 어려운 문제로 남아 있다.

존재론은 존재의 본성, 범주, 관계를 연구하는 철학 분야이다. 전통적으로 철학자들은 존재를 연구하면서 세계는 근본적으로 마음(정신)과 물질(몸)이라는 두 가지 대상으로 구성되어 있다고 가정해 왔다. 우리가 이런 가정을 수용하게 되면 신경과학의 존재론을 검토하는 이번 장에서 제기될 수 있는 질문은 마음과 물질의 본성은 무엇이고 그것들의 상호 관계는 무엇인지가 될 것이다.

차머스(D. Chalmers, 1996)는 논리적 수반과 유물론의 수용 여부에 따라 의식철학을 다음과 같이 세 가지 유형으로 구분한다. ([표 1] 참조)

[표 1] 의식철학의 유형

유형	중심 내용	이론
A	논리적 수반을 수용한다.	제거론, 행동주의, 환원적 기능주의
B	논리적 수반을 부정하지만, 유물론을 수용한다.	비환원적 유물론
C	논리적 수반과 유물론을 동시에 부정한다.	다양한 종류의 이원론

이번 장에서는 위에서 제시한 차머스의 구분을 참고로 하여 이원론(C), 환원적 유물론(A), 비환원적 유물론(B)의 순서로 신경과학의 존재론을 검토하기로 한다.

1

이원론

1.1 실체이원론

실체이원론(substance dualism)은 인간은 마음과 몸으로 구성되어 있으며(이원론), 몸과 마음은 **실체**(substance)라고 주장한다. 여기서 '실체'라는 것은 '다른 것에 의존하지 않고 스스로 존재하는 대상'을 의미한다. 그러므로 마음과 몸이 실체라는 주장은 마음은 몸에 의존하지 않은 방식으로 존재하고, 몸 역시 마음에 의존하지 않은 방식으로 존재한다는 점을 의미한다. 따라서 몸이 존재하지 않더라도 마음이 존재할 수 있고 마음이 존재하지 않더라도 몸이 존재할 수 있다. 예를 들어 마음은 사후에 몸을 벗어나 '다른 방식으로' 존재할 수 있다. 실체이원론은 사후 마음의 존재 가능성을 인정함으로써 영혼불멸과 사후삶에 대한 이론적 기반을 제공한다.

실체는 하나 이상의 성질을 가질 수 있다. 예를 들어 '구리'라는 실체는 '전기를 잘 통한다', '잘 휜다', '주황색이다'와 같은 성질을 갖는다. 그렇다면 마음이라는 실체는 어떤 성질을 갖는가? 전통적으로 마음은 '생각한다', '느낀다', '추리한다', '판단한다', '의지한다'와 같은 성질을 갖는다고 생각되었다. 우리는 그런 성질들을 통합적으로 '사고한다'라고 표현할 수 있다. 마음의 속성은 '사고(thought)'이다. 그렇다면 몸이나 물리적 대상의 속성은 무엇인가? 우리는 여기서 물리적 대상들은 다양한 성질을 갖고 있으므로 모든 물리적 대상이 공유하는 속성을 선택해야 한다. 길이, 무게, 부피 등이 그 후보가 될 수 있는데, 데카르트(Descartes)는 모든 물질은 '공간에서 자리를 차지한다'라는 속성, 즉 '연장(extension)'을 선택했다. 이상을 정리하면 마음의 속성은 사고이고 몸의 속성은 연장이다. 이것이 바로 데카르트가 제안한 실체이원론의 요지이다.

데카르트는 어떻게 인간 본질이 사고라는 점을 확신하게 되었을까? 데카르트는 존재한다고 생각되는 모든 외적 대상이 진정으로 존재하는지에 대해 의문을 제기했다. 외적 대상들이 실제로 존재하지 않지만, 악마가 그것들이 존재한다고 믿도록 우리를 속일 수 있다는 의미에서 눈앞에 놓여 있는 책상은 실제로는 존재하지 않을 수 있다. 이와 마찬가지로 세상에 존재하는 모든 대상이 존재하지 않을 수 있다. 그러나 데카르트는 설사 모든 외적 대상들이 실제로 존재하지 않은데도 불구하고 우리가 그것들이 존재한다고 속을 수 있지만, 그런데도 단 한 가지 의심할 수 없는 점이 있다고 주장했다. 그것은 바로 우리에게 생각할 능력이 없다면 악마의 속임수는 통하지 않을 것이다. 그러므로 내가 사고할 수 있다는 점은 의심할 수 없다.[1] 데카르트는 이 자명한 진리를 "나는 생각한다. 그러므로 나는 존재한다"

(*Cogito ergo sum*)라고 표현했다.

물질의 속성은 감각적 경험과 과학적 방법을 이용하여 탐구되고 설명될 수 있다. 그렇다면 마음은 어떤 방법으로 연구될 수 있는가? 데카르트는 내성(introspection)이 마음에 접근하기 위한 가장 확실한 방법이라고 확신했다.[2] 마음은 몸과 어떤 관계에 놓여 있는가? 데카르트는 이 질문에 대해 마음은 몸과 **인과관계**를 갖는다고 대답했다. 여기서 인과관계는 쌍방

[그림 1] 지각과 송과선
(Descartes, 1769/1972, p. 93)

관계이다. 즉 몸은 마음에 인과적 영향을 미치고 마찬가지로 마음도 몸에 인과적 영향을 미친다. 이런 **심신 상호작용론**은 직관적으로 타당한 것처럼 보인다. 우리는 경험을 통해 몸 상태가 다양한 내적 경험을 일으키며 역으로 심적 상태는 몸에 영향을 미친다는 것을 알고 있다. 예를 들어 "몸에 물이 필요하다"라는 물리적 상태는 "물을 마시고 싶다"라는 심적 상태를 일으키며, 그런 심적 상태는 다시 냉장고의 문을 여는 행동을 일으킨다. 데카르트는 몸과 마음이 인과적으로 상호작용하는 장소로 뇌 안에 있는 송과선(Pineal gland)을 지목했다. 송과선은 좌우뇌의 중간에 자리 잡고 있으며 [그림 1]에서 'H'로 표시되어 있다. [그림 1]에는 '몸적 기계'로서 화살 ABC를 보고 있는 사람

---

1   Descartes(1641/1988), pp. 16-23.
2   여기서 내성은 어원적으로 라틴어 '*intro*'(내부)와 '*specere*'(보다)의 합성어로서 '내부를 본다'라는 의미가 있다.

이 있는데, 그의 눈을 거쳐 들어온 지각이 송과선을 거쳐 '동물 정기'로 전환되는 과정이 그려져 있다. 송과선은, 데카르트의 주장과는 달리, 몸과 마음의 교차점이 아니라 계절 및 밤낮 주기를 감지하여 수면 리듬을 조절하고 생식선의 기능을 억제하는 역할을 하는 호르몬 멜라토닌을 생성한다. 비록 송과선에 대한 데카르트의 추측은 틀렸지만, 중요한 점은 송과선이 몸과 마음의 교차점인지가 아니라, 과연 그런 역할을 하는 기관이 **뇌 안에 있느냐**는 것이다. 환원적 신경과학의 관점에서 보았을 때 그런 기관은 존재하지 않지만 3장에서 논의하듯이 그런 작용이 기능적으로 창발할 수 있다.

몸과 마음이 인과적으로 상호작용한다는 심신 상호작용론은 이론적으로 문제가 있다. 첫째, 데카르트의 실체이원론에 따르면 몸과 마음은 실체이므로 정의상 인과적으로 상호작용할 수 없다. 만약 실체인 몸과 마음 사이에 상호작용이 발생한다면 몸과 마음은 더는 실체라고 불릴 수 없다. 둘째, 몸과 마음 사이의 인과적 상호작용은 **인과적 폐쇄 원리**(principle of causal closure)를 위반한다. 인과적 폐쇄 원리에 따르면, 인과는 물리적 사건에만 작용하며 물리적 사건과 심적 사건 간에는 작용하지 않는다.[3] 데카르트는 운동량 보존의 법칙을 처음으로 주장한 사람이다. 물체는 공간적 위치를 차지하는 대상이므로 물체들 사이에 주고받은 운동량은 일정하게 보존될 수 있다. 그런데 만약 마음이 몸에 인과적으로 작용한다면 그 작용을 통해 이미 존재하는 운동량에 새로운 운동량을 추가하게 되어 운동량은 더는 보존되지 않는다.

---

3 J. Kim(2005), p. 17, E. J. Lowe(2006), p. 11.

이상의 문제에도 불구하고 실체이원론은 여러 가지 논증을 통해 지지받고 있다. ① 내성에 의한 논증. 우리가 주의를 집중하여 신경 상태에서 구현되고 있는 생각, 느낌, 욕구와 같은 심적 상태를 알 수 있다. 그런데 심적 상태는 신경 상태와 분명히 구분되는 성질을 갖는다. 이 논증은 내성을 통해 심적 상태를 있는 그대로 의식할 수 있다는 것을 가정하고 있다. 그러나 현대 심리학이 그 가정에 반발하여 태동했다는 역사적 사실을 고려하면 그 논증은 과학적으로 설득력이 떨어진다. ② 종교에 의한 논증. 대부분 보편종교는 영혼불멸을 수용하는데 이는 곧 실체이원론이 타당하다는 것을 함축한다. 그러나 실체이원론의 타당성을 종교적 진리에서 구하는 전략은 태양중심설의 수용 과정에서 나타나듯이 실패했다는 점에서 정당화될 수 없다. 실체이원론은 일상적 직관을 반영하고 내세를 인정하는 종교와 잘 부합하는 장점을 갖고 있지만, 위에서 보았듯이 개념적으로나 과학적으로 수용하기 어려운 이론이다.

1.2 신경이원론

신경과학의 역사를 살펴보면, 이원론은 현재처럼 시대에 뒤떨어진 이론은 아니었다.[4] 셰링턴(C. S. Sherrington)이나 에클스(J. Eccles)와 같은 신경과학자들이 이원론을 채택한 사실에서 드러나듯이 신경과

---

4 M. Gazzaniga, R. B. Ivry, and G. R. Mangun(2019), pp. 3-20. M. R. Bennett and P. M. Hacker(2013) 참조.

학이 반드시 유물론과 결합할 필요는 없다. 나는 여기서 현대 신경과학과 결합한 이원론, 즉 신경이원론(neuro-dualism)을 정립하려는 두 가지 시도를 검토하면서 이원론이 신경과학의 연구 프로그램이 될 수 있는지를 검토해 보기로 한다.

과학자들은 자신의 평소 믿음과는 관계없이 연구를 수행할 것을 요청받는다. 이런 당위적 요청은 과학의 객관성을 보증하는 중요한 요소 중 하나이지만, 굳이 사회구성주의를 언급할 필요도 없이 과학자들이 항상 당위적 요청을 수용하지는 않는다. 이에 대한 가장 대표적인 예는 에클스이다. 에클스는 실체이원론를 지지했는데, 그가 그 이론을 지지하게 된 이유는 자신의 종교적 신념 때문이었다. 에클스의 신경이원론(1951)은 다음과 같이 정리될 수 있다.

- 마음과 뇌 사이의 연락은 오로지 대뇌피질에서만, 그리고 그 부분이 활성화되었을 때만, 발생한다.
- 활성화된 대뇌피질은 물리적 기반과는 다른 감성을 가지며, 마음은 뇌와 연락하기 위해 대뇌피질의 능동적 기능을 통해 효율적으로 시공간적 영향력을 행사한다.
- 현대 물리학은 위에서 가정된 심적 능력을 탐지하거나 측정하거나 예측할 수 없다.

에클스는 이어서 다음과 같이 구체적 방법론을 제안했다. 첫째, 물리학이 마음과 의식을 성공적으로 설명할 수 있을 정도로 발전하는 동안 신경과학자들은 마음과 물질—에너지 체계가 쌍방향으로 연락한다는 것을 보여주는 증거를 제시하는 잘 통제된 실험을 수행해야 한다. 둘째, 염력 실험은 주사위처럼 움직이고 있는 물리적 대상들이 마음에 의해 매우 미묘한 변화를 나타낼 수 있다. 셋째, 비물리적 인과 가설을 지지하기 위해 초능력(ESP)을 지지할 수 있다. 에클스의 신경이원론은 당시 동료 신경과학자들로부터 큰 호응을 얻지는 못했지만, 뇌와 마음 간에는 비물리적 인과가 작용한다는 그의 주장은 신경이원론을 정립하는 데 중요한 통찰로 작용하고 있다.

에클스가 과학철학자 포퍼(K. Popper)와 함께 저술한 『자아와 그 두뇌』(1977)는 이원론과 신경과학이 어떻게 결합할 수 있는지를 잘 보여준다. 코흐(C. Koch)가 지적했듯이, 그 두 사람은 이원론의 가장 대표적인 현대적 옹호자이다.[5] 포퍼는 20세기 초반 논리실증주의가 주장했던 검증(verification)과 입증(confirmation) 개념을 비판하면서 반증(falsification) 개념을 주장했다. 포퍼(1978)는 또한 과학적 지식의 객관성을 정립하기 위해 다음과 같이 '**3세계 이론**(theory of three worlds)'을 제안했다.

• 세계 1: 생물학적 실재들을 포함한 물리적 대상들과 사건들의 세계
• 세계 2: 심적 대상들과 사건들의 세계
• 세계 3: 과학 이론들, 이야기들, 신화들, 예술 작품들을 포함하는 객관적 지식의 세계

5　C. Koch(2004), p. 5.

포퍼에 따르면, 위의 세 가지 세계들은 상호작용한다. 세계 1과 세계 2, 세계 2와 세계 3은 직접 상호작용하고, 세계 1과 세계 3은 세계 2의 중재를 통해 상호작용한다. 우리의 관심인 세계 1과 세계 2의 상호작용을 살펴보면 에클스와 포퍼가 공동 연구를 수행한 이유가 나타난다. 세계 1과 세계 2의 상호작용 이론은 실체이원론의 현대적 표현이다. 그 두 가지 이론은 모두 물리적 대상·사건의 세계와 심적 대상·사건의 세계가 존재한다는 점과 그것들은 상호작용한다고 주장한다. 그러나 이런 공통점에도 불구하고 포퍼는 실체이원론에 포함된 본질주의를 배격한다. 에클스가 물질은 본질에서 '연장'이라는 속성을 갖고, 마음은 본질에서 '사고'라는 속성을 갖는다고 보는 실체이원론을 지지하는 반면에, 포퍼는 본질주의가 배제된 이원론을 지지한다. 이런 점에서 포퍼의 3세계 이론과 에클스의 신경과학 이론의 결합은 처음부터 상호 이질적이고 불완전한 결합이었고 그래서 그 두 사람의 공동 연구는 신경이원론을 정립하는데 실질적으로 의미 있는 결과를 낳지 못했다.

대부분의 현대 신경과학자들은 물리주의자이며 공개적으로 이원론을 지지하지는 않는다. 이런 학계의 분위기에서 용감하게 두 명의 신경과학자들이 신경이원론을 주장하고 나섰는데 그들은 바로 만조티와 모데라토(R. Manzotti and P. Moderato)이다. 그들의 시도가 특히 흥미로운 이유는 물리주의와 결합한 신경과학이 실제로 이원론적이라고 주장하는 데 있다. 그들의 목적은 비환원적 신경과학을 주장하는 것이다. 만조티와 모데라토에 따르면 현대 신경과학자들은 이중적 태도를 보인다. 즉 그들은 겉으로는 자신들의 연구가 물리주의적 신경과학 전통에 속한다고 생각하지만 실제로는 그들이 강하게 반대하고 있는 신경이원론을 암묵적으로 수용하고 있다. 만조티와 모데라토에 따르면 신경과학의 연구 프로그램은 다음과 같은 두 가지 근본 전제를 갖는다.[6]

- 마음은 물리적이다. (반이원론)
- 마음이 구현되는 데 충분한 물리적 세계의 부분은 뇌 또는 중앙 신경계(CNS)의 적절한 부분이다. (신경중심주의)

위의 두 가지 전제에 따르면, 신경과학은 뇌를 포함한 중앙신경계를 연구하는 것만으로 마음을 충분히 잘 설명할 수 있다. 그 전제들은 "마음은 뇌에 불과하다"라는 주장을 핵심으로 갖는 다양한 이론을 정당화하는 데 동원되고 있다. 처칠랜드의 제거적 유물론과 환원적 기능주의가 그 대표적인 예이다.

2장의 후반부에서 논의될 심신동일론에 따르면 심적 상태는 두뇌 상태와 동일하다. 만약 그 두 가지 상태가 동일하다면 심적 상태는 두뇌 상태로 환원될 수 있으므로 존재론적 단순성을 충족시킨다는 점에서 그 이론은 '좋은' 이론으로 평가될 수 있다. 그러나 동일론은 동일한 심적 상태가 서로 다른 물리적 기반에서도 구현될 수 있다는 **복수실현 가능성**(multiple realizability)에 직면한다. 예를 들어 스페리 (R. Sperry)는 객관적인 실험적 관점에서 볼 때 물질적 두뇌 과정에서

---

6 R. Manzotti and P. Moderato(2014), p. 83.

의식적 경험에 대한 위치를 찾기 어렵다고 지적했고,[7] 만조티와 모데라토는 잘 알려진 신경 과정들은 의식적 경험 없이도 발생할 수 있다는 점을 강조한다.[8] 일부 신경과학자들은 의식에 대한 신경상관자(neural correlate for consciousness)를 발견하여 이런 상황을 돌파하고자 시도하고 있지만, 비록 신경상관자가 발견되더라도, 여전히 왜 특정한 물리적 과정이 특정한 현상적 경험을 발생시키는지는 설명되지 않고 있다. 신경과학의 발전 덕분에 우리는 마음과 의식에 대해 더 많은 것을 알게 되었지만 그런 성공은 의식적 경험 자체의 본질을 해명하지 못하고 있다. 그 주된 이유는 현재로서는 의식에 대한 신경과학 자료는 상관관계만을 제공할 뿐 인과관계를 제공하지 못하기 때문이다. 차머스(D. Chalmers, 1995a)가 주장했듯이, 신경과학이 언젠가는 의식의 쉬운 문제를 설명할 수 있겠지만 의식의 어려운 문제는 원리상 설명할 수 없다는 진단은 여전히 유효하다.

왜 신경과학이 이런 어려운 상황에 직면하게 되었는가? 근대과학의 태동부터 의식의 현상적 성질은 정량적 성질로부터 분리되고 자연을 기술하는 데서 배제되었다. 예를 들어 갈릴레오(1623/1960)는 물리적으로 측정할 수 있고 정량화 가능한 객관적 성질(1차 성질)과 그렇지 못한 주관적 성질(2차 성질)을 구분하고 경험과학은 전자만을 다룬다고 선언했다. 이런 오랜 전통을 따르는 신경과학은 마음의 본질적 속성을 선별적으로 물리적 세계로부터 배제해 왔기 때문에 의식을 설명하기 어렵게 되었다. 만조티와 모데라토는 이런 상황에서 신

---

7 R. A. Sperry(1969), p. 532.
8 R. Manzotti and P. Moderato(2014), p. 88.

경과학자들은 물리적 대상도 아니고 완전한 허구도 아니지만, 과학적으로 인정할 수 있는 '중간 실재들(information, coding, computation, maps, representation, symbols)'을 상정하게 되었다고 진단한다. 그러나 그런 중간 실재들은 존재론적으로 공허하다.[9] 그것들이 존재론적으로 공허한 이유는 세계를 인과적으로 기술하는 데 있어서 아무런 역할도 수행하지 못하기 때문이다. 이런 의미에서 신경과학이 고안해 낸 중간 실재들은 '인식적 허구'이며, '존재론적 약속어음(ontological promissory notes)'에 불과하다. 그것들이 약속하는 것, 즉 의식을 과학적으로 설명하는 것은 현재까지 한 번도 실현되지 않았으며 앞으로도 실현될 가능성이 매우 희박하다. 신경과학자들은 이로부터 어떤 교훈을 얻을 수 있는가? 만조티와 모데라토에 따르면, 이제 신경과학자들은 의식을 실재로 인정하고 그들의 연구를 중간 실재가 아니라 진정한 실재인 의식에 기반을 두어야 한다.[10] 신경과학자들이 앞으로 이런 상황을 벗어나지 못하면, 존재론적 약속어음은 위장된 이원론으로 통용될 것이다.

이제까지 살펴본 만조티와 모데라토의 주장은 다음과 같이 논증으로 정리할 수 있다.

a. 의식은 실재하는 현상이다. (경험적 전제)
b. 만약 의식이 실재하는 현상이고 이원론이 거짓이라면, 의식은 물리적 기반을 갖는다. (유물론에서 개념적 참)

---

9 Ibid., p. 91.
10 Ibid., pp. 92-93.

c. 의식은 중앙신경계의 내부나 외부에서 물리적 기반을 갖지 못한다. (경험적 탐구)

d. 의식은 실재하는 현상이 아니거나 이원론은 참이다. (b, c, 후건 부정)

e. 이원론은 참이다. (a, d, 선언삼단)

위의 논증은 논리적으로는 타당하지만, 그것이 경험적으로 참인지는(건전성) 별개의 문제이다. 환원적 유물론자들은 그 논증을 여러 가지 방식으로 논박할 수 있다. 예를 들어 그들은 데닛(D. Dennett)의 제안에 따라 전제 (a)의 경험적 참을 문제 삼을 수 있다. 이 경우 환원론적 논증은 다음과 같이 전개된다.

a*. 의식은 실재하지 않는다.

b. 만약 의식이 실재하는 현상이고 이원론이 거짓이라면, 의식은 물리적 기반을 갖는다. (유물론에서 개념적 참)

c. 의식은 중앙신경계의 내부나 외부에 물리적 기반을 갖지 못한다. (경험적 탐구)

d. 의식은 실재하는 현상이 아니거나 이원론은 참이다. (b, c, 후건 부정)

이원론자가 전제 (a)*~(d)로부터 이원론의 참을 주장하려면, "의식은 실재한다"라는 전제가 필요하지만, 그것은 물리주의가 부정하는 주장이다. 다시 말하면, 전제 (a)*가 주어지면, 이원론이 참이라거나 거짓이라고 주장할 수 없다.

환원론자들은 '최상의 설명으로의 추론'(inference to the best explanation)을 이용하여 이원론이 거짓이라고 주장할 수 있다. 최상의 설명으로의 추론은 퍼스(C. S. Peirce)가 연역법(deduction)과 귀납법(induction)에 이어 '제3의 추리'라고 주장한 귀추법(abduction)의 또 다른 이름이다. 최상의 설명으로의 추론은 그 명칭이 의미하듯이 설명되어야 할 일이 발생했을 때 제기되는 '왜−질문'에 대답하기 위해 작동한다. 환원론자들은 다음과 같이 "왜 의식이 실재하지 않는가"라는 질문에 대답하기 위해 그런 추론을 활용할 수 있다.

a*. 의식은 실재하지 않는다.

f. 환원적 유물론이 참이라면, 의식은 실재하지 않는다.

g. 환원적 유물론이 참이다.

이상에서 보았듯이, 우리는 현대 신경과학적 상황에서 의식의 실재에 관한 서로 다른 전제들을 추가하여 이원론의 진위에 대한 상반된 결론을 유도할 수 있다. 이것은 신경과학의 현재 상황이 이원론과 유물론 중 어느 한 편에 절대적으로 유리하게 작용하지는 않는다는 점을 의미한다. 그러므로 이원론과 유물론은 신경과학을 위한 연구 프로그램의 핵으로 경쟁하고 있다고 보는 것이 공정한 평가일 것이다.

1.3 신비주의

신비주의(mysticism)는 의식의 어려운 문제는 원리적으로 해결 불가능하다고 주장한다. 신비주의에는 두 가지 유형이 있다. 존재론적 신비주의에 따르면, 의식은 본래 신비로워서 어떤 방식으로든 그것의 신비를 파헤칠 수 없다. 이와 반면에, 인식론적 신비주의에 따르면, 의식은 본성상 신비로운 것은 아니지만, 그것을 설명하는 것은 인간의 인지 능력을 넘어서 있다.

존재론적 신비주의는 네이글(T. Nagel, 1974)에서 볼 수 있다. 네이글은 의식은 심신 문제를 실제로 해결하기 어렵게 만드는 진정한 요인이라고 지적한다.[11] 그에 따르면 유기체가 의식적인 심적 상태를 갖는다는 것은 '그 유기체가 된다는 것(something that it is like to be)'이다.[12] 여기서 '그것이 된다는 것'은 경험의 주관적 특징이다. 예를 들어 인간이 박쥐와 같이 생활하더라도, 박쥐가 세상을 살아가면서 경험하는 의식, 즉 '박쥐가 된다는 것'을 경험할 수는 없다. 여기서 우리는 네이글이 유물론이 거짓이라고 주장하지는 않는다는 점에 유의할 필요가 있다. 그가 주장하는 것은 유물론이 참이라고 하더라도, 즉 주관적 의식이 물리적이거나 물리적인 것에 논리적으로 수반된다고 하더라도, 우리는 어떻게 그럴 수 있는지를 이해할 수 없다는 것이다.

인식론적 신비주의는 맥긴(C. McGinn, 1989)에서 나타난다. 맥긴의

---

11 T. Nagel(1974), p. 435.
12 Ibid., p. 436.

신비주의는 두 가지 핵심 주장으로 구성되어 있다. ① 의식은 그 자체로 완전히 자연적이어서 전혀 신비롭지 않다. ② 그러나 의식을 설명하는 것은 인간의 인지 능력을 넘어선다. 이런 의미에서 인간은 의식에 대해 인지적 닫힘(cognitive closure)의 상태에 있다. 맥긴은 인지적 닫힘을 다음과 같이 정의한다. 마음 유형 M이 속성 P(또는 이론 T)와 관련하여 인지적으로 닫혀 있다는 것은 M이 자유롭게 개념을 형성하는 절차가 P를 포착하는 (또는 T를 이해하는) 데까지 이르지 못한다는 것이다.[13] 여기서 우리는 인지적 닫힘이 인지 자체에 적용되는 것이 아니라, 인지를 산출하는 의식에 대한 것이라는 점에 유의할 필요가 있다.

레빈(J. Levine, 1983)은 설명적 간극(explanatory gap)을 통해 인식론적 신비주의를 주장한다. 레빈에 따르면, 설명적 간극은 경험의 현상적 성질과 뇌의 물리적 성질 간 차이이다. 예를 들어 "고통은 C-섬유의 활성화이다"라는 주장은 신경과학적으로 타당할 수 있지만 어떻게 고통이 느껴지는지를 이해하는 데는 전혀 도움이 되지 못한다. 물론 고통이 C-섬유의 활성화라는 점을 알게 되면 설명되는 것이 있다. 예를 들어 물리적 과정의 인과적 역할이 그것이다. 레빈이 강조하는 것은 그 주장에는 중요한 것이 빠져 있는데 그것은 바로 고통의 질적 특징으로서 어떻게 그것이 느껴지는지에 대한 것이다. 이런 점에서 "고통 = C-섬유의 활성화"라는 설명은 완전한 동일성을 제공하지 못한다. 왜냐하면, 여기서 주장되고 있는 동일성이 실제로 성립하더라도, 왜 C-섬유가 활성화될 때 고통이 발생하는지는 여전히 설명

---

[13] C. McGinn(1989), p. 529.

되지 않은 채로 남아 있기 때문이다. 이처럼 레빈에 따르면 유물론이 참이라고 하더라도 그것은 주관적 의식을 이해하는 데 필요한 설명을 제공하지 못한다.

2

환원적 유물론

2.1 행동주의

20세기 이전까지 마음에 관한 과학적 연구는 심적 상태와 과정을 연구하는 내성주의(introspectionism)를 중심으로 진행됐다. 내성주의 연구에서 심성 이미지와 감각적 사건의 성질들이 중심적 역할을 차지했고, 피실험자들은 자신의 의식적 경험을 내적으로 관찰하고 보고하도록 훈련받았다. 행동주의(behaviorism)는 내성주의의 주관적 성격을 강하게 비판하면서 등장했다.

내성주의를 비판하면서 '새로운 심리학'을 정립하려고 시도했던 행동주의자들은 마음 연구를 두뇌 연구와 결합하려고 노력했고, 그 결과 그 양자 간 관계의 본성을 정확히 이해하는 일이 중요한 과제로 떠올랐다. 행동주의는 크게 철학적 행동주의(philosophical behaviorism)와 방법론적 행동주의(methodological behaviorism)로 구분된다. 철학적 행동주의는 마음의 본성과 마음을 기술하는 용어들의 의미를 다루는 데 초점을 둔 데 비해, 방법론적 행동주의는 마음 연구에 적용될 수 있는 방법론을 연구하는 데 치중했다.

철학적 행동주의

철학적 행동주의는 실체나 속성으로서의 마음은 존재하지 않는다고 주장한다. 철학적 행동주의에 따르면 마음은 데카르트적 실체와 같이 실제로 존재하는 대상이 아니며, 심적 사건과 상태는 데카르트적 실체 안에서 진행되는 사적 경험이 아니다.

철학적 행동주의자인 라일(G. Ryle, 1949)은 마음을 실제로 존재하는 대상으로 보는 것을 **범주 착오**(category mistake)라고 불렀다. 범주 착오의 예를 보기 위해 고려대학교의 캠퍼스 투어 프로그램을 가정해 보자. 그 투어 프로그램의 안내자는 참가자들을 캠퍼스 이곳저곳으로 인도하면서 대학본부, 강의동, 연구소, 실험실, 도서관, 박물관, 기숙사, 체육관, 학생회관 등을 보여줄 것이다. 또한 그는 때에 따라 참가자들에게 교수들, 직원들, 학생들을 소개해 줄 것이다. 투어가 끝날 무렵 투어 안내자가 참가자들에게 더 보고 싶은 것이 있느냐고 물었을 때 그중 한 사람이 다음과 같이 말했다. "당신은 우리에게 건물과 사람을 보여주었지만, 고려대학교를 보여주지 않았다. 우리는 고려대학교를 보고 싶다." 이 경우 그 참가자는 '고려대학교'라는 용어가 그가 보았던 사람, 건물, 장소 등과 구별되는 범주로 보고 있다는 점에서 범주 착오의 오류를 범하고 있다.

위의 예에서 그 참가자가 자신이 범주 착오를 범하였다는 것을 인정하지 않고 계속 '고려대학교'는 눈에 보이지는 않지만 실재한다고 주장할 수 있다. 라일은 이와 비슷한 일이 데카르트적 실체이원론에서 발생한다고 진단한다. 마음이란 몸과 다르지만 실재하는 대상이다. 그러나 마음이 물리적 세계에서 관찰 불가능하므로 그것은 비물리적 대상이라고 가정된다. 라일은 이처럼 가정된 마음을 '기계 속 유령'(ghost in the machine)이라고 표현했다.[14] 잘 작동하고 있는 시계 속에 그것을 통제하는 '유령'이 없듯이 우리의 행위를 통제하는 마음은 존재하지 않는다.

마음이 실제로 존재하지 않는다면 어떻게 마음에 관한 진술을 이해할 수 있는가? 철학적 행동주의는 마음을 기술하는 용어의 의미는 공개적으로 관찰 가능한 행동과 상황에 관한 용어들에 의해 정의되어야 한다고 주장한다. "…는 ___ 이다"라는 문장은 "만약 … 방식으로 조작하면, ___ 결과가 나타날 것이다"라는 문장으로 조작적으로 표현될 수 있어야 한다. 예를 들어 "유리는 부서지기 쉽다"라는 문장은 "만약 누군가 망치로 유리를 치면 그것은 부서질 것이다"라고 번역될 수 있다. 마찬가지로 "철수는 지능적이다", "영희는 행복하다", "길동이는 수영할 작정이다"와 같은 문장들도 동일한 방식으로 조작적으로 정의될 수 있다.

논리실증주의는 그 명칭이 나타내듯이 철학적 탐구에서 논리와 경험의 역할을 강조했다. 관찰 가능성과 조작 가능성은 논리실증주의가 강조했던 검증원리를 반영한 것이다. 검증원리에 따르면 진술은 경험적으로 검사 가능할 때만 의미가 있다. 논리실증주의는 모든 문

---

14 G. Ryle(1949), p. 17.

장을 **분석문장**과 **종합문장**으로 구분하고, 문장의 의미에 대한 검증 원리를 주장했다. 분석문장은 그 진위가 경험에 의존하지 않고 문장을 구성하는 단어들에 의해 결정되는 반면에 종합문장은 그 진위가 경험에 비추어 결정된다. 경험적으로 검사 불가능한 종합문장은 참도 아니고 거짓도 아닌 문자 그대로 '무의미한' 문장으로 분류된다. 예를 들어 "모든 노총각은 결혼하지 않은 남자이다"는 분석문장이고, "모든 노총각은 대머리이다"는 종합문장이다. 마음에 관한 문장은 일반적으로 종합문장이므로 검증원리에 따라 그것은 경험적으로 검사 가능할 때만 의미가 있다. 여기서 우리는 철학적 행동주의가 마음에 관한 문장의 검증 가능성을 확보하려는 방편으로 관찰 가능성과 조작 가능성을 활용하고 있음을 알 수 있다.

철학적 행동주의가 이처럼 마음 상태에 관한 주장이 행동이나 행동하려는 성향에 대한 진술로 번역되거나 분석되어야 한다고 주장하는 이유는 분명하다. 여기에는 마음을 관찰하는 내성 기법이 필요 없고 의식의 흐름을 추적하는 특별한 기법도 필요 없다. 마음을 기술하는 문장의 의미는 객관적으로 관찰 가능한 조작 결과에 따라 결정된다. 철학적 행동주의는 한편으로는 마음을 설명하는 데 있어서 관련된 비과학적 접근의 문제점을 해소하는 데 공헌했지만 다른 한편으로는 치명적 문제를 갖고 있다는 점이 드러났다. 무엇보다도, 철학적 행동주의가 주장하듯이 마음을 조작의 결과로 환원하려는 전략은 실제로 이루어질 수 없다는 것이 문제이다. 예를 들어 "철수는 뱀을 보고 도망가려고 했다"라는 진술을 조작적으로 정의하기는 매우 어렵다. 왜냐하면 철수가 뱀을 보고 도망가려고 하는 성향과 연관된 매우 많은 조건이 있고 그것들을 모두 기술하는 것은 매우 어렵기 때문이다. 또한 우리의 마음에 떠오르는 주관적 의식이나 느낌을 조작적으로 정의하는 것도 사실상 거의 불가능하다. 이런 점에서 철학적 행동주의는 관찰 가능성을 지나치게 강조한 나머지 마음의 질적 본성을 무시하는 잘못을 범하였다.

철학적 행동주의자들은 마음의 본성에 대한 철학적 질문은 심적 개념의 특성에 관한 질문으로 환원 가능하다고 보았다. 그들은 바로 이 점이 철학과 심리학을 구별하는 기준이라고 보았다. 철학자들의 임무는 언어적 행위와 관련된 마음 관련 개념들의 모호성과 애매성을 명료화하는 데 있고 심리학자들과 경험과학자들의 임무는 마음의 특징과 기능을 탐구하는 데 있다. 따라서 철학과 심리학 사이에는 일종의 분업이 성립한다. 이런 분업은 라이헨바흐(H. Reichenbach, 1938)가 주장한 **발견의 맥락**(context of discovery)과 **정당화의 맥락**(context of justification)의 구분에서 잘 나타난다. 라이헨바흐에 따르면, 신경과학을 비롯한 경험과학은 신경계를 연구하는 발견의 맥락에서 연구하고, 철학은 그런 발견의 진위와 의미를 분석하는 정당화의 맥락에서 연구한다. 2부에서 논의하겠지만 라이헨바흐의 두 가지 맥락 구분은 마음에 관한 학제적 연구를 지향하는 인지과학의 입장에서 재평가될 필요가 있다. 인지과학에 참여하는 철학자는 오로지 경험과학의 연구 결과를 분석하는 '정당화 역할'을 해야 하는가? 이 질문에 대한 부정적 대답은 처칠랜드의 신경철학과 체화주의에서 발견된다. 신경철학과 체화주의는 '신경과학에 대한 철학적 분석'만이 아니라 '신경계에 관한 철학적 탐구'이기 때문에 라이헨바흐의 맥락 구분에 대한 명백한 반례이다.

방법론적 행동주의

철학적 행동주의가 마음의 본성이나 마음에 관한 용어와 문장의 의미에 주목하는 데 비해 방법론적 행동주의는 마음을 연구하기 위한 방법론에 주목한다.[15] 행동주의 심리학자들은 심리학의 주 임무는 마음이 아니라 **행동**(behavior)을 설명하는 데 있다고 보았다. 철학적 행동주의가 그랬듯이 방법론적 행동주의 역시 행동을 공개적으로 관찰, 측정, 기록 가능한 활동으로 보았다. 방법론적 행동주의에 따르면 심리학적 설명은 공개적으로 관찰할 수 있거나 조작적으로 정의 가능한 개념에 기초한다. 방법론적 행동주의는 심리학이 적절한 과학적 지위를 갖기 위해 취하는 전략이다. 행동주의 심리학자들은 심적 상태는 공적 조사를 할 수 없는 사적인 상태라고 보았다. 정상인은 누구나 자신의 심적 상태에 직접 접근할 수 있지만, 타인의 심적 상태에 접근할 수 없고 단지 행위만을 관찰할 수 있다. 방법론적 행동주의를 개척한 왓슨(J. Watson, 1930)과 스키너(B. F. Skinner, 1948)는 공적으로 관찰 가능한 것만이 과학의 대상이 될 수 있다고 보았기 때문에 심적 상태를 과학적 탐구 영역으로부터 배제했다. 왓슨은 "의식은 정의될 수 있거나 이용 가능한 개념이 아니다. 그것은 단지 고대의 '영혼'을 지칭하는 또 하나의 단어에 불과하다"[16]라고 주장함으

---

15 두 가지 행동주의는 현실에서 분명히 구분되어 나타나지는 않았다. 철학적 행동주의는 카르나프(R. Carnap)의 경우를 제외하고는 거의 시도되지 않았고, 흔히 철학적 행동주의자로 분류되는 라일(G. Ryle), 비트겐슈타인(L. Wittgenstein), 콰인(W. Quine)의 이론은 방법론적 행동주의에 더 가까웠다.

16 J. B. Watson(1930), p. 3.

로써, 의식을 과학적 탐구 영역으로부터 추방했다.

그렇다면 어떻게 인간의 행동을 설명해야 하는가? 이런 질문에 대해 방법론적 행동주의는 다음과 같이 대답한다. 즉 우리는 특정한 행동을 관찰 불가능한 내적 상태를 가정해서 설명하는 대신에 그런 행동을 유발한 자극을 이용하여 설명해야 한다. 반사 모형(reflex model)은 이런 전략을 잘 보여준다. 피험자인 당신이 연구자 앞에서 편안한 자세로 앉아 있다고 가정해 보자. 연구자가 당신의 무릎을 작은 망치로 때리면 당신의 다리는 특정한 방식으로 움직이는데 여기서 나타나는 무릎의 반응(response)은 '망치로 때림'이라는 자극(stimulus)으로 설명된다. 자극과 반응을 연결하는 것은 조건반사의 기제인데, 방법론적 행동주의자들은 조건반사 기제를 **자극-반응 관계**로 설명했다.

방법론적 행동주의는 위의 예처럼 단순한 행동뿐만 아니라 복잡한 행동을 포함하는 모든 행동은 자극-반응 관계로 설명될 수 있다고 주장한다. 복잡한 행동이 단순한 행동과 차이가 나는 것은 그것이 '복잡한' 자극의 결과라는 점이다. 이제 심리학의 과제는 다양한 유형의 자극-반응 관계를 설명할 수 있는 체계적 이론을 개발하는 것이 된다. 행동주의 심리학의 입장에서 보았을 때 유기체는 내용을 파악할 수 없는 일종의 '블랙박스(black box)'이다. 방법론적 행동주의는 블랙박스의 내적 구조가 관찰 가능한 자극과 관찰 가능한 반응 사이의 관계로 충분히 설명될 수 있는 경우를 제외하고는 그런 내적 구조에 대한 언급을 자제해야 한다고 주장한다. 인간과 같은 복잡한 유기체는 학습 능력이 있는데, 그 능력은 자극-반응 관계의 수정으로 설명된다. 즉 특정 자극에 대해 바람직한 반응이 나타나면 보상이 주어지고 그렇지 못하면 처벌이 주어지면서 반응에서의 수정이 나타나는 데, 그런 수정이 발생하는 기제가 학습이다.

방법론적 행동주의에 따르면 모든 학습은 자극과 반응의 단순한 연합 기제에 의해 설명될 수 있으므로 복잡한 과제는 더 단순한 과제들로 분해되어 단순한 학습 과정으로 설명될 수 있다. 방법론적 행동주의는 20세기 초중반 심리학 연구를 주도했지만, 블랙박스의 내적 구조와 기능을 강조하는 인지주의(cognitivism)의 등장과 더불어 급격히 몰락하기 시작했다. 이런 변화를 촉발한 중심 인물은 촘스키(N. Chomsky, 1959)이다. 촘스키는 행동주의 학습 모형을 인간의 언어 수행에 확대 적용하려는 스키너의 시도는 매우 부적절하다고 비판했다. 촘스키에 따르면 인간의 언어 능력은 인간이 언어 사용을 규제하는 복잡한 인지구조를 갖고 있다는 점을 가정하지 않고서는 제대로 설명될 수 없다. 촘스키의 비판은 방법론적 행동주의에 치명적인 영향을 미쳤고 행동주의 심리학은 마음에 대한 중심 이론으로서의 위상을 동일론과 기능주의에 넘겨주어야 했다.

2.2 동일론

이론을 평가하는 여러 가지 기준이 있다. 예를 들어, 설명력, 예측력, 단순성, 적용 범위, 다른 이론과의 정합성 등이 대표적인 기준인데, 이 중 단순성을 강조한 것으로 **오컴의 면도날**(Occam's razor)이 있다. 오컴의 면도날에 따르면, 과학자들은 특정 현상이나 사건을 설명하는 데 있어서 가능한 한 최소한의 존재만을 가정해야 하고 관찰 가능한 예측을 하는 데 있어서 차이를 보이지 않는 가정들은 제거해야 한다. 오컴의 면도날을 존재론에 적용하면 실체의 수를 덜 가정하는 이론이 더 좋은 이론이다. 이원론에 대한 비판자들은 종종 오컴의 면도날을 이용하여 이원론은 '마음이 존재한다'라는 불필요한 가정을 하고 있다고 지적하면서, 유물론이 이원론보다 더 단순하고 좋은 이론이라고 주장한다.

심신동일론(mind-body identity theory) 또는 줄여서 동일론은 심적 상태는 두뇌 상태라고 주장한다. 동일론은 유물론(materialism)이라고 부르는 더 근본적인 이론에 근거를 두고 있다. 유물론에 따르면 세계는 물질로 이루어져 있다.[17] 유물론은 심적 상태는 물리적 상태와 같거나 물리적 상태로 환원될 수 있다고 주장한다. 유물론이 옳다면 동일론은 당연히 참이 된다는 의미에서 동일론은 유물론의 주요한 이론 중 하나이다.

동일론자들은 심적 상태와 물리적 상태의 동일성을 주장하기 위해 과학사에서 발견되는 사례들을 동원한다. 예를 들어, 18세기 과학자들은 물체의 따뜻함과 차가움이라는 성질을 '열'이라는 개념을 이용하여 설명했다. 그러나 운동학 이론(kinetic theory of heat)에 따르면 열은 '분자들의 평균 에너지'이다. 즉 "열 = 분자들의 평균 에너지". 따라서 "병 안에 있는 물이 뜨겁다"라는 문장보다 "병 안에 있는 물의 분자들의 평균 에너지가 높다"는 문장이 더 과학적인 표현이다. 동일론자들은 과학사에는 이와 비슷한 사례들이 많이 발견된다는 점을 강조한다. 예를 들어 "빛 = 전자기파"이고, "번개 = 대규모 방전"

---

[17] 물리주의는 세계는 물질로 구성되어 있다는 것과 함께 물질은 물리학적 법칙의 지배를 받는다고 주장한다.

이다. 이러한 사례들을 이용하여 동일론자들이 주장하려는 것은 '열', '빛', '번개'와 같은 개념을 사용하는 선행 이론은 '분자들의 평균 에너지', '전자기파', '대규모 방전' 개념을 사용하는 후속 이론으로 대체되거나 환원되어야 한다는 점이다.[18]

동일론은 크게 **유형 동일론**(type identity theory)과 **개별자 동일론**(token identity theory)으로 구분된다. 유형 동일론에 따르면, 심적 현상이나 사건은 물리적 현상이나 사건이다.[19] 앞에서 언급했듯이, 유형 동일론의 지지자들은 유형 동일성을 주장하기 위해 "열 = 분자의 평균 운동에너지", "빛 = 전자기파", "번개 = 대규모 방전"과 같은 역사적 사례들을 제시했다. 이제 마음과 뇌도 그런 동일성 관계에 있다.

- 심적 상태(사건 또는 현상) = 물리적 상태(사건 또는 현상)

우리가 경험하는 치통은 그것을 경험하는 시점에서 우리의 두뇌 상태이다.[20] 우리는 자신의 심적 상태를 생생하게 경험하기 때문에 유형 동일론은 현상으로서의 심적 상태를 부인하지 않는다. 치통의 생생함을 부인하는 일은 어리석은 짓이다. 동일론자가 반대하는 것은 물리적 상태가 아닌 다른 상태가 존재한다고 가정하는 것이다. 뇌 수술 상황에서 의사가 '관찰'한 것은 뇌의 물리적 상태이며, 그는 어

---

18 개념 동일성을 통해 환원 관계를 주장하는 것 외에도 실재론적 입장에서 후속 이론이 선행 이론보다 더 참이라거나, 설명적 적합성이 더 높다(van Fraassen)고 주장되기도 한다.

19 J. Kim(2011), p. 102.

20 이러한 점은 종종 "pain = c-fiber firing"으로 표현된다.

떤 심적 상태도 '관찰'하지 못한다. 여기서 '관찰'은 단순히 육안에 의한 관찰뿐만 아니라 도구와 장치를 이용한 모든 관찰을 포함한다. 동일론은 "어떤 것이 존재한다"라는 것의 구획 기준으로서 그런 포괄적 의미에서의 관찰 가능성과 조작 가능성을 주장한다.[21] 과학 법칙은 유형 동일성을 기반으로 성립된다. (개별자 동일론은 비환원적 유물론에 속하므로 3장에서 논의한다.)

이제 동일론을 우리의 관심인 심적 상태에 적용해 보자. 만약 심적 상태가 물리적 상태와 동일하다면 그 두 가지 상태를 모두 가정하는 이원론은 동일성을 주장하는 동일론으로 환원되어야 할 것이다. 현대과학에서 심적 상태의 독립성을 주장하는 이원론을 환원할 수 있는 후보로 신경과학이 주목받고 있다. 이와 관련하여 동일론적 주장은 다음과 같이 요약할 수 있다.

a. 과학사를 보면 선행 이론이 가정하는 이론적 대상들이 후속 이론에서 존재하지 않은 것으로 드러나는 사례들이 많이 발견된다.
b. 열을 가정하는 선행 이론은 평균 에너지 개념을 사용하는 운동학 이론으로 환원되었다.
c. 심적상태는 두뇌상태이다.
d. 그러므로, 마음을 가정하는 이론은 신경과학으로 환원되어야 한다.

---

21 이에 관한 좋은 예는 논리실증주의의 검증 가능성 원리와 브리지먼(P. W. Bridgman, 1927)의 조작 가능성 원리이다.

19세기 말에 등장한 신경과학은 그동안 눈부신 발전을 해왔음에도 불구하고 심적 현상의 본질을 설명하지 못하고 있다. 현대 신경과학은 마음의 실체성을 주장하는 실체이원론이나 심적 상태의 독립성을 주장하는 속성이원론을 대체할 만큼 충분한 설명력을 갖고 있지 못하다. 예를 들어 신경과학자들은 기능성 자기공명영상(fMRI)이나 뇌전도(EEG)와 같은 뇌영상기법을 이용하여 피실험자들이 어떤 심적 상태에 있는 경우 뇌의 어떤 부분이 활성화되는지를 밝혀내고 있지만, 그 두 가지 상태 간 상관이 항상적인지, 특정인에서 발견되는 상관이 일반화될 수 있는지, 상관으로부터 인과를 추론할 수 있는지에 대해 확실한 대답을 내놓지 못하고 있다. 이런 상황에서 "심적 상태 = 두뇌 상태"라는 주장은 하나의 존재론적 가정일 뿐 "열 = 분자들의 평균 에너지"와 같은 과학적 사실이라고 보기는 어렵다. 그러므로 위 논증의 결론 (d), 즉 "마음을 전제로 하는 이론은 신경과학으로 환원되어야 한다"라는 주장은 경험적으로 정당화될 수 없다.

이런 비판에 대해 동일론자들은 다음과 같이 대답할 수 있다. 즉 현재의 신경과학은 성숙한 단계에 이르지 못했기 때문에 환원 능력이 없지만, 미래의 신경과학은 그럴 수 있다는 것이다. 이것은 가설이 아니라 믿음이다. 동일론자의 이런 믿음은 마음의 실재와 비환원적 의식에 관한 이원론자의 믿음과 어떤 차이가 있는가? 동일론의 환원 전략은 마음을 가정하는 이론들이 궁극적으로 신경과학으로 환원될 것으로 예측한다는 점에서 신경과학의 발전에 대한 믿음을 바탕으로 한다. 이원론자와 동일론의 믿음은 존재론의 가장 근본적인 차원에 관련되므로 경험적 실험으로 간단히 결정되기 어렵다. 형이상학적 문제를 경험적으로 해결하는 것이 가능한지에 대해서는 찬반 의견이 대립하고 있다. 쿤의 과학이론에 따르면, 이원론과 동일론의 대립은 패러다임 간 대립이고 그 대립은 정치적 혁명처럼 논리가 아니라 설득으로 해소된다. 그러나 과학에서 이론 선택이 모두 이런 방식으로 해결되는 것은 아니며, 정상과학뿐만 아니라 과학혁명 중에도 관찰과 실험에 의한 문제 해결이 가능하다. 마음에 관한 존재론적 논쟁도 경험적으로 해결될 수 있다. 예를 들어 경쟁하는 두 가지 이론으로부터 경험적으로 검사 가능한 예측을 유도하여 그것들을 실험을 통해 결정하는 것이다. 실제로 2019년 템플턴 세계자선재단(Templeton World Charity Foundation)은 의식에 관한 경쟁 이론들(Global workspace theory, Integrated information theory)을 이런 방식으로 결정하는 프로젝트를 시작했다.[22]

동일론이 넘어야 할 또 다른 산이 있다. 우리가 앞에서 검토한 동일론의 문제는 경험적 문제에 속한다. 즉 동일론이 이원론을 환원할 수 있을 만큼 충분히 발전할 수 있을지는 시간이 지나면 해결될 문제이다. 우리가 여기서 살펴볼 문제는 경험적 문제가 아니라 **개념적 문제**이다. 동일론에 대한 비판자들은 심적 상태와 물리적 상태를 동일시하는 것은 개념적으로 문제가 있다고 지적해 왔다. 예를 들어 "모든 남자는 용감하다"라는 문장은 거짓이라도 의미가 통하지만 "모든 사과는 용감하다"라는 문장은 의미가 없다. 후자는 '용감하다'라는 성질을 그래서는 안 되는 '사과'에 귀속하고 있다. 우리는 여기서 범주 착오의 또 다른 사례를 보게 된다.

동일론에 대한 비판자들은 심적 상태와 물리적 상태를 동일시하

---

22 이에 대한 논의는 맺는말에서 다루어진다.

는 것은 심적 상태에 속하는 성질을 물리적 상태에 귀속시키는 오류를 범하는 것이라고 주장한다. 심적 상태는 의미의 담지자가 될 수 있다. 즉 우리의 생각이나 믿음은 참이나 거짓이 될 수 있고, 생각들 사이에 논리적 관계가 성립한다. "나는 대한민국의 왕이다"라는 생각은 거짓이지만, "나는 대한민국을 통치하고 있다"라는 생각을 논리적으로 함축한다. 동일론이 주장하듯이 심적 상태와 물리적 상태가 동일하다면, "뇌에서 구현된 어떤 물리적 상태가 참이다"라거나 "뇌에서 구현된 어떤 물리적 상태가 또 다른 물리적 상태를 논리적으로 함축한다"라고 말해야 할 것이다. 그러나 이런 문장들은 마치 "모든 사과는 용감하다"라는 말처럼 무의미하다. 심리 상태와 물리적 상태의 동일성을 주장하는 것이 왜 오류인지는 라이프니츠(Leibniz)의 **동일자 식별 불가능성 원리**(Principle of the indiscernibility of identicals)를 이용하여 보일 수 있다. 동일자 식별 불가능성 원리에 따르면 두 대상이 동일하면, 그중 한 가지가 가진 모든 속성을 다른 대상도 모두 갖고 있다는 것을 의미한다. $(x)(y)[(x = y) \rightarrow (F)(Fx \leftrightarrow Fy)]$. 따라서 동일론자들이 주장하듯이 심적 상태가 두뇌 상태와 동일하다면 다음이 성립해야 한다. 즉, 모든 심적 상태와 두뇌 상태에 대해, (심적 상태 = 두뇌 상태) → (심적 상태가 가진 모든 성질 ↔ 두뇌 상태가 가진 모든 성질). 그러나 우리는 (심적 상태가 가진 모든 성질 ↔ 두뇌 상태가 가진 모든 성질)에 대한 많은 반례를 알고 있다. 예를 들어 '거리'와 '너비'와 같은 공간적 성질처럼 두뇌 상태에는 해당하지만 심리 상태에는 해당하지 않는 성질이 있고, '참', '거짓', '함축'과 같은 의미론적 속성처럼 심적 상태에는 해당하지만 두뇌 상태에는 해당하지 않는 성질도 있다.

2.3 제거적 유물론

철학자들은 전통적으로 명제태도(propositional attitude)를 중심으로 사고와 행위를 설명해 왔다. 명제는 사고의 기본 단위이며, 사고는 명제에 논리학의 추론 규칙과 유사한 규칙들을 적용하여 나타난다. 한편 사람들의 행위를 설명하고 예측하는 데 있어서 그들의 믿음, 의심, 욕구와 같은 믿음 상태를 이용하는 이론을 통속심리학(folk psychology)이라고 한다. 전통적으로 통속심리학은 그것을 이용하여 타인의 마음을 이해하고, 그들의 행동을 설명하고 예측할 수 있다는 점에서 일상생활을 살아가는 데 필수적 요소라고 간주되어 왔다.

처칠랜드(P. M. Churchland, 1979, 1986)는 이런 전통적 입장에 대해 반기를 들고 통속심리학이 다음과 같은 치명적인 문제를 안고 있다고 지적한다. ① 통속심리학은 매우 제한된 설명력만을 갖는다. ② 통속심리학은 매우 오랫동안 정체되어 있었고 거의 변화가 없었다. ③ 통속심리학은 신경과학과 같은 과학 분야에 융합될 가능성이 거의 없다. 처칠랜드가 보기에 통속심리학은 새로운 현상을 발견할 수 없다는 의미에서 '퇴행적 연구 프로그램'에 해당한다. 이런 상황에서 우리가 취할 수 있는 대안은 인지 이론으로서의 통속심리학을 제거하는 것이다. 여기서 제거적 유물론(eliminative materialism)이 성립한다. 제거적 유물론은 다음과 같이 세 가지로 요약할 수 있다.[23]

---

[23] P. S. Churchland(1986), p. 396.

- 심리학적 용어를 이용하여 심적 현상을 설명하는 통속심리학은 하나의 이론이다.
- 통속심리학은 이론적으로 부적합하므로 수정되든가 아니면 다른 이론으로 완전히 대치되어야 한다. (제거주의)
- 통속심리학을 궁극적으로 대치하는 것은 발전한 신경과학이다. (유물론)

제거적 유물론이 앞에서 검토한 유형 동일론과 구별되는 중요한 것은 환원과 제거의 차이이다. 즉 유형 동일론은 통속심리학을 신경과학으로 환원할 것을 주장하지만 제거적 유물론은 그런 환원이 불가능하다고 보고 제거할 것을 주장한다. 이상에서 보았듯이, 넓은 의미에서의 동일론은 물리주의와 관련하여 다음과 같이 세 가지 종류로 구분할 수 있다.

- 개별자 동일론: 비환원적 물리주의
- 유형 동일론: 환원적 물리주의
- 제거적 유물론: 제거적 물리주의

위에서 나타나듯이, 제거적 유물론이 다른 두 가지 유형의 동일론과 구별되는 것은 통속심리학의 제거를 주장하는 데 있다. 통속심리학은 환원 불가능하므로 제거되어야 할 대상이다. 제거적 유물론은 7장에서 환원을 다룰 때 더 자세히 논의한다.

2.4 기능주의

기능주의(functionalism)는 심적 상태들을 그들 간 인과관계로 정의한다. 심적 상태의 본질은 그것들이 갖는 본래적 성질이 아니라 각각의 상태가 환경으로부터 감각기관에 주어지는 감각적 입력, 다른 심적 상태들, 몸으로 나타난 행위에 대해 갖는 관계들이다. 예를 들어, 심적 상태를 고통으로 만드는 것은 송곳에 의한 찔림이고, 그 상태가 찔림에 의한 바이러스 감염을 두려워하는 다른 심적 상태를 일으키고, '아야'라고 외치는 행위를 야기한다. 마찬가지로 심적 상태들은 일반적으로 감각적 입력과 행동적 출력을 연결하는 내적 심적 상태들의 체계에서 차지하는 인과적 역할에 의해 정의된다.

기능주의자들은 이론 발달의 초기에 자신들의 이론을 설득력 있게 만들기 위해 **컴퓨터 은유**(computer metaphor)를 사용했다. 컴퓨터 은유에 따르면 몸과 마음의 관계는 컴퓨터의 하드웨어와 소프트웨어의 관계와 같다. 컴퓨터와 인간 간 유비추리가 성립하려면 추리 대상이 되는 두 영역 사이에 본질적 유사성이 있어야 한다. 그렇다면 어떤 점에서 인간과 컴퓨터는 본질에서 유사한가? 흔히 컴퓨터는 정보처리체계라고 불린다. 즉 컴퓨터는 정보를 입력받아서 내적 규칙에 따라 처리하고 저장한 후 필요에 따라 출력하는 체계이다. 컴퓨터 은유는 인간도 일종의 정보처리체계라고 주장한다. 즉 인간의 인지 행위는 정보를 처리하는 과정이다. "인간은 이성적 동물이다"라는 정의에서도 나타나듯이 생각이나 추리와 같은 인지 활동은 인간의 본질적 요소이다. 마찬가지로 컴퓨터의 경우에서도 정보처리는 본질적 요소이다. 만약 인간과 컴퓨터가 각각 추리와 정보처리라는 요소를 갖지 않았다면 그들은 각각 '인간'이나 '컴퓨터'라고 불릴 수 없었을 것이다. 이처럼 인간과 컴퓨터가 정보처리체계라는 본질적 유사성을 갖기 때문에 몸과 마음의 관계를 설명하기 위해 컴퓨터의 하드웨어와 소프트웨어의 관계를 적용할 수 있다.

그렇다면 컴퓨터의 하드웨어와 소프트웨어의 관계는 정확히 무엇인가? 우리는 수학 함수가 다양한 컴퓨터에서 계산될 수 있다는 것을 알고 있다. 예를 들어 덧셈은 초기의 진공관식 컴퓨터로부터 슈퍼컴퓨터에 이르기까지 다양한 컴퓨터에서 계산될 수 있다. 미래의 컴퓨터가 오늘날 우리가 사용하는 형태의 컴퓨터일 필요는 없을 것이다. 미래의 컴퓨터를 구성하는 소재가 실리콘이든 아니면 어떤 새로운 신물질이든 관계없이 중요한 것은 컴퓨터를 구성하는 물리적 요소와 무관하게 그런 계산이 구현된다는 점이다. 컴퓨터의 경우 이처럼 동일한 계산이 다양한 하드웨어에서 실현될 수 있다. 이것은 같은 소프트웨어가 서로 다른 하드웨어에서 실현될 수 있다는 것을 의미하는 **복수실현**(multiple realization)의 좋은 예이다.

이제 복수실현을 인간에게 적용하면 같은 심리적 과정이 다양한 물리적 구조에서 실현 가능하다는 결론이 나온다. 그러므로 사고, 욕구, 고통과 같은 다양한 심적 상태들은 인간 몸이 현재의 구성이 아니라 다른 물리적 구성에서도 실현될 수 있다. 예를 들어 우리와 물리적 구성에서 다른 몸을 가진 외계인들이 지구를 방문했다고 하자. 동일론에 따르면 그 외계인들은 지구인과 물리적 상태가 다르므로 당연히 심적 상태도 다를 것이다. 즉 그들은 같은 물리적 자극에 대해 지구인과 같은 방식으로 고통을 느끼지 못할 것이다. 그러나 기능주의에 따르면 그들의 두뇌가 지구인의 두뇌가 작동하는 방식과 같은 기능적 상태를 유지한다면, 즉 같은 감각적 자극에 대해 같은 내적 상태를 일으키고, 다시 그것은 같은 행동을 일으킨다면, 그들은 지구인과 같은 마음을 갖는다고 말할 수 있다.

퍼트넘(H. Putnam, 1975/1985)은 처음으로 **튜링기계**(Turing machine, TM) 개념을 이용한 기능주의를 제시했다. 퍼트넘의 전략을 이해하기 위해 먼저 튜링기계가 무엇인지를 살펴보자. 튜링기계는 오늘날 우리가 사용하고 있는 디지털 컴퓨터에 대한 수학적 모형이다. 그것은 최초의 컴퓨터로 인정받고 있는 콜로서스(Colossus)가 등장한 1943년보다 7년 전에 제안된 가상 컴퓨터이다. 사람들은 직관적으로 더하기나 곱하기와 같은 계산(computation)을 수행하고 이해할 수 있지만 정작 '계산'이라는 개념을 정의하기는 매우 어렵다. 수학자 튜링(A. Turing, 1936)은 튜링기계 개념을 통해 처음으로 '기계적이고 효율적인 절차'로서의 계산에 대한 정교한 이론을 제시했다.

튜링이 튜링 개념을 제시한 역사적 배경을 살펴보자. 사람들은 일반적으로 엄밀한 수학 체계에 대한 믿음을 가진 것으로 보이는데 그 믿음은 문제를 정확히 기술할 수 있으면 해결 과정이 아무리 복잡하고 어렵더라도 결국 해답을 발견할 수 있다는 가정에 근거를 두고 있다. 힐베르트(D. Hilbert)는 이런 신념을 증명하기 위해 1900년 파리에서 개최된 국제수학자회의에서 모든 수학적 문제가 참이나 거짓인 문장들로 구성될 수 있는 형식체계를 구성하려는 프로그램을 제안했다. 힐베르트가 제안한 프로그램의 목표는 형식체계 내에 어떤 문장을 주면 그것의 진위를 결정하는 **효율적 절차**를 발견하는 것이었다.

힐베르트 프로그램이 성공했더라면 수학은 기계적 계산으로 환원될 수 있었을 것이다. 그러나 괴델(K. Gödel)은 불완전성 정리(incompleteness theorem)를 통하여 힐베르트의 프로그램이 성공할 수 없음을 수학적으로 증명했다. 불완전성 정리에 따르면 수론(number theory)에서 문장을 구성할 정도로 강력한 임의의 무모순적 형식체계는 '증명될 수 없는' 참인 문장을 적어도 하나 포함하고 있다. 그러므로 힐베르트가 기대했던 효율적인 절차는 불가능하게 된다. 이처럼 힐베르트 프로그램이 괴델에 의해 결정적으로 폐기되자 수학자들의 관심은 진리 개념에서 증명 가능성 개념으로 이동했고, 그 결과 수학에서 증명 가능한 문장들이 공리 집합으로부터 계산될 수 있는지가 주요 관심사로 떠오르게 되었다.

이런 상황에서 튜링은 힐베르트의 프로그램과 계산 가능한 함수 사이의 관련성을 직관적으로 이해했고 자동적인 계산 능력을 지닌 형식체계인 튜링기계를 제시했다. 튜링은 힐베르트가 기대했던 효율적 절차를 '알고리즘'이라고 생각하고, 모든 계산 절차를 원자 관계로 분해할 수 있는 모형으로 정의할 수 있음을 증명했다. 여기서 계산 절차는 추상적 계산 기계의 작동 방식을 정확히 규정할 수 있는 형식적 규칙들의 집합이다. 이런 방식으로 튜링은 처음으로 '계산' 개념에

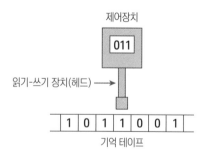

[그림 2] 튜링기계

(https://www.trccompsci.online/mediawiki/index.php/Turing_Machines)

대해 수학적으로 엄밀한 이론을 제시했는데, 여기서 중요한 역할을 담당한 것이 바로 튜링기계이다.

앞에서 지적했듯이 튜링기계는 추상적인 형식체계이지만 설명상 편의를 위해 그것이 물리적으로 구현되었다고 가정해 보자. 튜링기계는 유한한 상태들을 갖는 제어장치, 여러 칸으로 구성된 테이프, 테이프의 칸들을 스캔하고 거기에 있는 숫자를 읽고 쓰는 장치(헤드)로 구성된다. 테이프의 칸에는 기호 '0'이나 '1'이 쓰여 있다. 현대적 관점에서 보면 테이프는 입출력장치와 기억장치에 해당한다. 테이프가 양방향으로 무한히 연장될 수 있다고 가정하면 튜링기계는 무한한 기억용량을 갖게 된다. ([그림 2] 참조)

튜링기계는 기본적으로 다음과 같이 세 가지로 작동한다.

- 제어장치의 **상태**를 변경한다.
- 헤드가 스캔한 칸에 있는 **기호**를 지우고 그곳에 새로운 기호를 쓴다.
- 헤드가 좌우로 **이동**한다.

튜링기계의 작동은 제어장치의 상태와 테이프의 기호에 의해 결정된다. 튜링기계의 작동을 구체적으로 살펴보기 위해 [표 2]에 제시된 입력 기호와 [표 3]의 기계작동표(machine table)를 가진 튜링기계를 생각해 보자. (논의를 간단히 하기 위해 테이프 기호가 4개만 있다고 가정한다.) 여기서 튜링기계는 "2 +1"을 계산한다.

[표 2] TM 입력 기호

단계 1	**1**	1	0	1
단계 2	0	**1**	0	1
단계 3	0	1	**0**	1
단계 4	0	1	1	**1**

[표 3] TM 기계작동표

상태 \ 기호	0	1
S_1	$\langle 0, S_1, R \rangle$	$\langle 0, S_2, R \rangle$
S_2	$\langle 1, S_3, R \rangle$	$\langle 1, S_2, R \rangle$
S_3	〈멈춤〉	〈멈춤〉

튜링기계는 모든 단계에서 특정한 **기계 상태**(machine state)에 있다고 가정된다. 시작 단계 1에서 튜링기계는 상태 S_1에 있고 헤드는 테이프에 쓰여 있는 기호 1을 스캔하고 있다고 가정하자. [표 3]에 제시된 기계작동표에 의해 상태 S_1과 기호 1이 만나는 곳에 제시된 지침 $\langle 0, S_2, R \rangle$에 의해 다음 작동이 결정된다. 그 지침에 따르면 먼저 테이프에 쓰인 기호 1을 0으로 바꾸고 상태 S_2로 변경되면서 헤드는 오른편(R)으로 이동한다. 단계 2는 기호 1과 상태 S_2의 조합이므로 지침은 $\langle 1, S_2, R \rangle$이다. 새로운 지침에 따르면 헤드는 기호 1을 지우고 그곳에 다시 1을 쓰고 상태 S_2로 변경되면서 오른편으로 이동한다. 단계 3에서 상태 S_2와 기호 0의 조합이므로 지침은 $\langle 1, S_3, R \rangle$이다. 이제 헤드는 기호 0을 기호 1로 바꾸고 S_3의 상태에서 오른쪽으로 이동한다. 마지막으로 단계 4에서 상태 S_3는 기호 1과 결합하고 그 경우

지침은 〈멈춤〉이므로 동작을 멈춘다. 튜링기계는 네 단계를 거쳐서 입력 기호의 수열 〈1101〉을 〈0111〉로 변경했는데 그것은 "2+1"의 계산 결과인 '3'을 산출했다.

위에서 제시된 튜링기계는 세 가지 상태(S_1, S_2, S_3)만을 갖고 있으므로 모든 함수를 계산할 수 없다. 입력 기호와 상태의 수를 늘리면 보편성이 증가하는데, 4개의 입력 기호와 7가지 상태를 지닌 튜링기계가 가장 단순하면서도 보편적이라는 점이 수학적으로 증명되었다.

튜링기계는 다른 튜링기계의 작동을 모의할 수 있도록 프로그램될 수 있다. 그러기 위해서는 모의될 튜링기계(TM_1)의 모든 작동 지침을 수학적으로 부호화하여 그것을 모의하는 튜링기계(TM_2)의 입력으로 이용한다. 예를 들어 괴델이 불완전성 정리에서 사용한 방법을 이용하여 TM_1의 모든 작동을 각각 하나의 숫자로 표현하고, 그 숫자들을 다시 하나의 숫자로 부호화할 수 있다. 괴델적 방법은 다음과 같다. 첫째, TM_1의 모든 작동을 숫자 '0'이 아닌 자연수 'a', 'b', 'c', ⋯ 'n_k'로 표현한다. 둘째, 그 수들로 구성된 수 계열 "S = a, b, c, ⋯ n"을 구성한다. 셋째, S로부터 또 다른 수 계열 "$N = 2^a 3^b 5^c \cdots p_k^{\ n}$"을 구성한다. 여기서 2, 3, 5, ⋯, p는 모두 소수이고 'p_k'에서 k는 p가 k번째 소수임을 나타낸다. 여기서 N은 괴델수(Gödel's number)라고 불리는데, 거듭제곱된 소수들의 곱으로부터 생성되었기 때문에 유일한 수이므로 S와 N은 일대일로 대응되며 괴델수 N으로부터 S를 다시 추출할 수 있다.

이제 괴델수를 이용하여 [표 4]에 주어진 TM_1의 기계작동표를 부호화해 보자. 우선 TM_1의 기계표에 표기된 모든 사항을 숫자로 표현하면서 0을 다른 숫자로 대체하기 위해 기계표에 있는 모든 기호에 1

을 더한다. 또한 'R', 'L', '멈춤'은 각각 숫자 1, 2, 3으로 표현한다. [표 2]에 제시된 기계표에 대해 이런 방법을 적용하면 다음의 괴델수가 얻어진다. ([표 4] 참조) 숫자들은 〈제어부의 상태 – 현재 기호 – 새로운 기호 – 이동 – 새로운 상태〉 순으로 배열되었다.

[표 4] 괴델수로 표현된 기계표

단계 1	11012	22123	$2^2\,3^2\,5^1\,7^2\,9^3$	A
단계 2	21112	32223	$2^3\,3^2\,5^2\,7^2\,9^3$	B
단계 3	20113	31224	$2^3\,3^1\,5^2\,7^2\,9^4$	C
단계 4	31010	42121	$2^4\,3^2\,5^1\,7^2\,9^1$	D

이제 최종적으로 각 단계의 괴델수 A, B, C, D를 같은 방법으로 부호화하면, TM_1의 기계작동표는 괴델수 'N = $2^A 3^B 5^C 7^D 9^E$'로 부호화된다. 이렇게 얻어진 괴델수 N을 TM_2에 입력하면 그것은 TM_1과 동일하게 작동할 것이다. 이처럼 모든 튜링기계의 괴델수를 읽고 동일하게 작동할 수 있는 튜링기계를 보편 튜링기계(universal Turing machine)라고 한다.

퍼트넘은 마음을 튜링기계로 간주할 수 있고 마음의 작동은 기계 작동표와 같은 프로그램으로 제어할 수 있다고 주장했다.[24] 기능주의에 따르면 튜링기계는 다양한 물리적 구성으로 구현될 수 있다. 또한 튜링기계의 내적 상태를 기술하는 기계작동표가 그것을 구성하는 물리적 요소들을 전혀 언급하지 않고 기계의 작동을 완전히 기술할 수

24 H. Putnam(1975), p. 373.

있는 것처럼 인간의 심적 상태도 물리적 상태에 의존하지 않고 완벽하게 기술될 수 있다.

튜링기계의 작동은 전적으로 기계작동표에 의해 결정되고 같은 기계작동표를 갖는 두 대의 튜링기계(TM_1, TM_2)가 가능하므로 기능적 상태는 물리적 구성과 독립적이다. 즉, TM_1과 TM_2는 물리적 상태가 서로 다르더라도 기능적 상태는 같을 수 있다. 퍼트넘은 이런 경우에 TM_1과 TM_2는 '기능적으로 동형'이라고 규정한다. TM_1과 TM_2가 기능적으로 동형이 되기 위해서는 TM_1이 물리적 상태 P_1에서 기능 상태 M_1으로부터 M_2로 이행하는 경우 TM_2도 물리적 상태 P_2^*에서 기능 상태 M_1^*으로부터 M_2^*로 이행해야 한다. 이처럼 물리적 상태의 차이에도 불구하고 하나의 기능 상태와 다른 기능 상태 간 동일한 관계를 유지하는 대응이 있다면 두 체계는 기능적으로 동형이다.

기능적 동형 개념은 기능 상태에 대한 완벽한 기술이 존재한다는 점을 전제하고 있는데, 튜링기계는 그것에 해당하는 기계작동표를 갖고 있다. 퍼트넘은 인간과 컴퓨터는 서로 다른 물리적 요소들로 구성되어 있지만 기능적으로 동형이라고 주장한다. 퍼트넘이 주장한 기능주의는 튜링기계 개념에 의존한다는 점에서 **기계 기능주의**(machine functionalism)라고 불린다. 기능주의에는 기계 기능주의 이외에도 다른 이론들이 있는데,[25] 그것들은 사고, 욕구, 통증과 같은 심적 상태는 물리적 구성 요소에 의존하는 것이 아니라 인지체계에서 그것이 맡은 기능에 의해 정의된다는 공통점을 갖는다.

---

25 예를 들어, 앞에서 언급한 입력–출력 관계를 심적 사건들에 의해 매개되는 인과관계로 보는 인과 이론적 기능주의(causal-theoretical functionalism)가 있다. (J. Fodor, 1968 참조)

위에서 보았듯이 기능주의는 인간과 기계가 기능 상태에서 동형이라는 근거로 인간은 기계라는 결론에 도달한다. 기능주의에 대한 비판 중 가장 강력한 것은 주관적 감각질(qualia)을 활용한다. 예를 들어 빨간 장미를 보았을 때 느끼는 감각질은 노란 해바라기를 보았을 때 느끼는 감각질과는 다르다. 이제 정상적인 인간과 기능적으로 다르지 않지만, 감각질을 갖지 않은 사람이 있다고 가정해 보자. 정상인이 빨간 장미를 보고 "장미가 예쁘다"라고 말할 때 그 사람 역시 기능적으로 동형이므로 같은 반응을 보이겠지만 정상인이 가진 감각질을 갖고 있지는 않다. 마찬가지로 정상인이 뜨거운 물에 실수로 손을 넣었을 때 즉시 손을 빼고 뜨거움과 관련된 감각질을 가질 때 그 사람도 뜨거움을 느끼고 손을 빼겠지만 뜨거움과 관련된 감각질을 갖고 있지 않다.[26] 이처럼 두 사람이 기능적으로 동일하지만 감각질에 대해 서로 다른 경험을 갖는 일이 가능하다면 기능주의는 인간의 심적 상태에 대한 적절한 이론이 될 수 없다.

기능주의자들은 이런 비판에 대해서 기능적으로 같은 체계들은 같은 감각질을 갖거나 아니면 갖지 않거나 둘 중 하나만이 가능하고 다른 경우는 불가능하다고 대답할 것이다. 즉 기능적으로 같으면서 감각질을 갖는 경우와 같지 않은 경우는 불가능하다는 것이다. 이와 관련된 논쟁을 평가하기 위해서 우리는 "가능하다"라는 개념의 의미를 정확히 규정할 필요가 있다. 기능주의자들이 의미하는 가능성은 어떠한 의미에서의 가능성인가? 그것은 경험적 가능성인가 아니면 논

---

26 이 논증은 '부재한 감각질 논증(Absent Qualia argument)'이라고 한다. 이 외에도 동일한 감각에 대해 체계적으로 서로 다른 감각질을 갖는 경우를 주장하는 '전도된 감각질 논증(Inverted spectrum argument)'도 있다.

리적 가능성인가? 이것은 경험과학적으로 해결할 수 없는 전형적인 철학적 문제이다. 이런 점에서 기능주의가 인간의 심적 상태에 대한 적절한 이론인지 아닌지는 상당한 정도로 가능성에 대한 철학적 논의에 달려 있다는 점이 드러난다.

3

비환원적 유물론

3.1 속성이원론

속성이원론(property dualism)은 인간이 몸과 마음으로 구성되어 있다는 이원론의 기본을 유지하면서도 앞에서 지적된 실체이원론의 문제를 극복하려는 이론이다. 그러기 위해 속성이원론은 마음이 실체라는 점을 부정한다. 속성이원론에 따르면 오직 물질만이 실체이며 마음은 더는 실체가 아니다. 그렇다면 속성이원론에서 마음은 어떤 존재론적 위상을 갖는가?

속성이원론에 따르면 물질만이 실체이며 마음은 실체가 아니다. 뇌는 다른 물리적 대상과 마찬가지로 다양한 물리적 속성을 갖는 동시에 다른 물리적 대상이 갖고 있지 않은 비물리적 속성, 즉 심적 속성을 갖고 있다. 여기서 중요한 점은 심적 속성과 물리적 속성의 관계는 동일성, 수반, 환원의 관계가 아니라는 점이다. 속성이원론은 물리적 속성과 심적 속성이라는 두 가지 속성을 모두 인정한다는 점에서 **이원론**이고, 물질만을 실체로 인정한다는 점에서 **유물론**이며, 심적 속성이 물리적 속성으로 환원 불가능하다고 주장한다는 점에서 **비환원론**이다.[27] 이런 다양한 성격 때문에, 속성이원론은 심신 문제를 해결하고, 의식에 대한 과학적 접근을 지지하면서 의식의 존재론적 독립성을 주장하려는 사람들이 선호하는 이론이다.

이런 장점에도 불구하고 속성이원론은 실체이원론과 마찬가지로 심적 속성과 물리적 속성 간의 관계를 설명해야 하는 어려운 문제를 안고 있다. 만약 그 관계에 대한 적절한 설명을 제시하지 못하면, 속성이원론은 인식론적 신비주의와 크게 차이가 나지 않게 된다. 인식론적 신비주의자들이 그들의 주장을 정당화하기 위해 '인지적 닫힘'과 자연적 한계를 활용할 수 있는 것과는 달리 속성이원론자들은, 마치 데카르트가 정신과 물질 간 상호작용을 설명해야 했던 것처럼, 서로 다른 두 가지 속성 간 상호작용을 설명할 의무가 있다. 속성이원론자들이 그런 설명을 제공할 수 있다면, 그것은 맺는말에서 논의하는 시험 가능성을 갖는 가설이라는 요청을 충족할 수 있고 그 결과 의식에 관한 과학적 탐구를 위한 작업가설로 활용될 수 있다는 점에서 의식철학과 신경과학을 연결할 수 있는 중요한 이론이 될 수 있다.

속성이원론을 지지하는 여러 가지 논증이 있는데 여기서는 그중 두 가지를 살펴보기로 한다. 먼저 잭슨(F. Jackson, 1982)이 제시한 **지식논증**(knowledge argument)을 살펴보자. 시각 경험에 관한 완벽

---

27 여기서 논의된 이원론 외에도 부수현상론(epiphenomenalism)이나 설(J. Searle)의 생물학적 자연주의(biological naturalism)처럼 특정 학자들이 주장한 비실체이원론이 있다.

한 과학적 지식을 가진 신경과학자 메리가 있다. 메리는 평생 흑백으로 된 방에서만 생활해 왔기 때문에 흑백을 제외한 어떤 색도 경험하지 못했다. 그러던 어느 날 메리가 흑백의 방을 나와 정원에 활짝 피어 있는 빨간 장미를 보았을 때 그녀의 지식에 추가된 것이 있는가? 이 질문에 대해 잭슨은 "그렇다"라고 대답했다. 그렇다면 메리는 시각에 관한 모든 것을 알고 있다고 가정되고 있으므로, 그녀가 새로 배운 것은 물리적인 것에 대한 지식일 수는 없다. 그녀가 새로 경험한 것은 '붉은 장미를 보는 것은 어떤 느낌인가(what it is like to see a red rose)'라는 현상적 경험이다. 만약 잭슨의 주장이 옳다면 신경과학은 시각에 관한 완벽한 지식을 제공하지 못한다고 보아야 할 것이다. 그런데 속성이원론자들이 그 주장에 머물지 않고 그 이상을 주장하고자 한다면, 즉, 신경과학이 설명하는 물리적 속성 외에 비물리적 속성이 존재한다고 주장한다면 문제가 발생한다. 왜냐하면 그것은 인식론적 주장으로부터 존재론적 주장을 추론하는 것이기 때문이다.[28] 이런 추론이 정당화되기 위해서는 속성이원론적 전제가 필요한데, 만약 별도의 논증 없이 그런 전제가 추가되면, 논점선취의 오류가 발생한다.

이제 차머스가 제시한 **좀비 논증**(Zombie argument)을 살펴보기로 하자. 좀비 논증에 등장하는 좀비는 철학적 좀비이다. 철학적 좀비는 모든 점에서 정상 인간과 같고 오직 감각질을 갖지 않는다는 점에서만 차이가 나는 존재이다. 좀비 논증은 다음과 같이 전개된다.[29]

[28] B. Loar(1990), M. Tye(1986).
[29] D. Chalmers(1996), pp. 94–99.

a. 철학적 좀비는 상상할 수 있다(conceivable).

b. 만약 어떤 것을 상상할 수 있으면, 그것은 형이상학적으로 가능하다.

c. 그러므로, 철학적 좀비는 형이상학적으로 가능하다.

d. 유물론에 따르면 철학적 좀비는 형이상학적으로 불가능하다. 그러므로, 유물론은 부당하다.[30]

차머스가 좀비 논증을 통해 유물론은 부당하고 속성이원론이 타당하다고 주장하지만, 속성이원론은 유물론으로부터 강력한 반격을 받고 있다. 김재권(J. Kim, 1989, 2005)이 주장하듯이, 속성이원론은 그것이 가정하는 심적 속성과 같은 비환원적 속성의 존재를 정당화시켜 줄 인과 이론을 제시하기가 어렵다. 만약 물리적 세계가 인과적으로 닫혀 있다면, 즉 특정한 물리적 속성의 모든 예화의 원인이 또 다른 물리적 속성의 예화라면, 비물리적 속성은 물리적 세계에서 어떤 인과적 영향도 미치지 못하거나, 아니면 다른 물리적 속성의 예화를 인과적으로 중복 결정한다. 인과적 중복 결정은 배제되어야 하므로 비수반적 속성은 물리적 세계에서 인과적 힘을 상실한다. 그러므로 속성이원론이 주장하는 비환원적 속성은 인과력이 없으므로 물리적 속성의 부수 현상에 불과하다. 이는 곧 속성이원론이 부수현상론의 한 형태라는 점을 의미한다.[31]

지금까지 보았듯이, 신비주의자와 이원론자에게 중요한 문제는 어

---

[30] 좀비 논증에 대한 다양한 비판이 제기되었는데, 그 초점은 좀비 개념의 상상 가능성 및 상상 가능성으로부터 형이상학적 가능성의 유도와 관련되어 있다.

[31] 비환원적 유물론에 대한 김재권의 비판은 9장에서 하향인과와 관련하여 다시 논의한다.

떻게 마음과 의식을 과학적으로 설명할 수 있느냐는 것이다. 이와 관련하여 차머스(1995a)는 과학적 설명의 가능성에 따라 의식의 문제를 **쉬운 문제**(easy problem)와 **어려운 문제**(hard problem)로 구분한다. 쉬운 문제는 인지과학의 표준적 연구 방법을 통해 의식을 계산적이나 신경적 기제에 의해 설명할 수 있다. 쉬운 문제로는 환경적 자극을 구별하고 범주화하고 반응하는 능력, 인지체계에 의한 정보 통합, 심적 상태의 보고 가능성, 자신의 내적 상태에 접근하는 체계의 능력, 주의 집중, 정교한 행동 통제, 각성과 잠의 차이 등이 있다. 이 중 상당수는 현재 인지과학에서 충분히 설명되고 있지 않지만, 원칙적으로 설명될 수 있다는 점에서 '쉬운' 문제에 속한다.

이에 비해 어려운 문제는 인지과학의 표준적 방법으로 설명할 수 없는 문제이다. 차머스는 그중 가장 어려운 문제는 '현상적 의식'에 관한 것이라고 주장한다. 우리가 무언가를 경험할 때 항상 뇌에서 물리적 과정이 진행되고 있는 동시에 주관적 느낌을 경험한다. 이런 주관적 느낌이 바로 네이글이 말한 '무엇으로 사는 것'이고 감각질이다. 쉬운 문제가 '쉬운' 이유는 그것이 인지 기능을 설명하는 문제이기 때문이다. 인지 기능을 설명하기 위해서는 그것을 수행하는 특정한 물리적 기제를 명시하는 것으로 충분하며, 인지과학은 그에 적합한 방법을 갖추고 있다. 이와 반대로 어려운 문제가 진정 '어려운' 이유는 현상적 의식을 경험하는 것이 논리적으로 물리적 사실에 의해 함축되지 않는다는 데 있다.

3.2 표상주의

속성이원론이 현상적 의식을 중심으로 의식의 문제에 접근하는
데 비해, 두 번째 비환원적 유물론은 현상적 의식보다 더 오랜 개념
적 역사를 갖는 표상(representation)과 지향성(intentionality)을 통해 의
식의 문제에 접근한다. 여기에는 크게 두 가지 이론, **표상주의**(repre-
sentationalism)와 **고차사고 이론**(high-order thought theory)이 있다.

표상주의는 의식을 표상의 형태로 간주한다.[32] 의식과 표상의 관
계에 따라 표상주의는 다시 강한 이론과 약한 이론으로 구분된다. 강
한 표상주의에 따르면, 심적 상태의 현상적 특징인 의식은 표상적 상
태와 같거나 그것에 수반한다(M. Tye, 1995). 반면에 약한 표상주의에
따르면, 의식은 표상의 내용뿐만 아니라 표상의 특징(태도와 양상)에
의해 결정된다(T. M. Crane 2001, 2009).[33]

표상주의는 이처럼 일반적으로 비환원론적 형태로 제시되지만, 유
물론적 동기에서 제안되기도 한다. 왜냐하면 현상적 의식을 표상적
속성으로 환원할 수 있다면, 표상적 속성을 기능적 역할이나 뇌의 물
리적 속성으로 환원하는 길은 이미 기능주의를 통해 확보되었기 때
문에, 현상적 의식이 뇌의 기능이나 속성으로 환원될 수 있고, 결과

---

[32] F. Dretske(1995), M. Tye(1995), A. Byrne(2001), D. Chalmers(2004), T. M.
Crane(2009).

[33] D. Chalmers(2004)는 그것을 '순수 지향주의(pure intentionalism)'와 '비순수 지향
주의(impure intentionalism)'로 구분했다. 모든 심적 표상이 의식되는 것은 아니며,
N. Block(1990)이 '전도된 지구 논증(Inverted Earth argument)'에서 주장하듯이, 현
상적 의식은 같지만, 심적 표상은 다를 수 있다. 이에 대한 표상주의자의 답변은 M.
Tye(1995)의 패닉 이론(PANIC theory) 참조.

적으로 의식의 문제가 유물론적으로 해결될 수 있기 때문이다. 그렇지만 표상주의는 위에서 보았듯이 주로 현상학적 동기에서 주장된다. 예를 들어 표상주의는 마음이 관점을 갖는 것으로 보아야 한다는 견해(T. M. Crane, 2001)나 모든 심적 사실은 표상적 사실이라는 견해(F. Dretske, 1995)에 의해 촉발될 수 있다. 이처럼, 표상주의는 강한 이론이건 약한 이론이건 간에 유물론과 비유물론에 걸쳐 있는 폭이 넓은 이론이다.

고차사고 이론은 로젠탈(D. Rosental)이 제시한 이론으로, 심적 상태는 사고 주체가 그것에 대해 적절한 방식으로 고차적으로 사고할 때 의식이 된다고 주장한다.[34] 더 정확히 표현하면, 사고 주체 S의 심적 상태 M이 의식이 되는 것은 오직 S가 또 다른 표상 M*을 갖고 있을 경우이다. (여기서 M*은 M에 대한 적절한 고차 표상이다.) 이처럼 1차 사고 M은 S가 그것에 대해 실제로 생각하고 있을 때, 즉 고차 사고 M*을 갖고 있을 때, 의식이 된다.

그러나 심적 상태가 의식이 되기 위해서는 S가 M을 항상 생각하고 있어야 한다는 조건은 지나치게 강한 조건으로 보인다. 우리는 고차 사고를 하지 않을 때도 무언가를 의식할 수 있다는 점을 경험적으로 익히 알고 있다. 이런 이유로 고차사고의 조건을 다르게 보는 이론들이 등장했다. 예를 들어 M이 의식이 되는 것은 S가 M을 사고할 **경향**이 있는 경우라고 주장하는 이론이나(P. Carruthers, 2003), 고차 관계는 사고의 영역이 아니라 지각의 영역에서 나타난다고 보는 이론이

---

[34] D. Rosental(1986, 2005).

있다(W. Lycan, 1996).

지금까지 살펴본 이원론과 비환원적 유물론에 속하는 이론들은 철학자들에게 많은 지지를 받고 있음에도 불구하고 신경과학 연구자들에게는 크게 인기가 없다. 하나의 예외가 있는데 그것은 바로 고차사고 이론이다. 고차사고 이론은 맺는말에서 논의하듯이 의식철학과 신경과학을 연결할 수 있는 이론으로 주목받아 왔다. 아래 [그림 3]에서 볼 수 있듯이 에덜먼(G. E. Edelman, 1992)은 언어 영역과 개념 영역의 관계를 통해 고차사고의 신경적 과정을 구체적으로 제시한다.

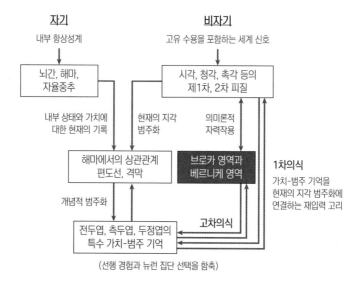

[그림 3] 고차의식 스키마
(G. E. Edelman, 1992, p. 132)

위의 그림에서 나타난 자아 개념과 고차의식 개념이 발달하기 위해서는 사회적 관계가 고려되어야 한다. 타인과의 상호작용을 통해 획득되는 기호적 관계에 관한 장기기억은 자아 개념에 매우 중요하다. 그런 획득에 이어 자아 및 비자아와 관련된 문장들의 범주와 1차 의식 안에서의 사건들에 대한 자아 및 비자아의 관계가 성립된다. 의미 자동처리(semantic bootstrapping)를 통해 새로운 종류의 기억이 형성되면 폭발적인 개념 증가가 발생하고 그 결과 자아 개념이 1차의식과 연결되고, 고차의식이 가능해진다.

표상주의가 심적 상태의 본성으로 의식을 설명하는 데 비해 고차사고 이론은 심적 상태에 관한 표상으로 의식을 설명한다. 다시 말하면 전자는 1차 이론이고, 후자는 2차 이론이다. 표상주의의 경우, 일부 심적 상태는 그것의 지향성에 의해 의식이 되는 데 비해 고차사고 이론의 경우 심적 상태는 오직 그것이 또 다른 심적 상태의 대상이 될 때만 의식이 된다. 여기서 우리는 고차사고 이론에 대한 블록(N. Block)의 비판에 유의할 필요가 있다. 블록은 의식을 현상적 의식(phenomenal consciousness)과 접근 의식(access consciousness)으로 구분한다.[35] 현상적 의식은 감각 경험을 통해 나타나는 것으로, 감각, 느낌, 지각, 사고, 욕구, 정서 등을 포함하지만 인지와 지향성은 배제된다. 접근 의식은 추리, 행위, 발화를 직접 의식적으로 통제하는 데 이용되는 것으로, 보고 가능성을 갖는다. 블록에 따르면, 그 두 가지 의식은 다른 하나가 없이도 작용한다. 만약 블록의 주장이 옳다면, 고차사고 이론은 난처한 상황에 직면하게 된다. 왜냐하면, 그 이론에 따르면 의식은 접근 의식인 데 비해 블록에 따르면 접근 의식이 없는 현상적 의식이 가능하기 때문이다.

---

35 N. Block(1995), pp. 382-386.

3.3 개별자 동일론

동일론의 두 번째 종류인 개별자 동일론에 따르면, 개별자의 심적 상태는 각기 다른 두뇌 상태에 대응한다. 유형 동일론과 개별자 동일론은 심적 상태와 두뇌 상태가 동일하다는 것을 공통으로 주장하지만, 심적 상태와 두뇌 상태의 대응 방식에 대해 입장을 달리한다. 유형 동일론에 따르면, 특정 유형의 심적 상태(예를 들어 고통)는 항상 특정 유형의 두뇌 상태와 동일하다. 그러나 개별자 동일론에 따르면, 특정 유형의 심적 상태는 개별자 x_1의 경우에는 두뇌 상태 B_1이고, 개별자 x_2의 경우에는 두뇌 상태 B_2일 수 있다. 개별자 동일론의 대표적인 예는 데이비드슨(D. Davidson, 1970)의 무법칙적 일원론(anomalous monism)이다. 무법칙적 일원론에 따르면, 동일한 심적 상태에 대응하는 물리적 상태의 대응이 무법칙적이므로 심적 속성은 물리적 속성으로 환원 불가능하고 그 결과 의식에 대한 일반법칙은 성립될 수 없다.

동일론은 흔히 물리주의(physicalism)로 이해되고 있는데 양자는 구별할 필요가 있다. 물리주의는 세계는 물리적 요소로 구성되어 있다고 주장한다. 20세기에 들어 여러 가지 종류의 물리주의가 등장했는데, 그중 첫 번째는 1930년대 논리실증주의자들이 제시한 물리주의이다.[36] 카르나프(R. Carnap)는 주관적 기초관찰문장(protocol-sentence)은 상호 주관적인 물리학의 언어로 번역될 수 있다고 주장했다. 이 주장은 나중에 모든 문장은 물리학의 언어로 번역될 수 있

---

36 O. Neurath(1931) and R. Carnap(1932-1933).

다는 견해로 확장되었다. 이런 견해를 언어적 물리주의(linguistic physicalism)라고 하자. 앞에서 논의한 철학적 행동주의는 바로 언어적 물리주의가 심리 영역에 적용된 형태이다. 물리주의는 문장이 아니라 존재에도 적용될 수 있다. 존재론적 물리주의(ontological physicalism)에 따르면, 존재하는 것은 모두 물리적이다. 즉 모든 존재는 물리적 요소로 구성되어 있다. 존재론적 물리주의는 신비주의나 속성이원론과 양립 가능하며, 전통적인 유물론의 20세기 형태이다. 세 번째 물리주의에 따르면 존재하는 모든 것은 물리학의 언어로 완벽하게 기술될 수 있다. 세 번째 물리주의는 심적 상태를 기술하는 이론은 신경과학으로 환원되어야 한다고 주장하는 환원론이나 신경과학으로 환원될 수 없는 이론은 제거되어야 한다고 주장하는 제거론으로 나타났다. 유형 동일론과 개별자 동일론은 각각 환원적 물리주의와 비환원적 물리주의에 속한다. 그러나 그 양자가 정확히 일치하는 것은 아니다. 왜냐하면, 환원적 물리주의와 비환원적 물리주의는 여기서 검토된 두 가지 종류의 동일론 외에도 다른 이론을 포함할 수 있기 때문이다. 예를 들어, 속성이원론은 비환원적 물리주의에 속한다.

환원적 유물론과 비환원적 유물론 중 어느 입장이 더 올바른 이론인지에 대해 철학자들뿐만 아니라 신경과학자들 사이에도 논쟁이 전개되고 있다. 물리주의자들은 신경과학이 앞으로 계속 발전할 것이고 적절한 시기에 이르면 물리주의에 우호적인 증거들이 나타날 것이므로 환원적 유물론이 올바른 입장이라고 주장한다.[37] 그러나 헴

---

37 이런 낙관적 태도는 P. S. Churchland의 공진화적 환원(co-evolutionary reduction)에

펠(Hempel, 1969)이 지적했듯이 물리주의자들의 이런 낙관적 태도는 '이론가의 딜레마'(theoretician's dilemma)에 처하게 된다. 만약 물리적 대상을 우리가 현재 보유하고 있는 최상의 신경과학이 기술하는 것으로 본다면 신경과학은 마음을 제대로 설명할 수 없다. 이와 반면에 물리적 대상을 미래의 이상적인 신경과학이 기술할 수 있는 모든 것이라고 보면 거기에는 마음이 포함되겠지만 그렇게 기술되는 마음에 대해 우리는 현재 전혀 알 수 없으므로 후자의 대답은 공허하다. 첫 번째 선택지에서는 마음이 신경과학의 연구 대상이 될 수 없다는 점에서 그 존재가 부정된다. 그렇다면 마음은 다른 과학의 탐구 대상은 될 수 있는가? 예를 들어 마음은 인지과학의 연구 대상이 될 수 있지 않겠는가? 실제로 다수의 인지과학자가 인지과학을 마음을 연구하는 분야로 보고 있으며, 그것의 주요 연구 주제로 지각, 사고, 기억, 이해, 학습 및 다른 심적 현상을 꼽고 있다.[38] 그렇다면 신경과학은 뇌와 신경계를 연구하는 분야로 국한되고 마음의 존재를 전제하는 인지과학, 인지심리학, 인지생물학 등과 같은 인접 분야들과 학문적으로 잘 소통하지 못하는 문제가 나타난다. 그 결과 신경과학은 현대과학의 이론 망으로부터 고립된다. 미래의 발전된 신경과학은 마음을 설명할 수 있을 것이라는 두 번째 선택지는 경험적으로 검사되어야 할 주장이므로 현재로서는 우리는 그 주장의 진위를 판단할 수 없다. 그러나 마음의 존재를 부정하는 태도에 대한 정당성의 근거를 미래의 발전된 신경과학에서 찾는 태도는 현재의 논란을 단순히 벗어나

___

서 나타난다. 처칠랜드의 주장은 환원 문제와 연결하여 7장에서 자세히 논의한다.
[38] N. A. Stillings, S. E. Weiser, C. H. Chase, M. H. Feinstein, J. L. Garfield, and E. L. Rissland eds.(1995), p. 1.

는 방편에 불과하다. 신경과학은 계속 발전하겠지만 그 발전 방향이
반드시 물리주의를 지향하는 방향일 것이라고 단정할 수는 없다.

제2부

—

인지과학

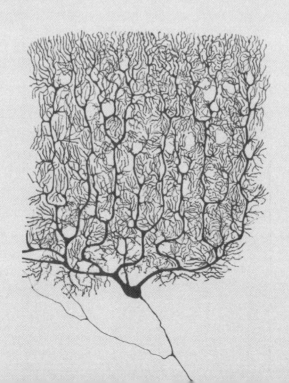

4

기호주의

4.1 핵심 가설

인지과학(cognitive science)은 마음 및 그와 관련된 인지, 기억, 학습, 언어, 지각, 정서를 비롯한 다양한 주제를 연구하기 위해 철학, 언어학, 심리학, 인류학, 인공지능, 신경과학 등이 참여하는 매우 학제적인 분야이다. 인지과학을 구성하는 분야 중에는 인공지능, 신경과학, 인류학을 축으로 하는 '딱딱한' 영역과 언어학과 심리학을 축으로 하는 '연한' 영역이 있는데 철학은 그 두 영역을 연결하여 이론 생산에 참여하는 동시에 그들의 이론적 토대를 탐구하는 역할을 맡고 있다.

특정 학문의 기원으로 간주되는 학회 출범과 학술지 발행을 고려할 때 인지과학의 태동은 1980년대 후반으로 볼 수 있다.[1] 인지과학은 태동 이후 두 가지 연구 프로그램이 경합해 왔다.[2] 첫 번째 연구 프로그램은 기호주의(symbolism)인데,[3] 그것은 인지를 세계에 대한 기호적 표상(symbolic representation)을 계산하는 과정으로 본다. 기호주의에 따르면, 심적 상태는 기호적 표상이고, 심적 과정은 그런 표상들을 순차적으로 계산하는 과정이다. 표상을 구성하는 근본 요소는 기호이며, 기호적 표상들은 산출 규칙(production rule)과 같은 명시적으로 규정된 규칙에 따라 처리된다. 여기서 중요한 것은 인지에 대한 분석은 표상들이 처리되는 계산적 수준에서 이루어져야 한다는 점이다. 이처럼 기호주의는 인지를 기호적 관점에서 분석하고 설명한다. 기호주의는 추리, 지식, 기억 과정을 기호라는 '원자'로 구성되어 있다고 보고, 의미가 부여될 수 있는 단위인 '분자'를 기호들로 구성된 표상이라고 봄으로써 전통적인 명제중심적인 사고방식을 계승했다.

기호주의를 구성하는 다음과 같은 세 가지 핵심 가설이 있다.

- 사고언어 가설(language of thought hypothesis): 사고는 심성 언어에서 표상되며, 그런 표상은 생산성, 체계성, 조합성을 갖는다. (J. Fodor, 1975)
- 물리적 기호체계 가설(physical symbol system hypothesis): 물리적 기호체계는 일반적 지능 행위를 위한 필요충분조건이며, 지능은 구문론적 규칙들에 따른 기호 조작의 과정이다. (A. Newell and

---

1 학술지 〈Cognitive Science〉는 1972년에 발행되었고, "인지과학회(Cognitive Science Society)"는 1979년에 창립되었다.
2 인지과학의 역사에 대한 설명은 W. Bechtel, A. Abrahamsen, and G. Graham(1988) 참조.
3 기호주의의 핵심인 인공지능의 기원은 1956년에 개최된 다트머스 회의(Conference of Dartmouth)로 거슬러 올라간다.

H. Simon, 1976)

- 기호적 구조 가설(symbolic architecture of cognition): 컴퓨터의 구
조는 인지구조에 적용될 수 있다. (J. R. Anderson, 1995; A. Newell,
P. Rosenbloom, and J. Laird, 1989)

사고언어 가설에 따르면, 사고는 인간 뇌에서 물리적으로 구현된
기호적 체계인 사고언어에서 이루어지고, **명제태도**를 통해 외부 세
계와 관련된다. 예를 들어 "사람 S가 명제 P를 믿는다"라는 명제에
서 S는 P에 대한 명제태도(믿음)를 보인다고 한다. 사고언어 가설의
지지자들은 명제태도에 의해 사고와 행동 간 관련성을 설명할 수 있
다고 생각한다. 예를 들어, 철수가 집에 오자마자 냉장고 문을 여는
행동은 그가 시원한 물을 마시고 싶기 때문이라고 설명된다. 여기서
"왜 철수가 집에 오자마자 냉장고 문을 열었는가?"라는 질문은 "'철수
가 시원한 물을 마시고 싶다'라는 심적 상태에 있다"라는 것과 "철수
는 '냉장고에 시원한 음료수가 있다'라고 믿는다"라는 명제태도를 이
용하여 설명된다. 우리가 가진 다양한 명제태도는 사고언어에서 표
상되는데 그런 표상을 심적 표상(mental representation)이라고 한다.
사고언어 가설에 따르면, 심적 표상은 본질적 특성으로 생산성
(productivity), 체계성(systematicity), 조합성(compositionality)을 갖는
다. 여기서 생산성은 무한히 많은 사고가 사고언어에서 생산될 수 있
다는 것을 의미하고, 체계성은 특정 문장을 생산하는 능력은 본질에
서 다른 문장을 생산하고 이해하는 능력과 체계적으로 연관되어 있
다는 것을 의미한다. 예를 들어 어떤 사람이 "철수는 영희를 사랑한
다"라는 문장을 표현할 수 있다면 그는 "소영이는 영희를 사랑한다"

라는 문장을 표현할 수 있다. 체계성이 구문론적 특징이라면 조합성은 의미론적 특징이다. 조합성은 체계적으로 연관된 사고들은 의미론적으로도 연관되어 같은 의미론적 요소들로부터 구성된다는 것을 의미한다. 예를 들어 "철수는 영희를 사랑한다"를 생각하는 능력은 "영희는 철수를 사랑한다"를 생각하는 능력과 관련되지만 "2 + 3 = 5"를 생각하는 능력과는 관련이 없다.

물리적 기호체계 가설에 따르면, 컴퓨터(정확히 말하자면, 폰 노이만 방식의 컴퓨터)는 물리적 기호체계로서, 물리적 패턴으로서의 기호, 기호들의 구조로서의 표현, 표현에 대한 작동으로서의 과정으로 구성된다. 물리적 기호체계에 대한 의미론은 지시(designation)와 해석(interpretation)의 두 단계로 구분된다. 여기서 표현이 기호체계에 주어져 체계가 대상에 영향을 미치거나 그 대상에 의존하는 방식으로 작용할 때 해당 표현은 그 대상을 지시한다고 정의된다. 또한 표현이 과정을 지시하고 표현이 주어지면 체계가 과정을 처리할 때 해당 체계는 그 표현을 해석한다고 정의된다. 이러한 개념적 틀을 토대로, 뉴얼과 사이먼(A. Newell and H. Simon, 1976)은 물리적 기호체계는 일반적인 지능적 행동을 위한 필요충분조건이라고 주장했다.

사고언어 가설과 물리적 기호체계 가설은 **인지구조**(cognitive archi-tecture) 개념을 통해 물리적으로 구현될 수 있다. 인지체계의 '구조'란 기본 작동, 자원, 기능, 원리를 포함하며, 그것들의 정의역과 치역은 해당 유기체의 표상 상태를 의미한다.[4] 여기서 우리는 앞에서 제시된 모든 항목이 구조 개념과 관련되어 있음을 알 수 있다. 포더와 필리

---

4 J. Fodor and P. Pylyshyn(1988), p. 10.

쉰이 제시한 구조 개념은 기호주의를 위한 것이지만 그것을 약간 수정하면 인지구조에 대한 일반적 정의로 만들 수 있다.[5] 가장 쉬운 방법은 그들의 설명에서 '표상 상태'라는 말을 '이러저러한 상태'로 대체하여 인지체계의 구성은 기본 작동, 자원, 기능, 원리이며, 그것들의 정의역과 치역은 해당 유기체의 이러저러한 상태이다"로 수정하는 것이다. 기호주의적 인지구조는 ACT*(J. Anderson, 1995)와 SOAR(A. Newell, P. Rosenbloom, and J. Laird, 1987)로 대표되는데, 여기서는 소어(SOAR)를 검토하기로 한다.

[그림 4]에 나타나듯이, 소어의 특징은 인지를 지식과 지각이라는 두 가지 요소로 구분하고, 지식을 장기지식(long term knowledge)과

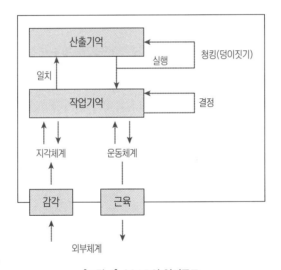

[그림 4] SOAR의 인지구조
(A. Newell, P. Rosenbloom, and J. Laird, 1989, p. 111)

---

5 예를 들어 '이러저러한 상태'를 '신경 상태'로 대체하면 그것은 연결주의적 인지구조에 관한 정의가 된다.

단기기억(short term memory) 또는 작업기억(working memory)으로 구분하는 데 있다. 장기지식은 "[   ] → [   ]"로 표현되는 산출 규칙으로 구성된다. 산출 규칙은, 예를 들어 "if P, then Q (0.7)"로 표현되는데 여기서 P와 Q는 각각 산출을 위한 조건과 행동이고 숫자 0.7은 행동이 나타날 확률을 의미한다. 조건은 작업 지식과 대조되어 양자가 일치하면 행동이 산출되고, 이어서 더하기, 지우기, 수정하기와 같은 과정을 통하여 작업기억의 내용이 변화된다. 물론 양자가 일치하지 않으면 어떤 행동도 산출되지 않는다. 산출 규칙은 논리학의 기본 추론 규칙의 하나인 전건긍정 규칙(modus ponens), "P → Q and P, therefore Q"과 형식적으로는 동일하지만 그 운용 방식은 매우 다르다. 즉, 전건긍정 규칙에서는 "P → Q"와 "P"가 전제인 데 비하여 산출 체계에서는 "P → Q"는 규칙이고 "P"는 지각 내용이다. 따라서 "P → Q"라는 규칙이 작동하기 위해서는 작업기억에 P가 있는지를 확인하는 대조가 필요한데, 경험으로부터 유래한 P가 어떻게 명제적으로 부호화(encoding)되는지, 어떤 방식으로 P가 장기지식을 구성하는 산출 규칙과 비교되는지를 설명하는 것이 기호주의적 인지구조 가설이 해결해야 할 중요한 과제이다.

4.2 중국어방 논증

기호주의는 1980년대부터 지금까지 인공지능과 인지과학을 주도하는 연구 프로그램이다. 그동안 기호주의는 다양한 종류의 비판을 받아왔는데, 비판의 초점은 마음이 컴퓨터처럼 규칙에 따라 기호를 조작하는 체계라는 주장에 맞추어져 있다. 인지과학의 역사를 돌이켜 볼 때 기호주의는 이와 관련된 문제로 점차로 지배적 연구 프로그램의 위상을 상실하기 시작하면서 '컴퓨터로서의 마음'이라는 주장도 설득력을 잃게 된다.

　매카시(J. McCarthy)와 민스키(M. Minsky)를 비롯한 인공지능 개척자들의 낙관적인 견해와는 대조적으로 인간 지능은 원리적으로 불가능하다고 보는 입장이 있다. 드레이퍼스(H. L. Dreyfus, 1972)와 설(J. Searle, 1980)은 그런 입장을 대표하는 철학자이다. 설은 인공지능의 불가능성을 주장하기 위해 먼저 인공지능을 **약한 인공지능**(weak AI)과 **강한 인공지능**(strong AI)으로 구분한다. 약한 인공지능은 컴퓨터가 인간 마음과 인지를 연구하는 데 있어 매우 효율적인 수단과 방법을 제공한다고 보는 입장이다. 약한 인공지능은 "컴퓨터가 마음을 갖는다"와 같은 존재론적 주장을 하지 않고 단지 "컴퓨터는 마음을 연구하는 데 유용한 도구이다"와 같은 방법론적 측면을 강조한다. 이에 대해 강한 인공지능은 인공지능 컴퓨터는 인간의 심적 상태를 구현한다는 의미에서 문자 그대로 마음을 갖는다고 주장한다. 설이 비판하는 것은 강한 인공지능이다.

　강한 인공지능의 지지자들은 심적 상태를 구현하는 컴퓨터를 개발하기 위해 자연언어 이해 분야에 주력해 왔다. 그들이 이 분야에 주력한 데에는 분명한 이유가 있었는데, 기계가 인간처럼 자연언어를 이해할 수 있다면 그것은 쉽게 튜링검사를 통과할 수 있다고 보았기 때문이다. 자연언어를 이해할 수 있는 프로그램을 개발하려는 노력의 결과 실제로 성공적인 인공지능 프로그램들이 등장했다.

　설(1980)은 그런 인공지능 프로그램들이 실제로 자연언어를 이해하지 못한다는 점을 주장하기 위해 **중국어방 논증**(Chinese room argument)이라고 불리는 사고실험을 제시했다. 중국어방 논증은 다음과 같이 전개된다. 우선 중국어를 전혀 이해하지 못하는 사람이 방 안에 앉아 있다고 가정해 보자. 그 사람이 앉아 있는 방 안에는 입력창과 출력창이 하나씩 있다. 방 외부에 있는 사람은 입력창을 통해 방 안에 있는 사람에게 중국어로 쓰인 질문지를 제시하는데 방 안에 있는 사람은 입력창을 통해 들어온 질문에 중국어로 대답해야 한다. 그런데 방 안의 사람은 중국어를 읽거나 쓰지 못하고 이해하지도 못하기 때문에 그에게는 질문을 완벽하게 처리할 수 있는 영어로 쓰인 규정집과 중국어로 쓰인 대답들이 들어 있는 자료집이 주어졌다. 그런 규정집과 자료집을 만들 수 있는지는 여기서 문제 삼지 않기로 한다. 방 안의 사람은 중국어로 작성된 질문에 대해 규정집에 따라 자료집에서 적절한 대답을 선택하여 출력창을 통해 방 밖으로 내보낸다. ([그림 5] 참조)

이 경우 질문자는 방 안에 있는 사람이 중국어를 잘 이해한다고 생각할 수 있지만, 방 안의 사람은 실제로 중국어를 전혀 이해하지 못한다. 그는 단지 규정에 따라서 기계적으로 중국어로 된 대답을 선택

[그림 5] 중국어방 논증
(S. Blackmore, 2018, p. 327)

하여 방 밖으로 내보내고 있었을 뿐이다. 이제 방 안의 사람을 컴퓨터로 대치했다고 가정하자. 이 경우 중국어 대답이 들어 있는 자료집은 데이터베이스에 해당하고, 규정집은 컴퓨터 프로그램에 해당한다. 이 새로운 상황에서 방 안에 있는 컴퓨터는 중국어를 전혀 이해하지 못하지만 프로그램에 따라 대답을 처리할 수 있고, 방 외부에 있는 사람은 컴퓨터가 중국어를 이해하는 것으로 생각할 것이다.

설이 중국어방 논증을 통해 주장하는 것은 "컴퓨터가 중국어를 이해한다"라는 생각은 잘못이라는 점이다. 컴퓨터는 결코 중국어를 이해하지 못한다. 그렇다면 컴퓨터가 하는 일은 정확히 무엇인가? 설에 따르면 컴퓨터는 단지 입력창을 통하여 방으로 들어온 기호들을 프로그램이 제공하는 규칙에 따라서 처리한다. 즉 컴퓨터는 기호들에 대한 이해가 전혀 없이 그것들을 단지 구문적으로 조작할 뿐이다. 강한 인공지능에 대한 설의 비판은 다음과 같이 정리할 수 있다.

a. 컴퓨터 프로그램은 순전히 형식적이고 구문론적 체계이다.
b. 인간 마음은 심적 내용, 즉 의미론을 갖는다. 사고, 믿음, 욕구와 같은 심적 상태는 세계에 존재하는 대상이나 사태와 같은 "무엇에 대한 것"이다. 마음이 갖는 이런 특징을 지향성(intentionality)이라고 한다. 마음은 외부에 있는 대상과 사태를 지향한다.
c. 구문론은 그 자체만으로는 의미론을 구성하지 못한다.
d. 그러므로, 컴퓨터 프로그램은 마음을 구성하지 못한다.

위의 결론 (d)는 강한 인공지능이 구현될 수 없다는 것을 함축한다. 설에 따르면 어떤 체계가 심적 상태를 가지려면 형식적이고 구문론적 요소 이외에도 의미론적 내용을 갖고 있어야 한다.

이제 설의 중국어방 논증을 튜링검사와 연결해 보자. 강한 인공지능의 지지자들은 튜링검사를 통과할 수 있는 대표적인 프로그램으로 프로그램 **일라이자**(ELIZA)를 꼽는다. 그러나 설은 중국어방 논증이 프로그램 일라이자를 포함하여 인간 지능을 모의할 수 있다고 주장되는 모든 프로그램에 해당한다고 본다. 설에 따르면 인공지능 프로그램이 이야기를 이해하는 것처럼 보일 수 있겠지만 그런 생각은 단지 프로그램에 대한 근본적 오해 때문에 발생한다. 컴퓨터는 구문론적 조작을 할 뿐이므로 그것은 처리되고 있는 기호들에 대해 지향성을 갖고 있지 않으며 그 결과 기호들을 이해할 수 없다. 이런 결론은 특정 인공지능 프로그램이 튜링검사를 통과했다고 인정받더라도 그것이 자연언어를 이해한다고 볼 수는 없다는 점을 함축한다. 자연언어를 이해하는 것은 인간 지능의 근본적인 특징이다. 따라서 설에 따르면 튜링검사는 기계가 생각할 수 있는지에 대한 적절한 평가 기준이 될 수 없다.

4.3 한국어방 논증

중국어방 논증은 많은 후속 논의를 낳았다. 강한 인공지능의 지지자들은 중국어방 논증에 대해 다양한 반론을 제시했는데, 그중 가장 유력한 것으로 '시스템 답변(systems reply)'이 있다.[6] 시스템 답변의 요지는 다음과 같다. 방 안에 있는 사람은 중국어를 이해하지 못하지만, 그는 더 큰 시스템의 한 부분(중앙처리장치)이다. 그 더 큰 시스템은 중국어로 된 질문에 제대로 대답하는 데 필요한 데이터베이스, 메모리, 처리 지침을 갖추고 있다. 그러므로 방 안에 있는 사람은 중국어를 이해하지 못하지만, 전체 시스템인 '방'은 중국어를 이해한다고 보아야 한다.

시스템 답변 이외에도 중국어방 논증에 대한 다양한 비판이 있는데, 우리는 여기서 설의 중국어방 논증을 비판하고 강한 인공지능을 주장하는 한 가지 흥미로운 주장을 살펴보기로 한다. 셰익스피어 문학을 전공하는 한국인 교수가 있다고 하자. 그는 영어를 전혀 이해하지 못하지만 셰익스피어에 대한 세계적인 권위자로 인정받고 있다. 어떻게 그럴 수 있는가? 그 한국인 교수는 셰익스피어의 작품을 한국어 번역을 통하여 연구했고, 셰익스피어에 대한 논문을 한국어로 작성하고 다른 사람이 그의 논문을 영어로 번역하여 유명 학술지에 투고했고 놀랍게도 세계적인 셰익스피어 권위자들은 그의 논문을 높이 평가했다. 이 논증이 제기하는 문제는 한국인 교수가 영어를 이해했는지가 아니다. 그는 분명히 영어를 이해하지 못하지만 셰익스피어를 이해한다고 보아야 한다는 것이다. 이 논증은 **한국어방 논증**(Korean Room argument)으로 알려져 있다.

한국어방 논증을 제시한 라파포트(W. Rapaport, 1988)는 한국인 교수가 셰익스피어를 이해하고 있다고 주장한다. 또한 그는 자연언어

---

6 설은 시스템 답변을 자신의 논문(1980)에서 제시하면서 그 지지자로 스크립트(Script)를 개발한 예일대학의 섕크(R. Schank)를 지목했다. 시스템 답변의 지지자로는 데닛(D. Dennett, 1980), 포더(J. Fodor, 1980), 블록(N. Block, 1998), 커즈와일(R. Kurzweil, 2012) 등이 있다.

이해 프로그램을 성공적으로 구현하는 컴퓨터는 자연언어를 이해하고 있다고 보아야 한다고 주장한다. 여기서 우리는 중국어방 논증과 한국어방 논증의 차이점에 주목할 필요가 있다. 중국어방 논증을 다음과 같이 변환해 보자. 즉 방 안에 있는 한국인 교수가 입력창을 통해 셰익스피어 작품에 대해 영어로 쓰인 질문을 받고 있다고 가정해 보자. 그는 영어를 전혀 이해하지 못하므로 번역기를 이용하여 질문 내용을 이해하고 그 질문들에 대한 대답을 만들어 다시 번역기를 이용하여 대답을 출력창으로 내보냈다. 그의 대답은 셰익스피어 작품에 대한 매우 훌륭한 이해를 제공한다는 호평을 받았다. 여기서 우리는 한국인 교수는 분명히 셰익스피어를 이해하고 있다고 인정해야 한다.

한국어방 논증은 시스템 답변과 동일한 주장을 하지만 양자의 논증 구조는 다르다. 시스템 답변에서 방 안에 있는 사람은 중국어를 이해하지 못하지만 그를 포함한 전체 방(시스템)은 중국어를 이해한다. 한국어방 논증에서 한국인 교수는 영어로 된 셰익스피어 작품을 읽지는 못하지만 번역기를 통해 셰익스피어 작품을 이해하고 있다. 이런 점에서 한국어방 논증은 시스템 답변에 비해 더 강력한 답변에 해당한다. 중국어방의 사람은 중국어를 이해하지 못하지만, 한국어방 교수는 셰익스피어 작품을 실제로 '이해하기' 때문이다. 셰익스피어 작품을 이해하는 데 있어 언어는 수단이며 한국인 교수는 그런 수단적 한계를 번역기라는 다른 수단을 통해 극복하고 있다. 한국어방 논증이 주장하는 것은 완전한 이해는 방 안에 있는 사람이 아니라 사람을 포함한 전체로서의 시스템이라는 점과 컴퓨터는 그런 시스템 중 하나라는 점이다.

5

연결주의

연결주의(connectionism)는 1950년대에 맥컬럭과 피츠(W. McCul-loch and W. Pitts, 1943)에 의해 인지 이론으로서 제안되었고 그들의 이론은 로젠블랫(F. Rosenblatt, 1958)에 의해 퍼셉트론(Perceptron) 이론으로 발전했다.[7] 그러나 민스키와 페퍼트(M. Minsky and S. Papert, 1969)는 입력층과 출력층이라는 두 개의 층으로 이루어진 퍼셉트론은 특정 유형의 문제, 예를 들어 배타적 선언(exclusive or, XOR) 함수를 처리할 수 없다는 점을 증명함으로써 당시 활발히 연구되기 시작한 연결주의에 치명타를 가했고 그 결과 연결주의는 거의 20년 동안 연구자들의 관심을 벗어났다. 그러나 1980년대에 들어 연결주의자들이 입력층과 출력층 외에 **은닉층**(hidden layer)을 도입하여 배타적 선언 문제

---

7 로젠블랫의 퍼셉트론은 맥컬럭과 피츠가 제시한 형식적 뉴런(formal neuron) 이론에 나중에 가중치로 발전한 강도(strength) 개념을 도입한 것이다. 로젠블랫은 강도의 변화로 퍼셉트론의 반응을 조절할 수 있음을 보였다.

를 해결하고, 학습을 효율적으로 처리하기 위해 델타 규칙과 역전파 (back propagation) 학습을 도입함으로써 연결주의는 부활하게 된다.

연결주의는 기본적으로 두뇌의 구성과 작동 원리에 기반을 둔 이론이다. 인간 뇌에는 약 1,000억 개의 신경세포(neuron)가 있는데, 그 중 약 200억 개는 뇌의 바깥 부분인 신피질에 위치한다. 인간 뇌의 기능을 이해하기 위해서는 1,000억 개라는 엄청난 수의 신경세포가 존재한다는 것과 더불어 신경세포 간 연결 방식을 고려할 필요가 있다. 뇌 안의 개별 신경세포들은 각각 1,000~20,000개의 다른 신경

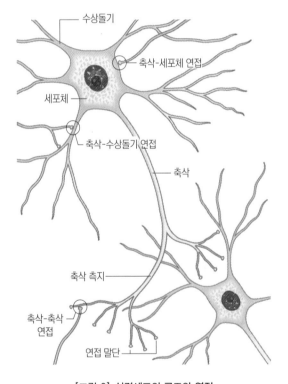

[그림 6] 신경세포의 구조와 연접

(B. J. Baars and N. M. Gage, 2010, p. 66)

세포와 연결되어 있다. 신경세포 간 연결을 **연접**(synapse)이라고 한다. ([그림 6 참조]) 연접은 두 가지 방식이 있는데 그 하나는 연접 이전 신경세포의 신호가 연접 이후 신경세포에 전달되는 흥분적 연결(excitatory connection)이고 다른 것은 그 신호가 전달되지 않은 억제적 연결(inhibitory connection)이다. 신호 전달은 도파민, 세로토닌, 노르아드레날린과 같은 신경전달물질의 방출을 통해 이루어진다. 뇌 안에 1,000억 개의 신경세포가 있으니 최소한 $1,000억^{1000}$에 이르는 엄청난 수의 연접이 있는 셈이다. 인간 뇌는 1,000억 개의 신경세포와 엄청난 수의 연접으로 구성된 거대한 신경망으로 조직되어 있다. 인지, 정서, 행동 등과 관련된 모든 심적 작용은 연접의 작동 및 그것의 변화로 설명될 수 있다.

연결주의의 기본 전략은 정보처리의 기본 요소로 신경세포에 대응하는 유닛(unit)을 설정하고, 유닛으로 신경망(neural network)을 구성하는 데 있다. 인간 뇌에서 구현된 신경망은 다음과 같은 특성을 갖는데 연결주의는 그것들을 모방하여 인공신경망(artificial neural netwrok)을 제시한다.[8]

- 병렬 처리(parallel processing): 다수의 신경세포가 동시에 여러 과제를 수행한다.
- 분산 처리(distributed processing): 한 가지 과제를 동시에 다수의 신경세포가 수행한다.
- 느린 퇴행(slow degradation): 일부 신경세포가 소멸하거나 손상되

---

8 W. Bechtel and A. Abrahamsen(2002), pp. 56–64.

더라도 과제 수행이 일시에 정지하지 않고 점진적으로 약화된다.

• 유연한 규제(soft constraints): 신경세포 간 연접은 엄격한 규칙이 아니라 유연한 활성화 함수를 통해 규제된다.

이상의 특성을 갖는 인공신경망은 패턴인식과 같은 분야에서 폰 노이만 방식의 컴퓨터에 비해 우월한 능력을 갖추고 있다는 점이 드러났다. 인공신경망에서 구현되는 인지는 엄격한 규칙을 따르는 기호 조작이 아니라 유연한 규제를 따르는 패턴 조작이다. 그런 장점에도 불구하고 연결주의는 인지 이론으로서 근본적 한계를 갖고 있는데 그 주된 이유는 인지가 입력 정보에 대한 계산으로 간주되고 있기 때문이다. 연결주의는 기호주의와 다른 인지구조를 제시하지만, 인지는 계산이나 조작이라는 입장을 벗어나지 못한다. 따라서 기호주의와 연결주의의 차이는 근본적인 것이 아니라 인지구조에서 비롯된다고 보는 것이 타당하다. 기호주의에서 인지는 엄격한 규칙에 따라 기호를 조작하는 계산이지만, 연결주의에서 인지는 유연한 규제에 따라 패턴을 조작하는 계산이라고 말할 수 있다. 이런 점에서 기호주의와 연결주의는 모두 계산주의(computationalism)라는 상위의 범주로 분류된다.

기호주의와 연결주의라는 두 가지 인지 이론과 관련하여 고려되어야 할 점은 그것들이 상호 양립 불가능한, 쿤(Kuhn)의 의미에서 불가공약적인(incommensurable), 연구 프로그램인가라는 문제이다. 이 문제와 관련하여 인지과학자들 사이에 논쟁이 있었다(J. Fodor and Z. Pylyshin, 1988; T. van Gelder, 1990; P. Smolensky, 1988). 이 논쟁에서 연결주의자들은 자신들의 이론을 새로운 연구 프로그램으로 보아야 한다고 주장하는 반면에, 기호주의자들은 연결주의를 수행 차원에서 나타난 방법론에 불과하다고 주장한다. 여기에 클락(A. Clark, 1989)이 주장했듯이 두 이론이 모두 필요하며 그것들은 상호 보완적이라고 보는 절충주의적 입장도 있다.

5.1 태동

1980년대 인지과학에서 나타난 특기할 만한 사건 중 하나는 연결주의가 재조명되었던 점이다. 연결주의는 1940년대에 등장했는데 1970년대의 퇴조와 1980년대의 부활이라는 3단계의 발전을 거치고 있다. 현재 논의되고 있는 연결주의는 '새로운' 연결주의(neo-connectionism)에 해당한다. 새로운 연결주의는 학습이나 지각과 같이 전통적인 기호주의의 한계로 드러난 영역에서 두드러진 성공을 거두고 있다.

앞에서 보았듯이 연결주의의 특징은 인간 뇌에 구현된 신경적 기제에 기반을 두고 인지를 설명하는 데 있다. 인공신경망에 관한 연구는 1940년대 초에 이미 맥컬럭과 피츠(W. Mcculloch and W. Pitts, 1943)에 의해 시작되었다. 그들은 명제논리를 적용하여 신경세포들로 구성된 인공신경망에 관한 계산 모형을 개발하고, 기호적으로 표현된 모든 과정이 인공신경망에서 구현될 수 있음을 증명했다. 맥컬럭과 피츠의 이론에는 신경망의 작동에 관한 다섯 가지의 가정이 있다.[9]

---

9 W. Mcculloch and W. Pitts(1943), p. 118.

- 신경세포의 활동은 '양자택일(all-or-nothing)' 과정이다.
- 어떤 신경세포가 흥분하려면 2개 이상의 고정된 연접이 일정한 시간 안에 활성화되어야 한다.
- 신경계에서 유일하게 의미 있는 시간 지연은 연접적 지연이다.
- 어떤 억제적 연접은 그 시점에서 해당 신경세포의 활성화를 절대적으로 방지한다.
- 신경망의 구조는 시간에 따라 바뀌지 않는다.

[그림 7]은 기본함수 'AND', 'OR', 'NOT'을 처리하는 형식적 뉴런을 보여준다. 'XOR'과 같은 복합함수를 처리하는 형식적 뉴런은 기본함수들을 연결하여 구성될 수 있다.

맥컬럭과 피츠가 제안한 망(M-P 망)은 논리 스위치에 가까울 정도로 단순하지만, M-P 망은 논리적으로 표현될 수 있는 신경망의 모든

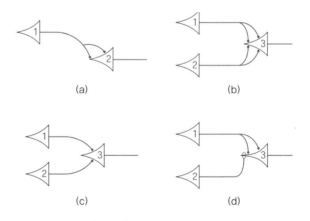

[그림 7] M-P 망의 기본함수
(a) 일시적 선행, (b) 연언, (c) 선언, (d) 연언과 부정
(W. Mcculloch and W. Pitts, 1943, p.130)

작동과 과정을 처리할 수 있다. 만약 무한한 메모리가 주어지면 M-P 망은 튜링이 1936년에 제안한 범용 튜링기계처럼 계산 가능한 함수를 모두 처리할 수 있다.

그러나 M-P 망은 망의 손상에 대한 대비가 없었다. 이 문제는 디지털 컴퓨터를 개발한 폰 노이만(J. von Neumann, 1956)에 의해 해결되었다. 폰 노이만은 중복도(redundancy) 개념을 도입하여 하나의 과제를 다수의 신경세포가 수행하도록 함으로써 M-P 망의 신뢰도를 확보했다. M-P 망에서 정보처리는 개별 신경세포의 양자택일 활성화에 의해 처리되었지만, 폰 노이만의 이론에서는 신경세포들의 동시적 활성화에 의해 처리된다. 폰 노이만은 이처럼 작동하는 '중복적 M-P 망(redundant M-P nets)'은 높은 신뢰도를 갖고 산술 계산을 할 수 있음을 증명했다.

폰 노이만의 뒤를 이어 위노그래드와 코완(S. Winograd and J. D. Cowan, 1963)은 하나의 신경세포가 다수의 신경세포와 연결되는 방식을 제안함으로써 더 신뢰도가 높은 중복적 망을 개발했다. '위노그래드-코완 구성(W-C 구성)'은 오늘날 **분산표현**(distributed representation)으로 알려져 있다. W-C 구성에서 정보는 폰 노이만 망처럼 다수의 신경세포에 의해 중복적으로 처리되지만, 개별 신경세포가 부분적으로 많은 정보를 처리할 수 있는 장점이 있다.

맥컬럭과 피츠의 이론에는 심리학적 요소가 거의 없는데, 이런 특징은 당시의 행동주의 심리학이 신경적 기제를 전혀 고려하지 않았던 것과 동일한 맥락에서 이해될 수 있다. 그러나 이런 사정은 헵(D. O. Hebb, 1949)이 생리심리학적 이론을 제시함으로써 달라졌다. 헵에 의하면 메모리는 신경세포 간 연접에 저장되고, 학습은 연접 수정으

로 발생한다. 학습은 다음과 같은 원리에 따라 이루어진다.[10]

- 헵의 학습원리: 신경세포 A의 한 축삭이 신경세포 B를 활성화할
  정도로 충분히 가까이 있고 반복적이고 지속해서 활성화될 때,
  그중 하나 또는 전체 신경세포에서 성장 과정이나 신진대사에서
  변화가 발생하여, B를 활성화시킨 신경세포 중 하나로서 A의 효
  율성이 증가한다.

헵은 신경세포들이 단독으로 작동하지 않고 학습을 통해 더 큰 세
포−집합체(cell-assembles)로 조직되며, 집합체가 더 복잡한 정보처리

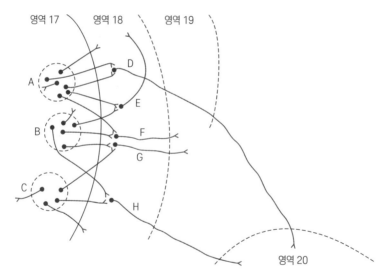

[그림 8] 헵의 세포 집합체

영역 17의 신경세포들은 영역 18의 세포들로 수렴하고, 이 과정은 영역 19, 20으로 이어진다.

(D. O. Hebb, 1949, p. 68)

10 D. O. Hebb(1949), p. 62.

를 수행할 수 있다는 매우 통찰력 있는 이론을 제시했다. ([그림 8] 참조) 그의 이론에 따르면, 신경 연결성은 유기체가 새로운 함수적 과제를 학습함에 따라서 변하며 세포-집합체는 그런 변화를 통해 만들어진다.

연접 수정에 관한 헵의 생각은 실험 가능할 정도로 구체화되지 않았지만, 그의 세포 집합체 이론은 과제 수행을 통해 학습하는 '적응 신경망'에 대한 연구를 촉발했다. 이와 관련하여 로젠블랫(1958)은 수정 가능한 연결을 갖는 M-P 망이 패턴들의 집합을 '비슷한 것'과 '그렇지 않은 것'으로 분류하도록 훈련될 수 있다는 점을 증명했다. 로젠블랫은 자신의 망을 '**퍼셉트론**(perceptron)'이라고 불렀는데, 퍼셉트론은, M-P 망처럼 고정된 연결 강도, 역치, 절대적 억제가 아니라 상대적 억제와 가변적 연결 강도를 갖는다. [그림 9]는 퍼셉트론의 기본 구성을 보여준다.

[그림 9]에서 나타나듯이, 퍼셉트론은 단층으로 구성된 인공신경망으로서, 감각 단위는 단층의 M-P 유닛을 통해 모터 유닛에 연결

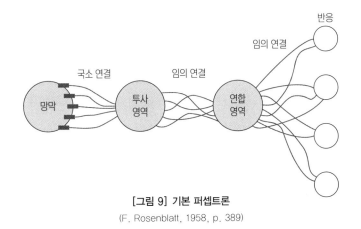

[그림 9] 기본 퍼셉트론
(F. Rosenblatt, 1958, p. 389)

되어 있다. 연접 강도는 처음에는 임의의 값이 주어져 있으므로 자극이 주어지면 연접 강도의 변화가 발생한다. 그러므로 요구되는 최종 반응을 얻기 위해서는 모든 연접 강도가 조정되어야 한다. 로젠블랫은 그런 조정을 위해 다음과 같은 훈련 과정을 제시했다. 즉 주어진 자극에 대한 반응이 정확하면 연결 강도를 조정하지 않고, 그 반대의 경우에만 연결 강도를 조정한다. 이처럼 로젠블랫에 의해 완성된 초기 연결주의는 분산 처리와 중복도와 같은 연결주의의 근본 개념들을 개발했다.

5.2 퇴조

1950년대의 연결주의자들은 자신들의 이론에 커다란 기대를 걸고 있었다. 예를 들어 맥컬럭과 피츠는 M-P 망의 상세화는 심리학에서 성취할 수 있는 모든 것을 제공할 것이라고 주장했다. 로젠블랫 역시 자신의 'C-Perceptron'이 새로운 종류의 정보처리 자동화를 도입했고, 처음으로 독창적으로 생각하는 기계가 등장했다고 주장했다.

이런 자신감 넘치는 분위기에서 민스키와 페퍼트(M. Minsky and S. Papert, 1969)는 퍼셉트론이 패턴인식이나 전산을 위한 도구로서 한계가 있음을 증명함으로써 연결주의에 치명타를 가했다. 그들은 기본 퍼셉트론이 'T'와 'C'와 같은 매우 간단한 패턴을 구별할 수 없음을 증명했다. 퍼셉트론의 이런 한계는 M-P 망을 구성하는 유닛의 성질에 기인한다. 앞에서 보았듯이 M-P 유닛은 'x AND y', 'x OR y', 'NOT x', 'x AND NOT y' 등과 같은 간단한 논리 함수만을 계산할 수 있다.

그 결과 M-P 망이나 퍼셉트론은 '배타적 선언(XOR)'으로 알려진 함수 'x OR ELSE y'를 계산할 수 없다. ([표 5] 참조)

[표 5] XOR 계산

x	y	XOR
1	1	0
1	0	1
0	1	1
0	0	0

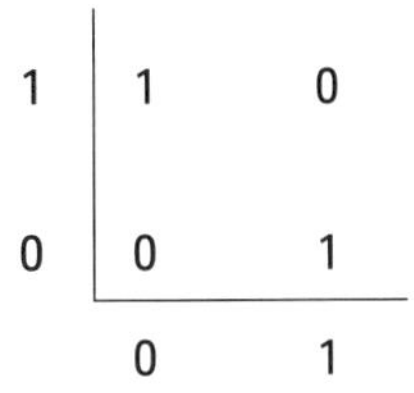

```
1 │ 1      0

0 │ 0      1
  └──────────
     0      1
```

[그림 10] XOR 영역

[그림 10]에서 나타나듯이, 누구도 하나의 직선을 그어서 점 (0, 0)과 점 (1, 1)을 하나로 영역으로 구분할 수 없다. 함수 XOR는 'AND', 'OR', 'NOT'과 같은 기본함수를 이용하여 구성할 수 있으므로 튜링-계산 가능한 함수(Turing-computable function)이다. 따라서 연결주의가 진정한 인지 이론이 되기 위해서는 그런 함수를 계산할 수 있어야 하는데, 민스키와 페퍼트는 단층으로 구성된 퍼셉트론이 수정 가능한 연결을 갖더라도 그것을 계산할 수 없음을 증명했다. 그 외에도 그들은 은닉 유닛(hidden units)을 갖는 다층 퍼셉트론은 훈련될 수 없을 것으로 전망했다. 민스키와 페퍼트의 연구는 퍼셉트론과 인공신경망 연구에 대해 조종을 울렸고, 계산주의가 1970년대 인공지능의 주류를 형성하게 된다. 그러나 다층 인공신경망이 훈련 불가능할 것이라는 민스키와 페퍼트의 예상은 빗나갔고, 은닉 유닛층과 관련된 훈련 규칙이 1985년에 이르러 개발되었다.

5.3 부활

연결주의에 관한 연구자들의 관심은 1980년대에 부활하게 된다. 이런 현상은 계산주의의 한계가 분명히 나타나기 시작한 시점과 중첩되었다. 또한 병렬 분산 컴퓨팅을 구성하는 것이 비용상 효율적이기 때문에 그런 컴퓨팅을 프로그래밍하는 문제가 대두되기 시작한 것도 연결주의의 부활과 관련이 있다. 이런 이유로 1980년대에 들어서 정부, 기업, 연구단체들이 인공신경망 연구에 연구비를 제공하기 시작했다.

이런 분위기에서 캘리포니아대학 샌디에이고(UCSD)의 인간정보처리센터(Center for Human Information Processing)는 새로운 연결주의의 산실이었고 현재도 인지과학연구센터로서 주도적 역할을 하고 있다. 인간정보처리센터는 1974년 이전까지는 그 시대의 주류인 계산주의 전통에 따라 연구를 수행했다. 그런데 1974년 이후로 의미망(semantic network)이 심리학 연구에 이용되기 시작하고 센터에서 수행한 맥클런드와 러멜하트의 연구(J. McClland and D. Rumelhart, 1981)가 그런 흐름을 결정적으로 바꾸었다. 맥클런드와 러멜하트는 문맥에서 잘 알려진 문자 인식의 심리적 효과를 설명하기 위한 모형을 제시하면서 프로그램된 인공신경망에서 개별 링크에 대해 일관적인 연결 강도 스키마를 이용함으로써 개별적으로 연결 강도를 부여하는 문제를 해결했다. 그들은 자신들이 제시한 과정이 신경계에서 실제로 진행되는 방식과 유사하게 작동한다고 주장했다.

연결주의의 부활에서 특기할 만한 또 다른 사항은 그 이론의 발전에 공헌한 주요 연구가 인공지능이나 심리학보다는 물리학 분야에서 주로 이루어졌다는 점이다. 그 대표적인 사례는 홉필드(J. J. Hopfield, 1982)의 연구이다. 홉필드는 물리학에서 잘 연구된 스핀 유리(spin glass)의 유비에 기반하여 메모리를 전체 에너지 함수에 대한 극소로 간주하고 연관 메모리(associative memory)를 갖는 인공신경망 모형을 프로그래밍하는 새로운 방법을 고안했다. 홉필드 망을 구성하는 유닛은 활성화 또는 비활성화라는 두 가지 상태에 있으며 대칭적 가중치로 연결된다. 홉필드 망은 다양한 규제 충족 문제를 해결할 수 있음을 증명하였다. 개별 유닛을 하나의 가설로 간주하면, 양립 가능한 가설을 나타내는 유닛 간 연결에는 양의 가중치가 부여되고 해당 유닛들은 상호 활성화된다. 반대의 경우에는 음의 가중치가 부여된다. 홉필드 망이 안정 상태에 도달하면 조건을 위반하지 않는 한도 내에서 다양한 가설에 참이나 거짓의 진리치를 할당한다.

홉필드 망은 다음과 같은 특징을 갖는다. ① 분산표현: 메모리는 유닛에 걸쳐 있는 활성화 패턴으로 저장된다. 메모리는 상호 중첩될 수 있고, 다른 메모리는 동일한 유닛들의 집합에 걸쳐 다른 패턴으로 표현된다. ② 분산적·비동시적 통제: 개별 유닛은 고유한 국소 상황에 의해 결정되며, 모든 국소 행동이 더해져 전체 해결을 구성한다. ③ 맥락 접근적 메모리: 다수의 패턴이 망에 저장될 수 있다. 특정 패턴을 추출하기 위해서는 그것의 부분을 규정하면 된다. 망은 자동으로 가장 근접한 일치를 발견한다. ④ 오류 견인성: 일부 유닛이 잘못되거나 완전히 실패하더라도 망은 적절히 작동한다. 이상의 특징은 앞에서 지적한 신경망의 특징들을 잘 반영하고 있다.

홉필드의 연구에 고무되어 1960년대에 사망 선고를 받았던 퍼셉트론이 재평가되기 시작했다. 퍼셉트론뿐만 아니라 다층 인공신경망에서의 학습에 관한 여러 가지 이론이 개발되었는데, 그 대표적인 예로 **볼츠만 기계**(Boltzman machine)와 **역전파** 학습법(Backpropagation)이 있다. 앞에서 살펴본 홉필드 망은 학습과 관련하여 심각한 문제를 안고 있다. 극소는 맥락 접근적 메모리를 구성하는 데는 효율적이지만, 규제 충족 과제에 대해서는 특정 극소가 망의 최적 상태(optimal state)인지를 결정해야 한다. 이를 위해서 가능한 한 많은 규제를 충족해야만 하지만 홉필드 망은 분산적 알고리즘을 통해 안정 상태에 도달하기 때문에 전체적 해결을 발견하기 어렵다.

이 문제와 관련하여 **모의 담금질 기법**(simulated annealing)이 물리학에서 도입되었다. 모의 담금질 기법은 조합 문제에서 전체적 극소를 발견하는 방법이다. 담금질은 원래 쇠망치와 같은 고체를 완전히 녹을 때까지 가열한 후 고체의 자유 에너지가 최소화되어 완전한 격자 상태의 결정체가 될 때까지 서서히 식히는 방법이다. 여기서 조심할 것은 망의 상태가 전역 최적점(global minimum)이 아니라 지역 최적점(local minimum)에 빠지지 않도록 해야 한다는 점이다. 마찬가지로 조합 최적화 문제에서 경우의 수의 조합을 최적화하여 최적의 조합을 찾을 수 있다. 애클리 등(D. H. Ackley, 1985)과 힌튼(G. E. Hinton, 1986)은 담금질 기법을 이용하여 전역 최적점으로 정착하는 재귀적 인공신경망을 고안했는데, 이것이 바로 볼츠만 기계이다. 볼츠만 기계는 망을 구성하는 모든 유닛이 상호작용하기 때문에 단순한 결정론적 알고리즘으로는 전역 최적점이 결정되지 않는다. 볼츠만 기계는 확률적 방법을 이용하는데, 특정 유닛의 다음 상태는 다음의 식에서 나타나듯이 확률로 표현된다.

$$p_{i=on} = \frac{1}{1 + \exp\left(-\dfrac{\Delta E_i}{T}\right)}$$

위의 식에서 'T'는 망의 전체적 온도이고, 'ΔE'는 유닛의 활성 입력 라인의 합이다. 고온에서 유닛들은 무작위적 행위를 나타내고, 극저온에서는 홉필드 망과 같이 행동한다. 볼츠만 기계는 비지도적 기계 학습에 있어 상당한 진보를 가져왔지만 적절한 구성을 발견하기 위해 몬테카를로 방법(Monte Carlo method)을 사용하므로 학습 과정이 매우 느리다.[11]

연결주의의 부활을 주도한 맥클런드와 러멜하트(J. McClland and D. Rumelhart, 1986)는 다층 인공신경망을 위한 학습 방법으로서 역전파 학습법을 사용했다. 다층 인공신경망 개념은 이미 제시되었기 때문에 다층 인공신경망을 위한 학습 이론 개발은 연결주의 발전에서 마지막 단계에 속한다. 다층 인공신경망은 기본적으로 다음과 같이 구성된다. [그림 11]에는 입력층(input layer), 은닉층(hidden layer), 출력층(output layer)으로 구성된 3층 인공신경망이 제시되어 있다.

인공신경망에서 뇌신경세포는 유닛이고, 신경세포의 수상돌기와 축삭은 연결선, 연접은 가중치를 갖는 저항으로 모의된다. 유닛은 활성화 값을 갖고, 특정 유닛이 다른 유닛으로 보내는 신호의 강도와 다른 유닛에 대한 영향력의 정도는 활성화 값에 의해 결정된다. 유닛에 주어진 모든 입력값은 가중치와 함께 곱해지고 그 합은 더해져서 해

---

11 몬테카를로 방법은 주로 불확실성하에서의 의사결정을 목적으로 확률체계의 모의실험에 이용된다.

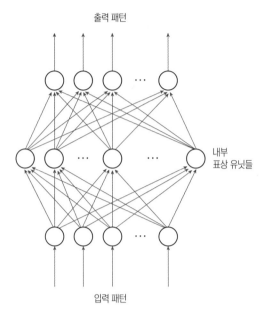

출력 패턴

내부
표상 유닛들

입력 패턴

[그림 11] 3층 인공신경망
(D. Rumelhart, 1989, p. 150)

당 유닛의 전체 입력이 된다. 개별 유닛의 연결에는 가중치가 부여되는데, 가중치가 양수이면 유닛이 활성화되고 음수이면 억제된다. 이처럼 연결 가중치의 수정을 통해 연결 방식이 수정되면 망의 전체 패턴이 변하게 된다. 학습은 연결 가중치의 수정으로 인한 패턴 변화이다. 앞에서 언급한 역전파 학습은 두 가지 단계로 진행된다. 먼저, 하나의 입력이 인공신경망에 주어지고, 인공신경망이 한동안 작동한 후 출력층에 있는 유닛들의 값이 부여된다. 만약 출력 유닛들이 목표값을 갖게 되면 초기 가중치들은 그대로 유지된다. 만약 그렇지 못하면, 가중치들은 출력값과 목표값의 차이에 따라서 수정된다. 그 차이는 출력층에서 입력층 방향으로 차례로 전달되어 출력층과 은닉층,

그리고 다시 은닉층과 입력층 간 가중치의 수정으로 이어진다.

인공신경망은 여러 가지 방식으로 구성될 수 있는데, 표준적인 인공신경망은 [그림 11]과 [그림 12]에서 볼 수 있듯이 크게 세 부분, 즉 입력 유닛(input units), 출력 유닛(output units), 은닉 유닛(hidden units)으로 구성되고, 그 유닛들은 세 가지 층(입력층, 출력층, 은닉층)을 구성한다. 개별 유닛들은 활성화 값을 갖고 있으며 그 값은 함수를 통하여 출력값을 산출한다. 또한 유닛 간 연결 강도는 가중치를 통해 결정되고, 학습 규칙은 가중치의 변경을 통하여 망의 전체 행위를 결정한다. 인공신경망의 상태는 전체 유닛에 걸쳐 있는 활성화 패턴을 표상하는 벡터로 규정된다. 맥클런드와 러멜하트가 개발한 다층 인공신경망, 즉 **병렬 분산 처리 모형**(parallel distributed processing model, **PDP model**)은 매우 강력하다는 점이 드러났다. 특히, PDP 모형은 퍼셉트론의 몰락을 초래했던 배타적 선언(XOR) 문제를 해결할 수 있다. [그림 12]에는 XOR 함수를 계산할 수 있는 인공신경망이 제시되어 있다.

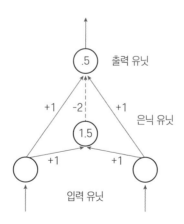

[그림 12] 인공신경망의 XOR 계산
(D. Rumelhart, 1989, p. 151)

인공신경망은 의미론적 관점에서 다음과 같이 세 가지 종류로 구분된다. 첫 번째 망은 국소망(localist neural network)인데 망의 유닛은 개념을 표상하는 것으로 가정된다. 국소망의 예로는 1970년대에 활발히 연구된 의미망과 타가드(P. Thagard, 1989)의 **에코**(ECHO) 프로그램이 있다. 국소망은 개발자가 개별 유닛에 개념을 대응시킴으로써 망의 행위를 추적하고 해석할 수 있는 장점이 있지만 때로는 그것이 단점으로 작용한다. 매우 많은 유닛으로 구성된 인공신경망의 경우 개발자가 개별 유닛들의 표상 내용을 놓치는 경우가 있고, 개별 유닛의 표상들로부터 망 전체의 표상을 추출하는 것이 어려울 때가 있다. 이런 이유로 국소망은 분산 표상이 필요하지 않은 경우 성공적으로 적용될 수 있다. 예를 들어 에코 프로그램은 개별 유닛이 표상하는 개념 간 **일관성**(coherence)의 정도와 관계를 검사하여 입력층에 주어진 경험적 자료로부터 산소의 발견과 같은 역사적인 발견 사례를 출력한다. 일관성은 유닛 간 긍정적 연결과 부정적 연결로 판단되는데, 긍정적 연결은 두 유닛이 같은 상태에 있는 경우이고 부정적 연결은 그것들이 서로 다른 상태에 있는 경우이다.

두 번째 인공신경망은 분산망(distributed neural network)이다. 분산망에서 개념과 지식은 전체 유닛에 걸쳐 있는 활성화 패턴을 나타내는 벡터로 표상된다. 분산망을 구성하는 데 있어서 중요한 문제는 전체 유닛에 걸쳐서 표상되는 패턴을 해석하는 일이다. 분산망에서의 표상에 대한 표준적 해석은 명제적이 아니라 연상적이다. 연결주의자들은 분산망의 표상을 "그림 같은 실재"[12]이거나 **특성 표상**(featural

---

12 D. Rumelhart(1989), p. 138.

representation)으로 간주한다. 여기서 특성은 대상의 의미를 구성하는 기본 성분으로서, '여성', '성인', '동물' 등이 그 예이다.[13] 분산망의 장점 중 하나는 표상을 구성하는 부분이 훼손되더라도 일반적으로는 망의 전체 수행에 큰 장애가 되지 않는 데 있다. 이와 반대로 분산망은 계산적 효율성의 측면에서는 한계를 보인다. 분산망은 일반적으로 역전파 학습 규칙을 이용하는데 앞에서도 지적했듯이 그 방법은 원하는 출력값을 얻을 때까지 출력층에 도달한 표상을 은닉층과 입력층으로 되돌려 보내는 과정을 반복한다. 그 결과 역전파 학습은 인간 학습에 비하여 엄청나게 많은 시간을 소비하는데 바로 이 점에서 분산망은 기호주의 프로그램보다 계산적으로 비효율적이다.

분산망이 갖는 이런 문제와 관련하여 스몰렌스키(P. Smolensky, 1988)는 연결주의를 유지하면서도 기호주의적 인지구조의 장점을 이용하여 분산망의 약점을 보완할 수 있는 **연결주의-기호주의 융합 구조**(integrated connectionists-symbolic architecture, **ICSA**)를 제안했다. 스몰렌스키의 ICSA는 분산망의 표상을 표현하는 데 있어서 벡터 표상과 더불어 텐서 곱(tensor product) 표상을 이용한다. 텐서 곱 표상은 분산된 활성화 패턴과 회귀 함수를 포함한 대부분의 기호적 표현을 표상할 수 있고, 비교적 간단한 인공신경망에 의해서도 구현할 수 있는 장점이 있다. ICSA에서 표상은 기호주의에서의 기호와 분산망에서의 특성 사이에 위치하는 중간 표상(sub-symbolic representation)으로 해석된다. ICSA의 구체적 내용은 10장 1절에서 자세히 논의한다.

세 번째 인공신경망은 **딥러닝망**(deep learning network)이다. 2000

---

13 언어학에서는 '의미자질'이라고 한다.

년대에 들어 크게 주목을 받는 딥러닝망은 강력한 학습 능력을 갖춘 다층 인공신경망이다. 겉으로 보기에 딥러닝망은 맥클런드와 러멜하트 등이 제안한 PDP 망과 큰 차이가 없는 것으로 보이는데, 굳이 '딥러닝'이라는 새로운 명칭을 달고 있는 이유는 학습 방식, 특히 학습 속도 때문이다. 앞에서 논의했듯이, 볼츠만 기계의 몬테카를로 방법이나 PDP 망의 역전파 방법은 속도가 느리다는 문제가 있다. 딥러닝망은 그 문제를 극복하는 것을 목표로 한다. 러멜하트와 함께 연결주의의 부활을 주도했던 힌튼 등(G. E. Hinton, S. Osindero, and Y. Teh, 2006)은 딥러닝을 할 수 있는 볼츠만 기계인 **딥신념망**(Deep belief networks)을 제안했다. [그림 13]에서 볼 수 있듯이, 제한적 볼츠만 기계와는 달리 딥신념망은 맨 위의 한 가지 층만이 양방향 연결을 갖고, 나머지 층들은 하향적(top-down) 연결을 갖는다. 또한 상위 두 개의 은닉층은 연관 메모리를 갖고, 그 나머지 은닉층들은 연관 메모리에 있는 표상들을 이미지의 픽셀과 같은 관찰 가능한 변수로 변환하

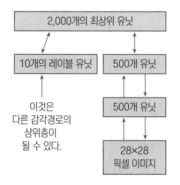

[그림 13] 딥신념망
딥신념망은 디지털 이미지와 디지털 색인을 가진 분포를 모형화하는 데 사용된다.
(G. Hinton, S. Osindero, Y. Teh, 2006, P. 1528)

는 비순환 방향성 그래프를 형성한다. 이런 장점에도 불구하고 딥신념망은 여전히 역전파 학습 기법을 사용하고 있다.

딥러닝망 중 우리에게 가장 잘 알려진 것은 알파고(AlphaGo)이다. 알파고는 딥마인드(DeepMind)가 개발한 인공신경망인데, 중앙처리장치(CPU) 1,202개와 그래픽처리장치(GPU) 176개로 구성되었고 학습 방법으로는 몬테카를로 기법을 채용했다. 여기서 볼 수 있듯이 알파고의 특징은 학습 이론이 아니라 엄청난 하드웨어와 2원적 망 구성에 있다. 알파고는 대국 상황에서 현재 국면에서 이길 확률을 계산하는 가치망(Value network)과 최적의 착지점을 계산하는 정책망(Policy network)으로 구성되어 있다. 이런 점에서 알파고는 두 개의 인공신경망을 결합한 컴퓨터라고 말할 수 있다. 지금까지의 딥러닝에 관한 논의에서 드러나듯이, 연결주의의 발전은 하드웨어의 발전, 효율적인 인공신경망 구성, 새로운 학습 방법의 개발에 의해 가속화될 것으로 전망된다.

6

체화주의

1990년대 이후로 인지과학 분야에서 기호주의와 연결주의, 그리고 두뇌 중심적인 신경과학의 한계를 극복하고 마음과 인지에 대한 올바른 이해를 가능케 하는 연구 프로그램이 부상하고 있다. 기호주의, 연결주의, 두뇌 중심적 신경과학과 경쟁할 것으로 기대되는 연구 프로그램은 체화인지 이론(embodied cognition theory)이다. 현재 여러 가지 이론이 '체화인지 이론'이라는 이름으로 분류되고 있는데, 그중 대표적인 것은 체화인지 이론(theory of embodied cognition),[14] 내장인지 이론(theory of embedded cognition), 확장인지 이론(theory of extended cognition), 행화인지 이론(theory of enactive cognition), 분산인지 이론(theory of distributed cognition), 상황인지 이론(theory of

---

[14] 바로 앞에서 동일한 이름으로 제시된 이론이 '넓은 의미에서의' 체화인지 이론이라면, 이것은 '좁은 의미에서의' 체화인지 이론이다.

situated cognition) 등이다.[15] 앞으로 나는 기호주의와 연결주의처럼 체화된 인지 이론이 인지과학의 연구 프로그램으로 작용하고 있다는 점을 강조하기 위해 '주의'라는 영어를 사용하여 '체화인지 이론'을 **'체화주의**(embodimentism)'로 부르기로 한다.

  이후에 논의하듯이, 체화주의를 구성하는 이론 간에 갈등과 대립도 있지만 그것들은 모두 기호주의와 연결주의, 두뇌 중심적 신경과학이 공유하는 견해, 즉 인지가 몸이나 환경과 (거의) 무관하게 작용한다거나, 인지는 전적으로 두뇌 안에서 작용한다고 보는 견해를 반대한다. 앞에서 보았듯이 기호주의와 연결주의는 두뇌 기반적인 계산(computation)과 표상(representation)을 강조한 나머지 마음과 인지가 몸을 가진 인간과 세계와의 역동적 관계에서 작용한다는 점을 간과함으로써 마음과 의식, 인지, 정서, 행위를 제대로 설명하지 못하고 있다. 마음이 몸에 체화되어 있고 세계로 확장될 수 있다는 현상적 경험과 이를 뒷받침하는 다양한 학문적 증거에도 불구하고 기존의 이론들은 그 점을 애써 무시하고 있다. 체화주의는 기호주의와 연결주의 및 두뇌 중심적인 신경과학의 한계를 극복하고 그동안 마음 연구에서 배제되어 온 몸과 물리적·사회적·문화적 세계를 연구 대상으로 복원함으로써 '몸-뇌-세계'라는 축을 중심으로 마음에 접근한다. ([그림 14] 참조)

  체화주의가 이처럼 몸과 세계를 고려하는 '복잡한' 탐구 방식을 추구하는 이유는 마음이 다차원적이고 복잡계적 체계이기 때문이다. [그림 14]에서 나타나듯이 마음을 연구하는 여러 가지 학문 분야들이

---

15 위 목록에서 앞부터 네 가지 이론을 통칭하여 '4E'라고 한다.

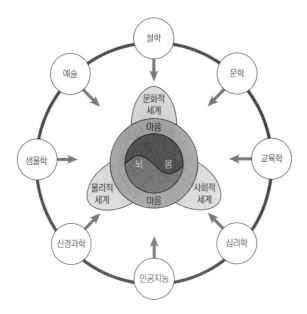

[그림 14] 체화주의: 몸−뇌−세계와 마음

(이 그림은 '체화인지연구단'과의 공동작업으로 완성되었다.)

있다는 사실은 마음이 다차원적 체계임을 보여주는 좋은 증거이다.
그런데 우리가 여기서 유의해야 할 점은 마음 연구와 관련된 분야들
이 자체적인 개념 틀을 통해 각자 마음을 연구한 결과를 모두 취합하
여 정리하는 것만으로는 마음을 제대로 이해할 수 없는 점이다. 마음
을 이해하기 위해서는 처음부터 몸−뇌−세계라는 존재론적 차원과
철학 · 문학 · 예술로부터 시작하여 교육학 · 심리학을 거쳐 생물학 ·
신경과학 · 인공지능에 이르는 인식적 차원을 동시에 고려하는 학제
적 접근이 필요하다.

이처럼 다차원적이고 학제적인 성격 때문에 체화주의를 인지과학
의 연구 프로그램으로 보았을 때 그것의 근본 원리인 '견고한 핵(hard
core)'은 무엇인가라는 질문이 당연히 제기된다. 그 질문에 대해 체화

주의자들은 다음과 같은 대답을 제시한다.

- Varela-Thompson-Rosch: 인지는 다음의 의미로 체화된 활동이다. 첫째, 인지는 여러 가지 감각운동 능력을 지닌 몸을 통해 나타나는 경험에 의존한다. 둘째, 개별 감각운동 능력은 더 포괄적인 생물학적 · 심리학적 · 문화적 맥락에 포함된다. 셋째, 감각운동 과정, 지각, 활동은 살아 있는 인지로부터 근본적으로 분리할 수 없다.[16]
- Lakoff-Johnson: 인지과학의 발견은 다음 두 가지 측면에서 예사롭지 않다. 첫째, 인간 이성은 동물 이성의 한 가지 형태로서 설명할 수 없는 방식으로 몸 및 뇌의 특이성과 연결되어 있다. 둘째, 몸, 뇌, 환경과의 상호작용은 일상적 형이상학, 즉 실재에 대한 우리의 감각에 관한 거의 무의식적인 기초를 제공한다.[17]
- Clark: 체화 이론을 규정하는 공통된 특징은 다음과 같다. 첫째, 우리는 몸과 세계의 역할에 주목함으로써 종종 생물학적 인지에 대한 문제와 그 해결에 대한 우리의 생각을 변경할 수 있다. 둘째, 몸, 뇌, 세계의 복잡하고 시간상으로 풍부한 상호작용을 이해하기 위해서는 창발적 · 비중앙처리적 · 자기조직적 현상을 연구하는 데 적합한 새로운 개념, 도구, 방법이 필요하다.[18]

이상의 대답들은 마음은 몸과 분리되거나 독립적이지 않다는 것과

16 F. Varela, E. Thompson, and E, Rosch(1991), pp. 172-173.
17 G. Lakoff and M. Johnson(1999), p. 17.
18 A. Clark(1999), p. 506.

그래서 마음은 몸과 분리되어 설명될 수 없다는 점을 강조한다. 이상으로부터 우리는 다음과 같이 체화주의의 견고한 핵을 존재론, 의미론, 인식론, 방법론의 차원에서 정리할 수 있다.

- 존재론적 핵: 마음은 몸 구조와 능력에 의존하여 세계에서 펼쳐지는 활동이다.
- 의미론적 핵: 마음은 몸을 통한 세계와의 소통 과정에서 의미를 생성한다.
- 인식론적 핵: 마음은 몸 구조와 기능과 독립적으로 이해되거나 설명될 수 없다.
- 방법론적 핵: 마음을 설명하기 위해서는 몸 구조와 기능을 고려해야 한다.

위에서 제시한 견고한 핵을 갖춘 체화주의는 여러 가지 이론으로 나타날 수 있다. 이제부터 앞에서 제시한 이론을 차례로 검토해 보기로 하자.

6.1 체화인지

좁은 의미에서의 체화인지 이론은 차후 논의할 다른 이론들이 출발하는 배경을 제공하거나 그것들의 경쟁 이론으로 작용한다는 점에서 제일 먼저 논의할 필요가 있다. 체화인지 이론의 대표적 이론가로는 다마지오(A. Damasio, 1994)와 사피로(L. Shapiro, 2004)가 있는데, 여기서는 사피로의 입장을 중심으로 체화인지 이론을 검토하기로 한다.

사피로에 따르면 체화인지 이론의 출발점은 **분리 논제**(separability thesis)에 대한 비판이다. 분리 논제에 따르면, 몸은 인지 과정에서 어떠한 본질적 역할도 하지 않으며, 인간 마음은 비인간적 몸에 존재할 수 있다. 분리 논제의 요지는 몸과 마음이 인지 과정에서 차지하는 역할을 엄격히 분리하는 데 있다. 인지는 전적으로 마음의 작용이며 몸은 인지와는 무관하다. 분리 논제의 후반부, 즉 인간 마음은 비인간적 몸에 존재할 수 있다는 주장은 체화주의 이론들에서 각기 고유한 방식으로 나타난다. 예를 들어, 확장인지 이론은 그것을 매우 강하게 수용하여 비인간적 대상으로의 마음의 확장을 주장하는 반면에 행화인지 이론은 그것을 약한 형태로 수용한다. 바로 앞에서 우리는 체화주의의 근본 원리 중 하나는 바로 인지 과정에서 몸이 차지하는 역할을 인정하는 것이라는 점을 보았다. 이런 의미에서 분리 논제는 체화주의의 근본 원리에 정면으로 도전한다.

사피로는 분리 논제에 대한 체화주의적 대안으로 **체화된 마음 논제**(embodied mind thesis)를 제시한다.

심리적 과정은 몸의 도움이 없이는 불완전하다. 인간의 경우 시각은 인간 몸의 특징을 포함하는 과정이다. … 지각 과정은 몸 구조에 의존하고 그것을 포함한다. 이는 곧 다양한 지각 능력에 관한 기술이 몸 중립성을 유지할 수 없다는 점을 의미하며 또한 그것은 비인간적 몸을 가진 유기체는 비인간적 시각 및 청각 심리를 가질 것이라는 점을 의미한다. … 인지 속 몸의 역할은 지각 활동에 대한 공헌을 넘어선다. 몸의 내장계 및 근골격계의 상태는 인간의 지각, 기억, 주의 능력에 영향을 미칠 뿐만 아니라 정교한 의사결정을 내리는 능력에도 영향을 미친다는 증거가 있다. (L. Shapiro, 2004, p. 190)

체화된 마음 논제는 크게 두 주장을 담고 있다. 첫째, 인지 과정은 몸과 마음의 합작품이라는 것이다. 몸이 없으면 인지는 제대로 작동할 수 없다. 둘째, 마음의 작동은 몸 구조에 의해 결정된다는 것이다. 체화주의에 대한 비판자들은 이 점에 유의할 필요가 있다. 왜냐하면 설사 인지가 전적으로 마음에 의한 것이라고 하더라도, 마음이 산출하는 인지 내용이 몸 구조와 기제에 의해 결정되기 때문에, 마음의 우월성은 과장되었거나 아니면 명목적일 수밖에 없어서다. 예를 들어 뇌는 가시심도(visual-depth)에 대한 정보를 처리하는 데 있어서 두 눈이 제공하는 상호 일치하지 않은 정보를 사용해야 한다. 만약 인간이 하나의 눈이나 세 개의 눈을 가졌거나 아니면 두 눈 사이의 거리가 현재와 다르다면 양안 정보의 불일치로부터 가시심도를 계산하는 지각 과정은 지금과는 매우 차이가 날 것이다. 이 점은 청각이나 후각과 같은 다른 지각의 경우에도 마찬가지다.

여기서 체화된 마음 논제가 복수실현 가능성을 부정한다는 점이 드러난다. 복수실현 가능성 논제에 따르면 심적 상태는 인간 몸에서만 구현되는 것이 아니라 다른 '몸', 즉 '실리콘 바디'나 외계인(ET)의 몸과 같은 다른 물리적 기반에서도 구현될 수 있다. 특정한 물리적 대상이 인간 마음을 가질 수 있는지를 결정하는 데 있어서 중요한 것은 물리적 기반이 아니라 물리적 대상에서 구현되는 인지적 기능이다. 그러나 사피로가 제시한 체화된 마음 논제는 인지, 특히 지각의 몸 중립성을 부정한다. 그러므로 우리는 체화된 인지 논제와 복수실현 가능성 논제는 양립 불가능하다고 보아야 한다. 이 대목에서 우리는 체화된 인지 이론이 인지과학의 새로운 연구 프로그램이 될 수 있는 중요한 이유를 발견하게 된다.

지금까지의 논의를 통해 드러났듯이 체화인지 이론은 몇 가지 중요한 점에서 달리 해석할 수 있는 여지를 갖고 있다. 이런 작업은 체화된 마음 이론의 핵심에 관한 해석을 통해 수행될 수 있는데 나는 여기서 다음과 같이 세 가지 해석을 검토해 보기로 한다.

a. 인식적 해석: 체화인지 이론의 핵심은 몸 구조를 이해하지 않고서는 인지 과정을 제대로 이해할 수 없다는 데 있다. 예를 들어 우리는 뇌에 두 귀가 연결되어 있고, 그것들은 서로 얼마큼 떨어져 있으며, 소리가 각각의 귀에 도달하는 시간에는 미세한 차이가 있으며, 그 차이가 소리 진원지의 방향에 대한 정보를 전달한다는 점을 고려하지 않고서는 소리의 방향을 계산할 수 없다.

인지를 제대로 이해하기 위해서는 몸과 뇌의 구조에 대한 지식이 필요하다는 점을 누구도 부인하지 못할 것이다. 이렇게 보면 인식적 해석은 매우 사소한 주장이 된다. 더구나 인식적 해석은 인지 과정에 대한 전통적 견해와 여러 가지 점에서 양립 가능할 수 있다. 예를 들어 인식적 해석은 '진정한' 인지는 오로지 두뇌 안에서만 발생한다고 보는 내재주의(internalism)와 양립할 수 있다. 그러므로 체화인지 이론에 대한 인식적 해석이 나름 의의가 있으려면 내재주의와 결별할 필요가 있다. 그 결과 체화인지 이론의 한 가지 형태는 인식적 해석과 **외재주의**(externalism)의 결합으로 나타날 수 있는데, 그 중심 내용은 "인지 과정을 이해하기 위해서는 그 과정이 처해 있는 몸 구조뿐만 아니라 그 과정과 적절한 방식으로 인지적으로 연관된 환경적 요인도 고려해야 한다"라는 것이 될 것이다.

b. 약한 존재론적 해석: 체화된 마음 이론의 핵심은 인지 과정이 몸 구조에 의존한다는 점을 강조하는 데 있다. 여기서 등장하는 **의존성**은 인지 과정이 몸 구조와 결합해서만 작동하도록 진화되었다는 의미에서 몸 구조에 대한 인지의 의존성을 말한다. 유기체가 특정한 인지 과제를 수행하는 데 동원되는 인지 과정들은 몸 구조와 적절히 결합할 때만 작동할 것이기 때문에 몸 구조와 결합하지 않고서는 해당 인지 과제가 제대로 수행될 수 없다. 존재론적 해석은 인식적 해석과 마찬가지로 인지에 대한 내재주의와 양립할 수 있다. 왜냐하면, 체화된 마음 이론의 핵심이 존재론적으로 해석되더라도 '진정한' 인지는 오직 두뇌 안에서만 발생한다는 주장이 여전히 유지될 수 있기 때문이다.

체화인지 이론은 외재주의적 관점에서 해석될 수 있으며, 이로부터 중요한 논점이 나타난다. 즉 존재론적 해석이 주장하듯이 진정한 인지가 제대로 작동하기 위해 몸 구조에 의존한다는 점을 인정한다면 몸 구조를 실제로 인지의 한 부분으로 보아야 하느냐는 문제가 발생한다. 이 문제를 **의존과 구성의 문제**(problem of dependence and constitution)라고 하자. 예를 들어보자. 인간 피부는 강한 햇빛에 장시간 노출되면 화상을 입기 쉽다. 햇빛에 의한 화상은 분명히 인과적으로 햇빛에 의존하지만 우리는 햇빛이 화상의 부분이라고 주장할 수는 없다. 이 경우에 의존과 구성을 구분해야 한다는 것은 분명해 보인다. 그렇다면 인지의 경우에도 그러한가? 존재론적 차원에서의 의존·구성 구분의 지지자들은 다수의 인지 과정이 환경적 요인에 의존하지만, 이로부터 환경적 요인이 인지 과정의 부분이라고 주장할 수는 없다고 지적한다. 이런 입장의 대변자로 아담스와 아이자와(F. Adams and K. Aizawa)가 있다. 아담스와 아이자와는 의존과 구성을 구분하지 않은 것을 **결합·구성의 오류**(coupling-constitution fallacy)라고 부른다.[19] 그들이 제시한 예를 살펴보자. 순환계는 인지를 지원한다. 요가를 통해 심박수를 조절할 수 있다고 하자. 이 경우 인지 과정과 순환 과정 간 양방향 인과 결합이 있지만 사고는 순환이 아니며 인지가 순환계로 확장되었다고 볼 수는 없다. 이처럼 약한 존재론적 해석은 인지 과정이 몸 구조에 의존한다는 것을 인정하지만 몸적 요소가 인지를 구성한다는 점을 부인한다.

c. 강한 존재론적 해석: 체화된 마음 이론의 핵심은 인지가 몸에 의존한다는 점과 더불어 몸이 인지를 구성한다고 주장하는 데 있다. 적절한 방식으로 인지 과정을 구성하는 몸 구조와 몸적 과정은 실제로 인지의 부분이 될 수 있다. 셋째 해석에 따르면 인지는 변연계나 대뇌피질에서 발생하는 과정뿐만 아니라, 적절한 방식으로 인지 과정을 구성하는 뇌가 아닌 몸과 환경적 요소로 확장할 수 있다. 이런 입장은 나중에 확장된 인지 이론에서 더 구체적으로 논의된다. 확장된 인지 이론을 주장하는 클락은 아담스와 아이자와가 제시한 예에 등장하는 인과 결합은 제대로 된 결합이 아닌 '이상한 결합(odd coupling)'이라고 비판한다.[20] 클락이 의도하는 제대로 된 결합은 다음의 인용문에 잘 나타나 있다.

19 F. Adams and K. Aizawa(2008), pp. 10-11.
20 A. Clark(2010), pp. 82-85.

인간 유기체는 특정한 양방향 상호작용 아래에서 외적 실재와 결합하여 그 자체로 하나의 인지체계로 볼 수 있는 하나의 **결합체계**를 창출한다. 그 결합체계 내에 있는 모든 요소는 저마다 능동적인 인과적 역할을 담당하고 또한 인지가 일반적으로 수행하는 것과 동일한 방식으로 결합적으로 행동을 규제한다. … 이런 종류의 결합 과정은 그것이 두뇌 안에 있는가와 무관하게 인지 과정으로 간주되어야 한다. … (A. Clark and D. Chalmers, 1998, pp. 8-9. 원저자 강조)

내재주의와 외재주의와 관련된 문제는 나중에 다루기로 하고 여기서는 결합체계에 초점을 맞추어 보자. 강한 존재론적 해석에서 중요한 점은 결합체계의 본성인데, 특히 결합 방식이 중요하다. 위의 인용문에서 나타나듯이 클락이 강조하는 것은 인지적 결합체계가 외적 체계와 상호규제적으로 결합하여 인지가 수행하는 방식과 동일한 방식으로 행동을 규제한다는 점이다. 아담스와 아이자와가 제시한 결합체계, 즉 인지체계와 순환계는 하나의 인과적 결합체계임이 분명하지만, 그 결합체계가 인지체계가 작용하는 방식으로 행위를 규제하는지는 분명치 않다. 이와 관련하여 메나리(R. Menary)는 아담스와 아이자와가 주장한 '양방향' 결합은 외부체계가 인지체계에 인과적 영향을 미치지만 반대 방향은 그렇지 못한 '비대칭적 영향'인 데 비해, 클락과 차머스가 주장하는 결합은 대칭적 영향이라고 지적하면서 후자를 '인지적 통합(cognitive integration)'이라고 부른다.[21]

이상에서 볼 수 있듯이 강한 존재론적 해석은 앞의 두 해석보다 급

---

21 R. Menary(2010b), pp. 3-4.

진적 이론이다. 인식적 해석과 약한 존재론적 해석은 마음의 우월성과 몸의 중립성을 주장하는 전통적 견해와 양립 가능하다는 점에서 온건한 이론이다. 반면에 강한 존재론적 해석은 한편으로 인지 과정이 두뇌와 몸의 경계를 벗어나 환경적 요소로 확장 가능하다고 주장하며, 다른 한편으로는 그런 확장이 단순히 인과적 의존을 바탕으로 하는 것이 아니라 존재론적 구성과 인지적 통합을 바탕으로 한다고 주장한다는 점에서 급진적 이론이다.

6.2 확장인지

확장인지 이론에 따르면 인지는 뇌의 경계를 넘어 몸과 세계로 확장될 수 있다. 여기서 세계는 물리적 세계뿐만 아니라 문화적 세계와 사회적 세계를 포함한다. 마음은 인지 과정에 동원되는 다양한 기제와 자원의 총체이며, 그런 총체는 신경세포나 신경전달물질과 같은 뇌적 자원에만 국한되지 않고 손, 종이, 연필, 계산기, 컴퓨터, 휴대전화 등을 포함한다. 마음은 뇌의 경계와 물리적 몸의 경계를 넘어 몸 외부에 있는 세계로 확장될 수 있다. 확장된 마음 가설은 1990년대 이후로 철학, 언어학, 심리학, 생물학, 인공지능 등 다양한 분야에서 꾸준히 주장되어 왔으며 이제는 기호주의 및 연결주의와 경쟁할 수 있는 체화주의의 주요 이론으로 부상하고 있다.[22]

---

22 A. Clark(2010), A. Clark and D. Chalmers(1988), M. Colombo, E. Irvine, and M. Stapleton eds.(2019), R. Menary eds.(2010b), M. Rowlands(2003, 2010) 참조.

확장인지에 대한 구체적 예를 살펴보자.[23] 잉가(Inga)와 오토(Otto)는 둘 다 뉴욕시에 살고 있다. 어느 날 그 두 사람은 평소 보고 싶던 '피카소 조각전'이 현대미술관(Museum of Modern Art)에서 열리고 있다는 사실을 알게 되었다. 잉가는 잠시 기억을 더듬어서 현대미술관이 맨해튼 53번가에 있다는 점을 상기하고 그곳을 향해 출발했다. 한편 경증 알츠하이머병을 앓고 있는 오토는 기억력에 문제가 있어 항상 메모장을 휴대하고 다니며 기억해야 할 것을 거기에 저장하고 필요할 때 참고한다.[24] 이제 오토는 자신의 메모장을 보고 현대미술관의 위치를 확인하고 그곳을 향해 출발했다. 클락과 차머스는 이 예에서 오토의 메모장은 잉가의 기억에 해당한다고 주장한다.[25] 더 정확히 표현하면 오토의 메모장은 잉가의 뇌에서 해마에 해당한다. 따라서 만약 우리가 잉가의 기억이 저장되는 해마를 기억이라는 인지 과정을 구성하는 요소로 간주한다면 오토의 메모장도 그의 인지 과정을 구성하는 요소로 보아야 한다. 피카소 조각전 소식을 듣고 현대미술관으로 가는 데 있어서 발생한 잉가와 오토의 인지 과정은 본질에서 차이가 없다. 차이가 있다면 잉가의 경우 뇌에서 처리되었고 오토의

---

23 A. Clark and D. Chalmers(1998), pp. 12-16. 이 논문은 확장된 인지 이론을 대표하는 선구적인 연구이다. 그러나 공저자인 차머스는 속성이원론을 주장하므로 확장된 인지 이론의 지지자로 보기 어렵다. 이런 이유로 독자의 혼동을 피하기 위해 이후로 1998년 논문에서 제시된 내용을 논의할 때 그 논자를 클락으로 표기하기로 한다.
24 알츠하이머병 환자의 경우 뇌의 해마가 손상되어 기억력이 크게 저하되는 증상이 나타난다. 스코빌과 밀러(Scoville and Milner, 1957)는 H. M으로 알려진 알츠하이머병 환자의 양쪽 해마를 모두 제거했는데 흥미롭게도 H. M은 수술 이전에 발생한 사건들은 기억했지만 수술 이후에 발생한 사건들은 기억하지 못했다고 보고하고 있다. 이러한 사례들로부터 신경과학자들은 해마가 단기기억을 생성하고 생성된 단기기억을 장기기억으로 변환하는 역할을 담당하고 있다고 보고 있다.
25 A. Clark and D. Chalmers(1998), p. 13.

경우 메모장에서 처리되었지만 양자는 기능적으로 동일하다.

　오토의 메모장이 잉가의 해마와 동일한 기능을 수행한다고 볼 수 있는 것은 오토의 메모장에 저장된 정보가 잉가의 해마에 저장된 정보와 동일한 기능을 수행했기 때문이다. 통속심리학은 행위를 설명하기 위해 믿음 체계를 이용한다. 우리의 믿음 체계는 성향적이다. 즉 마음은 어떤 조건이 충족되면 특정 행동이나 믿음을 낳는 성향이 있다. 잉가의 경우 현대미술관이 53번가에 있다는 믿음은 현대미술관에서 열리고 있는 피카소 조각전에 가고 싶다는 욕구와 결합하여 그곳으로 걸어가는 행동을 유발한다. 잉가의 행위는 통속심리학적으로 다음과 같이 설명할 수 있다.

- (설명 1) 잉가의 욕구(피카소 조각전을 보고 싶다) + 잉가의 믿음(현대미술관이 53번가 있다) → 행위(53번가로 걸어감)

　위와 같은 방식으로 오토의 행위를 설명할 수 있는가? 이 질문에 대답하기 위해 우리는 오토가 자신의 메모장을 열기 전에 지녔던 그의 믿음 체계에 "현대미술관이 53번가에 위치하고 있다"라는 정보가 포함되어 있다고 보아야 하는지를 결정해야 한다. 만약 그 정보가 오토의 믿음 체계에 포함되어 있다면, 우리는 클락과 차머스가 주장하듯이 오토의 행위를 (설명 1)의 방식으로 설명할 수 있다. 그러나 만약 확장인지 이론의 비판자들이 주장하듯이 그렇지 않다면 오토의 행위는 다음과 같이 설명되어야 할 것이다.

- (설명 2) 오토의 욕구(피카소 조각전을 보고 싶다) + 오토의 믿음(현

대미술관의 위치에 관한 정보가 메모장에 있다) + 메모장의 정보(현대미술관이 53번가 있다) → 행위(53번가로 걸어감)

　확장인지 이론의 관점에서 보았을 때 두 가지 설명 중 (설명 1)이 올바른 것이다. 왜냐하면 오토가 자신의 메모장을 열기 전에 그는 이미 현대미술관이 53번가에 있다는 믿음을 갖고 있었기 때문이다. 물론 그 믿음은 그의 메모장에 저장되어 있었지만 앞에서 보았듯이 메모장은 오토의 인지 과정의 한 부분이기 때문에, (설명 2)처럼 오토의 믿음과 메모장의 정보를 분리할 필요가 없다. 클락은 종종 오토의 메모장에 저장된 정보, 예를 들어 "현대미술관이 맨해튼 53번가에 있다"라는 정보는 "현대미술관이 맨해튼 53번가에 있다"라는 오토의 믿음과 동일하다는 점을 주장한 것으로 오해되어 왔다. 앞에서 보았듯이 이는 사실이 아니다. 클락이 주장하는 것은 오토의 메모장에 기록되어 있는 정보가 오토에 의해 '적절한 방식으로 사용되는 경우에만' 그것은 오토의 믿음을 구성한다는 점이다.

　클락은 오토의 메모장은 문자 그대로 오토의 믿음 체계에 속하므로 그의 인지 과정은 두뇌 밖으로 확장되었다고 주장한다. 그러나 특정한 인지적 과제를 수행하는 데 관련된 모든 요소를 인지의 구성 요소로 볼 수는 없으므로 인지의 확장 가능성에 관한 기준이 필요하게 된다. 이와 관련하여 클락과 차머스는 다음의 **동등성 원리**(parity principle)를 제시한다.

　어떤 과제를 수행할 때, 만약 세계의 한 부분이 그것이 머릿속에서 행해졌더라면 인지 과정의 부분이라고 주저 없이 인정될 것처럼 작용한다면,

그것은 바로 인지 과정의 부분이다. (A. Clark and D. Chalmers, 1998, p. 8)

동등성 원리는 오토의 메모장에 기록된 정보가 오토의 믿음 체계의 요소라는 주장에 대한 정당성을 제공한다. 어떻게 오토의 메모장이 오토의 뇌 안에서 작동할 수 있는가? 오토가 메모장을 사용하지 않고 생각을 뇌파로 전송하여 저장하는 정교한 전자메모장치를 구입했고, 의사들이 수술을 통해 그 장치를 오토의 뇌 안에 집어넣었으며, 그 장치가 정상적으로 작용하고 있다고 가정해 보자. 이제 오토는 뇌파를 이용하여 자기 생각을 그 장치에 기록하고 필요하면 거기에 저장된 정보를 꺼내 활용할 수 있다. 이 새로운 설정은 동등성 원리의 조건부("만약 … 작용한다면")를 충족하므로, 그 전자메모장치는 오토가 수행하는 인지 과정의 요소라고 인정할 수 있다.

동등성 원리는 기능주의와 **능동적 외재주의**(active externalism)의 결합으로 나타난다. 기능주의에 따르면 믿음, 욕구, 고통과 같은 심적 상태들은 전적으로 감각적 입력, 다른 내적 심적 상태들, 행동적 출력에 대한 기능적 역할이나 인과적 관계로 구성된다. 클락은 확장 인지 이론을 주장하기 위해 의미론적 외재주의(semantic externalism)의 한계를 극복할 수 있는 능동적 외재주의를 제안한다. 여기서 의미론적 외재주의는 통상적으로 불리는 '외재주의'를 의미하는데 그것에 따르면, 용어의 의미는 화자의 내적 표상 체계에 의해 결정되는 것이 아니라 부분적으로 또는 전체적으로 화자의 마음 외부에 있는 요소들에 의해 결정된다. 퍼트넘(H. Putnam)이 주장했듯이 "의미는 머릿속에 있지 않다".[26] 능동적 외재주의는 의미가 심적 표상 체계에 의해 결정되지 않는다는 주장을 수용한다는 점에서 의미론적 외재주의와 동일한 입장이다. 그러나 능동적 외재주의는 마음이 반드시 머릿속에 있지 않고 때로는 머리 밖으로 확장될 수 있다고 주장한다. 만약 마음이 머리 밖으로 확장될 수 있다면 단어의 의미가 오직 머릿속에서 고정될 수 없다는 것은 분명하다. 의미론적 외재주의의 지지자들이 반드시 확장된 인지를 수용할 필요는 없다. 그들은 마음이 두뇌 안에서 작동한다고 보면서, 단어의 지시체가 외부 환경의 특징, 예를 들어 '쌍둥이 지구별(Twin Earth)'과 같은 환경적 특징에 의해 결정될 수 있다고 주장할 수 있다. 확장된 인지주의자인 클락의 입장에서 보면, 그 경우 마음은 머리 안에서만 작동하므로 오직 지시적 작용만을 할 뿐, 머리 밖에 있는 대상에 대해 능동적으로 인과적 또는 기능적 작용을 미칠 수 없다. 이처럼 능동적 외재주의는 의미가 내재적으로 결정될 수 없는 이유를 마음의 확장 가능성에서 찾는다는 점에서 '외재적 지시성'을 강조하는 의미론적 외재주의와 차이가 난다.[27]

확장인지 이론은 더 **온건한** 이론으로 나타날 수 있는데 우리는 그것을 로우랜즈(M. Lowlands)를 통해 발견할 수 있다.

적어도 어떤 심적 과정들은 [⋯] 주변 환경에 처한 인지적 유기체에 의해 수행된, 넓은 의미로 해석된, 행위들로 **구성된다**는 의미에서 [⋯] 그 유기체의 환경으로 확장될 수 있다. 그런 심적 과정들은 일차적으로 인지적 과정들이다. [⋯] 그 유기체가 주변 환경에서 수행하는 행위들은 외적

---

26 H. Putnam(1975), p. 227.
27 A. Clark and D. Chalmers(1998), p. 9.

구조들을 조작하고, 개발하고, 변형하는 행위들이다. 이런 외적 구조들은 주어진 인지 과제를 달성하는 데 적절한 정보를 전달한다는 특징을 지닌다. 또한 적절한 방식으로 그런 구조들에 기반을 두고 행위를 함으로써 그 인지적 유기체는 정보를 자신과 이후의 인지적 조작들에 이용할 수 있도록 만들 수 있다. (M. Rowlands, 2010, p. 58. 원저자 강조)

로우랜즈의 온건한 이론 역시 구성을 강조하는 강한 존재론적 해석의 산물이다. 로우랜즈 이론에 따르면 세계는 지각, 기억, 추리, 경험과 같은 인지 과정에 적합한 정보를 저장하는 외적 창고이다. 이런 의미에서 확장인지 이론은 심적 과정을 이해하는 방식에 대한 인식적 주장이 아니라 심적 과정의 본성에 관한 존재론적 주장이다. 물론 존재론적 주장은 체화에 관한 인식적 함축을 가질 수 있다. 즉 존재론적 주장이 옳다면, 우리는 유기체가 자신의 환경적 구조를 조작, 개발, 변형할 수 있는 정도를 이해하지 않고서는 그것의 심적 과정(또는 그중 일부)의 본성을 이해하기는 어려울 것이다. 그러나 이런 인식적 함축은 존재론적 주장을 수용하지 않더라도 다른 경로를 통해 도출될 수 있으므로 그것을 반드시 확장인지 이론의 내용으로 볼 필요는 없다.

동등성 원리에는 논쟁을 야기할 수 있는 애매한 표현이 있다. 예를 들어 '세계의 한 부분(a part of the world)'이라는 표현은 오토의 메모장에 기록된 정보를 지시할 텐데 이 경우 어떻게 그것이 하나의 인지 과정처럼 기능할 수 있느냐는 문제가 제기될 수 있다. 이과 관련하여 우리는 해당 부분을 다음과 같이 두 가지 방식으로 이해할 수 있다.

첫째, 오토의 메모장에 있는 정보가 오토에 의해 적절히 이용되고 올바른 인지 상태와 인지 과정으로 구성된 맥락에 놓여 있을 때, 피카소 조각전을 보고자 하는 오토의 욕구는 그의 믿음 일부가 된다. 이런 해석은 개별(tocken) 인지 상태(믿음)를 외적 구조(정보)와 동일시한다. 이것은 클락의 입장이다. 둘째, 오토의 메모장에 있는 정보를 조작하는 과정은 전체 인지 과정의 적절한 부분이다. 여기서 말하는 전체 인지 과정은 기억이나 믿음의 과정을 의미하고 이와 관련된 조작은 메모장을 꺼내 거기에 기록된 정보를 보는 행동이다. 그러므로 조작은 메모장에 기록된 정보를 '현재 상태'로부터 '이용 가능한 상태'로 변형시키는 절차이다. 이런 역할을 통해 정보 조작은 기억이나 믿음과 같은 전체 인지 과정의 적절한 부분이 될 수 있다. 둘째 해석은 외적 구조에 대한 조작이 전체 인지 과정의 부분이라는 점을 주장하지만 조작된 구조를 인지 상태와 동일시하지는 않는다는 점에서 온건하다. 이것이 바로 로우랜즈의 입장이다. 로우랜즈의 이론은 인지 상태가 아니라 인지 과정에 주목하기 때문에 "현대미술관이 맨해튼 53번가에 있다"라는 정보를 오토의 믿음과 동일시하지 않는다.

　로우랜즈의 이론은 클락의 이론과 마찬가지로 인지 구성을 강조한다는 점에서 다음 장에서 논의할 내장인지 이론과 구별된다. 내장인지 이론에 따르면 일부 인지 과정은 환경적 구조들과 결합해서만 기능하도록 진화했으므로 그런 구조들의 도움이 없이는 인지 과제를 적절히 수행할 수 없다는 의미에서 인지는 환경에 의존한다. 이와 반대로 확장인지 이론에 따르면 인지 과정이 외부의 비계 체계(scaffolding system)에 단순히 의존하는 것이 아니라 유기체의 행위가 그런 인지적 비계 체계를 구성한다.

확장인지 이론을 경험적으로 뒷받침하는 신경과학적 연구는 어떤 것일까? 대부분의 신경과학 연구가 뇌와 중추신경계를 중심으로 이루어지고 있는 만큼 확장인지를 직접 보여주는 실험은 간접적일 수밖에 없다. 예를 들어 확장인지 이론을 지지하는 신경과학자는 피실험자가 인지적 활동을 할 때 단순히 뇌만을 활용하는 경우와 뇌와 신체를 활용하는 경우, 그리고 뇌와 신체, 뇌와 환경, 그리고 뇌, 신체, 환경을 모두 사용하는 경우를 대조적으로 조사할 수 있을 것이다. 인지의 정확성을 F로 표현할 때, 그 실험 결과가 다음과 같다면, 우리가 내릴 수 있는 결론은 무엇일까?

• $F(뇌) < F(뇌, 신체) < F(뇌, 신체, 환경)$

　　위 등식의 특정 부분이 옳다는 것을 보여주는 신경과학적 결과가 있다.[28] 여기서 그런 경험적 연구의 구체적 내용을 검토하는 것보다 더 중요한 것은 왜 그런 결과가 나타나게 되었는지를 생각해 보는 일이다. 이 질문에 대한 가장 그럴듯한 답변은 진화론적 관점에서 제시된다(A. Damasio, 1994, 2003; D. Dennett, 2003). 즉 인간은 환경에 적응하기 위해 진화론적으로 그런 방식으로 인지를 수행하는 방식을 채택했다. 인간 뇌의 용량은 한계가 있다. 인류의 진화는 1,400cc까지 뇌의 용량을 증가시켰지만 실패했고 1,350cc로 방향을 잡았다. 뇌 용량을 확장하는 데 한계가 있다면 주어진 용량을 이용하여 정보를 저장하고 추리하고 지각을 처리하기 위해 손과 발, 연필과 종이, 컴

---

28 S. Rayner(1998), I. Rowlands(2003).

퓨터 등을 이용하는 것이 그렇지 않은 것보다 더 효율적일 것이다.

우리는 인지 과제를 수행하기 위해 연필, 종이, 노트, 계산기, 컴퓨터 등 다양한 도구를 활용하는데 특정 유형의 인지 과제는 두뇌 외적인 요소들의 도움을 받으면 더욱 효율적으로 수행할 수 있다. 간단한 예로 '456×786'을 수행하는 경우를 가정해 보자.[29] 앞 절에서 우리는 체화주의의 핵심에 대한 존재론 해석에서 한편으로는 인지가 환경에 의존한다는 주장과 다른 한편으로는 환경이 인지의 구성 요소라는 주장을 보았다. 확장인지 이론은 그중 구성을 강조하는 강한 존재론적 해석을 지지한다. 확장인지 이론에 대한 비판자들은 인지 과제는 두뇌에 기반을 둔 인지 자원에 의해 수행되도록 진화했고 두뇌 외적 자원들은 인지 과제를 수행하면서 우연히 이용되는 수단에 불과하다고 지적한다. 클락은 이런 비판에 대해 우연성 때문에 두뇌 외적 자원들이 가진 인지적 기능을 부정할 수는 없다고 대답한다. 이 대답은 동등성 원리에 의해 뒷받침된다. 여기서 우리는 확장인지 이론이 (체화인지 이론이 부정하는) 복수실현 가능성을 수용하고 있음을 알 수 있다. 유기체와 환경적 자원은 하나의 결합체계를 구성하며 그 체계에서 두뇌 외적 자원들은 두뇌 내적 자원에 못지않게 능동적으로 인과적 임무를 수행할 수 있다. 따라서 그런 인과적 결합체계에서 발생하는 인지 과정이 두뇌 내부에 있는가와 관계없이 그것은 인지 과정을 구성한다고 보아야 한다.

신경과학자 다마지오(A. Damasio)는 올바른 의사결정을 하기 위해서는 올바른 정서를 가져야 한다고 주장한다. 다마지오가 제시한 **체**

---

29 J. McClland, D. E. Rumelhart, and the PDP Research Group(1986), pp. 44-48.

성표지 가설(somatic marker hypothesis)에 따르면, 신체적 반응은 바람직한 의사결정과 행동에 있어서 필수 불가결한 요소이다. 쾌락이나 고통과 같은 느낌(feeling)은 신체의 특정 상태에 대한 지각이다. 느낌은 신체에 대한 이미지를 제공하기 때문에 다마지오는 느낌을 '체성표지'라고 부른다.[30] 정상적인 의사결정 과정에서 체성표지는 추리와 최종 선택의 과정이 그 뒤를 이을 수 있으므로 충분조건이 아닐 수 있다. 체성표지 가설은 이보다 더 온건한 주장을 담고 있다. 즉 체성표지는 의사결정의 정확성과 효율성을 증가시킬 수 있고, 만약 그것이 없으면 정확성과 효율성이 감소할 수 있다. 느낌이 신체에 대한 지각이고 그것이 의사결정과 같은 인지의 정확성과 효율성을 결정하는 데 관여한다면 결과적으로 인지는 신체에 대한 지각이나 체성 반응에 크게 의존한다고 보아야 한다. 여기서 우리는 신경과학이 확장인지 이론을 지지하는 중요한 사례를 보게 된다. 신경과학이 제공하는 이런 경험적 결과를 인지 일반에 적용할 수 있다면(실제로 다마지오는 그렇게 하고 있다), 인지는 단순히 뇌에서만 발생하는 것이 아니라 뇌와 신경계를 포함한 신체에서 발생한다고 말할 수 있는 경험적 증거를 확보하게 된다.

확장인지 이론과 관련하여 마지막으로 마음의 확장 가능성을 검토해 보자. 클락은 확장 가능성이 인지뿐만 아니라 믿음과 같은 마음 상태에도 적용된다고 주장한다.[31] 심적 상태는 내적으로 결정될 수 있지만, 외적 요인이 중요한 역할을 담당할 수 있는 경우들이 있다.

30 A. Damasio(1994), p. 173.
31 A. Clark and D. Chalmers(1998), p. 12.

예를 들어 오토의 믿음처럼, 믿음은 환경적 특성에 의해 부분적으로 구성될 수 있다. 그러므로 만약 환경적 특성이 인지를 처리하는 데 적합한 방식으로 기능한다면 마음은 환경으로 확장 가능하다고 보아야 한다는 것이다. 우리는 앞에서 동등성 원리와 관련하여 기능주의가 인지의 확장 가능성을 지원할 수 있는지를 검토하면서 논쟁의 초점이 믿음 상태에 있음을 보았다. 그런데 우리는 여기서 마음의 확장 가능성을 검토하면서 다시 동일한 문제에 직면하게 된다. 인지가 몸 밖으로 확장 가능한지, 마음이 몸 밖으로 확장 가능한지는 오토의 메모장에 그의 믿음이 저장되어 있다고 보아야 하는지에 달려 있다. 이 문제에 대해 클락은 오토의 메모장은 오토의 믿음을 포함하고 있으며, 그런 의미에서 오토의 마음은 문자 그대로 몸 밖으로 확장된다고 주장한다.

허친스(E. Hutchins, 1995)와 노어세티나(K. Knorr-Cetina, 1999)는 확장인지 개념은 확장된 마음 개념을 함축한다고 주장한다. 예를 들어 허친스는 "마음은 인간의 몸을 넘어서 확장될 수 있다"라고 주장한다. 항법사와 조수들이 다양한 육지 지형 중 어떤 것을 다음 표적으로 사용할 것인지를 결정할 때 특수 수로도의 도면상에서 그들의 마음이 작동하고 있다는 것이다. 그들이 내린 결정은 단순히 항법사와 조수들의 머릿속에서만 내려지는 것이 아니라 특수 수로도의 도면상에서 내려진다는 의미에서 특수 수로도는 인지의 담지자가 된다.

기어리(R. Giere, 2007)는 분산인지 이론의 지지자이다. 그는 '분산인지' 개념을 지지하지만 '분산된 마음' 개념은 비판한다. 인지의 담지자는 반드시 마음을 갖는 존재에만 국한될 필요는 없지만, 마음은 인간의 몸 밖으로 확장되거나 분산될 수 없다. 이런 주장을 뒷받침하기 위해 기어리는 다음과 같은 논거를 제시한다. "인간 행위자와 관련된 마음, 의식, 지향성과 같은 개념을 인간과 인공물을 포함하는 확장된 실재나 무생물인 실재에 적용하는 것은 '고차원적 해석'의 문제이다."[32] 예를 들어 기어리는 오토의 메모장이 그의 확장된 마음 일부라는 클락의 주장을 '경험적으로' 검사할 방법이 없다고 지적한다. 법원이 오토의 메모장을 훔친 행위를 그에게 치명적인 신체적 상해를 입힌 것과 같은 중범죄라고 판결하더라도 그런 판결은 그 메모장이 오토의 마음 일부라고 인정하는 것은 아니라는 것이다. 이런 의미에서 비생명체에 마음을 확장하여 적용하는 것은 '고차원적 해석'에 속한다. 기어리가 주장한 대로 오토의 메모장을 오토의 마음 일부인지, 아니면 단순히 마음이 작용하는 데 필요한 도구인지는 중요한 존재론적 문제이다. 앞에서 보았듯이 체화주의는 이 문제와 관련하여 인식적 해석과 존재론적 해석을 제시하고 있으며, 확장인지 이론은 그중 강한 존재론적 해석을 수용한다. 기어리는 고차원적 해석이 강한 존재론적 해석이라는 점을 강조하면서, 인식적 해석을 지지한다.

6.3 내장인지

앞에서 보았듯이 체화주의의 근본 원리는 존재론적으로 인지 과

---

32 G. N. Giere(2007), pp. 316-318.

정의 몸적 의존에 관한 이론으로 해석되거나 몸적 구성에 대한 이론으로 해석될 수 있다. 앞에서 살펴본 확장인지 이론은 후자의 해석을 따른 것이다. 전자의 해석을 따르면 다른 유형의 체화주의 이론이 나타나는데 그중 하나는 지금부터 살펴볼 내장인지 이론이다.

내장인지 이론은 인지 내재주의의 한 형태로서 인지의 환경 의존성을 강조한다. 내장인지 이론에 따르면 유기체는 인지 과제를 수행하는 데 있어 그것이 수행해야 할 심적 과정의 양이 감소하는 방식으로 환경적 구조를 활용한다. 유기체가 자신의 환경을 적절히 활용할 수 있는 능력을 갖추고 있다면 인지 과제의 복잡성 일부를 환경에 전가하는 방식으로 과제를 수행한다.

내장인지 이론의 지지자인 루펄트(R. Rupert)는 다음과 같이 내장인지 이론과 확장인지 이론을 구분한다.[33]

- 확장인지 가설(hypothesis of extended cognition): 인지 과정은 문자 그대로 유기체를 둘러싼 환경으로 확장된다. 인지 상태는 문자 그대로 … 환경에 속하는 요소로 구성된다. 결론적으로 피부와 두피가 인간 유기체를 둘러싸고 있지만, 그것은 사고하는 주체의 범위를 결정하지 못한다.
- 내장인지 가설(hypothesis of embedded cognition): 인지 과정은 지금까지 예상치 못한 방식으로 유기체의 외부 소품이나 도구, 인지가 발생하는 외적 환경의 구조에 매우 강하게 의존한다.

---

[33] R. Rupert(2004), p. 393.

루펄트는 확장인지 가설보다 내장인지 가설이 더 나은 이론이라고 주장한다. 그는 먼저 확장인지 가설의 지지자들이 자신들의 가설을 설명력이 높은 가설로 제안하고 있으므로, 그것은 과학 이론을 평가하는 일반적 기준, 즉 경험적 결과에 따라 평가되어야 한다고 주장한다.[34] 루펄트에 따르면 확장인지 가설은 두 가지 이유로 성공적 과학 이론이 될 수 없다. 첫째, 확장된 기억 상태의 외적 부분은 내적 과정과 큰 차이가 있다.[35] 예를 들어 결혼한 대학 동기생들의 부부 이름을 〈철수-정희, 영민-소영, 민구-영희, …〉와 같은 방식으로 기억한다고 가정해 보자.[36] 그리고 그들이 모두 이혼해서 동기생 중 한 사람과 재혼했다고 가정해 보자. 이 경우 새로운 부부 이름을 〈철수-영희, 영민-정희, 민구-소영, …〉과 같은 방식으로 외는 것은 원래의 목록을 기억하는 것보다 더 오랜 시간이 걸린다. 왜냐하면, 이전 목록에 대한 기억이 새로운 목록을 외는 것을 방해하는 부정적 전이(negative transfer)가 나타나기 때문이다. 루펄트는 부정적 전이가 인간 기억에서는 분명히 나타나지만 확장 기억에서는 나타나지 않는다고 지적한다. 즉 오토의 경우 새로운 부부 목록을 메모장에 기록하고 확인하는 것은 원래의 목록을 기록하고 확인하는 것보다 더 오랜 시간이 걸리지 않는다는 것이다.

루펄트는 우리가 '오토 + 메모장' 체계를 조정하여 부정적 전이를 모의할 수 있다고 하더라도 그 확장된 체계가 결여하고 있는 인간 기억의 또 다른 특징이 발견될 것이라고 주장하면서 그 한 예로서 생성

34 A. Clark and D. Chalmers(1998), p. 14. M. Rowlands(2003), p. 121.
35 R. Rupert(2004), p. 407.
36 Ibid, pp. 413-415.

효과(generation effect)를 제시한다.[37] 생성 효과란 외적 정보가 단순히 읽힌 경우에 비해 자기생성될 때 더 잘 기억되는 현상이다. 루펄트는 생성 효과와 같은 인지적 특징은 인간 기억의 특징이지만 메모장에 저장된 정보의 특징은 아니라고 주장한다. 우리가 이런 특징을 모두 모의하기 위해 '오토 + 메모장' 체계를 계속 수정하면 '오토 + 메모장' 체계에 대한 원래의 설정에서 너무 멀어져 더는 인간적 요소를 갖지 않은 체계가 될 것이라고 주장한다. 우리는 여기서 루펄트의 비판을 본격적으로 검토하지 않을 것이지만, 그의 비판은 경험적 근거 없이 제시되고 있다는 점에 유의해야 한다. 루펄트는 확장된 인지 체계에서 부정적 전이나 생성 효과가 나타나지 않을 것이라고 주장하지만 왜 그런지에 대해 분명한 근거를 제시하지 못하고 있다.

내장인지 이론의 지지자인 아담스와 아이자와도 확장인지 이론을 비판하는 데 동참한다. 그들은 인지 내재주의의 관점에서 특정 대상이 인지의 적절한 구성 요소로 인정받기 위해서는 인지표지(mark of the cognitive)를 지녀야 한다고 주장하면서 인지표지의 필요조건으로 본래성 조건(condition of original content)과 인과적 개별화 조건(condition of causal individuation)을 제시했다. 본래성 조건에 따르면, 인지 상태는 본래적이고 비파생적인 내용(intrinsic, non-derived content)을 포함해야 한다.[38] 여기서 본래적 내용은 다른 내용, 표상, 지향적 행위자의 독립적이거나 선행적 존재를 요청하지 않는 조건으로부터 나타난다. 사고, 기억, 지각은 본래적 내용을 갖는 전형들이

37 Ibid., p. 416.
38 F. Adams and K. Aizawa(2001), p. 48.

다.[39] 파생적 내용은 교통신호와 깃발처럼 대상이 지향적 행위자에 의해 다루어지는 방식으로부터 파생된다. 본래성 조건을 잉가와 오토의 예에 적용하면 잉가의 표상 상태는 본래적 내용을 갖지만, 오토의 메모장에 있는 정보는 파생적 내용만을 갖기 때문에 오토의 메모장은 인지를 구성하는 요소가 될 수 없다.

인과적 개별화 조건은 인지 처리의 본성에 대한 조건으로 진정한 인지 과정은 물리적 원인에 의해 상호 간 또는 다른 과정과 구별되어야 할 것을 요구한다.[40] 아담스와 아이자와에 따르면, 과학은 현상 세계의 배후에 놓인 인과적으로 동질적인 상태와 과정을 확인하여 법칙과 이론을 구성하는 작업인데, 인지 역시 과학적 탐구의 대상이므로 다른 탐구 영역들과 마찬가지로 근본적인 인과적 과정에 의해 구별되어야 한다. 이제 아담스와 아이자와는 확장인지의 외부 과정과 인간의 인지 과정은 매우 차이가 나므로 그것들을 하나의 인지적 범주를 구성하는 것으로 분류하기 어렵다고 주장한다.[41] 왜 그런 차이가 나타나는가? 이런 존재론적 질문에 대해 그들은 그 차이는 '우연적(contingent)' 차이라고 답변한다. 다시 말하자면 본래적 내용을 갖는 인지 과정은 우연히 두뇌 안에서만 발생한다는 것이다.[42] 이런 답변은 논증이 필요 없는 선언에 가깝다. 그러나 우리는 그들의 주장으로부터 또 다른 답변을 예상할 수 있는데 그것은 바로 인식적 답변이다. 즉 그들은 "확장인지 이론은 인과적으로 인지 현상을 개별화하지

39 F. Adams and K. Aizawa (2008), p. 32.
40 F. Adams and K. Aizawa (2001), pp. 51-52.
41 Ibid., p. 52.
42 Ibid., p. 53.

못하기 때문이다"라고 대답할 수 있고, 다시 그 대답을 정당화하는 이유로 "확장인지 이론은 우리가 인정하는 과학 이론들처럼 인지 과정을 인과적으로 기술하거나 설명하지 못하기 때문이다"라고 대답할 수 있다.

내장인지 이론 역시 존재론적 해석의 산물이지만 인지의 환경 의존성에 초점을 둠으로써 환경의 인지 구조성에 초점을 둔 확장인지 이론과 구별된다. 이런 점에서 내장인지 이론은 체화인지 이론과 마찬가지로 온건한 이론이지만 내재주의를 고집한다는 점에서 그것과 구별된다. 내장인지 이론에 따르면 인지 과정은 환경적 구조와 결합할 때만 기능하도록 설계되었다는 의미에서 구조 의존적이다. 그 경우에 유기체가 인지 과제를 수행하기 위해 사용하는 과정은 오직 적절한 환경적 구조와 결합해서만 작동할 수 있으므로 그런 구조들의 도움이 없이는 해당 유기체는 인지 과제를 적절히 수행할 수 없다. 내장인지 이론은 확장인지 이론만큼 급진적이지 않기 때문에 체화주의를 중심으로 진행되고 있는 최근의 논쟁에서 확장인지 이론을 뒷받침하는 이론적·경험적 근거를 인정하면서도 그것의 급진적 함축을 제한적으로 수용하려는 사람들이 선호하는 입장이다.

6.4 행화인지

행화인지 이론은 바렐라(F. Varela), 톰프슨(E. Thompson), 로쉬(E. Rosch)에 의해 인지 이론으로 제시되었다. 행화인지 이론은 **행화주의**(enactivism)라고도 부르는데, 그 핵심은 인지를 행위 차원에서 파악하는 데 있다. 이런 이유로 용어들 'enaction', 'enactive', 'enactivism'은 각각 '행화(行化)', '행화적', '행화주의'로 번역된다.[43] '체화된 활동으로서의 인지'라는 체화주의의 근본 원리를 만족하는 이론들이 등장했는데, 그것들은 다음과 같이 크게 세 가지로 구분할 수 있다.[44]

자기생성적 행화주의

자기생성적 행화주의(autopoietic enactivism)의 핵심은 **자기생성**(autopoiesis)에 있다. '자기생성'이란 개념은 살아 있는 체계의 조직원리는 무엇인지, 번식과 진화를 포함한 유기체의 삶이 어떻게 그조직 원리에 의해 결정되는지와 같은 근본적 물음에 대답하기 위해 제시되었다. 그 개념을 처음으로 제시한 마투라나와 바렐라(H. Maturana and F. Varela)에 따르면,[45] 자기생성적 체계는 생성과정으로 구성된 폐쇄 조직을 통해 실현되는 하나의 단위로서, 같은 생성 조직이 체계의 반복적 생산을 통해 생성되고, 위상학적 경계가 이런 연속적 과정의 결과로 창발한다. 자기생성적 체계는 동일성을 유지하는 근본 변수로서 자신의 조직 원리를 갖추고 있는 항상적 체계이다.

자기생성적 체계의 전형적 예는 살아 있는 세포이다. 자기생성성

---

43 'enaction'의 우리말 번역어로는 '발제(發製)', '구성' 등이 사용되고 있는데, 여기서는 '행위화(行爲化)'의 줄임말로서 '행화(行化)'라는 용어를 사용한다. 이 용어의 우리말 번역에 대한 논의는 배문정(2014) 참조.

44 D. Ward, D. Silverman, and M. Villalobos(2017), D. Hutto and E. Myin(2012), pp. 23-38. 행화주의에 대한 국내 논의는 배문정(2014), 유권종(2010), 이기흥(2015, 2017), 이영의(2013, 2015, 2018a, 2018b), 이정모(2010) 참조.

45 H. Maturana and F. Varela(1980), pp. 78-79.

개념은 원래 생물학에서 세포의 자기유지 과정과 조직 원리를 설명하기 위해 도입되었는데, 마투라나와 바렐라는 그것을 인지를 설명하는 데 적용했고, 루만(N. Luhmann, 2013) 등은 체계이론에 적용했다.[46] 자기생성적 행화주의에 따르면, 유기체는 활동을 통해 자기 동일성과 항상성을 생성하고 유지하며 그 과정을 통해 인지 영역을 정의하는 자율적 행위자이다. 마음은 유기체의 자기조직적이고 자기생성적인 활동, 즉 몸·신경계·환경의 반복적인 감각·운동의 결합으로부터 창발한다. 자기생성적 행화주의는 톰프슨(E. Thompson, 2007)의 '생명 속 마음(mind in life)'이라는 표현에서 볼 수 있듯이 행화주의의 다른 이론과는 달리 마음과 생명 간 강한 연결을 강조한다.[47]

자기생성적 행화주의의 형이상학적 배경은 현상학이다. 바렐라가 자기생성적 행화주의를 제창한 근본 동기 중 하나는 의식의 어려운 문제를 해결하는 인지과학 이론을 개발하는 것이었다. 어려운 문제를 해결하기 위해서 그는 양립 불가능한 것처럼 보이는 두 가지 요소, 즉 1인칭적 현상성과 3인칭적 방법론을 조정, 연결, 통합하는 방안을 찾아야만 했다. 그러나 전통 형이상학과 현대 신경과학은 그런 방안을 갖추고 있지 않았고, 실제로 양 분야의 연구자들은 대부분 그런 문제의식을 느끼고 있지 않았다. 현상적 경험에 대한 신경현상학(neurophenomenology)을 개발하려는 바렐라의 목표는 현상학적 방법

---

46 일반적으로 바렐라의 행화주의를 '자기생성적' 행화주의로 분류하고 있지만, 실제로 바렐라는 그 용어를 사용하지 않았다. 이 점을 고려할 때, 그리고 자기생성성은 일차적으로 유기체의 '생물학적 자율성'을 의미한다는 점을 고려할 때, 이 유형의 행화주의를 '자율적 행화주의'라고 부르는 것이 더 좋을 것이다.

47 F. Varela, E. Thompson, and E. Rosch(1991), E. A. Di Paolo(2005, 2009), E. Thompson (2007, 2014).

에 대한 후설(Husserl)의 반자연주의적 태도와 충돌한다.[48] 후설의 현상학은 바렐라가 찾고 있는 방안의 적합한 후보가 될 수 없었는데 그 주된 이유는 "사상 자체로(zen den Sachen selbst)"를 지향했던 후설의 **현상학적 전향**은 본질에서 '초월적'이어서 과학과 경험 간 간극을 극복하는 데 도움이 되지 않았기 때문이다. 이런 이유로 바렐라는 메를로퐁티(Merleau-Ponty)의 현상학에서 현상성의 자연화 가능성을 발견했다. 바렐라 등은 메를로퐁티가 『행동의 구조』(1942)에서 유기체와 환경이 호혜와 선택으로 결합되어 있다는 점을 강조함으로써[49] 그들이 추구하는 자기생성적 행화주의에 대한 이론적 근거를 제시한다고 평가했다.[50]

그러나 바렐라·톰프슨·로쉬는 메를로퐁티의 현상학을 그대로 수용하는 것이 아니라 현상학에 대한 인지과학적 토대를 제공하기를 원했고 그 작업을 통해 **현상학의 자연화**를 추구했다. 이런 점에서 그들은 현상학의 자연화가 메를로퐁티 사상의 현대적 계승이 되기를 원했는데, 여기서 계승은 인지과학의 맥락에서 메를로퐁티 사상을 학문적으로 검토하는 것을 의미하는 것이 아니라 메를로퐁티 사상이 그들의 연구 방향을 고무하고 지도해 왔다는 점을 의미하는 소극적 의미로 사용되고 있다.[51] 다시 말하면 메를로퐁티 사상은 바렐라·톰프슨·로쉬의 연구에 있어서 연구 프로그램의 견고한 핵을 구성한다.

자기생성적 행화주의는 인지주의(cognitivism)를 반대한다. 표상주

---

48 이영의(2013), pp. 21-22, J. Petitot, F. Varela, B. Pachoud, J. Roy(1999), p. 46.
49 M. Merleau-Ponty(1942), p. 13.
50 이영의(2013), p. 18, J. Petitot, F. Varela, B. Pachoud, J. Roy(1999), p. 15.
51 Ibid., p. xv.

의와 계산주의를 기반으로 하는 인지주의에 따르면, 인지는 내적 표상에 대한 계산이다. 행화주의는 인지주의의 핵심 주장인 표상주의와 계산주의를 반대하고 인지를 **체화된 행위**(embodied action)로 볼 것을 주장한다.

행화주의는 인지를 행위로 보기 때문에 인지주의와 결별하는 동시에 인지주의를 반대하는 다른 견해들과 양립 가능할 수 있다. 이 점은 특히 깁슨(J. Gibson)의 생태주의적 접근(ecological approach)에서 잘 드러난다. 바렐라 등(1991)에 따르면, 지각은 본질에서 행위 지향적이다. 지각은 대상과 독립적이지 않다는 의미에서 '살아 있는 지각'이며 그런 지각은 유기체와 환경의 진화적 결합으로 발생한 것이다. 예를 들어, 꿀벌은 자외선을 볼 수 있는 시각계를 갖고 있는데, 꿀벌이 그런 시각계를 갖게 된 것은 꽃들이 자외선을 반사하여 꿀벌을 꿀샘이 있는 암술과 수술로 유도하기 때문이다. 이런 방식으로 꿀벌은 꽃과 상호진화해 왔다.[52] 이 점에서 행화주의는 깁슨의 생태주의적 접근과 밀접히 연관되어 있다.

그러나 바렐라 등은 행화주의와 생태주의는 공통점뿐만 아니라 차이점도 갖고 있다고 주장한다.[53] 우선 그들은 지각 연구가 세계의 **행위지원성**(affordance)을 중심으로 수행되어야 한다는 깁슨의 주장에 동의한다. 여기서 행위지원성이란 환경이 유기체의 감각운동 능력에 상대적으로 해당 유기체가 특정한 방식으로 행동하도록 유도하거나 그런 방식으로 쉽게 행동하도록 유도하는 성질을 말한다. 그러나 행

52 F. Varela, E. Thompson, and E. Rosch(1991), p. 201.
53 Ibid., pp. 203-204.

화주의는 환경을 지각하는 방식에 있어서 환경이 지각 행위와 독립적이라는 생태주의자들의 주장에 동의하지 않는다. 깁슨에 따르면, 환경을 지각하는 데 있어서 표상의 매개는 불필요하며, 행위지원성을 포함하여 환경의 속성을 직접 규정하는 주변 광선의 불변성이 존재한다. 지각행위의 본질은 그런 불변성을 선택하거나 그것에 주의하는 데 있다. 정리하면, 깁슨은 환경이 지각행위에 독립적이므로 지각은 직접적인 탐지라고 보지만, 바렐라 등은 환경은 결합의 역사에 따라 행화된 것이므로 행위 독립적이지 않으며 지각은 감각운동의 행화이다. 자기생성 행화주의는 유기체와 환경의 완전한 호혜 관계를 강조하기 때문에 유기체와 환경의 역할을 자기 충족적으로 보는 기존의 지각 이론을 부정한다.

감각운동 행화주의

감각운동 행화주의(sensorimotor enactivism)에 따르면, 지각의 내용과 특징은 감각운동의 우연성, 즉 지각과 탐구적 활동 간 획득되는 의존 패턴에 의해 설명되어야 한다. 감각운동 행화주의는 마음에 관한 일반적 설명을 제시하는 데 관심을 두지 않고 그 대신 개인 차원에서의 지각 경험의 지향적이고 현상적인 특징을 설명하는 데 치중한다.[54]

지각, 행위, 지각적 경험은 분리할 수 없을 정도로 상호 연결되어 있다. 노에(A. Noë)에 따르면,[55] 지각 경험은 그 내용이 '표상된 것'이

---

54 S. Hurley(1998), A. Noë(2004, 2009, 2012), J. K. O'Regan(2011).
55 A. Noë(2004), pp. 215-216.

아니라 '접근 가능한 것'으로서 현존한다는 의미에서 가상적이다. 지각 경험이 가상적이라면 경험의 내용은 뇌 안에 있지 않으며 세계 안에도 있지 않다. 왜냐하면 경험은 우리에게 일어나는 것이 아니라 우리가 '하는 것'이기 때문이다. 그러므로 감각운동 행화주의는 지각적 의식을 뇌 안에서 실현되고, 뇌에 의해 야기되는 신경적 기능으로 설명하지 않고, 능숙한 동물의 활동 패턴과 구조로 설명한다. 이런 의미에서 "경험은 능숙한 동물의 활동적 삶에서 실현된다".[56] 그러므로, 신경 활동은 지각과 지각적 경험이 발생하는 데 필요조건이지만 충분조건은 아니다. 지각은 뇌 안에 지각된 것을 만들기 위한 내적 과정이 아니라 유기체와 환경 간 상호작용이다. 지각은 유기체가 '환경 속에서 항해'하는 것이고 거기에서 행위하는 것이므로, 그것은 마음이 내적 표상을 볼 수 있도록 무대에 올릴 필요가 없다.

감각운동 행화주의는 이후로 논의될 급진적 행화주의에 비해 온건한 이론으로 알려져 있는데, 그런 평가를 받는 주요 원인은 표상과 관련되어 있다. 급진적 행화주의자인 후토(D. Hutto)는 감각운동 행화주의가 지각적 경험이 본질에서 표상 내용을 갖는다고 보기 때문에 '보수적' 행화주의라고 지적한다.[57] 앞에서 언급했듯이, 행화주의의 출발점은 표상주의를 비판하는 데 있다. 바렐라 등이 깁슨의 생태주의를 지지한 이유 중 하나는 그것이 인지의 표상성을 부정하기 때문이었다. 이처럼 반표상주의가 행화주의의 정체성을 구성하는 요소이기 때문에 그것을 어느 정도로 부정하는가에 따라 행화주의의 온

---

56 Ibid., p. 227.
57 D. Hutto and E. Myin(2012), p. 25.

건성과 급진성이 결정된다. 그런데 감각운동 행화주의에 따르면, 지각과 지각 경험은 감각운동적 우연성에 대한 전문적 지식을 갖고 그 지식을 능숙하게 사용할 수 있는 능력에 의해 중재되고 가능해진다. 그런 지식은 지각하는 주체가 가능한 행위에 비추어 환경 속 대상이 어떻게 나타날 것인지에 대한 **실질적 지식**(know-how)이다. 지각 주체가 실질적 지식을 갖고 있다는 것은, 그가 환경을 어떤 특정한 방식으로 탐사하면 대상이 어떻게 자신을 드러낼 것인지를 안다는 것을 의미한다.

지각은 인간이 세계를 이해하는 데 있어 현상학적 접근을 취해야 할 좋은 이유를 제공한다. 지금 당신의 눈앞에 정육면체 하나가 놓여 있다고 가정해 보자. 당신은 정육면체 전체를 볼 수 없고 단지 그 일부만을 볼 수 있음에도 불구하고 하나의 온전한 정육면체를 경험한다. 이것이 바로 **지각의 현상적 특징**인데, 노에는 그것을 다음과 같이 설명하고 있다.

당신이 어떤 특정한 시점에서 정육면체를 볼 때 당신은 그 시점에서 그것의 모습과 대면한다. 당신이 정육면체에 대해 움직이면 당신의 움직임에 따라 그 모습이 변한다는 것을 알게 된다. 즉, 당신은 그것의 시각적 잠재성과 대면한다. 따라서 시각적 잠재성과 대면하는 것은 그것의 실제 형태와 대면하는 것이다. 당신이 어떤 대상을 단순히 그것의 모습에 기초하여 정육면체로 경험할 때 그렇게 경험할 수 있는 것은 당신이 정육면체 모습에서의 변화와 당신의 움직임 사이의 관계에 대한 운동감각 지식을 활용하기 때문이다. 그 도형이 어떻게 보이는가에 기초하여 그것을 정육면체로 경험하는 것은 그것이 당신이 움직임에 따라 **어떻게** 변화하는지를 이

해하는 것이다. (A. Noë, 2004, p. 77. 원저자 강조)

정육면체는 시각적 한계에도 불구하고 현상적으로 당신에게 현존한다. 기존의 시각 이론은 지각의 현상적 특징을 시각적 표상의 구성(construction of visual representation)으로 설명한다. 예를 들어 마(D. Marr, 1982)의 시각 이론에 따르면 시각은 망막에서의 자극(감각)으로부터 시작하여 세계에 대한 시각적 표상(인지)을 구성하는 것으로 종료된다. 그러나 마의 이론에서 당연시되고 있는 전제, 즉 지각 주체가 지각 대상에 대한 표상을 구성한다는 주장은 인지를 행위 차원에서 설명하는 행화주의의 관점에서 보면 수용하기 어렵다. 체화주의자들이 강조했듯이 인지는 **체화된 행위**이며, "지각은 우리에게 발생하거나 우리 안에서 발생하는 것이 아니라 우리가 하는 것이다".[58] 이처럼 감각운동 행화주의에 따르면 시각은 외적 대상에 대한 두뇌 내적 표상이 아니라 지각 주체가 세계를 탐사하는 행위로 보아야 한다.

현상학을 형이상학적 배경으로 갖는 체화주의 이론들(자기생성적 행화주의와 감각운동 행화주의)은 기능주의를 배경으로 하는 확장된 인지 이론과는 다른 철학적 함축을 가질 것이다. (내장된 인지 이론은 기능주의에 기반을 둘 수도 있고 그렇지 않을 수도 있다.) 노에는 자기 이론이 다음과 같은 두 가지 함축을 갖는다고 강조한다.[59] 첫째, 일정한 몸 기술을 지닌 유기체만이 지각할 수 있다. 왜냐하면, 지각은 일종

---

58 A. Noë(2004), p. 1.
59 Ibid., p. 2.

의 숙련된 몸 활동이고, 적어도 지각의 원초적 형태를 지닌 유기체만이 자기 운동을 할 수 있기 때문이다. 둘째, 지각은 결코 (지각체계가 세계에 대한 내적 표상을 구성하는) 두뇌 안의 과정이 아니다. 지각은 두뇌 안에서 발생하는 것에 의존하기는 하지만, 두뇌 안의 과정이 아니라 전체로서의 유기체의 숙련된 활동이다.

노에가 제시한 함축은 논쟁을 야기하고 있다. 여기서는 그중 몇 가지를 살펴보기로 한다. 첫째, 감각운동 행화주의를 행동주의와 연결하려는 비판이 있다. 잘 알려져 있듯이 행동주의는 인지체계가 동일한 입출력 관계를 갖는 경우 그것들의 심적 상태는 동일하다고 가정한다. 그러나 기능주의가 주장하듯이 심적 상태가 물리적으로 복수 실현 가능하다면 그런 주장은 성립되지 않는다. 블록(N. Block, 2002)은 오리건과 노에(J. K. O'Regan and A. Noë, 2001)가 제시한 행화주의는 인지가 아니라 지각에 관한 이론이기 때문에 일반적 행동주의와는 차이가 나지만, "경험한다는 것은 일종의 입력—출력 관계의 문제이다"라고 주장한다는 점에서 행동주의의 문제를 계승한다고 주장한다.[60] 동일한 입출력 관계는 진정한 경험으로 중개될 수도 있거나 아니면 경험을 전혀 포함하지 않은 계산으로 중개될 수도 있으므로 여전히 입출력을 담당하는 신경 차원에서 복수실현 가능성이 남아 있기 때문이다.

노에는 블록의 비판이 자신의 이론에 대한 오해에서 비롯되었다고 대답한다.[61] 그가 제시한 예를 살펴보자. 당신이 누군가 "나인"이라

---

60 N. Block(2002), pp. 977–978.
61 A. Noë(2004), p. 32.

고 말하는 것을 들었다고 가정해 보자. 만약 당신이 독일어를 이해할 수 있고, 그가 한 말이 적절한 맥락에서 사용되었을 때 당신은 그가 독일어로 "Nein('No')"를 말한 것으로 경험할 것이다. 그러나 만약 당신이 독일어를 전해 이해하지 못하고 오직 영어만을 이해할 수 있는 경우, 그리고 맥락이 적절한 경우, 당신은 그가 영어로 "9"를 말한 것으로 경험할 것이다. 당신의 경험 내용은 자극에 의존하는 것이 아니라 자극을 의미 있게 만드는 데 사용된 지식과 맥락에 의존한다. 이 예를 통해 노에가 주장하려는 것은 그것이 클락이 주장한 능동적 외재주의의 구체적 예에 해당한다는 점이다.

정리하면, 지각은 본질에서 활동적이고 지각 주체의 능숙한 활동으로 인해 지각 경험은 내용을 얻는다.[62] 노에는 지각 경험이 내용을 갖는다는 것, 즉 지각 경험을 '개념적'이라고 봄으로써 지각적 표상의 존재를 인정한다. 그에 따르면, 지각 경험의 내용은 프레게(G. Frege, 1879)가 말한 '판단 가능한 내용(judgeable content)'이나 '사고(thought)'에 해당한다.[63] 노에가 이처럼 지각 경험의 내용을 인정한 것은 그것이 지향적 성질을 설명하는 데 필요하기 때문이다. 앞에서도 지적했듯이, 지각 대상은 이러저러한 방식으로 자신을 드러내기 때문에, 지각 주체는 대상이 자신에게 드러나는 방식을 이해할 필요가 있다. 이처럼, 감각운동 행화주의는 표상주의를 수용한다는 점에서 온건한 행화주의에 해당한다.

---

62 Ibid., p. 3.
63 Ibid., p. 189.

급진적 행화주의

급진적 행화주의(radical enactivism)는 인지와 마음은 '종종' 확장되는(extended) 것이 아니라 본래 광역적(extensive)이라고 주장한다. 급진적 행화주의를 주장한 후토와 마인(D. Hutto and E. Myin)에 따르면, 그 이론은 다음과 같이 두 가지 핵심 논제를 갖고 있다.[64]

a. 체화 논제(Embodiment thesis): 기본인지(basic cognition)는 유기체와 환경 간 역동적 상호작용의 구체적이고 시공간적으로 확장된 패턴이다. 기본인지는 지향적 방향성을 보이는 정신 활동이지만, 반드시 현상성을 갖는 것은 아니라는 의미에서 지향적 방향성과 현상성을 동시에 갖는 '기본 정신성(basic mentality)'보다 적용 영역이 더 좁다.[65] 정신성은 유기체가 환경과 상호작용하는 광역적 방식(extensive way)에 의해 구체적으로 구성된 '모든' 사례에 있다.[66] 그러므로 클라크와 차머스(1998)가 주장하듯이 인지는 확장적이 아니라 본질에서 광역적이어서 필요에 따라 확장되지 않는다.

여기서 우리는 확장인지 이론과 급진적 행화주의 간 근본적 차이를 보게 된다. 후토에 따르면, 확장인지 이론의 근본 문제는 기본인지는 생물학적으로 뇌에 기반을 두고 있다는 점을 배제하지 않는다는 데 있다. 그 결과, 확장된 인지 이론에 따르면, 예외적 경우에만, 예를 들어 비신체적 대상의 도움으로 특정 인지 과제가 달성 가능할

---

64 D. Hutto and E. Myin(2012), p. 5.
65 Ibid., p. x
66 Ibid., p. 7.

때만, 마음은 그 대상으로 확장된다.[67] 이와 대조적으로 급진적 행화주의의 체화 논제에 따르면 마음은 본래 광역적이므로 확장될 필요가 없다.[68] 또한 급진적 행화주의는 현상성이란 물리적으로 규정 가능한 활동과 다르지 않다고 주장한다. 여기서 급진적 행화주의의 형이상학이 동일론이라는 점이 드러난다. 급진적 행화주의는 현상성을 위한 최소한의 수반 근거가 좁을 수 있다는 점, 즉 뇌 기반이라는 점을 인정하지만, 현상적 경험을 완전히 이해하기 위해서는 유기체가 확장된 감각운동적 상호작용을 통해 환경이 제공하는 행위지원성에 참여하는 환경을 포섭하는 방식에 주목할 필요가 있다고 주장한다.

b. 발달 설명적 논제(Developmental-explanatory thesis): 정신성을 구성하는 상호작용은 유기체의 이전 상호작용의 역사에 근거하고, 그것에 의해 형성되고 설명된다. 감각과 지식은 유기체가 환경이 제공하는 행위지원성과의 반복적인 참여 과정을 통해 창발한다.[69]

급진적 행화주의의 핵심은 기본인지 개념과 그것의 **광역성**에 있다. 기본인지는, 노에의 이론과는 대조적으로, 내용을 갖지 않기 때문에 표상 개념이 들어설 자리가 없으며, 구성적으로 이미 세계를 포함한다는 의미에서 광역적이다.[70] 급진적 행화주의의 '급진성'은 표상주의에 대한 철저한 비판에서 두드러진다. 자기생성적 행화주의 역

---

67 Ibid., p. 137.
68 A. Noë(2009)는 광역성을 정신성뿐만 아니라 의식적 경험의 특징으로 간주한다.
69 D. Hutto and E. Myin(2012), p. 8
70 Ibid., p. 137.

시 반표상주의적 태도를 보이지만, 반표상성의 정도가 급진적 행화
주의만큼 크지 않다. 자기생성적 행화주의에 따르면, 감각 자극은 활
동의 대규모 패턴에서 특정 패턴의 비선형적 역동성에 의한 인지 구
성을 유도한다.[71] 이런 패턴은 자극에 대한 표상은 아니며 감각적 동
요에 의해 촉발되는 내적으로 생성된 반응, 즉 유기체에 자극의 의미
를 생성하고 운반하는 반응이다. 여기서 자극의 의미는 유기체의 역
사, 기대 상태, 환경적 맥락을 반영하며 유기체에 의해 생성되고 소
비된다.[72] 그러나, 급진적 행화주의는 기본 정신의 내용과 의미를 모
두 부정하기 때문에 기본 정신성에 적합한 유기체의 반응은 의미를
생산하고 전달하고 소비하는 것이라는 표상주의를 비판한다. 이상에
서 보듯이, 급진적 행화주의는 표상성에서 인지주의와 대립하고, 인
지의 확장성-광역성에서는 확장인지 이론과 충돌하며, 반표상성의
정도에서는 감각운동 행화주의 및 자기생성적 행화주의와 구별된다.
후토와 마인에 따르면, 급진적 행화주의는 유일하게 인지주의자 및
내재주의자의 비판으로부터 방어 가능한 행화주의이다.[73]

지금까지의 논의를 정리하면, 인지는 '체화된 행위'라는 의미에서
행화이다. 이처럼 인지를 체화된 행위로 보게 되면, 자아, 마음, 의식
에 대한 기존의 이해는 폐기되고 마음과 의식은 몸을 가진 유기체와
환경 간 역동적 상호작용의 구성물이며, 자아는 역동적 관계의 주체
로 이해된다. 여기서 뇌는 그런 역동적 활동을 수행하는 유기체 몸의

71 E. Thompson(2007), p. 368.
72 D. Hutto and E. Myin(2012), pp. 146-148.
73 Ibid., p. 5.

한 부분이다. 행화주의 관점에서 보면 뇌만으로 인지, 마음, 의식을 설명하는 내재주의의 한계가 분명히 드러난다. [표 6]에는 지금까지 논의한 행화주의 이론들의 특징이 정리되어 있다.

[표 6] 행화주의 유형

유형	자기생성적 행화주의 (Autopoietic enactivism)	감각운동 행화주의 (Sensorimotor enactivism)	급진적 행화주의 (Radical enactivism)
중심인물	F. Varela, E. Thompson, E. A. Di Paolo	A. Noë, J. K. O'Regan, S. Hurley	D. Hutto, E. Myin
중심사상	인지는 자기생성적 과정으로부터 창발한다.	지각은 우리가 행위하는 것이다.	기본인지는 내용이 없고 광역적이다.
표상	반표상주의	지각적 표상 인정	반표상주의
형이상학	자연화된 현상학	현상학	동일론

행화주의는 여러 가지 점에서 확장인지 이론과 충돌하는데 그중 가장 첨예한 대립은 **몸의 위상**에 대한 것이다. 확장인지 이론에 따르면, 인지는 몸의 경계를 넘어 환경적 요소로 확장될 수 있다. 그 이론은 복수실현을 인정하기 때문에 인지는 몸이라는 물리적 기반을 넘어서 환경적 요인에서도 실현될 수 있다고 주장한다. 이에 비해 행화주의는 복수실현 가능성을 부정하는 것으로 보인다. 노에가 주장했듯이, 일정한 몸 기술을 지닌 유기체만이 지각할 수 있다면 몸의 경계를 벗어난 인지, 특히 지각적 인지는 제대로 성립할 수 없다고 보아야 한다. 이 점에 착안하여 클락과 토리비오(A. Clark and J. Toribio)는 감각운동 행화주의를 '감각운동적 우월주의(sensorimotor chauvinism)'라고 비판한다.[74] 이런 비판에 대해 노에는 촉각·시각 대체 체계(tactile-vision substitution system)로 알려진 인공시각 체계를 그 반례로 제시한다. 촉각·시각 대체 체계는 손에 장착된 카메라에 입력된 시각 자극을 맹시 피험자의 넓적다리에 진동을 활성화하도록 변환시킨다. 노에는 이런 체계를 장착한 피험자가 경험한 것은 진정한 시각은 아니지만 '촉각적 시각'으로 보아도 무방하므로 클락과 토리비오의 비판과는 달리 그것은 복수실현의 좋은 예가 된다고 주장한다. 따라서 자신의 이론은 행동주의가 아니라는 것이다.[75] 그러나 노에가 제시한 촉각·시각 대체 체계에서 구현된 경험을 복수실현의 사례로 볼 것인지는 논쟁 대상이다. 노에가 제시한 촉각적 시각은 통상적 기준에서의 복수실현과는 차이가 나기 때문에 그것을 복수실현의 사례로 볼 것인지는 복수실현의 의미를 어떻게 규정하는가에 따라 결정될 것이다.

행화주의는 한편으로는 행위를 강조하기 때문에 '행동주의'로 오해되기도 하고, 다른 한편으로는 몸의 소유를 강조하기 때문에 **인간종 우월주의**로 비판받기도 한다. 행화주의가 그 밖에도 여러 가지 논쟁을 야기하고 있다는 점에서 볼 수 있듯이, 그 이론은 확장인지 이론과 더불어 급진적 체화주의에 속한다. 물론 그 두 가지 이론은 급진성을 서로 다른 방향으로 전개한다. 확장인지 이론은 인간 몸의 역할을 간과하지는 않지만, 환경적 요소의 인지구조 가능성을 인정하므로 상대적으로 몸의 위상을 낮게 평가한다. 반대로 행화주의는 행위

---

74 A. Clark and J. Toribio(2001), p. 979.
75 A. Noë(2004), pp. 26-27.

의 체화성은 강조하는데 행위는 몸을 통하여 이루어지기 때문에 상대적으로 몸의 위상을 확장인지 이론에 비해 높게 평가한다. 따라서 두 이론을 둘러싼 논쟁의 주제도 차이가 날 수밖에 없다. 예를 들어 확장인지 이론을 둘러싼 논쟁 중에는 "인간은 사이보그인가?", "로봇은 의식을 가질 수 있는가?"와 같은 주제가 포함되는 반면에, 행화주의와 관련된 논쟁은 "하향인과는 가능한가?", "행화주의가 의식의 어려운 문제를 해결할 수 있는가?"와 같은 주제를 포함한다. 확장인지 이론과 행화주의는 현재로서는 체화주의를 구성하는 중심 이론이지만 그것들의 형이상학도 다르고 연구 주제도 차이가 나는 만큼 체화주의가 어떤 방식으로 그것을 포섭하여 인지과학의 중심 연구 프로그램으로 부상할 수 있을지는 흥미로운 주제이다.

6.5 체화주의 개념도

지금까지의 논의에서 볼 수 있듯이 체화주의 이론들은 각자 강조하는 바가 차이가 나지만 가족 유사성을 갖고 있다. 그것은 바로 마음은 세계와 상호작용하는 몸에 대한 관계를 통해 이해되어야 한다는 것이다.

체화주의 이론들에 대한 논의로부터 중요한 논점이 발견되었는데 그것은 **의존·구성의 구분**과 **복수실현 가능성**이다. 일반적으로 환경적 요소의 인지구조 가능성을 인정하는 이론은 복수실현 가능성을 인정하는 반면에 구성을 반대하고 의존만을 주장하는 이론은 복수실현 가능성을 수용하지 않는다. 이런 이유로 복수실현 가능성 개념은 이 글에서 검토한 체화주의의 네 가지 이론을 평가하는 좋은 기준이 된다. 확장된 인지 이론이 몸의 경계를 벗어난 인지의 가능성을 주장하기 위한 근거로 복수실현을 활용할 수 있는 데 비해 인지의 몸 의존을 강조하는 내장인지 이론이나 구성을 강조하는 강한 존재적 해석에 기반을 둔 체화인지 이론은 복수실현을 인정하지 않는다. 이런 점에서 인지의 몸 의존을 인정하지만 복수실현을 인정하지 않는 전략은 한편으로는 **온건한 체화주의**를 주장하거나 다른 한편으로 체화주의에 대한 비판을 준비하기 위한 강력한 무기이다. 마지막으로 행화주의는 인지의 구성을 강조하면서도 인지의 행화적 특성을 강조하기 때문에 몸을 벗어난 인지 가능성을 인정하기 어렵다.

이제 지금까지의 논의를 바탕으로 체화주의 이론들에 대한 개념도를 그려보기로 하자. 개념도 그리기 작업을 수행하기 위해 의존·구성의 구분과 복수실현 가능성이라는 두 가지 기준 외에 **이론적 강약**이라는 제3의 기준을 적용하면 [그림 15]에 제시된 체화주의의 개념도가 나타난다. 여기서 제시된 체화주의의 개념도는 여러 가지에서 완전하지 않다. 첫째, 그 개념도에는 체화주의로 분류될 수 있는 몇 가지 중요한 이론이 포함되어 있지 않다. 분산인지 이론이나 상황인지 이론이 그 대표적인 경우이다. 둘째, 지금까지의 논의를 통해 드러났듯이 체화주의 이론들은 견고한 핵을 공유하면서도 강한 입장과 약한 입장 또는 존재론적 해석과 인식적 해석 간 대립 양상을 보인다. 한 장의 개념도가 그런 차이점과 대립을 모두 보여줄 수는 없으므로 이 개념도의 의의는 이론적 완전함보다는 추후 연구를 위한 나침판으로서의 유용성에 달려 있다.

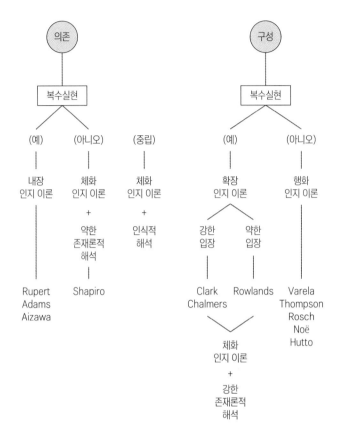

[그림 15] 체화주의 개념도

(이영의, 2015, p. 132)

여기서 제시된 개념도는 무엇보다도 체화주의라는 이름 아래 포섭되고 있는 네 가지 이론 간에 상당한 긴장과 대립이 있다는 점을 보여준다. 이런 의미에서 당연히 그 이론들이 과연 하나의 연구 프로그램에 포섭될 수 있느냐는 의문이 제기될 수 있다. 그러나 앞에서 보았듯이 그 이론들은 존재론적·의미론적·인식론적·방법론적 차원에서 견고한 핵을 공유하고 있으므로 '체화주의'라는 연구 프로그램에 속한다. 마지막으로, 체화주의의 미래를 생각해 보자. 이와 관련하여 우리는 다음과 같은 한 가지 중요한 질문을 제기할 수 있다. 그네 가지 이론이 그중 하나(또는 그 이상)의 이론으로 수렴되거나 그것 (들)을 중심으로 수정될 것인가? 현재로서는 이 질문에 대답하는 것은 어렵다. 그것이 어려운 이유는 우리의 무지 때문이 아니라 질문의 성격 때문이다.

[그림 15]에서 나타나듯이 확장이론의 대척점은 내장인지 이론이나 약한 존재론적 해석에 기반을 둔 체화인지 이론이다. 그 두 가지 이론은 의존·구성의 구분 및 복수실현 가능성이라는 대립 요소를 모두 갖고 있다. 만약 복수실현 가능성의 인정 여부가 의존·구성의 구분보다 더 중요하다면 이론 간 대립의 정도는 〈확장인지 이론 : 내장인지 이론, 약한 존재론적 해석에 기반을 둔 체화인지 이론〉, 〈확장인지 이론 : 행화주의〉, 〈내장인지 이론, 약한 존재론적 해석에 기반을 둔 체화인지 이론 : 행화주의〉 순으로 낮아질 것이다.

이론 간 대립의 정도를 결정하는 또 다른 요소는 그 대립을 일으키는 배경 이론, 즉 형이상학의 차이이다. 확장인지 이론이나 존재론적 약한 해석에 기반을 둔 체화인지 이론의 형이상학은 기본적으로 기능주의인 데 비해 행화주의의 형이상학은 현상학 또는 동일론이다. 반면에 내장인지 이론은 다양한 형이상학과 양립할 수 있다. 즉 그 이론은 기능주의는 물론이고 설(Searle)이 주장한 **생물학적 자연주의**(biological naturalism)와도 양립할 수 있다. 따라서 이론 간 대립의 정도는 그것들이 기반을 두고 있는 형이상학 간 대립의 정도에 비례할 것이다. 이론마다 현재의 형이상학을 버리고 다른 형이상학을 채택하는 것은 매우 어렵고 서로 다른 형이상학을 하나로 통합하는 것은 불가능하다는 점을 고려할 때 네 가지 이론 간 이론적 통합 가능성은 매우 낮다고 보아야 할 것이다. 그러므로 그 이론들은 현재처럼 경쟁하면서 존립하거나 부분적으로 이론 간 통합과 수렴이 나타날 것으로 예상된다.

이상을 고려하여 나는 체화주의의 미래를 다음과 같이 조심스럽게 전망한다. 체화주의에 속한 이론들은 일차적으로 기능주의에 기반을 둔 확장인지 이론과 현상학에 기반을 둔 행화주의를 중심으로 재편될 것이고, 그다음으로 내장인지 이론과 약한 존재론적 해석에 기반을 둔 체화인지 이론은 체화주의에서 그 두 가지 주도적 이론에 대한 비판 이론으로 남을 가능성이 크다. 따라서 체화주의가 인지과학의 연구 프로그램이 될 수 있는가는 매우 다른 형이상학적 배경을 갖는 확장인지 이론과 행화주의를 과연 어떤 방식으로 연결하여 이론적 체계성과 통일성을 갖추는가에 달려 있다.

인지과학의 연구 프로그램으로서의 체화주의가 가진 이론적 다양성은 현재로서는 인지 및 마음에 대한 체계적이고 일관된 설명을 제공하는 데 걸림돌로 작용하기 때문에 적신호로 간주할 수 있지만, 긍정적으로도 작용할 수 있다. 왜냐하면 이론적 다양성에 내재하는 차별과 대립을 통한 변증법적 과정을 거쳐 점진적으로 이론적 통일성과 체계성을 갖출 수 있기 때문이다. 또한 체화주의 이론이 하나 또는 그 이상의 이론을 중심으로 연결되어 체화주의가 인지과학의 진정한 연구 프로그램으로 부상할 수 있는 동력을 제공할 수 있기 때문이다. 현재의 체화주의가 위의 가정을 실현하는 데는 상당한 시간이 필요할 것이다. 또한 체화주의가 신경과학의 환원론적 태도에 대한 유력한 대안이 될 수 있으려면 무엇보다도 풍부한 설명력을 갖추어

야 할 것이다.[76]

<hr />

[76] 6장은 이영의(2015)를 수정 보완한 것임.

제3부

—

방법론

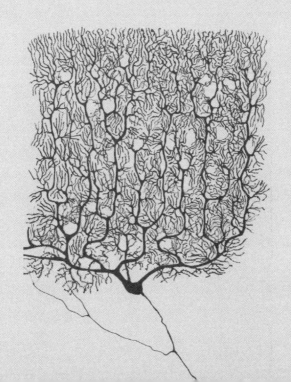

7

환원

신경과학은 어떤 중요한 방법론적 함축을 갖는가? 이 질문은 다시 더 세분할 수 있다. 즉 어떤 방법으로 마음과 의식을 연구하는 것이 좋은가? 어떤 차원에서 이론을 구성하는 것이 좋은가? 신경과학의 방법론적 함축과 관련하여 가장 쟁점이 되는 것은 통속심리학(또는 마음 이론)의 신경과학으로의 환원 문제이다. 여기서 통속심리학은 행위를 믿음, 욕구, 두려움, 감각, 아픔, 기쁨 등의 심적 개념을 이용하여 행위를 설명하는 이론이다.

일반적으로 과학 방법론에는 크게 두 가지 접근법이 있다. 첫째, **상향적 접근법**(bottom-up approach)은 가장 하위 차원의 이론을 이용하여 상위 차원에 속하는 대상들이나 현상을 설명하는 방식이다. 상향적 접근법에 따르면 인지는 궁극적으로 뇌와 신경계의 활동이므로 하위 차원에 속하는 대상이나 현상을 설명하는 데 가장 적합한 이론은 바로 신경과학이다. 둘째, **하향적 접근법**(top-down approach)은 먼저 설명 대상에 대한 상위 차원에서의 개괄적 설명이 주어지고 그다음 설명 대상을 하위 체계로 나누어 상위 차원의 이론을 이용하여 하위 체계를 설명한다. 현대 신경과학자들이 선호하는 방법론은 상향적 접근법이며 그것은 **방법론적 유물론**(methodological materialism)으로 나타난다.

방법론적 유물론은 존재를 언급하지 않는 유물론이다. 그 이론은 존재하는 것은 오로지 물질과 에너지뿐이라고 주장하는 존재론적 유물론을 주장할 필요가 없다. 이런 점에서 멘델(Mendel), 뉴턴(Newton), 아인슈타인(Einstein)은 전형적인 방법론적 유물론자들이다. 방법론적 유물론자들은 대상들의 존재론적 환원을 주장하지는 않지만 **이론 간 환원**은 주장할 수 있다. 우리는 앞에서 존재론적 유물론자인 물리주의자들이 존재 간 동일성을 주장한다는 점을 보았다. 즉 열은 분자들의 평균 운동에너지이고, 고통은 신경세포의 활성화 상태이다.

과학에는 다양한 분야가 있으며, 그것들은 대체로 특정 대상과 현상을 탐구하는 이론을 갖고 있다. 환원론(reductionism)은 과학 분야들의 이론 간 관계, 또는 탐구 대상 간 관계를 규명함으로써 과학의 체계성을 확보해야 한다고 주장한다. 환원론은 크게 존재론적 환원론(ontological reductionism)과 방법론적 환원론(methodological reductionism)으로 구분된다.[1] 존재론적 환원론에 따르면, 실제 세계는 존재론적 위계로 구성되어 있으므로, 상위 차원에 속하는 대상

---

1 방법론적 환원론의 주요 지지자는 R. Carnap(1938)와 E. Nagel(1961)이다. 존재론적 환원론은 P. Oppenheim and H. Putnam(1958)의 미시적 환원론(micro-reductonism)에서 볼 수 있듯이 방법론적 환원론과 결합한 형태로 나타난다.

은 하위 차원에 속하는 보다 근원적인 요소로 세분화하여 설명되어야 한다. 이에 비하여 방법론적 환원론은 존재 위계의 규명이 아니라 설명적 효율성을 목적으로 한다. 후자의 환원론에 따르면, 과학 탐구에서 최상의 전략은 가능한 한 가장 하위 차원의 대상을 이용하여 설명하는 것이다. 예를 들어 심리학과 신경과학의 관계에 대해 존재론적 환원론은 존재의 단순화를 위해 심적 현상이나 대상이 근본적으로 신경과학적 현상이나 대상으로 환원되어야 한다고 주장한다. 이에 비해 방법론적 환원론은 설명력의 확장을 위해 심리 현상이나 대상은 신경과학의 법칙에 따라 설명되어야 한다고 주장한다.

여기서 볼 수 있듯이 환원론은 '이론 간 환원' 문제를 함축한다. 환원론은 "통속심리학은 신경과학으로 환원될 수 있다"라는 주장을 통해 인지과학에서 활발한 논쟁을 야기하고 있다. 환원 문제는 일차적으로 철학적 문제이지만 인지과학자들도 주목할 필요가 있다. 환원론이 주장하듯이 실제로 심리학이 신경과학으로 환원될 수 있다면 인지과학은 마땅히 환원적 연구 프로그램을 채택해야 할 것이다. 그리고 충분한 시간이 지나면 인지과학은 현재와 같은 학제적 분야가 아니라 단일 분야로서 탈바꿈할 것이다. 그러나 환원이 원리상 불가능하다면 참여 분야들의 상호 관계를 새로운 관점에서 설명하는 이론이 개발되어야 할 것이다. 환원론은 이런 가능성을 검토하는 데 있어서 논의의 출발점을 제공한다.

7.1 네이글 모형

환원론의 내용을 구체적으로 살펴보기 위해 네이글(E. Nagel)의 환원 모형으로부터 출발해 보자. 네이글 모형은 다음과 같은 기본 전제들을 갖고 있다. ① 환원은 이론 간 관계이다. ② 이론은 법칙들의 집합으로 공리 체계를 이룬다.[2] ③ 이론 간 환원을 통해 분야 간 환원이 달성된다. 환원되는 이론을 T_1, 환원하는 이론을 T_2라고 하면, T_1이 T_2로 환원된다는 것은 T_1이 T_2로부터 논리적으로 도출될 수 있다는 것을 의미한다. 네이글에 따르면, T_1이 T_2로 환원되기 위해서는 다음과 같은 형식적 조건이 충족되어야 한다.[3]

- **연결 가능성 조건**(condition of connectability): T_1이 T_2에서 나타나지 않는 비논리적 용어를 포함하고 있으면 그 용어는 **대응 규칙**(correspondence rule)에 따라 T_2의 용어와 연결되어야 한다.
- **도출 가능성 조건**(condition of derivability): 위의 조건이 충족되면, T_1이 논리적 절차에 의해 T_2로부터 도출될 때 환원이 이루어진다.

네이글은 환원의 일차적 목표는 '이론의 설명'이라고 주장함으로써 방법론적 환원론을 제안했다. 즉 T_1이 T_2로 환원됨으로써 T_1은 T_2에

---

2 네이글의 입장은 구문론적 접근에 해당한다. 이 외에도 P. Suppes(1967)와 J. Sneed(1971)로 대표되는 집합 이론적 접근이 있으나 환원론에서 주로 논의되는 것은 구문론적 접근이다.
3 네이글은 비형식적 조건도 제시했다. ① T_2는 미봉책(ad hoc)이 아니어야 한다. ② T_2는 산출적이어야 한다. ③ T_1과 T_2 간 환원은 의미 있는 발전 단계에 있어야 한다. E. Nagel(1961), pp. 358-366.

의해 설명된다. 네이글은 환원의 구조가 연역 법칙적 설명(deductive-nomological explanation)의 구조와 동일하다고 보았다. 예를 들어, 갈릴레이 이론과 뉴턴 이론 간 환원을 살펴보자. 갈릴레이 이론과 뉴턴 이론을 각각 T_1, T_2라고 하면, T_1과 T_2는 다음과 같이 집합으로 표현된다.

$$T_1 = \{g_1, g_2\}$$
$$T_2 = \{n_1, n_2, n_3, n_4\}$$

위에서 'g_1'은 자유 낙하 법칙("자유 낙하체는 등가속도 운동을 한다")이고, 'g_2'는 투사체 법칙("발사된 물체는 포물선 운동을 한다")이다. 'n_1', 'n_2', 'n_3'는 각각 뉴턴의 세 가지 운동 법칙이고(관성의 법칙, 가속도의 법칙, 작용·반작용의 법칙), 'n_4'는 만유인력의 법칙이다. 또한 C와 R은 각각 초기 조건의 집합과 대응 규칙의 집합이라고 하자. C는 예를 들어 "공기 저항은 무시할 수 있을 정도로 매우 작다"라는 조건과 "물체의 높이(h)가 지구 반경(r)에 비해 무시할 수 있을 정도로 매우 작다"라는 조건을 포함한다. 이제, C와 R이 주어지면 다음과 같은 도출이 발생한다.

$$T_2, C, R \vdash T_1 \tag{①}$$

네이글은 ①을 전형적인 환원 사례라고 주장하지만 실제로 그것은 성립되지 않는다. 왜 T_2로부터 T_1이 도출될 수 없는지를 네이글이 제시한 형식적 조건과 관련하여 살펴보자.

첫째, 대응 규칙이 표현하는 관계에 대한 해석상 문제가 있다. 네이글은 대응 규칙에 사용되는 결합사가 반드시 양조건언일 필요가 없다고 강조했지만,[4] 일반적으로 대응 규칙이 기술하는 것은 동일성(identity) 관계라고 인정되고 있다. 여기에서 문제는 동일성을 어떻게 보느냐에 따라 대응 규칙을 구성할 수 있는지가 결정된다는 점이다. 환원론자인 카우시(R. Causey, 1977)에 따르면 동일성은 경험적으로 입증되어야 한다는 의미에서 종합적 동일성(synthetic identity)이다. 예를 들어 T_1의 술어인 'x is gene'이 지시하는 대상과 T_2의 술어인 'x is DNA'가 지시하는 대상이 같으면 종합적 동일성이 성립한다. 이와 반면에 포더(J. Fodor)를 비롯한 비환원론자들은 동일성은 자연종(natural kind) 간 동일성이라고 주장한다. 그들의 주장에 따르면 T_1의 자연종과 T_2의 자연종이 동일할 경우에만 T_1이 T_2로 환원될 수 있다. 그러나 복수실현 가능성 때문에 자연종 간 동일성은 확보될 수 없다. 심리학의 자연종 술어는 특정 유형의 심적 상태를 지시한다. 그런데 기능적으로 동일한 심적 상태는 다양한 물리적 체계에서 실현될 수 있으므로, 심리학의 자연종 술어를 신경과학의 자연종 술어와 연결할 수 없다.[5] 이는 곧 대응 규칙을 구성할 수 없다는 것을 의미한다.

둘째, 도출 가능성 조건은 논리적 측면에서 보면 충족될 수 없다. 포퍼(K. Popper)가 지적했듯이, 선행 이론 T_1을 후속 이론 T_2의 입장에서 보면 항상 불완전한 이론이고 때로는 거짓 이론일 수 있으므로

---

4 E. Nagel(1961), p. 355.
5 포더는 무엇을 심리학의 자연종으로 간주할 것인가에 대한 분명한 기준을 제시하지는 않았다. 이와 관련된 논의는 N. Block and J. Fodor(1972, p. 173), J. Fodor(1975, pp. 1-26), R. Causey(1977, pp. 80-105, 142-151) 참조.

T_2로부터 T_1을 도출할 수 없다.[6] 예를 들어 위의 환원 사례에서 h/r 의 값이 무시할 수 있을 정도로 매우 작더라도 T_2에서는 자유 낙하체 의 가속도가 증가하므로 g_1은 명백히 잘못된 법칙이다. 또한 모든 투 사체는 실제로 포물선 운동이 아니라 타원 운동을 하므로 g_2 역시 거 짓 법칙이다. "r의 값이 무한하다"라고 거짓 가정을 하지 않는 한, T_2 로부터 포물선 운동이 도출될 수 없다. T_2로부터 도출된 것은 T_1이 아 니라 T_2에 근사적으로 접근하는 수정된 이론(T_1^*)이라고 보아야 한다. 이러한 사실로부터 다음의 ②가 성립된다.

$$T_2,\ C,\ R \vdash T_1^* \qquad\qquad\qquad ②$$

셋째, T_1과 T_2가 사용하는 개념 틀은 불가 공약성(incommensurability)을 갖기 때문에 목표로 하는 도출이 불가능하다.[7] 네이글은 T_1 과 T_2의 비논리적 용어의 의미가 그 용어를 포함하는 진술과는 독립 적으로 고정되어 있다고 보았다. 그러나 용어의 외연이 이론이 변함 에 따라 변하는 경우가 있다. 예를 들어 T_1에서 관성 운동은 원운동 이지만 T_2에서의 관성 운동은 포물선 운동이다. 더구나 T_1에서 낙하 운동은 본래의 장소를 향한 운동이지만 T_2에서 낙하 운동은 인력의 영향을 받은 운동이다. 이는 곧 대응 규칙을 구성할 수 없음을 보여 준다.[8]

6 K. Popper(1972), pp. 197−203.
7 P. Feyerabend(1962), pp. 74−91.
8 환원론은 이론을 통한 환원을 주장하면서 T_1이 T_2로 환원되면 대응되는 분야도 환원된 다고 가정한다. 물론 이론에 의한 환원이 여의치 못할 때 분야 간의 환원도 시도된다(J.

7.2 처칠랜드 모형

환원론자들은 네이글 모형을 수정하는 과정에서 위에서 지적한 두 번째와 세 번째 문제점을 해결하는 전략을 택했다. 그 결과는 처칠랜드(P. S. Churchland)의 환원 모형에서 발견된다. 처칠랜드는 **이론 간 동일성**(cross-theoretic identification)을 중심으로 환원을 다음과 같이 세 가지 종류로 구분한다.[9]

- 이론 간 동일성을 통한 순탄한 환원(smooth reduction)
- 순탄치 못한 환원(bumpy reduction): 이론 간 동일성이 성립하지 않아 선행 이론에 등장한 핵심 개념들의 수정을 통한 환원
- 철저한 제거(outright elimination): 이론 간 동일성이 불가능한 경우

처칠랜드에 따르면, 위의 목록에서 첫 두 가지는 다음과 같이 두 단계로 진행된다. 환원하는 이론을 T_B라고 하고 환원될 이론을 T_R이라고 하자. T_R의 T_B로의 환원은 다음과 같이 두 단계로 진행된다.[10]

- 1단계: T_B에서 T_R의 법칙들로 구성된 유사 이론(analogue) $T_R{}^*$을 구성한다.
- 2단계: T_B와 초기 조건으로부터 $T_R{}^*$을 논리적으로 도출한다.

Kemeny and P. Oppenheim 1956).
9 P. S. Churchland(1986), p. 284.
10 Ibid., pp. 282-283.

이제 위의 모형을 통속심리학에 적용해 보자. 그런데 현재의 신경과학(T_B)에서 현재의 통속심리학(T_R)의 법칙들로 구성된 유사 이론(T_R^*)을 구성할 수 없다. 왜냐하면 그 두 이론 간에는 이론적 동일성이 성립하지 않기 때문이다. 이런 경우는 철저한 제거에 해당한다.

그러나 환원할 수 없으므로 제거해야 한다는 주장은 논리적으로는 의미가 있지만 경험적으로는 문제가 있다. 왜냐하면 환원될 이론(T_R)뿐만 아니라 환원할 이론(T_B)이 모두 성숙한 단계에 이르지 못한 경우 제거가 제대로 이루어질 수 없기 때문이다. 예를 들어, 현재의 신경과학은 통속심리학을 제거할 정도로 충분히 발전하지 못했다.

처칠랜드는 이 문제를 알고 있었지만 이를 해결할 수 있는 수정 모형을 제시하지는 않았다. 그 대신 처칠랜드는 비형식적으로 '차원 간 발전' 개념과 '차원 간 협력' 개념을 도입하여 그 문제를 해결할 수 있다고 제안했다. 즉, 현재의 통속심리학이 발전하여 '과학적' 심리학으로 발전하여 유사 이론 T_R^*에 도달하면 제2단계에서 논리적 도출을 통한 차원 간 환원이 성립할 것이다. 그러나 처칠랜드는 현재의 통속심리학이 '과학적' 심리학으로 발전할 가능성이 전혀 없다고 단정했기 때문에 이런 방식의 환원 가능성은 논리적으로 원천 봉쇄된다. 그러나 처칠랜드는 두 분야 간 환원이 이루어지기 위해서는 T_R에서 T_R^*로 나아가는 내적 진보와 환원을 가능케 하는 조건들을 조성하는 상호 노력과 협력이 필요하다고 강조한다. 처칠랜드가 의도하는 환원은 **상호진화적**(co-evolutionary)이다.[11] 처칠랜드는 환원이 통속심리학과 신경과학이 공동으로 추구해야 할 목표라고 강조한다. 여기서 우

---

11 Ibid., p. 363.

리가 유의해야 할 것은 원래의 처칠랜드 모형에서 제시된 '제거'가 이제는 다른 방식으로 이해되고 있다는 점이다. 즉 새로운 의미에서의 '제거'는 '진보를 통한 환원'이다. 통속심리학은 T_R^*로 나아가는 과정에서 '통속적' 성격을 벗고 신경과학과 어울리는 이론으로 탈바꿈한다. 처칠랜드 모형에서 환원은 네이글 모형에서처럼 이미 개발된 이론에 소급 적용되어 두 이론을 통합하는 소극적 역할이 아니라, 분야 간 협력을 통한 상호진화를 촉진하는 적극적 역할을 담당한다.

7.3 샤프너 모형

샤프너(K. Schaffner)는 처칠랜드의 모형을 보완하여, **일반환원 · 대치 모형**(general reduction-replacement model, 이하 'GRR 모형'으로 표기)을 제안했다.[12] GRR 모형은 다음과 같은 점에서 처칠랜드의 모형을 보완한다. ① 환원뿐만 아니라 부분적 환원과 대치를 허용한다.[13] ② T_1뿐만 아니라 T_2도 수정된다. ③ T_1이 T_1^*으로 수정 불가능하면, 그것은 T_2나 T_2^*에 의해 대치된다. GRR 모형에 따른 이론 간 관계는 [그림 16]에 나타나 있다. (거기에서 T_1, T_1^*, T_2, T_2^*는 이론이고, R_1과 R_2는 환원 관계, P_1과 P_2^*는 대치 관계이다.)

---

12 K. Schaffner(1992), pp. 320−321.
13 처칠랜드 모형은 제거를 허용하지 않는다. 샤프너의 모형은 처칠랜드(P. S. Church-land, 1986, p. 284)가 주장한 이론 간 동일성을 기준으로 구분한 관계를 이용한다.

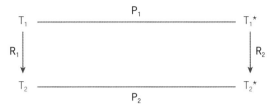

[그림 16] GRR 모형

[그림 16]에서 볼 수 있듯이, GRR 모형은 차원과 시간을 동시에 고려한다. T_1과 T_1^*, T_2와 T_2^*는 동일 차원에 속하고, T_1과 T_2, T_1^*과 T_2^*는 동일 시간대에 속한다. 전자는 다른 시간대에서의 동일 차원에 속하는 대치 관계이고, 후자는 동일 시간대에서의 다른 차원에 속하는 환원 관계이다. 이것을 각각 **차원 내 맥락**(intra-level context)과 **차원 간 맥락**(inter-level context)이라고 하자.[14]

GRR 모형을 네이글 모형과 비교해 보면 두 모형의 과학철학이 다르다는 것을 알 수 있다. 네이글 모형을 지지했던 논리경험주의자들은 대체로 과학이 연속적인 과정으로 진보한다고 보았다. 반면에 GRR 모형을 주장한 샤프너는 과학이 근본적으로 불연속적인 과정을 통해 진보한다고 주장한다. 이런 차이는 차원 내 맥락에서의 환원을 환원으로 볼 것인지 아니면 대치로 볼 것인지를 결정한다.[15] 네이글은 환원을 이론 간 관계라고 규정하면서 환원은 차원 내 맥락과 차원 간 맥락에 동시에 속한다고 생각했다. 그러나 GRR 모형은 차원 내

---

14 R. McCauley(1986), p. 193.
15 Kuhn의 지지자들에 따르면, 차원 내 맥락에서는 이론 간 논리적 불일치가 발생하며 이는 궁극적으로는 대치 및 제거로 전개된다. 그러나 차원 내 맥락에서 대치 관계가 성립될 수 있는가는 분명치 않다.

맥락에서는 완전한 환원이 불가능하다고 보기 때문에 수정이나 대치만을 인정한다. 이론 간 번역 가능성이 작을수록, 차원 내 맥락에서는 대치 가능성은 증가하고 차원 간 맥락에서는 환원 가능성은 감소할 것이다.

이제 GRR 모형을 통속심리학과 신경과학의 관계에 적용해 보자. 환원론자들도 인정하듯이 현재의 심리학이 현재의 신경과학으로 환원될 가능성은 거의 없으므로, GRR 모형에 따르면 환원은 [그림 17]에 제시된 방식으로 진행될 것이다.

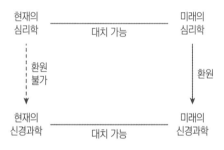

[그림 17] GRR 모형과 환원

[그림 17]에서 나타나듯이, 현재의 통속심리학이 미래의 신경과학으로 환원되는 과정은 두 단계로 진행된다. 먼저 현재의 심리학이 미래의 심리학으로 대치되고, 그다음 미래의 심리학이 미래의 신경과학으로 환원된다.

처칠랜드 모형과 샤프너 모형은 내용상 차이가 있지만 모두 T_1이 T_1^*을 거쳐 T_2^*로 환원된다고 주장한다. 그러나 거기서 당연시되고 있는 차원 간 맥락에서 환원이 쉽게 나타날 수 없거나 아예 불가능하다고 볼 수 있는 여러 가지 이유가 있다.

첫째, 자연 현상을 설명하는 데는 구조적 설명뿐만 아니라 기능적 설명도 있다. 환원론은 자연에서 볼 수 있는 부분·전체 관계에 초점을 두고 상위 차원의 이론은 하위 차원의 이론으로 환원될 수 있다고 주장한다. 이런 점에서 환원론은 구조적 설명(structural explanation)을 추구한다. 그런데 여기서 유의해야 할 것은 분석 차원이 높아짐에 따라서 체계 복잡성도 증가한다는 점이다. 특히 인지체계와 같은 복잡계에서는 특정 차원에 속하는 다른 부분들이 보다 상위 차원에서 기능적으로 동일한 사건을 일으키는 이른바 복수실현 현상이 발생한다. 또한 하위 차원의 특정 부분이 보다 상위 차원에서 한 가지 이상의 기능을 발휘하는 **창발 현상**이 나타날 수도 있다. 이런 체계에서는 구조적 설명보다는 기능적 설명이 더 중요한 역할을 담당한다.

둘째, 분석 차원마다 서로 다른 설명 대상을 갖기 때문에 각 차원에서 설명은 상호 독립적이다. 예를 들어 토끼 집단과 여우 집단으로 구성된 생태계에서 토끼 한 마리가 여우에게 물려 죽었다고 해보자. "왜 토끼가 여우에게 죽임을 당했는가?"라는 질문에 대해 생물학자들은 "토끼가 여우의 사냥 반경에 들어갔기 때문이다"라고 대답할 것이다. 반면에 생태학자들은 "여우와 토끼가 사는 생태계에서 여우의 수가 매우 많았기 때문이다"라고 대답할 것이다. 이 예는 동일한 질문에 대해 하위 차원의 설명과 상위 차원의 설명이 독자적인 설명 대상을 추구한다는 점을 잘 보여준다. (이에 대해서는 다음 절에서 자세히 논의한다.)

셋째, 상위 차원의 설명은 단순히 현재의 과학이 충분히 발전하지 못했기 때문에 필요한 것은 아니다. 생물학의 예를 살펴보자. 환원론자들은 고전유전학이 분자생물학으로 환원될 수 있다고 주장한다.

그러나 키처(P. Kitcher, 1984)에 따르면 다음과 같은 이유로 고전 유전학은 분자생물학으로 환원될 수 없다. ① 고전 유전학은 유전자의 전이에 대한 법칙을 갖고 있지 않다. ② 'Gene = DNA'라는 동일성 관계가 성립하지 않으므로 대응 규칙을 구성할 수 없다. ③ 설사 도출이 가능하더라도 설명되지 않은 비이행적 관계가 발생한다. 키처의 분석은 환원론이 생물과학에 적용될 수 없다는 것과 심지어는 특정 분야의 하위 연구 분야 간 환원도 불가능할 수 있다는 점을 보여준다.

7.4 상호진화

상호진화라는 개념은 환원을 통해 두 분야의 공동 발전을 목표로 한다는 점에서 과학 이론의 변화를 설명할 수 있는 장점이 있지만, 진화가 환원을 통해 나타난다는 주장은 검토할 필요가 있다. 폴 처칠랜드(Paul Churchland)는 통속심리학은 원리적으로 신경과학으로 환원될 수 없다고 주장한다. 그 이유는 통속심리학이 보여주는 설명력의 빈곤과 역사적 교훈 때문이다.[16] 첫째, 통속심리학이 설명력이 없음에도 불구하고 오랫동안 살아남은 이유는 그 이론이 옳기 때문이 아니라 설명 대상인 마음이 매우 접근하기 어려워 유용성 차원에서 유지되어서다. 둘째, 과학사에는 다양한 통속 이론들(지구중심설, 연금술, 플로지스톤 이론, 창조론)이 등장했다가 사라졌다. 예를 들어 17~18세기의 열소 이론(caloric theory)은 '열소' 개념을 이용하여 열

---

16 P. M. Churchland(1988), pp. 45-46.

현상을 설명했는데 실제로 열소는 존재하지 않는다는 점이 드러났다. 열소 이론은 후속 이론인 열운동 이론(kinetic theory of heat)으로 대치되었다. 이와 마찬가지로 통속심리학도 신경과학으로 대치되거나 제거되어야 한다.

통속심리학이 과연 폴 처칠랜드가 주장하듯이 살아남을 가능성은 없는가? 제거주의에 대한 철학적 비판은 잘 알려져 있으므로 우리는 여기서 그것을 반복하지 않을 것이다.[17] 제거주의에 대한 심리학자들의 반응은 일반적으로 비판적이다. 자신이 연구하는 분야가 제거되어야 한다는 주장을 좋아할 사람이 있겠는가? 이와 관련하여 한 가지 흥미로운 사태가 발생했다. 1964년에 개설된 매사추세츠 공과대학(MIT) 심리학과는 1980년대 중반 심리학 및 신경과학과(Department of Psychology and Brain Science)로 개편되었고, 1986년 뇌 및 신경과학과(Department of Brain and Cognitive Sciences)로 개편되었다. 신경과학과 처음 통합되었을 때 남아 있던 심리학 명칭이 두 번째 통합에서는 사라졌다. 왜 이런 일이 발생했는가? 처칠랜드의 관점에서 볼 때 MIT 심리학과의 변천은 두 가지로 해석할 수 있다. 첫째, MIT 심리학은 제거되었다. 첫 번째 통합에서 심리학이 신경과학으로 환원하는 것이 불가능하다는 점이 드러나 제거되었다. 둘째, MIT 심리학은 미래의 환원을 위한 진화 과정 중에 있다. 만약 MIT에 '심리학'이라는 분야가 실제로 존재한다면 그것은 통속심리학적 요소를 탈피하고 점차 '뇌 기반 심리학(brain-based psychology)'으로 탈바꿈하고

---

17 환원론 및 제거적 유물론에 대한 비판은 P. Boghossian(1991), P. Kitcher(1984), R. McCauley(1986) 참조.

있다.

MIT 심리학과의 변천이 처칠랜드의 주장을 뒷받침하는 사례가 될 수 있지만, 신경과학이 반드시 방법론적으로 급진적 함축을 한다고 볼 필요는 없다. 우리는 그 이유를 제거적 유물론에서 찾을 수 있다. 제거적 유물론은 현재의 심리학이 현재 또는 미래의 신경과학으로 환원될 가능성을 부인한다. 우리는 여기서 환원 불가능성이 나타나게 된 이유를 생각해 볼 필요가 있다. 환원론에 대한 비판자들이 지적하듯이 그 이유는 심리학과 신경과학이 서로 다른 설명의 차원에 속한다는 점에 있다. 우리는 차원 내 환원과 차원 간 환원을 구분해야 한다. 처칠랜드가 제시한 성공적인 환원 사례들은 모두 차원 내에서 나타났다. 고전 열역학과 통계역학, 갈릴레오 이론 및 케플러 이론과 뉴턴 물리학이 그 대표적인 예이다. 이제 한 가지 중요한 질문이 제기된다. 과학사에서 성공적인 차원 간 환원의 사례가 존재했는가? 우리가 아는 한 그런 사례는 없었다.

이와 관련하여 환원론자들은 설명의 차원을 더 상세히 구분하는 경우 인접하는 상위 차원과 하위 차원에 속하는 이론들은 환원 관계에 놓일 수 있다고 주장할 수 있다. 심리학, 생물학, 신경과학이 [표 7]에서 주어진 위계 관계에 놓여 있다고 가정해 보자.[18]

---

[18] 여기서 특정 이론이 다른 이론에 '가깝다'라는 개념은 전자가 이론적으로나 방법론적으로 후자에 가까운 틀을 사용한다는 점을 느슨하게 표현한 것이다.

[표 7] 학문 위계

심리학	통속심리학(F)
	생물학에 가까운 통속심리학(Fb)
생물학	통속심리학에 가까운 생물학(Bf)
	신경과학에 가까운 생물학(Bn)
신경과학	생물학에 가까운 신경과학(Nb)
	물리학에 가까운 신경과학(Np)
물리학	물리학(P)

　위에 제시된 학문 위계에서 통속심리학(F)이 신경과학(N)으로 환원되기 위해서는 여러 단계의 환원을 거쳐야 한다. 즉, F ⇨ 생물학에 가까운 통속심리학(Fb) ⇨ 통속심리학에 가까운 생물학(Bf) ⇨ 신경과학에 가까운 생물학(Bn) ⇨ 생물학에 가까운 신경과학(Nb) ⇨ 물리학에 가까운 신경과학(Np). 이 중 환원 과정이 순탄한 때도 있고 그렇지 못한 때도 있을 것이다. '순탄한 환원'은 차원 내 환원(F ⇨ Fb, Bf ⇨ Bn, Nb ⇨ Np)에서 나타나고, '순탄치 못한 환원'은 차원 간 환원(Fb ⇨ Bf, Bn ⇨ Nb)에서 나타날 가능성이 크다. 환원론자들은 설명 차원을 세분화할수록 이론 간 차별성이 작아져서 이론 간 경계를 넘어설 수 있다고 주장할 것이다. 우리의 예에서 '생물학에 가까운 통속심리학'(Fb)과 '통속심리학에 가까운 생물학'(Bf)은 이론적으로 거의 구분되지 않을 것이며 따라서 전자는 후자로 순탄하게 환원될 수 있다. 그러나 차원 간 환원은 실제로는 제거이며, 현재로서는 제거는 불가능하므로 처칠랜드가 제시한 "환원인가 아니면 제거인가"라는 양자택일을 제시하는 제거적 유물론은 환원론으로 귀결된다.

제거와 환원을 동일시하는 오류는 이론 간 관계에 관한 주장에 기반을 두고 있다. 폴 처칠랜드는 네이글 모형을 수정하면서 '완전한 환원' 외에도 다른 환원 가능성을 고려했다. 그에 따르면 이론 간 관계는 "순수한 환원 ⇨ 부분적 환원 ⇨ 부분적 제거 ⇨ 순수한 제거"에 이르는 연속선상의 한 지점을 차지하며, 경험적 탐구만이 그 좌표를 결정할 수 있다.[19] 그러나 환원을 '정도의 문제'로 보는 그의 견해는 차원 내 맥락에 속하는 제거 관계가 차원 간 맥락에서도 성립한다고 보는 오류를 범하고 있다.

처칠랜드가 GRR 모형과 일치하는 방식으로 제거적 유물론을 제시하려면 "통속심리학은 신경과학으로 대치된다"라는 주장을 "통속심리학은 발전된 심리학으로 대치된다"로 수정해야 한다. 여기서 지적된 오류는 차원 구분과 관련되어 있다. 차원 내 맥락에서는 선행 이론이 후속 이론에 의해 대치되거나 제거될 수 있지만, 차원 간 맥락에서는 제거가 아니라 환원만이 가능하다. 과학사를 보았을 때 심리학과 신경과학의 경우처럼 차원 간 환원이 발생한 적이 없다. 그러므로 제거적 유물론이 주장하는 제거와 환원 중 남은 것은 현재의 심리학과 미래의 심리학 간 성립하는 제거뿐이다. 그러나 동일한 차원에서의 제거는 심리학이 시간이 지남에 따라 발전한다는 평범한 사실을 다른 관점에서 표현한 것에 불과하다.

제거적 유물론에 대한 이런 비판은 신경과학과 같이 날로 발전하는 이론을 수용하지 않고 점점 쇠락해 가는 '퇴행적' 이론을 고수하는 보수적 태도인가? 제거적 유물론을 수용하지 않는 것이 보수적이

---

19 P. M. Churchland(1988), p. 84.

아니라는 것을 보이기 위해서는 제거적 유물론을 수용할 수 없는 분명한 이유를 제시해야 한다. 내가 보기에 그것은 설명 차원의 독립성이다. 설명 차원의 독립성은 개개의 차원마다 고유한 설명 대상을 갖고 있음을 의미한다. 다시 말하면 서로 다른 차원에서 제시되는 설명은 환원 관계에 있지 않다. 개체군 생태학(population ecology)에서 유래한 예를 살펴보자.[20] 토끼 개체군과 여우 개체군으로 구성된 생태계를 가정해 보자. 그 생태계에서 토끼 개체군과 여우의 개체군은 주기적으로 변한다. 토끼가 많을 때 여우들은 더는 잡아먹을 토끼가 없을 정도에 이르기까지 토끼를 잡아먹고 그 결과 여우 개체군은 줄게 된다. 여우 개체군의 감소는 이제 토끼 개체군에 대한 압박의 감소로 이어져 토끼 개체군이 증가하게 된다. 이제 다시 여우가 잡아먹을 토끼의 수가 증가하므로 여우들은 토끼를 더 많이 잡아먹게 된다. 이런 상황에서 "왜 토끼가 여우에게 잡혀 죽임을 당하는가?"라는 질문에 대한 두 종류의 설명이 가능하다.

- 토끼가 여우의 사냥 반경 안에 들어갔기 때문에 잡혀 죽었다.
- 그 생태계에서 여우 개체군이 컸기 때문에 토끼가 잡혀 죽었다.

위의 두 가지 설명은 서로 초점이 다르다. 전자는 "토끼가 여우의 사냥 반경 안에 들어감"이라는 미시적 원인을 제시하는 반면에, 후자는 "그 생태계에서 여우 개체군이 컸음"이라는 거시적 원인을 제시한다.[21]

---

[20] A. Garfinkel(1981), pp. 445-446.
[21] 과학철학자들은 이러한 차이를 설명의 화용론(pragmatics of explanation)을 이용하여 해명한다. B. van Fraassen(1980), 5장 참조.

그 두 가지 설명 차원은 특정 사건이나 현상에 대해 각기 다른 화용론적 관점에서 접근하기 때문에 상호 간 독립적이다.

방법론적으로 보았을 때 우리는 환원론이 연구자들에게 매력적인 이유를 충분히 짐작할 수 있다. 환원론이 위에서 지적한 문제점 외에 다양한 비판에도 불구하고 인기가 있는 이유는 과학적 지식의 체계성에 대한 열망 때문이다. 논리경험주의자들은 환원을 통해 과학적 지식의 체계성을 확보하여 **통일과학**(unified science)을 구성하고자 했다.

> 과학은 통합(unity)이다. 즉 모든 경험적 진술이 하나의 언어로 표현될 수 있고, 모든 사태가 같은 종류이고 같은 방법에 따라 알려질 수 있다. (R. Carnap, 1934, p. 32)

카르나프는 모든 경험적 진술이 물리학의 언어로 표현되거나 번역될 수 있다고 주장했다. 이런 점에서 논리경험주의자들이 주장한 환원론은 제거적 유물론과 마찬가지로 과학의 통합을 위한 방법론적 도구로 작용한다.

과학이란 세계에 대한 체계적 지식을 개발하여 세계를 더 잘 이해할 수 있도록 만드는 지적 활동이라고 본다면 누구도 과학적 지식의 체계성을 확보하려는 작업을 반대할 수 없을 것이다. 그러나 우리가 과학적 지식의 체계성을 확보하는 작업에 동의하더라도 그 목적을 위해 방법론적으로 차원 간 환원을 고집할 필요가 없다. 우리는 앞에서 방법론적 환원론이 갖는 문제를 보았고, 그것에 대한 역사적 증거가 없다는 점도 보았다. 신경과학의 연구가 심리학적 차원에서 해석되어 뇌와 신경계뿐만 아니라 마음에 대해 더 나은 설명을 제공하는 데 기여할 수 있다. 여기서 우리는 환원을 통하지 않고 과학적 지식의 체계적 통합에 이르는 방법을 모색할 필요가 있다.

7.5 비환원 모형

환원론은 통속심리학과 신경과학의 관계에 대해 분명한 설명을 제시한다. 그러나 앞에서 보았듯이 환원론은 일차적으로 차원 간 구분을 무시하기 때문에 이론들의 관계에 대한 적절한 설명이라고 볼 수 없다. 그것은 차원 간 맥락을 무시함으로써 다른 차원에 속하는 이론들이 상호 환원 관계에 있다고 잘못 생각하거나, 환원과 제거를 동일시하는 오류를 범했다. 통속심리학과 신경과학의 관계뿐만 아니라 인지과학을 구성하는 분야들의 관계를 적절히 설명하기 위해 학문 위계에서 개별 차원에 속하는 분야들의 학문적 독립성과 연결성을 모두 고려하는 이론이 필요하다. 독립성과 연결성이라는 상호 양립 불가능한 것처럼 보이는 그 두 가지를 조화시키기 위해 대안 이론이 갖추어야 할 조건을 검토해 보자.

대안 이론의 조건

a. 분석대상 조건: 환원론은 이론을 통한 환원을 주장하면서 상위 차원의 이론(T_1)이 하위 차원의 이론(T_2)으로 환원되면 그 이론이 속한 분야도 함께 환원된다고 가정한다. 이론 간 환원이 어려운 경우 분야 간 환원이 시도되었지만(J. G. Kemeny and P. Oppenheim, 1956)

환원론은 기본적으로 분야 간 환원보다는 이론 간 환원에 초점을 두었다. 이론 간 환원을 통한 분야 간 환원은 앞에서 보았듯이 차원 간 맥락을 무시하므로 성립하기가 어려울 뿐만 아니라 방법론적으로도 환원 조건이 지나치게 엄격해서 거의 실현되기 어렵다. 이 문제는 일차적으로 이론에 우선성을 두기 때문에 발생하므로 우리는 거시적 관점에서 환원 문제에 접근할 필요가 있다.

b. 다양성 조건: 환원론은 이론 간 관계에서 환원과 대치만을 인정하지만 모든 이론이 그 두 가지 관계만을 갖는 것은 아니며, 차원 간 이론들은 대치 관계에 있지도 않다. 예를 들어 언어심리학을 매개로 언어학과 심리학의 이론들이 비환원적으로 연결되는 사례가 있다. 대안 모형은 처칠랜드 모형에 대해 제기된 비판을 충분히 반영하면서 새로운 관계를 인정해야 하는데, 그중 특히 기능적 설명이 추구하는 대상, 즉 기능적 관계에 주목할 필요가 있다.

c. 연관성 조건: 과학 분야들은 체계적 방식으로 상호 연관성을 유지하는 것이 바람직하다. 물론 과학의 통합이 추구할 만한 가치가 있는지는 논란의 여지가 있지만 과학 분야들이 상호 연결됨으로써 과학적 지식의 정합성과 체계성이 증가하기 때문에 그런 규범적 조건이 필요하다. 환원론은 연관성 조건에 대해 환원을 통한 과학의 통합을 주장했다. 환원론자들은 과학의 통합이라는 이상을 과학자들의 연구 방향을 안내하는 작업가설로 채택할 것을 주장했다.[22] 이렇게 환원과 과학의 통합을 연계하면 환원이 불가능할 경우 과학의 통합은 포기되어야 하는데, 이는 사실이 아니다. 과학의 통합이 반드시 환원을 통해

---

22 P. Oppenheim and H. Putnam(1958), p. 8.

서만 달성된다고 볼 수 없기 때문이다. 대안 모형은 분야 간 상호 연관을 통해 과학적 지식의 체계화를 이룩할 방법을 제시해야 한다.

지금까지의 논의를 정리해 보면 대안 모형은 다음과 같은 조건들을 충족시켜야 한다.

- 분석대상 조건: 대안 모형은 일차적으로 분야에 초점을 두어야 한다.
- 다양성 조건: 대안 모형은 비환원 관계도 인정해야 한다.
- 연관성 조건: 대안 모형은 분야들의 비환원적 연결을 통한 과학의 체계화 방법을 제시해야 한다.

차원·영역 간 이론

이제 위에서 제시한 조건을 충족하는 대안 모형을 구성해 보자. 스타츠(A. W. Staats, 1981, 1991)는 현재의 심리학은 체계성이 없는 다양성만을 갖고 있다고 진단하고 이런 상황을 극복하고 심리학을 통합하는 방안으로 다음과 같은 두 가지 방법을 갖는 차원 간 이론(Interlevel theory)을 제안했다. ① 일차적으로 특정 문제의 해결에 초점을 맞춘다. ② 문제와 관련되는 영역들을 연결하는 교량 이론(bridging theory)을 구성하여 문제를 해결한다.

다덴과 마울(L. Darden and N. Maull, 1977)이 제안한 영역 간 이론(interfield theory)은 차원 간 이론과 거의 동일한 목적과 방법을 갖고 있다. 양자 간 차이가 있다면 영역 간 이론이 차원 간 이론에 비해 영역을 강조한다는 점이다. 그 두 가지 이론을 결합하면 분야 간 관계를 제대로 분석할 수 있다. 차원 간 이론과 영역 간 이론을 결합한 이론을 **차원·영역 간 이론**이라고 하자. 차원·영역 간 이론에서 연결은 영역-차원 순서이므로 먼저 영역 개념부터 살펴보기로 한다. 여기서 영역은 이론이나 분야가 아니라 세부 분야에 해당한다. 예를 들어 생물학은 분야이고, 유전학은 고전 유전이론을 가진 영역이다. 마찬가지로 과학철학, 인지심리학, 양자역학, 세포학 등은 모두 영역에 해당한다. 영역은 다음과 같은 요소로 구성된다.[23] ① 중심 문제, ② 중심 문제와 관련된 사실로 구성된 영역, ③ 문제 해결에 실마리를 제공하는 설명 요인과 목표, 기법과 방법, ④ 중심 문제와 관련되고 설명 목표를 실현하는 개념, 법칙, 이론, ⑤ 해당 영역의 특징을 나타내는 요소와 관련된 어휘.

영역은 교량 이론에 의해 결합된다. 교량 이론의 구체적인 예를 살펴보자. 20세기 초반 유전학자들은 멘델의 인자를 유전 단위로 인정했지만 유전 인자의 위치를 확인할 수 없었다. 한편 세포학자들은 염색체를 발견하고 그것이 기능적으로 유전과 관련이 있다고 추측했지만, 염색체가 어떻게 그런 역할을 하는지를 설명할 수 없었다. 이런 상황에서 1903년 보베리(T. Boveri)와 서턴(W. Sutton)은 멘델의 인자들이 염색체에 있다는 가설을 제시했다. 과학자들은 그 가설을 채택하여 이전에는 불가능했던 설명뿐만 아니라 유전 인자와 염색체에 관한 새로운 연구를 수행할 수 있게 되었다. 이 사례에서 염색체 이론은 유전학 영역과 세포학 영역을 연결하는 교량 이론이다. 교량 이론은 다음과 같은 상황에서 생성된다.[24] ① 배경지식에 의해 영역 간

---

23 L. Darden and N. Maull(1977), pp. 43-44.

관계가 이미 형성되었다고 알려진 경우, ② 두 영역이 동일한 현상이 갖는 다른 측면을 설명하는 데 관심을 두는 경우, ③ 한 분야에서 제기된 문제가 그 분야만의 개념으로 해결 불가능한 경우.

이제 차원·영역 간 이론이 앞에서 제시한 조건들을 어느 정도로 충족시키는지를 검토해 보자. 첫째, 차원·영역 간 이론은 문제 중심적 접근 방식을 채택한다. 그 이론의 교량 이론은 환원론의 교량 법칙과 마찬가지로 연결 기능을 수행한다. 그러나 교량 법칙이 이론을 연결하는 데 비해 교량 이론은 영역을 연결한다. 또한 교량 법칙이 정당화의 맥락에서 제안된 데 비해 교량 이론은 발견의 맥락에서 제안된다. 차원·영역 간 이론은 연구의 산물인 이론이 아니라 과학자들이 해결하고자 노력하는 문제에 초점을 맞춤으로써, 문제 해결과 관련된 영역 간 관계를 분석한다.

차원·영역 간 이론은 영역을 일차적 분석대상으로 삼음으로써 이론 간 환원 접근이 갖는 문제를 피할 수 있다. 그러나 영역 연결이 곧 분야 간 관계를 설명한다고는 볼 수 없다. 나는 앞에서 차원 간 구분을 들어 환원론이 적절한 모형이 될 수 없다고 지적했다. 동일한 기준을 차원·영역 간 이론에 적용하면 다음과 같은 의문이 생긴다. 차원·영역 간 이론은 차원 내 맥락과 차원 간 맥락에 모두 적용할 수 있는가? 이 질문에 대해 스타트와 다덴―마울은 긍정적으로 대답했지만 그들의 대답을 뒷받침하는 분명한 논거를 제시하지 못했다. 그러나 차원·영역 간 이론을 경험적으로 지지하는 사례들이 개발되고 있다. 그 대표적인 예로 아브라함센(A. Abrahamsen, 1987)은 차원·

24 Ibid., pp. 49-51.

영역 간 이론을 언어학과 심리학의 관계를 분석하는 데 적용했고, 벡텔(W. Bechtel, 1994)은 신경과학과 인지과학의 관계, 인지과학 분야들의 관계를 설명하는 데 그 이론을 이용할 수 있다고 제안했다. 또한 벡텔과 아브라함센(1991)은 연결주의가 인지과학의 여러 분야와 갖는 연관성을 설명하기 위해 차원 · 영역 간 이론을 이용하고 있다.

둘째, 차원 · 영역 간 이론은 영역 간 관계가 다양하다는 점을 인정한다. 예를 들어 다음과 같은 관계들이 인정되고 있다.[25] ① 부분 · 전체 관계: 한 영역은 다른 영역에서 가정된 실재나 과정의 물리적 위치에 대한 설명을 제공한다. ② 구조 · 기능 관계: 한 영역은 실재나 과정의 구조를 연구하고 다른 영역은 기능을 탐구한다. ③ 원인 · 결과 관계: 한 영역에서 가정된 실재가 다른 영역에서 연구되는 현상의 원인이다.

이런 장점에도 불구하고 차원 · 영역 간 이론은 다음과 같은 문제를 해결해야 한다. 예를 들어 올바른 교량 이론과 미봉적(ad hoc) 혼합 이론을 구별할 수 있어야 한다. 영역의 연결이 해당 영역들에 항상 좋은 결과를 가져오는 것은 아니다. 이와 관련하여 아브라함센은 심리학과 언어학 영역에서 두 영역에 부정적으로 작용하는 '경계를 무너뜨리는(boundary-breaking)' 관계와 긍정적으로 작용하는 '경계를 연결하는(boundary-briding)' 관계를 구분하고 있다.[26] 차원 · 영역 간 이론은 이런 방식으로 양방향에 긍정적인 연결을 규제하는 규범적 기준을 제시할 필요가 있다.

25 Ibid., p. 49.
26 A. Abrahamsen(1987), p. 355.

셋째, 차원·영역 간 이론은 과학 통합을 위한 구체적 방안을 제시한다. 영역들은 교량 이론에 의해 다양한 관계로 연결됨으로써 과학의 통합이 가능해진다. 오펜하임과 퍼트넘(P. Oppenheim and H. Putnam, 1958)이 미시적 환원을 지향하는 작업가설을 주장한 것과 대조적으로 다덴과 마을은 과학의 통합이 교량 이론에 의해 결합된 영역 간 관계망이 구성될 때 달성될 수 있다는 작업가설을 제시했다.[27] 이 지점에서 우리는 실제로 그런 비환원적 방식으로 과학이 통합될 수 있는지를 검토할 필요가 있다. 분자생물학의 사례는 이에 대한 긍정적 사례를 제공한다. 분자생물학은 고전 유전학을 환원하지는 않지만, 그것을 매개로 관련된 영역들, 즉 생화학과 같은 영역들의 상호 연결성과 의존성이 발생한다. 비록 생물학이라는 한 분야의 사례이지만 환원이나 대치가 없는 분야 간 통합이 발생한다. 여기서 중요한 것은 생물학이 이런 통합 과정을 통하여 설명력이 크게 확장되었다는 점이다.

전체적으로 평가해 볼 때, 차원·영역 간 이론은 앞에서 제시한 대안 모형의 조건을 기본적으로 충족하고 있다. 논리경험주의에 대한 비판으로서 등장했던 역사적 과학 이론들이 비형식적 특징을 갖는 것처럼 차원·영역 간 이론도 그런 특징을 갖고 있다. 이런 특징은 이론의 비체계성 문제를 일으키지 않는 한 크게 문제가 되지 않는다. 그러나 차원·영역 간 이론은 구체적인 과학적 사례를 기반으로 하므로 기술적 측면은 풍부하지만 규범적 요소가 부족하다. 이것은 차원·영역 간 이론이 이론 및 영역 간 이론으로 발전하려면 극복되

---

27 L. Darden and N. Maull(1977), p. 61.

어야 한다. 차원·영역 간 이론은 이처럼 해결해야 할 문제가 있지만 환원론을 대체할 수 있는 유력한 이론이다.

8

신경상관자

8.1 양안경합 실험

1부에서 보았듯이 마음의 본성에 대한 여러 가지 이론이 경쟁하고 있지만, 인지와 의식이 신경계와 밀접하게 관련되어 있다는 점을 부정하는 이론은 없다. 이런 상황에서 어떻게 마음과 의식을 연구해야 하는가? 이와 관련하여 우리는 의식이 있는 곳에는 반드시 그것과 연관된 신경 사건이나 기제가 존재할 것으로 추측할 수 있다. 의식의 신경상관자(neural correlates of consciousness, NCC)는 이처럼 의식에 상관된 신경 사건, 신경 상태, 신경 기제를 의미한다.

먼저 신경상관자에 대한 대표적 설명으로 다음과 같은 것들이 있다.

- 크릭(Crick): 지각한다는 것은 특정 뇌신경세포들이 어떤 방식으로 행동한다는 것이다.[28]

- 코흐(Koch): 신경상관자는 특정한 의식적 느낌의 발생에 충분한 뇌의 기제 및 사건의 최소 집합이다.[29]
- 차머스(Chalmers): 신경상관자는 하나의 최소 신경 표상 체계 N이며, N의 상태로부터 의식 상태로 하나의 대응이 있으며 N의 상태는, 조건 C에서, 대응하는 의식 상태를 산출하기에 충분하다.[30] 여기서 조건 C는 뇌의 정상적 작동을 위한 적합한 것들을 포함한다.

위에서 우리는 NCC가 학자마다 조금씩 다르게 규정되고 있다는 것을 알 수 있다. 크릭의 경우 그것은 신경세포의 행위이고, 코흐의 경우에는 신경 기제와 사건이며, 차머스의 경우는 신경 상태이다. 이처럼 NCC에 대한 이해에서 나타난 차이는 나중에 논의하듯이 그 이론의 성공과 직결되는 중요한 문제를 야기한다.

크릭과 코흐(F. Crick and C. Koch)는 시각을 중심으로 의식을 연구하면서 신경과학의 연구 방법으로서 신경상관자 이론(NCC 이론)을 주장했다. 그들은 차머스가 제기한 의식의 어려운 문제는 본성에서 감각질과 관련되어 있으므로 현재 신경과학의 수준에서 그 문제를 해결하는 것은 시기상조라고 보았다. 따라서 그들은 신경과학자들이 취할 수 있는 차선책으로 의식의 쉬운 문제와 어려운 문제의 구분을 수용하고 전자를 공략할 것을 추천했다. "우리는 인과적 용어로 신경상관자를 설명할 수 있을 때, 감각질 문제를 더 분명히 할 수 있다는

---

28 F. Crick(1994), p. 9.
29 C. Koch(2004), pp. xv-xvi.
30 D. Chalmers(2000), p. 31.

희망을 품고 그것을 발견하려고 한다."[31] 이런 점에서 차머스는 크릭과 코흐의 NCC 이론을 쉬운 문제에 관한 이론이라고 생각했다.[32] 그러나 차머스의 이런 판단은 문제가 있다. 크릭과 코흐가 NCC 이론을 주장한 것은 장기적으로 의식과 신경상관자 간 상관을 거쳐 인과를 발견하려는 목표를 갖고 출발한 것이므로 그들의 NCC 이론을 오직 쉬운 문제에 관한 이론으로만 볼 필요는 없다.

NCC 이론이 학문적으로 처음 적용된 사례는 결합 문제(binding problem)이다. 결합 문제란 특정 대상에 대한 여러 가지 감각에 들어 있는 정보들이 어떻게 결합되어 일관된 감각 경험을 제공하는지를 설명하는 문제이다. 예를 들어 우리가 책상 위에 놓인 물컵을 보았을 때 갖는 시각 경험은 물컵의 높이, 모양, 질감, 색과 같은 성질들에 관한 정보가 포함되어 있다. 여기서 문제는 어떻게 그런 정보들이 결합하여 완전한 물컵이라는 시각 경험을 산출하는지를 설명하는 것이다. 크릭과 코흐(1990)는 고양이의 시각 피질을 연구하면서 다수의 신경세포가 동시에 활성화되는 진폭(35~75Hz)을 관찰하고 그로부터 다음과 같은 내용을 갖는 결합 가설을 주장했다. ① 한 대상이 갖는 성질들을 다루는 신경세포들이 동시에 활성화되면서 그 성질들이 함께 결합된다. ② 35~75Hz 진동에서 동시화된 활성화가 바로 시각 지각의 신경상관자이다.[33] 좀 더 구체적으로 표현하면, 시상은 동시화를 통해 함께 결합되는 성질들을 선택함으로써 주의를 통제한다. 그러나 크릭과 코흐(2003)는 나중에 35~75Hz 가설을 포기하고, 동시화의

31 F. Crick and C. Koch(2003), p. 119.
32 D. Chalmers(1995b), p. 64.
33 F. Crick(1994), p. 245.

주요 기능은 결합이 아니라 '의식을 위한 경쟁에서 결합을 돕는 것'이라고 주장했다.[34]

신경상관자를 연구하는 표준적 방법은 대조 방법(contrastive method)이다. 구체적으로 대조 방법은 신경계의 특정 기능을 측정하고 이어서 그것과 의식적 경험에 관한 보고와의 상관을 추적하거나 (T. Metzinger, 2000), 행위와 지각이 의식될 때 신경 활동의 측정값을 그것이 의식되지 않을 때의 측정값과 비교한다(B. J. Baars, 1997). 여기서는 후자의 방법을 논의하기로 한다. 후자의 대조 방법은 다음과 같은 조건에서 뇌에서 차이가 나타나야 한다는 점을 가정한다.

- 특정 자극이 주어지고 피험자가 그것을 의식하고 있다.
- 특정 자극이 주어지고 피험자가 그것을 의식하지 못하고 있다.

연구자들은 적절한 실험을 통해 위의 두 조건에서 나타난 NCC의 차이를 규명해야 한다. 이에 대한 대표적 예는 양안경합(binocular rivalry) 연구이다. 양안경합 현상은 두 눈에 각각 다른 입력이 주어진 경우, 잠시 후 교차하는 자극을 경험하는 현상이다. 이로 인한 의식적 결과는 서로 다른 두 가지 자극 지각 간 진동이다. 피험자는 두 자극으로 구성된 혼합체를 지각하지 못하고 그 대신 두 가지 지각 사이를 오가는 경험을 하고, 마침내 그중 하나가 신경 활동을 지배하면 그것을 의식하게 된다. 뇌전도(EEG) 기록을 활용하여 샤인버그와 로

---

34 그 가설에 관한 EEG 연구는 C. Tallon-Baudry(2003) 참조. '의식을 위한 경쟁'은 맺는 말에서 논의할 전역작업공간 이론에서 주장된다.

고테티스(D. Sheinberg and N. Logothetis, 1997)는 처음으로 수평 쇠창살이나 태양 빛과 같은 특정한 시각 자극에 반응하는 히말라야 원숭이(rhesus macaque)의 시각계 신경세포를 조사했다. 그 실험에서 원숭이들은 자신이 좋아하는 시각 패턴을 보면 버튼을 누르도록 훈련받았다. 자극이 양안경합 상황으로 제시되었고, 원숭이들은 자신이 좋아하는 자극이 지배적으로 되면 반응했다.

  양안경합 대조 실험의 장점은 자극에 대한 두뇌 활동의 차이를 측정할 수 있다는 것이다. 이 점을 이용하여 두 연구자는 페히너(G. Fechner, 1860)가 **내부 정신물리학**(inner psyophysics)이라고 말한 연구를 수행했다. 페히너는 마음과 신경생리학의 관계를 연구하는 내부 정신물리학과 마음과 외부 자극의 관계를 연구하는 외부 정신물리학(outer psyophysics)을 구분했다. 역사적으로 내부 정신물리학은 외부 정신물리학을 통해 간접적으로 연구되어 왔는데 그 이유는 연구자들이 외부 자극과 독립적으로 신경 활동을 조작하고 측정할 적절한 방법이 없었기 때문이다. 샤인버그와 로고테티스는 EEG를 이용하여 제한적이지만 내부 정신물리적 관계를 실험적으로 조작할 수 있었다. 그 결과 경합에서 이긴 시각 지각과 하측두엽(inferior temporal cortex)과 상측두구(superior temporal sulcus)의 신경 활동 간에 유의미한 관계가 있음이 드러났다. 원숭이들이 선호하는 자극을 보았다는 것을 보고할 때마다, 그 두 영역에서 위치한 신경세포들의 90%가 강하게 활성화되었다. 그 신경 활동은 원숭이가 선호하지 않는 자극을 보았을 때는 거의 나타나지 않았으므로[35] 시각 경험에서 의식적 차이

---

[35] D. Sheinberg and N. Logothetis(1997), p. 3413.

를 낳는 것은 해당 부분의 신경세포라는 결론이 나온다.

8.2 충분성 조건

신경상관자에 대한 차머스의 정의에 따르면, 신경상관자인 최소 신경 체계 N은, 조건 C에서, 의식 상태를 산출하기에 충분하다. 신경 상관자는 의식이 발생하기에 충분한 최소 신경 활동이므로 그 활동이 발생하면 그것에 대응하는 의식 상태가 있다. 이것을 **충분성 조건**이라고 하자. 그런데 주어진 의식 상태에 대응하는 최소 신경 체계가 하나 이상일 수 있고, 그 체계들이 상호 상관되지 않을 수 있으므로, 신경상관자는 주어진 의식 상태에 대한 충분조건이지만 필요조건은 될 수 없다.[36]

현상학적 관점에서 보았을 때 충분성 조건은 부당하다. '**조건 C에서**'라는 세테리스 파리부스(ceteris paribus) 구절은 최소 체계는, 다른 모든 것이 의식이 발생하는 데 적합한 상태에 있을 때만, 의식 상태가 발생하는 데 충분하다고 주장한다.[37] 충분성 조건이 충족되면, N은 경험 발생을 위해 충분하다. 여기서 경험의 내용은 N의 활성화에 따라 결정된다. 그러나 경험은 이런 방식으로 개별화되지 않으며 N과 상관되지 않은 전체 의식의 한 부분으로 존재한다. 이는 곧 N에 부여된 내용을 갖고 있고 독립적인 경험이 존재하지 않는다는 것, 신

---

36 D. Chalmers(2000), p. 24.
37 그중에는 생명체 의식, 배경 의식, 그것과 관련된 다른 신경 내용이 있다. 이에 대해서는 J. Searle(2004) 참조.

경상관자가 의식 경험과 상관되지 않는다는 것을 의미한다. 여기에 어떤 잘못이 있는가? 이 질문에 대한 대답의 실마리는 특정 내용을 갖는 지각은 항상 어떤 대상에 대한 의식이라는 점이다. 의식은 지향성을 갖는다. 이런 1인칭적 관점의 특징은 경험의 중요한 부분인데 차머스의 정의는 그런 특징을 반영하지 못하고 있다.

노에와 톰프슨(A. Noë and E. Thompson)은 이 문제를 본격적으로 다루면서, 시각적 의식의 내용은 시각 체계의 특정 영역에 있는 신경세포들의 활성화 비율로 규정할 수 없는 전체적 성질을 갖는다고 주장한다. 경험과 (그것에 대응하는) 신경상관자는 동일한 내용을 갖지 않는다는 것이다. 노에와 톰프슨은 신경 수용영역 표상(neural receptive field representations)에 대응하지 않는 경험적 내용의 특징을 제시하는데, 그것은 구조적으로 일관적이고, 본래적으로 경험적인 동시에 행화적이다.[38] 그들에 따르면 신경상관자 이론은 내용 의식에 대한 잘못된 접근이다.

노에와 톰프슨이 제시한 경험적 내용의 세 가지 특성은 상호 연결되어 있는데, 우리는 여기서 그중 의식의 본래적 경험성에 초점을 맞추기로 한다. 본래적 경험성은 다음과 같이 정의된다. "지각적 내용은 특정 경험의 내용이 항상 하나의 관점에서 표상된 것으로 내용을 갖는다는 점에서 본래적으로 경험적이다."[39] 경험에 대한 현상학적 분석에 따르면, 경험은 본래적으로 주관적 관점을 포함한다. 예를 들어 네이글(1974)에 따르면, 의식이 있는 곳에는 항상 '무엇과 같은 것

---

38 A. Noë and E. Thompson(2004), p. 14.
39 Ibid., p. 16.

(what it is like)'이 있으며, 그것은 항상 어떤 주체에 대한 것이다. 마찬가지로, 주관적 관점 역시 'what it is like'가 항상 '내부로부터' 경험된다는 의미에서 의식의 내적 구조가 될 수 있다. 이는 곧 1인칭 관점이 내용 의식을 부분적으로 구성한다는 것을 의미한다. 그렇다면 차머스가 주장하듯이 우리가 연구하려는 것은 생명체 의식(creature consciousness)이 아니라 내용 의식이라고 볼 수 없다. 왜냐하면 후자가 전자의 내적 구조이기 때문이다. 노에와 톰프슨은 이와 관련하여 경험성 개념은 경험이 관점적으로 자의식인 방식을 가리킨다고 주장한다. "지각자와 세계가 함께 배경 조건으로서 경험 내용 안으로 들어온다."[40] 이처럼 노에와 톰프슨의 신경상관자 비판은 1인칭 경험의 주관성에 대한 현상학적 분석에 기반을 두고 있다. 그러나 우리는 여기서 현상학적 논증이 의식에 관한 신경과학적 연구를 반대하는 것은 아니라는 점에 유의할 필요가 있다. 그것은 차머스의 주장, 즉 전체적으로 구성된 의식 내용은 직접적으로 고립된 신경군에서의 특정한 수용영역 내용과 직접적으로 상관된다는 주장을 비판한다.

이제 현상학적 비판에 대한 차머스의 답변을 살펴보자. 이와 관련하여 차머스는 전체 NCC와 핵심 NCC를 구분하는데, 이 구분은 슈메이커(P. Schoemaker, 1981)의 기능적인 심적 상태의 전체 실현과 핵심 실현(total realization and core realization)의 구분에 기반을 두고 있다. 차머스는 슈메이커의 핵심 실현 개념을 핵심 NCC 개념으로 변환한다.

전체 NCC는 모든 것 안에 내장되어 있으므로 자동으로 대응하는 의식 상

<hr>

40 Ibid., p. 90.

태에 대해 충분하다. 반면에 핵심 NCC는 의식과 상관된 '핵심' 과정만을 포함한다. 전체 NCC의 나머지는 핵심 NCC가 정확히 작동하는 데 필요한 배경조건으로 물러난다. (D. Chalmers, 2000, p. 26)

위의 인용문에서는 내용 의식에 대한 NCC와 핵심 NCC가 구분 없이 사용되고 있다. 차머스는 선호된 자극의 지각은 핵심 경험을 구성하고, 그것의 내용을 운반하는 하위 체계 N의 표상 상태가 있다고 가정한다. 그러나 위에서 살펴본 현상학적 분석에 따르면, 핵심 경험이라는 개념은 추상적이다. 이제 양안경합 실험의 결과로 제안되고 있는 핵심 NCC는 실제 경험에 대응하지 않고 전체 NCC에만 대응하는 전체적 경험으로 간주되는 인지 내용에만 대응한다. 이런 방식으로 개별화된 내용은 실제 경험에서 주체에게 나타나는 경험이 될 수 없다. NCC는 경험에 상관되어야 하는데, 핵심 NCC가 최소로 충분한 핵심 경험은 없으므로 이런 방식으로 핵심 NCC를 탐색하는 것은 잘못이다.

8.3 상관 대상

NCC 이론은 여러 가지 문제로 비판을 받고 있는데, 그중 가장 중요한 문제는 NCC와 상관하는 것이 무엇인지와 관련이 있다. 여기에서 문제는 NCC가 특정 의식 상태를 지시하는지 아니면 전체 의식 상태를 지시하는지에 대한 것이다.[41] 우리는 바로 앞에서 차머스가

---

41 C. Koch, M. Massimini, M. Boly and G. Tononi(2016), p. 307.

NCC를 전체 NCC와 핵심 NCC로 구분하고, 내용 의식과 직접적으로 대응하는 것은 핵심 NCC이며 전체 NCC는 핵심 NCC가 적절히 작동하기 위한 조건으로 기능한다고 주장한 것을 보았다. 차머스의 구분에서는 이 문제가 발생하지 않는다. 왜냐하면 이 문제의 핵심은 NCC의 상관 대상이 특정 의식의 전체인지 아니면 그것의 핵심인지에 있지 않고, 그 상관 대상이 특정 의식의 내용인지 아니면 특정 의식의 전체인지에 있기 때문이다. 그 차이를 분명히 하기 위해 후자의 구분을 다음과 같이 정리해 보자.

- 내용 특수적 NCC: 특정 의식의 내용과 상관된 신경세포들의 집합
- 완전 NCC: 모든 가능한 경험 내용과 상관된 내용 특수적 NCC들의 집합

위의 두 NCC를 확인하는 표준적 방법이 있다.

- 내용 특수적 NCC 확인: 내용 특수적 NCC를 확인하기 위해서는 특정 자극이 지각될 때의 신경 활동과 지각되지 않은 때의 신경 활동이 비교되어야 한다. 피험자의 감각 자극과 전체 상태는 일정하게 유지한 채로 내용 특수적 NCC를 확인하는 고전적인 보고기반 시각 설계는 **양안경합**, **양안 간 억제**(interocular suppression), **쌍안정 지각**(bi-stable perception) 등이 있다.
- 완전 NCC 확인: 의식을 산출하는 데 충분한 신경 기제들은 경험의 내용과는 무관하게 일반적으로 **상태 기본 접근**을 통해 확인된다. 이런 접근은 의식이 있을 때, 즉 전형적으로 건강한 피험

자가 어떤 과제도 수행하지 않을 때의 신경 활동을 의식이 완전히 사라졌을 때, 예를 들어 꿈을 꾸지 않는 잠, 마취, 코마나 식물인간 상태와 같은 의식장애의 신경 활동과 대조하는 것을 포함한다. 내용 특수적 NCC 연구로부터 나타난 발견과 마찬가지로, 완전 NCC 연구는 종종 전두엽이 의식적일 때 활성화된다는 점이 밝혀졌다.

현재의 NCC 연구는 대부분 내용 특수적 NCC에 관한 연구이다. 앞에서 언급했듯이, 상관을 거쳐 인과로 나아가는 NCC 이론가들의 점진적 전략을 고려하면 그 점은 충분히 이해될 수 있다. 그런데 NCC 이론가인 메칭거(2000)는 NCC는 전체 NCC이어야 한다고 주장한다. 차머스의 정의에서 나타나는 하위 체계 N의 내용은 실제 경험 내용을 명시하기에는 충분치 못하며, 의식은 신경계의 전체 상태와 상관되어야 한다는 것이다. 메칭거의 주장은 한편으로는 NCC 이론가들이 "정상적인 일상적 의식에는 순수하게 시각적 경험, 순수하게 청각적인 경험, 순수하게 촉각적인 경험과 같은 실재가 없다"라고 주장하는 타이(M. Tye)의 전체론적 비판에 대처할 수 있는 좋은 근거를 제공하지만, 다른 한편으로는 이미 경험적으로 확인된 사실들, 예를 들어 기존의 양안경합 실험 결과를 의심케 하는 계기를 마련한다. 샤인버그와 로고테티스의 실험은 원래는 내용 특수적 NCC를 탐색하기 위한 것이었는데 메칭거의 주장에 따르면 그것은 다르게 해석되어야 하기 때문이다. 이제 그들의 실험은 완전 NCC를 발견하기 위한 것이 아니라 어떻게 하면 그것을 발견할 수 없는가를 보여주는 실험이 된다.

NCC 이론의 또 다른 문제는 NCC가 뇌의 장소인지 아니면 두뇌 상태인지의 문제이다. NCC가 뇌의 물리적 장소라는 주장은 심각한 개념적 문제를 야기한다. 첫째, NCC가 뇌의 특정 부위라면 데닛(D. Dennett, 1991)이 주장한 **데카르트 극장**(Cartesian theatre)의 오류가 발생한다. 뇌 안에는 의식을 지켜보고 통제하는 물리적 대상이나 장소가 없다. 장소 상관적 NCC 개념은 또한 베넷과 해커(M. Bennett and P. Hacker, 2003)가 주장한 **부분 · 전체의 오류**(mereological fallacy)를 범한다고 비판될 수 있다.[42] 부분 · 전체의 오류는 심적 속성을 전체 인간이 아니라 인간의 부분인 뇌에 귀속하는 오류를 말한다. 예를 들어 "뇌는 경험하고, 믿고, 정보에 기반을 두어 단서를 해석하고 추측한다"(F. Crick)라는 주장이나 "뇌는 범주를 만들고 개념적으로 규칙을 조작한다"(G. Edelman)라는 주장 등이 그것이다. 베넷과 해커는 비트겐슈타인의 이론에 근거하여 현대 신경과학의 개념 체계가 심각하게 오염되어 있다고 주장한다. 인지와 지각을 몸을 가진 유기체의 차원에서 설명하는 행화주의자들은 베넷과 해커와는 다른 이유로 장소 상관적 NCC를 비판한다. 예를 들어 노에와 톰프슨(2004)은 장소 상관적 NCC 개념은 지각이 몸을 가진 인간의 활동이라는 점을 간과한다고 지적한다.[43] NCC에 대한 행화주의자의 입장은 크게 두 가지로 구분된다. 노에와 톰프슨은 6장에서 논의했듯이 의식에 상관된 NCC는 존재하지 않는다고 주장한다. 반면에 바렐라는 의식적 경험과 대규모 신경동역학 간 인과관계가 존재한다고 주장하면서, 상

---

42 이 오류는 12장에서 자세히 논의된다.

43 노에와 톰프슨은 이를 대응–내용 주의(matching-content doctrine)의 문제라고 부른다. A. Noë, and E. Thompson(2004), pp. 3–4.

관을 넘어 인과를 목표로 하는 연구를 강조했다.[44] 그러나 바렐라는 NCC는 뇌의 신경동력학적 상태라고 보기 때문에 장소 상관적 NCC 개념을 반대한다.

8.4 상관과 인과

신경상관자에 관한 지금까지의 논의에서 나는 NCC를 연구하는 목적을 구체적으로 검토하지 않았다. 다수의 NCC 연구자들은 NCC 연구의 최종 목표는 '의식의 인과'를 추론하는 데 있다고 생각한다. 이들의 주장에 따르면 NCC 연구는 다음과 같이 두 단계로 진행된다.

- 1단계: NCC를 통한 의식 상태와 두뇌 상태의 상관관계 발견
- 2단계: 상관관계로부터 인과관계 추론

상관관계로부터 인과관계로 나아가는 2단계에서 다음과 같이 세 가지의 추론이 가능하다. 우선 의식과 상관된 NCC가 경험적으로 발견되었다는 것을 전제로 하자.

a. 의식과 상관된 NCC가 발견되었다.
   이에 대한 최상의 설명은 해당 NCC가 의식을 일으킨다고 보는 것이다.

---

[44] E. Thompson and F. Varela(2001), p. 425.

그러므로, 해당 NCC가 의식의 원인이다.

b. 의식과 상관된 NCC가 발견되었다.
이에 대한 최상의 설명은 의식이 해당 NCC를 야기한다고 보는 것이다.
그러므로, 의식이 해당 신경상관자의 원인이다.

c. 의식과 상관된 NCC가 발견되었다.
이에 대한 최상의 설명은 해당 NCC와 의식을 공통으로 야기하는 제3의 원인이 있다고 보는 것이다.
그러므로, 신경상관자와 의식은 그 공통원인의 결과이다.

위의 세 가지 추론은 각각 다음과 같이 고유한 존재론을 전제한다.

(a)의 존재론: 물리주의
(b)의 존재론: 하향인과를 인정하는 이론(예: 체화주의)
(c)의 존재론: 반물리주의

현재 NCC 연구자들은 대부분 추론 (a)를 타당한 것으로 간주한다. 그들은 상관을 통해 물리적 인과를 확인하고 그로부터 최종적으로 의식 이론을 완성할 수 있다고 믿는다. 이런 믿음이 정당한 것인지는 부분적으로 경험적 연구로 결정될 것이지만, 이 점을 고려하더라도 (a)를 채택하는 NCC 이론이 진정한 의식 이론으로 나아가는 과정에는 공통원인(common cause)의 문제라는 장애물이 버티고 있다.

공통원인의 문제는 우리의 인식적 한계로 나타난다는 점에서 단지 인과에 국한되지 않고 귀납을 비롯한 다양한 철학적 문제와 관련된다. 공통원인의 문제는 근본적으로 인과와 상관을 구별하는 문제이고 그것을 구별하기 위해서는 제3의 원인의 존재 여부를 확인하는 것이 필요하다. 우리는 경험을 통해 다양한 상관관계를 경험하고 그중 일부는 인과관계라고 생각하지만, 흄(Hume)이 일찍이 강조했듯이 우리는 인과를 직접 경험하지 못한다. 경험을 통해 드러난 사건 A와 사건 B 간 상관은 통계적으로 표현될 수 있고, 그런 통계적 사실은 "A가 B의 원인이다" 또는 "B가 A의 원인이다"를 유도하는 근거로 작용한다. 〈열대성 저기압 발생(C) – 태풍 발생(A) – 기압계 눈금 변화(B)〉의 예에서 볼 수 있듯이, A와 B의 공통원인 C가 존재하는 경우가 있다. 그러나, 어떤 이유로 C가 우리에게 드러나지 않고 A와 B만이 경험되는 경우, 우리는 그 둘 간에 인과관계가 성립한다고 결론 내릴 수 있다. 예를 들어 〈흡연–폐암〉의 경우, 흡연이 폐암의 원인이라는 주장에 대해 담배회사는 그 둘은 상관관계에 있을 뿐 인과관계는 아니라고 항변할 것이다. 담배회사의 주장에 따르면 흡연과 폐암을 함께 일으키는, 아직 밝혀지지 않은, 제3의 원인 C가 존재한다. 그러므로 흡연이 폐암을 일으킨다고 주장하는 것은 마치 기압계의 눈금 변화가 태풍 발생의 원인이라고 주장하는 것처럼 불합리하다.

위에서 볼 수 있듯이, 대립하는 두 가지 주장의 진위는 공통원인의 존재 여부에 달려 있으므로 그것의 존재를 판정하는 기준이 필요하다. 이와 관련하여 라이헨바흐(H. Reichenbach, 1956)는 **공통원인의 원리**(Principle of common cause)를 제시했다. 공통원인의 원리에 따르면 공통원인의 존재는 차폐 관계를 이용하여 발견할 수 있는데 그 내용은 다음과 같이 두 가지로 구성되어 있다. (여기서 'Pr'은 확률함수이다.)

- 동시적 사건 A와 B에 대해서 Pr(A and B)>Pr(A) × Pr(B)인 경우, A와 B의 공통원인 C가 존재한다.
- 동시적 사건 A와 B는 공통원인 C에 조건적으로 독립적이다. 그러므로 공통원인 C는 A와 B의 상관을 차폐한다(screen off). 즉 Pr(B|A and C) = Pr(B|C)이면, C는 A를 B로부터 차폐한다.[45]

Pr(A and C)>0인 경우 위의 식으로부터 Pr(A and B|C) = Pr(A|C)× Pr(B|C)가 유도된다. 그러므로 공통원인 C에 조건적으로 A는 확률적으로 B로부터 독립적이다. 위의 예에서 "열대성 저기압이 발생했다"에 조건적으로 "기압계의 눈금이 떨어졌다"는 "태풍이 발생한다"에 확률적으로 독립이므로 전자는 후자의 원인이 될 수 없다. 그러나 공통원인의 원리는 차폐 관계가 성립하는 두 가지 주요 경우, 즉 C가 A와 B의 공통원인인 경우와 C가 A와 B를 인과적으로 매개하는 경우를 결정하지 못한다는 한계를 갖는다. 여기에서 우리의 인식 능력의 한계가 나타난다.

이처럼 공통원인의 문제는 비단 인과 문제만이 아니라 인간의 인식 능력에 관한 문제이며, 이는 다시 세계의 구조에 대한 이해와 관련된다. 실재론자의 입장에서 보았을 때 공통원인의 문제는 인간의 인식 능력의 한계 때문에 해결 불가능한 문제이다. 인과가 세계의 기

---

45 H. Reichenbach(1956), pp. 158-159.

본 구조 중 하나라고 하더라도 인간이 그 구조를 완전히 파악할 수는 없다. 우리는 여기서 비실재론자의 입장을 취할 수도 있다. 예를 들어 우리는 칸트(Kant)처럼 인과성을 세계의 내재적 구조가 아니라 인간이 세계를 경험하기 위한 선험적 범주라고 간주할 수 있다. 칸트의 구성주의적 입장에 따르면 인과성은 세계에 대한 경험이 성립하기 위한 선험적 조건이므로, 공통원인의 문제는 우리의 인식 능력의 한계와 무관하다. 물론, 크릭이 주장했듯이, NCC 이론가들은 이런 철학적 논의에 신경을 쓸 필요가 없겠지만, 그 경우에 그들이 주장하는 NCC 이론은 오로지 환원적 유물론에 의존하고 다른 이론을 전혀 고려하지 않은 과학적 체계성이 빈약한 이론이 될 것이다.

9

신경현상학

9.1 현상학의 자연화

신경현상학(neurophenomenology)은 의식의 어려운 문제를 해결하기 위해 바렐라가 제안한 이론이다. 바렐라는 신경과학이 설명적 간극을 극복할 수 있는 교량을 구축하는 구체적 방식을 제안한다고 보고 신경과학을 의식철학에 접목한다. 처칠랜드의 신경철학이 분석철학적 전통에 속하는 반면에 바렐라의 신경현상학은 그 명칭에서 보이듯이 현상학적 전통에 뿌리를 두고 있다. 바렐라는 의식의 어려운 문제는 현상학과 신경과학이라는 두 영역을 적절히 연결함으로써, 즉 **현상학의 자연화**(naturalizing phenomenology)를 통해 해결할 수 있다고 보았다. 그에 따르면, 현상학은 다음과 같이 다섯 가지 방식으로 자연화될 수 있다.[46]

---

46 J. Petitot, F. Varela, B. Pachoud, and J-M. Roy(1999), pp. 63-71.

- 환원으로서의 자연화(J. J. Smart)
- 지향적 설명(intentional explanation)으로서의 자연화(D. Dennett)
- 호혜적 규제로서의 자연화(F. Varela)
- 자연 개념의 확장으로서의 자연화(J. Gibson)
- 후설 현상학의 기능주의적 자연화

바렐라는 위에 제시한 방안 중 세 번째 방안인 호혜적 규제로서의 자연화 전략을 채택하고, 그것을 구체적으로 구현하는 이론을 '**신경현상학**'이라고 명명했다. 우리는 앞에서 바렐라의 자기생성적 행화주의가 깁슨의 생태주의적 접근과 함께 반표상주의를 공유하지만, 환경적 독립성에 대해서는 서로 다른 태도를 보인다는 점을 보았다. 환원론자 외에도 도구주의자(Dennett)나 기능주의자도 환원적 유물론을 지지할 수 있다는 점을 고려하면 우리는 바렐라가 호혜적 규제로서의 자연화 방안을 선택할 수밖에 없었던 이유를 이해할 수 있다. 바렐라는 다음과 같이 신경현상학의 목표를 제시했다.

신경현상학은 … 현대 인지과학과 인간 경험에 대한 **학문적** 접근을 결합하려는 탐구이다. … 나는 소위 어려운 문제는 … 의식의 과학을 개발할 수 있도록 만드는 실용적 도구로 무장한 연구 공동체를 규합함으로써 생산적으로 다루어질 수 있다고 주장한다. (F. Varela 1996, p. 330. 원저자 강조)

바렐라가 보기에 의식의 어려운 문제는 현상적 경험의 환원 불가능성, 즉 1인칭적이고 살아 있는 특성을 인정하면서 이를 과학적으로 설명하는 문제이다. 인지와 마음은 생명을 가진 살아 있는 유기체의 관점에서 해명되어야 하는데, 환원적 설명이나 물리주의적 설명은 생명과 관련된 요소를 고려하지 않는다. 기존의 설명들이 보이는 이런 문제를 해결하는 길은 그것들에 지금까지 고려되지 않았던 또 다른 요소를 추가하거나 어떤 심오한 방식으로 이론 자체를 수정하는 데 있지 않고 생명을 원래의 위치로, 즉 세계와의 상호 관계로 복원하는 데 있다.[47] 자기생성적 행화주의자들에게 그 복원은 구체적으로 현상적 경험을 분석하는 정교한 방법을 가진 현상학에 대해 인지과학적 기반을 제공하는 것인데, 이는 역으로 신경과학을 경험에 관한 현상적 탐구를 할 수 있도록 확장하는 것이다.

6장에서 보았듯이 어려운 문제를 해결하기 위해서는 양립 불가능한 것처럼 보이는 두 가지 요소, 즉 1인칭적 현상성과 3인칭적 방법론을 조정, 연결, 통합하는 방안을 제시해야만 한다. 그러나 전통 형이상학과 현대 신경과학은 그 방안을 갖고 있지 않다. 바렐라는 자신이 추구하는 현상학의 자연화는 의식과학을 정립하기 위한 과정에서 비환원론적 접근을 취하는 분석적 심리철학자들(예를 들어, J. Searle, 1992; O. Flanagan, 1992)과 동일한 노선에 속한다고 생각했다.[48] 즉 그들은 동일한 연구 목표를 추구하고 있다는 것이다. 다만 그들 간에 차이가 있다면 분석철학자들은 **분석적 자연화 방법**을 사용하고 자신은 신경현상학적 방법을 선호한다는 데 있다. 신경현상학은 의식과학을 추구하면서 신경과학적 자료와 1인칭 자료를 상보적 요소로 사용하는 방법을 제시한다. 여기서는 현상성과 물리성 간 연결을 확보

47 F. Varela(1996), p. 345.
48 Ibid., p. 333.

하기 위해 별도의 이론적 원리를 상정하지 않고, 그 두 가지가 상호 연결되어 있다는 메를로퐁티의 현상학이 제공하는 통찰에 기반을 둔 엄밀한 방법이 필요하다. 그러므로 신경현상학과 분석적 비환원론적 접근의 차이는 그 양자의 배경이 되는 형이상학이 아니라 비환원론을 구현하는 특정 전략과 경험을 고려하는 특정한 태도에 있다고 보아야 한다.[49]

이제 바렐라가 신경현상학을 제안한 배경을 검토해 보자. 바렐라에 따르면 현대과학에서 의식이 제대로 설명되지 못하고 있는 주된 이유는 현상학적 전문성이 부족했기 때문이다. 의식의 어려운 문제를 해결하기 위해서는 엄밀하고, 상호 주관적으로 입증되고, 1인칭 현상의 비환원성을 인정하는 연구 프로그램이 필요하다. 바렐라가 보기에 의식의 어려운 문제는 우리에게 현상학적 방법론을 개발할 것을 요청한다. 그러나 의식에 대한 엄밀한 현상학적 연구 프로그램을 개발하려는 바렐라의 목표는 후설이 현상학적 방법에 부여했던 반자연주의적 해석과 충돌한다. 이런 긴장 관계 때문에 바렐라는 현상학의 자연화를 통해 후설의 현상학과 의식에 대한 자연주의적 과학에 대한 후설의 반발을 분리한다. 그의 목표는 이원론적 존재론을 수용하지 않는다는 의미에서 '자연화된' 또는 '자연주의적' 현상학을 개발하는 데 있다. 『현상학 자연화하기(Naturalizing phenomenology)』라는 책의 서문에서 바렐라를 포함한 편집자들은 그들의 목표가 후설의 입장과 충돌한다는 점을 분명히 밝혔다.[50]

49 F. Varela(1996), p. 33. M. Kirkhoof and D. Hutto(2016), p. 303.
50 J. Petitot, F. Varela, B. Pachoud, and J. Roy(1999), p. 46.

그렇다면 어떻게 현상학을 자연화할 것인가? 자연화 작업의 초점은 실재가 어떻게 물질적 성질과 정신적 성질을 동시에 가질 수 있는지를 설명하는 데 있다. 이 질문에 대해 현상학은 의식에 대한 1인칭 접근 방법을 추천한다. 후설이 제창한 현상학적 방법에 따르면, 의식 연구에서 1인칭 방법은 3인칭 방법만큼이나 엄밀할 수 있다. 이와 관련하여 현상학은 구체적으로 두 가지 전략을 제공한다. 첫 번째 전략은 **기술적 전략**(descriptive strategy)인데 그것은 현상성에 대해 더 나은 1인칭 모형을 제공하기 위해 현상학의 기법을 사용한다. 이 전략의 초점은 1인칭 자료를 적절히 기술하는 데 있다. 그 결과 신경과학은 뇌의 물리적 과정이 경험 현상을 낳는 방식을 설명하고 현상학은 그 현상에 대한 정확한 기술을 제공하는 일종의 분업 관계가 성립한다.

　첫 번째 전략은 신경과학에 1인칭 기술을 제공한다는 장점을 갖고 있지만 신경현상학을 단순히 '신경과학 더하기 현상학'으로 봄으로써 그것이 해야 할 중요한 일, 즉 의식의 어려운 문제를 해결하는 과제를 간과하고 있다는 문제를 안고 있다. 다음의 인용문에서 볼 수 있듯이 바렐라는 그 문제를 분명히 인식하고 있다.

　나는 의식이 어떻게 물질과 뇌로부터 창발하는지를 설명하기 위한 '추가적 요인들'을 발견하는 대신에, 그 문제를 두 가지 '환원 불가능한' 현상 영역 간 의미 있는 교량을 발견하는 문제로 재구성할 것을 제안한다. 이런 특별한 의미에서 신경현상학은 '어려움'이 의미하는 것에 대해 전적으로 새로운 빛을 던짐으로써 그 문제에 대한 잠재적 해결책을 제시한다. (F. Varela, 1996, p. 340)

바렐라가 제안한 두 번째 전략은 두 분야를 연결하는 교량을 발견하는 것이다. 그것을 **교량 전략**(bridging strategy)이라고 부르기로 하자.[51] 교량 전략은 현상학과 신경과학을 연결하는 다리를 놓음으로써 설명적 간극을 극복하고 어려운 문제를 해결하고자 한다. 이 전략의 문제는 무엇이 그 연결을 할 수 있는지, 어떻게 그 연결을 수행할 수 있는지의 문제이다. 여기서는 후자에 초점을 두고 논의를 진행한다. **호혜적 규제 방법론**(methodology of reciprocal constraints)은 신경현상학을 위한 방법론으로 제안된 것으로 다음의 작업가설에 기반을 두고 있다.

- 경험 구조에 대한 현상학적 설명과 인지과학적 설명은 호혜적 규제(reciprocal constraints)를 통해 상호 관련되어 있다.[52]

신경현상학이 채택하는 호혜적 규제 방법론은 피험자의 의식적 경험에 적용되는 1인칭적 자료뿐만 아니라 뇌 및 몸의 구조와 기능에 대한 자료를 모두 활용한다. 위의 작업가설은 현상학적 자료와 신경과학적 자료는 동등하게 중요하기 때문에 동등한 대우를 받아야 한다고 강조한다. 그런 동등한 대우를 구현하기 위해 신경현상학은 다음과 같은 세 가지 단계의 탐구를 수행한다.[53]

a. 1인칭 경험에 대한 현상학적 분석으로부터 3인칭 자료 추출하기

---

51 '기술적 전략'과 '교량 전략'이라는 용어는 T. Bayne(2004)이 제안했다.
52 F. Varela(1996), p. 343.
53 A. Lutz and E. Thompson(2003).

b. 역동적 체계이론을 이용하여 행화주의적 관점에서 현상적 경험 탐구하기

　　c. 신경동력학의 대규모적이고 기능적인 통합에 기반을 둔 뇌 활동에 관한 자료 생산하기

　심적 상태가 진행 중인 신경 활동에 대한 해석이라고 말하는 것은 분산된 국지적 사건들이 가장 주도적인 어셈블리의 관점에서 평가된다는 것을 의미한다. 예를 들어 시각 재인과 같은 인지 활동은 개인에게 교유한 각성, 동기, 주의, 기억 등에 의존한다. 재인에 상관된 신경 사건들은 전두엽과 변연계 활동을 통합하는 주도적 어셈블리에 의해 규정되고 수정되며, 그 대규모 활동은 국지적 사건들을 평가하는 전반적 배경이 된다. 다른 한편으로 국지적 사건들은 주도적 어셈블리의 창발에 이바지한다. 이런 순환적 인과는 신경생리적이고 해석학적인 순환을 유지하며,[54] 거기에 내재하는 주도적 어셈블리는 새로운 사건들의 의미를 형상화하면서 자신은 그것들에 의해 수정된다.

　우리는 신경현상학의 작업가설이 사건 간 또는 유형 간 선험적인 내적 동일성을 지지하는 것은 아니라는 점에 유의해야 한다. 종종 신경현상학은 유물론을 지지하는 것으로 이해되어 왔다. 그러나 그 가설은 심적 상태의 물리적 기반이 되고 직접 그것을 구성하는 두뇌 사건들을 진행 중인 다른 두뇌 사건들과 구별하기 위한 경험적 가설이므로 그것을 동일성에 관한 주장으로 보는 것은 잘못이다. 두뇌 사건

---

54 이런 이유로 바렐라는 원래 '행화적'이라는 용어 대신 '해석학적(hermeneutic)'이라는 용어를 사용하려고 했다. F. Varela, E. Thompson, and E. Rosch(1991), pp. 149-150 참조.

이 심적 상태의 발생에 관한 충분조건이 될 수는 없다. 심적 상태들은 대규모의 어셈블리가 형성되는 데 필요하지만 이로부터 인공신경망의 내적 특징이 대응하는 심적 상태의 발생에 충분하다는 주장은 따라 나오지 않는다. 오히려 신경 활동의 역동적인 감각운동의 맥락이 중요하다. 다시 말하면 두뇌 사건들의 어셈블리는 심적 상태에 필요조건이지만 충분조건이 될 수 없다. 자기생성적 행화주의에 따르면 심적 상태는 두뇌 과정들이 유기체의 환경에 구체적으로 내장된 방식에 의존하므로 본래적 성질이 의식 경험에 충분한 NCC는 존재하지 않는다.

다수의 연구자가 바렐라의 신경생리학을 방법론적 차원에서만 고려하는데 이것 또한 잘못이다. 자연주의가 이론적 차원과 방법론적 차원이라는 두 가지 차원을 갖는다는 점을 인정하더라도 방법론적 고려만으로 의식의 어려운 문제를 해결할 수는 없다. 왜냐하면, 의식의 어려운 문제는 본질에서 형이상학적 문제이기 때문이다. 예를 들어 실체이원론을 바탕으로 성립된 심신 문제를 실체이원론을 수용하면서 해결할 수는 없다. 그것은 마치 '21세기의 송과선'을 발견하려는 것처럼 잘못된 전략이다. 마찬가지로 현상성과 물리성의 간극과 반환원론을 바탕으로 성립된 의식의 어려운 문제를 그것과 관련된 모든 형이상학적 전제를 수용하면서 만족스럽게 해결할 수는 없다. 이런 이유로 바렐라가 제시한 신경현상학을 통한 해결책을 제대로 평가하기 위해서는, 그가 주장했듯이 단순히 방법론적 차원에서만 평가할 것이 아니라, 형이상학적 차원에서의 평가도 병행되어야 한다.

그렇다면 자기생성적 행화주의의 형이상학은 무엇인가? 바렐라가 추구하는 행화주의는 후설과 메를로퐁티의 현상학과 불교의 중관(中

觀) 사상을 포함한 다수의 형이상학적 요소를 갖고 있다. 우리는 그 중 어느 것이 정확히 신경현상학의 핵심적 형이상학인지를 말하기 어렵다. 현상학은 분명히 자기생성적 행화주의의 출발점이고 이론적 토대이지만, 현상학 자체가 자연화의 대상이 되고 있으므로 핵심적 형이상학이 되기는 어렵다. 바렐라가 추구한 것은 철학이 아니라 '인지과학 이론'이었기에 그는 자신이 추구한 철학, 정확히 형이상학이 어떤 것인지를 구체적으로 밝히지 않았다. 그러나 지금까지의 논의를 고려하면 우리는 신경현상학의 형이상학은 **자연화된 현상학**이나 더 일반적으로 비환원적 물리주의로 보아야 한다.

9.2 호혜적 규제

이제 호혜적 규제 방법론을 본격적으로 검토해 보기로 하자. 우리의 관심은 신경현상학이 의식의 어려운 문제를 해결하기 위해 구체적으로 어떤 원리와 방법을 동원하는가에 있다. 이와 관련하여 우선 신경현상학은 앞에서 보았듯이 의식적 경험에 대한 현상학적 설명과 인지과학적 설명 간 호혜적 규제에 관한 작업가설을 설정했다. 그 작업가설에서 제시된 호혜적 규제는 뇌가 전반적으로 호혜성 원리(principle of reciprocity)에 따라 조직화되었다는 관찰에서 유래한다. 뇌에서 영역 A가 영역 B에 연결되어 있다면, B로부터 A로의 호혜적 연결이 있다.[55] 그러므로 연구자는 마땅히 현상적 의식으로부터 신경

---

[55] 이영의(2013), p. 20.

생리적 기제로 이어지는 연결과 역으로 신경생리적 기제로부터 현상적 의식으로 이어가는 연결을 모두 고려해야 한다.

호혜적 규제 방법론은 두 가지로 해석될 수 있다. 첫째, 호혜적 규제 방법론은 상위 차원의 현상학적 연구와 하위 차원의 신경과학적 연구를 연결하는 **교량 발견법**(heuristic)이다. 우리는 그 구체적 예로 러츠 등의 실험(A. Lutz et al., 2002)을 검토할 것이다. 둘째, 호혜적 규제의 방법론은 양 차원 간 **호혜적 인과**를 연구하는 방법이다. 우리는 이에 대한 구체적 예로써 간질환자들에 대한 실험 보고(E. Thompson and F. Varela, 2001)를 검토한다.

발견법으로서의 호혜적 규제

호혜적 규제 방법론을 교량 발견법으로 보는 해석에 따르면, 현상학적 자료는 신경과학적 자료를 해석하는 지침으로 사용될 수 있고 역으로 신경과학적 자료는 현상학적 자료를 발견하는 데 이용될 수 있다. 앞에서 보았듯이, 설명적 간극이 연결되지 않으면 의식의 어려운 문제가 성립한다. 설명적 간극을 연결하는 교량은 다음과 같이 다양한 이론적 배경에서 논의되어 왔다. ① 네이글(Nagel, 1935): 환원론을 바탕으로 교량의 필요성을 주장한다. ② 차머스: 속성이원론을 바탕으로 교량 구축의 불가능성을 주장한다. ③ 바렐라: 비환원적 체화주의를 바탕으로 교량의 필요성을 인정한다.

외부 자극에 대한 두뇌 반응은 진행 중인 신경 활동과 그것에 영향을 미친 구심성 자극 간 상호작용으로 결정된다. 뇌영상기법이 등장하기 전까지 연구 현장에서는 진행 중인 신경 활동을 경험적으로 연구할 방법이 없었기 때문에 뇌의 반응이 제대로 이해되지 못하고 있었다. 동일한 자극에 대해 연속적으로 노출된 피실험자들은 매우 가변적인 반응을 낳고 그런 가변성은 통제 불가능한 요인으로 작용한다. 그런 가변성의 원천은 주로 피험자의 주의 상태, 동시적 사고 과정 등과 같은 피험자의 인지적 맥락이다. 연구자들은 피험자의 인지적 맥락의 일부를 통제하지만, 피의자의 뇌에서 진행 중인 심적 활동은 체계적으로 연구되지 못했다. 이 문제를 돌파할 수 있는 좋은 전략은 피험자들로부터 심적 활동을 상세히 기술한 구두 보고를 이용하는 것이다. 그러나 일반적으로 이런 질적인 1인칭 자료는 객관성이 부족하다는 이유로 뇌영상기법을 선호하는 신경과학자들로부터 외면을 받아왔다. 그러나 구두 보고라는 1인칭 자료를 수집하는 데 있어서 적절한 방법론적 규칙이 주어지면 그 자료들은 신경 활동에 대한 양적 측도와 함께 분석되어 의식을 설명하는 데 활용될 수 있다.

러츠 등(A. Lutz et al., 2002)은 위의 전략에 따라 시험적인 연구를 수행했다. 그들은 시각적 지각의 제한성, 즉 이차원의 무작위 점들의 형상과 **양안부등**(binocular disparity)이 결합되는 동안 환각적인 3차원 형상의 출현에 대한 주관적 경험에서의 변이를 조사했다. 훈련 기간에서 피험자들은 집중적으로 지각적 차이에 대한 탐지 능력을 향상하고 주관적 경험에서의 변이를 주의 깊게 탐구하기 위한 훈련을 받았다. 피험자들은 자신의 즉각적인 심적 과정과 3차원 형상의 출현에 대해 현상적 경험의 질에 대해 주의하도록 지시를 받았다. 경험의 살아 있는 질에 대한 의식의 전향은 현상학에서의 강조되는 '판단중지(epoché)'에 해당한다. 실험은 피험자들이 7초 동안 시각적 깊이에 대한 단서를 전혀 포함하지 않은 점 패턴에 눈을 고정하는 것으로 시작한다. 이런 준비 단계의 마지막 부분에서 패턴이 양안부등을 가진 약간 다른 패턴으로 변경된다. 피험자들은 3차원 형상이 완전히 출현하자마자 버튼을 누르도록 지시받았다. 실험하는 동안 피험자의 뇌전도(EEG) 신호가 기록되고 피험자들은 버튼을 누른 다음 자신의 경험을 구두로 보고했다. 구두 보고에서 피험자들은 훈련 기간에 발견된 안정된 현상적 범주들을 사용하여 자신들의 경험을 범주화했다.

러츠 등의 연구에서 피험자들은 자신의 경험을 보고하는 데 있어서 다음의 세 가지 현상학적 범주를 사용했다.

   a. 지속적 준비태세(steady readiness): 피험자들은 형상이 화면에 출현했을 때 "마음의 준비가 되어 있었고", "즉각적으로" 보고했다. 지각은 "연속성", "일치감", "충족감" 등으로 경험되었다.

   b. 단편적 준비태세(fragmented readiness): 피험자들은 마음의 준비를 하려고 노력했지만, 피로 때문에 "덜 예민하게" 준비되었거나 내적 소리 때문에 "덜 집중적"이었다고 보고했다. 3차원 형상의 출현은 약간의 놀라움이나 불연속성 느낌과 더불어 경험되었다.

   c. 비지속적 준비태세(unsteady readiness): 피험자들은 "준비가 되어 있지 않았고", 자신들의 눈이 대상을 보고 있었기 때문에 3차원 형상을 보았을 뿐이었다고 보고했다. 그들은 3차원 형상의 출현에 놀랐고 다른 생각을 하는 중간에 그 형상 때문에 "방해받았다"라고 보고했다.

훈련 기간에 발견된 위의 범주들은 구두 기록에서 나타난 현상적 경험 집단을 분류하는 데 사용되었고 EEG 신호가 그 집단들에 대해 분석되었다. 러츠 등은 그 범주들을 피험자들의 신경 상태에서 나타난, 이전에는 탐지되지 않은, 구조를 발견하는 데 사용했다. 여기서 중요한 점은 피험자들의 구두 보고가 신경과학적 자료를 분석하는 데 '지침'이 되었다는 것이다. 현상학적 범주들은 교량 발견법으로 작용했고, 그 결과 신경 활동의 역동적 범주들이 탐지되었고 본래적 변이 때문에 야기된 뇌 반응에서의 불투명성이 크게 감소했다. 그러나 러츠 등은 현상적 구조를 발견하기 위한 발견법으로 신경과학적 자료를 사용하지는 않았다. 이런 한계에도 불구하고 그들의 실험은 주관적 경험의 구조에 대한 1인칭 자료를 생성하는 1인칭 방법을 사용함으로써 신경현상학적 접근의 가능성을 보여주었다.

교량 발견법 해석에 따른 실험 전략은 설명적 간극을 극복하는 방안을 제공했는가? 이 질문에 대해 위의 실험을 수행한 러츠는 긍정적으로 대답한다. "이 간단한 사례 연구는 … 이런 접근이 생물학적·물리적 성질들을 확인하고 그것들이 경험에 대해 갖는 관계를 이해하는 데 얼마나 도움이 되는지를 보여준다."[56] 그러나 이와는 다른 평가도 있다. 예를 들어 베인(T. Bayne)은 러츠의 첫째 주장은 정당화될 수 있지만 둘째 주장은 그렇지 못하다고 지적한다.[57] 왜냐하면 그들의 연구는 의식의 NCC에 관한 다른 연구들이 그렇듯이 생물물리학적 성질과 현상적 성질 간 관계를 해명하지 못했기 때문이다. 따라서 신경 차원에서의 과정과 현상적 차원에서의 경험 간 간극은 여전히

56 A. Lutz(2002), p. 140.
57 T. Bayne(2004), p. 59.

극복되지 않았다는 것이다. 베인이 지적하듯이 교량 발견법으로서의 호혜적 규제의 방법론은 설명적 간극의 문제를 극복하기에는 부족한 점이 많다. 설명적 간극의 문제를 해결하기 위해서는 적어도 간극의 양 영역의 구조를 연결하는 쌍방향 실험이 수행되어야 한다. 러츠 등의 실험은 현상적 경험 범주를 신경적 자료를 분석하는 데 적용하는 방향만을 다루었다. 그 반대의 방향, 즉 신경적 자료가 현상적 경험을 분석하는 데 적용될 수 있어야만 두 영역의 자료를 연결하는 교량이 구축되었다고 인성될 수 있다.

여기서 한 가지 중요한 질문이 제기되는데, 그것은 바로 호혜적 규제 방법론의 결과에 대한 것이다. 교량 발견법을 통해 우리가 얻는 것은 무엇인가? 분명히 그것은 현상성과 물리성 간 동일성은 아니다. 환원론자라면 그렇다고 주장할 것이다. 교량 발견법을 채택한 실험을 통해 현상학적 범주와 신경생리적 기체 간 상관관계가 발견될 수 있다. 그러나 그 발견은 의식의 어려운 문제를 해결하지 못한다. 그것이 교량을 성공적으로 구축하여 의식과학을 정립하는 데 이바지하려면, 그로부터 인과관계로 나아가는 길에 대한 청사진을 제공해야 한다.

인과로서의 호혜적 규제

교량 구축을 통한 상관관계의 발견이 그 자체로는 의식의 어려운 문제에 대한 해결책이 되지 못한다는 사실은 신경현상학의 지지자들에게 큰 문제가 되겠지만, 그렇다고 그들이 막다른 골목으로 몰리는 것은 아니다. 그 이유는 호혜적 규제 방법론이 호혜적 인과를 연구하는 방법으로 해석될 수 있기 때문이다. 바렐라는 실제로 이런 전략을 선호했다.[58] 바렐라에 따르면, 인간 뇌는 자기생성적 체계이므로 거기에는 창발적 과정이 나타난다. 뇌 안에서의 창발적 과정은 두 가지 방향을 갖는데 그 하나는 국지적 차원으로부터 전반적 차원으로 진행되는 인과, 즉 **상향인과**(upward causation)이고, 다른 하나는 전반적 차원에서 국지적 차원으로 진행되는 인과, 즉 **하향인과**(downward causation)이다. 역동적 체계이론의 관점에서 보면, 상향인과와 하향인과는 심적 사건이 대규모의 뇌 역학의 차원 변수(order parameter)로 이해될 때 두뇌 사건과 심적 사건 간 성립하는 호혜적 인과관계이다.[59]

현대과학의 틀에서는 하향인과는 수용되기 어려운 개념이다. 이런 상황에서 어떻게 하향인과 개념을 정당화할 수 있는가? 톰프슨과 바렐라는 이와 관련하여 뇌·몸·환경의 결합체계가 다양한 차원에서 자기 조직과 창발을 나타낸다는 점과 더불어 창발은 상향인과뿐만 아니라 하향인과도 포함한다는 점이 수용되면, 우리는 하향인과가 다양한 차원에서 발생한다고 보아야 한다고 주장한다. 그러나 톰프슨과 바렐라는 위에서 제기된 질문에 제대로 대답하지 않고 있다. 그들은 "만약 하향인과가 존재한다면, 하향인과는 다양한 차원에서 발생할 것이다"라고 대답하기 때문이다. 더구나 그들은 하향인과가 실제로 존재한다는 것을 보여주는 증거를 제시하지도 않았다. 이것은 충분히 예상된 일인데, 왜냐하면 현대과학의 기본 틀을 폐기하지

---

[58] 이영의(2013, 2018a, 2018b).
[59] E. Thompson and F. Varela(2001), p. 419.

않는 한 하향인과 개념에 대한 이론적 정당화를 기대하기는 어렵기 때문이다. 따라서 이 문제는 현재로서는 경험적 문제가 아니라 '형이상학적 문제'라고 보는 것이 좋을 것이다. 즉 현대과학이 지금까지는 하향인과 개념을 수용하지 않고 있지만 그것은 논리적으로 가능하기 때문이다.

지금까지의 논의를 정리해 보자.

- 신경현상학은 의식의 어려운 문제를 해결하기 위해 호혜적 규제 방법론을 채택한다.
- 호혜적 규제 방법론은 교량 발견법과 호혜적 인과 발견법으로 작용한다.
- 교량이 성공적으로 구축되면 현상성과 물리성 간 상관관계가 발견될 수 있지만, 그것만으로는 의식의 어려운 문제를 해결할 수 없다. 그러기 위해서는 상관관계로부터 호혜적 인과관계로 나아가는 추론이 성공해야 한다.
- 호혜적 인과는 논리적으로 가능하지만 현재의 과학에서는 수용되기 어렵다.

이로부터 우리는 어떤 결론을 내릴 수 있는가? 아마도 다음이 될 것이다. 즉, 신경현상학은 현재의 과학에서는 제대로 실현되기 어렵다. 그러므로 우리는 그 이론을 미래의 의식과학을 정립하기 위한 연구 프로그램으로 볼 필요가 있다. 나는 이런 평가가 바렐라의 생각과 일치한다고 본다. 바렐라는 신경현상학을 제안하는 논문을 다음과 같은 결론으로 마무리하고 있다. 신경현상학은 어려운 문제에서 '어려움'의 의미를 두 가지 방식으로 재구성한다.[60] ① 경험을 탐구하기 위해 새로운 방법을 훈련하고 안정시키는 것은 '어려운' 일이다. ② 마음에 관한 연구를 수행하는 것의 의미 변화를 위해서 그리고 후속 세대의 훈련을 위해서 새로운 도구가 필요하다는 점을 수용하도록 과학의 습관을 변경하는 것은 '어렵다'. 이상에서 드러나듯이, 차머스와 바렐라는 각각 어려움을 다른 의미로 사용하고 있다. 차머스의 경우, 어려움은 논리적 불가능성을 의미하지만, 바렐라의 경우 그것은 경험적 어려움, 또는 쿤(Kuhn)의 의미에서 정상과학 내에서 **패러다임 전이의 어려움**을 의미한다. 차머스의 '어려움'은 '주어진 방식대로의 문제풀이의 어려움'을 의미하지만, 바렐라의 '어려움'은 '다른 방식으로 문제보기의 어려움'을 의미한다. 여기서 차머스가 제시한 '주어진 방식'은 비환원적인 방식이었다. 바렐라는 그 주어진 방식에 '신경현상학적'이라는 또 다른 조건을 추가함으로써 문제 해결을 시도했는데, 추가적 조건은 위에서 보았듯이, '상관으로부터 인과로의 이행', 하향인과의 수용 등 현재의 과학 내에서 수용하기 '어려운' 개념들을 담고 있어서 인지과학에서 과학혁명을 예고하고 있다.

9.3 하향인과

데카르트는 후대 철학자들에게 심적 사건과 물리적 사건 간의 관계를 설명해야 하는 매우 어려운 심신 문제를 남겼다. 현재까지 심신

---

60 F. Varela(1996), p. 347.

문제에 대한 다양한 해결책이 제시되었지만, 그중 어느 것도 '진정한' 해결책으로 인정받지는 못하고 있다. 이처럼 심신 문제가 오랜 시간 동안 해결되지 않고 있는 것은 그 문제의 성격 때문이다. 심신 문제는 어떤 사람에게는 매우 어려운 문제로 보이고, 다른 사람에게는 쉽게 해결될 수 있는 문제로 보이며, 심지어는 비트겐슈타인의 경우처럼 '사이비 문제'로 평가되기도 한다.

심신 문제는 적어도 어떤 형태로든 이원론자들에게는 쉽게 해결되기 어려운 숙제이다. 실체이원론에 따르면 세계는 마음과 물질이라는 서로 다른 두 가지의 실체로 구성되어 있고, 물질은 공간적 연장성을 갖지만, 마음은 비물질적인 사유성을 갖는다. 데카르트는 인간 본성은 물질이 아니라 마음에 있으며, 마음은 물질로서의 몸과 체계적으로 인과적 관계에 놓여 있다고 보았다. 데카르트적 심신 문제는 바로 이 대목에서 나타난다. 엘리자베스 공주가 데카르트에게 질문했듯이, 마음이 본성상 비물질적이라면 어떻게 그것이 물질적인 몸에 인과적 영향을 미칠 수 있겠는가?

데카르트는 자신의 생애 중 그 문제에 대해 실체이원론에 부합하는 어떤 대답도 제시하지 않았다. 그는 마음이 송과선을 통해 몸과 인과적으로 상호작용한다고 제안했지만, 그 제안은 경험적 타당성의 여부와는 별도로, 즉 송과선에서 실제로 마음과 몸의 인과적 작용이 이루어진다고 하더라도, 어떻게 그런 일이 가능한지를 설명하기 어렵다는 점에서 부당하다. 이런 의미에서 데카르트의 심신 상호작용론은 실체이원론과 충돌한다. 실체이원론에서는 [그림 18]에서 보듯이 세 가지 유형의 인과가 성립한다.

	M	→	야기하다	→	M*	
야기하다(causes)					야기하다	
	P	→	야기하다	→	P*	

[그림 18] 실체이원론과 인과

[그림 18]에서 M과 M*은 각각 원인과 결과로서의 심적 사건을 나타내고, P와 P*는 각각 원인과 결과로서의 물리적 사건을 나타낸다. 심신 상호작용론은 여섯 가지 방향의 인과를 허용한다. ([표 8] 참조)

[표 8] 실체이원론이 허용하는 인과

차원 내 인과		⟨M → M*⟩	⟨P → P*⟩
차원 간 인과	상향인과	⟨P → M⟩	⟨P* → M*⟩
	하향인과	⟨M → P⟩	⟨M* → P*⟩

캠벨(D. T. Campbell, 1974)은 처음으로 현대적 의미의 하향인과 개념을 주장했다. 7장에서 보았듯이, 차원 간 인과는 실재의 존재론적 위계가 존재한다는 점을 전제하기 때문에 하향인과를 주장하는 사람들은 그런 존재론적 위계를 바탕으로 상위 차원과 하위 차원 간의 관계를 설명하기 위해 **창발**(emergence) 개념을 동원한다. 개략적으로 말하자면 창발은 상위 차원에서 그것의 존재론적 기반이 되는 하위 차원에는 없는 새로운 성질이 출현하는 것을 말한다. 이처럼 창발이 상향적 방향성을 갖기 때문에 그에 대응하는 하향적 방향성을 갖는

개념이 상정되곤 하는데 그것이 바로 하향인과 개념이다. 행화주의에 대한 논의에서 지적되었듯이 마음의 본성과 그 작용을 제대로 설명하기 위해서는 상향인과뿐만 아니라 하향인과를 모두 인정하는 이론이 필요하다. 이런 의미에서 김재권이 적절히 지적했듯이 하향인과는 창발 이론의 핵심이다.[61]

창발과 하향인과 개념이 이런 관련성을 갖게 된 역사적 배경은 캠벨의 경우에서 분명히 나타난다. 캠벨은 과학적 설명 이론으로서의 환원론은 다음과 같은 두 가지 원리를 갖고 있다고 지적한다.

- 상위 차원의 과정은 하위 차원의 법칙들에 따라 규제된다.
- 상위 차원의 목적적 · 규범적 결과가 나타나기 위해서는 하위 차원의 기제와 과정이 필요하다.

캠벨은 진화론적 맥락에서 생물계를 설명하기 위해서는 위의 원리들만으로는 충분치 못하며 비환원적 원리들이 필요하다고 주장하면서 그 후보로 다음과 같은 창발 원리와 하향인과 원리를 제시했다.[62]

- 창발 원리: 생물학적 진화는 현재의 물리학이나 무기화학의 법칙들뿐만 아니라 그것들을 대체할 미래의 법칙들에 의해서도 기술될 수 없다.
- 하향인과 원리: 상위 차원의 법칙들은 부분적으로 하위 차원의

---

61 J. Kim(1993), p. 350.
62 D. T. Campbell(1974), p. 180.

사건들과 실재들의 분포를 결정한다. 하위 차원의 개념들을 사용하여 중간 차원에 속하는 현상들을 온전히 기술할 수 없고 종종 상위 차원의 법칙들을 동원할 필요가 있다.

위에서 제시한 캠벨의 하향인과 개념은 일반적 예상과는 달리 (나중에 제시될 구분에 따르면) 비교적 온건한 편이다. 캠벨이 주장하는 하향인과는 '부분적으로', '종종'이라는 용어들의 사용에서 드러나듯이 항상 성립하는 보편적 인과가 아니다. 여기서 우리는 하향인과의 강도와 범위에 차이가 있을 것으로 짐작할 수 있는데 이 문제는 이후 하향인과의 유형 구분을 통해 논의한다.

수반 논증

앞에서 논의했듯이 캠벨은 생명계를 과학적으로 설명하기 위해서는 환원적 접근이 아니라 하향인과를 수용하는 비환원적 접근이 필요하다고 주장했다. 그가 제시한 하향인과 개념은, 캠벨도 충분히 예상했듯이, 환원론자들의 거센 비판 대상이 되어왔는데 여기서는 그 대표적 예로 김재권의 **수반 논증**(supervenience argument)을 검토하기로 한다. 김재권이 제시한 수반 논증의 핵심은 심신 수반에 있는데, 그 내용을 간략히 말하자면 심적 사건은 전적으로 물리적 과정에 의존하고 그것에 의해 인과적으로 결정된다는 것이다.[63] 김재권은 수반 논증을 통해 행동주의, 동일론, 기능주의처럼 심적 속성의 인과력을

---

[63] J. Kim(1993), p. 14.

인정하는 비환원적 물리주의를 비판하는데, 그의 논증은 행화주의에
도 적용될 수 있다.

　수반 논증은 전체적으로 두 단계로 구성되어 있다. 제1단계는 수
반 개념을 제시하고 제2단계는 이전 단계를 기반으로 하여 두 가지
결론을 제시한다.[64] 이 글에서는 그중 첫 번째 결론을 중심으로 행화
주의에서 수용 가능한 하향인과를 논의하기 위한 예비 작업으로써
수반 논증을 검토하기로 한다.

- **제1단계**

a. M은 M*의 원인이다.

b. M*은 P*를 자신의 수반 기초로 갖는다.

c. M은 P*의 원인이 됨으로써 M*의 원인이 된다.

　제1단계 논증이 주장하는 것은 차원 내 인과($\langle M \rightarrow M^* \rangle$)는 하향인
과($\langle M \rightarrow P^* \rangle$)를 필연적으로 함축한다는 점이다. 제2단계에서는 다음
과 같은 두 가지 원리가 동원된다.

- 인과적 폐쇄 원리(Principle of causal closure): 물리적 사건 e가 t
  시점에서 발생적 원인을 갖는다면, e는 그 시점에서 발생한 물리
  적 원인을 갖는다.[65]
- 인과적 배제 원리(Principle of causal exclusion): 물리적 사건 e가

64 J. Kim(2005), pp. 39-56.
65 Ibid., p. 15.

t 시점에서 c를 충분 원인으로 갖는다면, (인과적 중복 결정의 진정한 사례가 아닌 한) c와 구별되는 어떤 사건도 t 시점에서 e의 원인이 될 수 없다.[66]

• 제2단계

d. M은 물리적 수반 기초인 P를 갖는다.

e. M은 P*의 원인이고, P는 P*의 원인이다.

f. M ≠ P.

g. P*는 M과 P에 의해 인과적으로 중복으로 결정되지 않았다. (배제 원리)

h. P*의 원인은 M이 아니라 P이다. (폐쇄 원리)

위에서 볼 수 있듯이 "P*의 원인은 M이 아니라 P이다"라는 결론을 내리기 위해서는 배제 원리와 폐쇄 원리가 모두 필요하다. 배제 원리는 M과 P 중 어느 것을 배제할 것인지를 구체적으로 지시하지는 않으므로 물리적 원인을 선호하는 폐쇄 원리가 요청된다. 이처럼 수반 논증의 첫 번째 결론은 P*의 원인을 심적 속성인 M이 아니라 물리적 속성인 P라고 결론 내림으로써 궁극적으로는 하향인과 ⟨M → P*⟩가 성립하지 않는다는 점을 주장한다. [그림 19]는 수반 논증의 결론을 보여준다.[67]

[그림 19]에서 나타나듯이, 수반 논증에서는 차원 내 인과 ⟨M →

---

66 Ibid., p. 17.
67 Ibid., p. 45.

M*〉은 성립하지 않고 〈P → P*〉만이 성립한다. 또한 차원 간에는 어떤 유형의 하향인과도 성립하지 않으며 오직 물리적 수반만이 성립한다. 이 두 가지 점만으로도 수반 논증이 우리의 관심인 하향인과를 허용치 않는다는 점을 보이기에는 충분하다. 다른 한편으로 수반 논증은 물리주의자에게는 환원적 물리주의와 비환원적 물리주의 중 하나를 택일할 것을 요구하며, 그 선택 상황에서 어떤 유형이든 간에 하향인과를 인정하는 환원적 물리주의라는 제3의 선택지는 존재하지 않는다고 경고한다. 여기서 중요한 것은 김재권이 그 두 가지 선택지를 같은 비중을 두어 제시하지는 않는다는 점이다. 왜냐하면, 수반 논증의 일차적 목적은 심적 사건이 부수현상이라거나 심적 인과가 물리적 인과에 의해 환원된다는 것을 주장하는 데 있지 않고 "환원을 주장하지 않는 물리주의는 인과적으로 무력하다"라는 점을 보이는 데 있기 때문이다.[68]

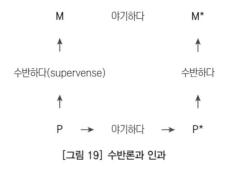

[그림 19] 수반론과 인과

지금까지 우리는 하향인과의 성립 가능성을 부정하는 강력한 논증

---

68 Ibid., p. 54.

으로서 수반 논증을 살펴보았다. 이런 상황에서 하향인과 개념을 주장하려는 사람들은 수반 논증이 제기하는 양자택일에서 비환원적 선택지를 수용하거나 아니면 그 선택 상황을 돌파해야 할 것이다. 어떻게 후자가 가능한가? 정공법은 수반 논증이 전제하는 그 두 가지 원리에 포함된 문제를 찾아냄으로써 수반 논증의 부당성을 보이는 것이다. 수반 논증은 물리계의 인과적 폐쇄 원리와 인과적 배제 원리에 의존하고 있으므로, 행화주의자들이 그중 적어도 하나에 문제가 있다는 것을 보일 수만 있다면 수반 논증으로부터 하향인과 개념을 구출할 수 있을 것이다.[69] 이제 전자의 선택지를 중심으로 폐쇄 원리와 대립하는 호혜성 원리를 통해 하향인과를 정립하는 길을 검토해 보기로 하자.

앞에서 보았듯이 바렐라(1996)는 신경현상학을 경험과 의식에 대한 현상학적 설명과 신경과학적 설명 간 문제, 즉 설명적 간극의 문제 및 의식의 어려운 문제에 대한 행화주의적 해결책으로 제안했다. 신경현상학의 핵심은 뇌는 자기생성적 체계이며 창발적 과정을 갖는다는 것이다. 톰프슨과 바렐라는 자기생성적 체계에서 발생하는 창발을 다음과 같이 정의한다.[70]

하나의 상호 연관된 요소들의 망 N이 창발적 속성 P와 더불어 창발적 과

---

69 여기서 제시된 가능성은 이론적 가능성이며 실제로 그것이 가능한지는 세계 구조, 특히 인과 구조에 대한 포괄적 검토를 통해 드러날 것이다. 이처럼 행화주의적 입장에서 하향인과를 수반 논증으로부터 구하려는 시도는 E. Thompson(2007), pp. 417-441 참조.

70 E. Thompson and F. Varela(2001), p. 420.

정 E를 보인다는 것은 다음의 의미가 있다. (1) E는 P를 예시하는 전반적 과정이고, N의 요소들의 국소적 상호작용의 비선형적 역학 D로부터 유래한다. (2) E와 P는 N의 요소들의 역학 D에 대해 (하향적으로) 결정적 영향을 갖는다. 그리고 (아마도) (3) E와 P는 N의 요소들의 내재적 성질들에 의해 온전히 결정되지는 않는다. 즉 그것들은 '관계적 전체론'에 따른다. (E. Thompson and F. Varela, 2001, p. 420)

위의 정의에 따라 톰프슨과 바렐라는 뇌에는 두 종류의 인과, 즉 상향인과와 하향인과가 나타난다고 주장한다.[71] 이상의 논의를 종합하면 행화주의에는 [그림 20]에 제시된 인과들이 성립한다.

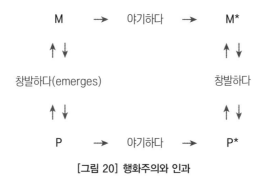

[그림 20] 행화주의와 인과

[그림 20]에 나타난 인과는 얼핏 보면 [그림 18]에 나타난 인과와 비슷해 보이지만 그 둘 간에는 중요한 차이가 있다. 즉 행화주의에서 차원 간 인과는 '호혜적 인과'로서의 창발을 의미하지만, 상호작용론

71 Ibid., p. 419.

에서 인과는 '물리적 인과'와 구별되지 않는 쌍방향 인과이다. [그림 20]에서 볼 수 있듯이 행화주의에는 하향인과가 발생하는 두 가지 경로가 있다. ① $\langle M \rightarrow M^* \rightarrow P^* \rangle$, ② $\langle M \rightarrow P \rightarrow P^* \rangle$. 엄격한 환원적 물리주의자는 차원 내 인과인 $\langle P \rightarrow P^* \rangle$만을 인정하기 때문에 그 두 가지 인과는 양자 간 차이를 가장 잘 보여주는 지표이다.[72]

실체이원론, 수반론, 행화주의에 대한 지금까지의 논의를 통해 우리는 이론에 따라 서로 다른 하향인과 개념들이 동원되고 있음을 보았다. 행화주의가 주장하는 하향인과의 성립 가능성을 보이기 위해서는 그런 차이에 주목하여 하향인과를 유형별로 구분할 필요가 있다. 엠미키 등(C. Emmeche, K. Køppe, and F. Stjernfelt)에 따르면 하향인과 개념은 **인과의 정도**를 기준으로 다음과 같이 세 가지 유형으로 분류된다.[73]

- 강한 유형: 특정 차원의 실재나 과정은 그것의 하위 차원의 실재들과 과정들에 직접 인과적 영향을 미친다.

- 중간 유형: 상위 차원의 실재와 과정은 하위 차원의 실재와 과정에 직접 법칙적 영향을 미치는 것이 아니라 그것들의 창발적 활동을 위한 규제 조건으로 작용한다.

---

[72] 여기서는 $\langle M^* \rightarrow P^* \rangle$로 인한 인과적 중복의 문제를 다루지 않기로 한다. 그 문제는 차원 내외에서 발생하는 사건들의 동시성 여부와 관련되어 있어서 상당한 추가 연구가 필요하다.

[73] C. Emmeche, S. Køppe, and F. Stjernfelt(2000), pp. 11-34.

• 약한 유형: 상위 차원의 실재와 과정은 그것의 하위 차원에 속하는 실재들의 역동적 과정을 위한 **끌개**(attractor)로 작용한다.

　강한 유형의 하향인과의 예는 실체이원론과 생기론(vitalism)에서 발견된다. 강한 유형은 치명적 문제가 있는데, 그것은 바로 위에서 규정된 것과 같은 '강한 의미'의 인과는 과학과 양립 불가능하다는 점이다. 이런 이유로 하향인과에 대한 철학적 논의는 대부분 강한 유형이 아닌 다른 유형을 모색한다. 중간 유형의 하향인과는 앞에서 언급한 캠벨 외에 스페리(R. W. Sperry, 1980)의 이론에서도 발견된다. 스페리가 제시한 '바퀴의 유비'에서 내리막길을 굴러가는 바퀴를 구성하는 분자나 바퀴에 작용하는 중력 중 어느 것도 바퀴의 움직임을 설명하는 데 충분치 않기 때문에 바퀴의 움직임을 제대로 설명하기 위해서는 바퀴의 형식과 관련된 상위 차원을 언급해야 한다. 이런 유비를 심적 인과에 적용하면 특정한 심적 상태를 설명하기 위해서는 그것의 물리적 기반이 되는 신경생리학적 기제와 과정뿐만 아니라 '바퀴의 형식'에 해당하는 '마음의 형식'을 동원해야 한다. 예를 들어 우리는 특정한 의식 상태는 특정 순간에 신경계에 의해 구현 가능한 의식 상태들의 집합 중 이전의 의식 상태에 의해 선택된 것이라고 말할 수 있다. 이전의 의식 상태는 가능한 의식 상태 중 어느 것이 구현되어야 하는지를 선택한다.

　중간 유형의 성공 여부는 위에서 가정되고 있는 하향적 규제를 적절히 해명하는지에 달려 있는데 가장 유력한 방안은 그런 규제를 상위 차원이 하위 차원에 영향을 미치는 '조직화의 원리'로 보는 것이다. 예를 들어 캠벨은 일개미의 놀라울 정도로 효율적인 턱 구조가 발생하게 되는 과정에서 자연선택의 역할을 연구했다. 강한 유형의 하향인과와 대조적으로 중간 유형의 하향인과는 독립적인 상위 차원에서 하위 차원으로의 '강한' 의미로서의 인과를 가정하지 않는 대신 다차원에 속하는 실재들이 부분·전체의 관계를 고려하여 전체에 의한 부분의 규제를 **기능적 인과**로 본다.

마지막으로, 약한 유형의 하향인과는 위상공간에서의 '끌개'로 비유된다. 위상공간에서 모든 변화는 상태 궤적으로 기술되는데 거기에서 끌개는 시간 변화에 따라 초기 상태에 무관하게 최종 상태로 근접하는 구역이다. 물리계의 위상공간을 생물계에 적용하면 유기체의 움직임은 생화학적 공간 안에서 분자들의 움직임을 규제하는 끌개의 산물로 이해될 수 있다. 이런 관점에서 보았을 때 유기체는 하나의 생물학적 위상 안에서 분자들의 움직임에 대한 복잡한 끌개로 구성된 체계이다. 적절한 분자들이 있으면 그런 끌개들은 특정한 유기체가 존재하기 이전에도 존재할 수 있다. 생물종이 보이는 안정성은 그것의 조직에서 발견되는 내적이고 형식적인 속성들의 결과이다.

이상의 하향인과 유형의 구분을 수용하여 우리는 심적 인과[74]가 물리적 인과로 환원 불가능한 이유를 설명할 수 있다. 즉 그 두 가지 인과는 모두 인과이지만 서로 다른 유형의 인과이다. 행화주의적 관점에서 보았을 때 수반 논증에서 나타난 인과는 다음과 같이 이해될 수 있다. 물리적 차원에서의 인과는 강한 유형의 인과이고, 수반은 중간 유형의 상향인과이며, 거기에서 배제된 하향인과는 약한 유형의 인

---

74 이 글에서 '심적 인과' 개념은 "마음이 세계에 대해 갖는 상호작용"이라는 의미에서 심심 인과, 심물 인과를 모두 포함하는 의미로 사용된다.

과이다.[75]

　나는 지금까지 행화주의적 입장에서 하향인과 개념이 어떻게 수반 논증이 제기하는 비판을 극복하는 동시에 인과에 대한 기존의 과학적 개념 틀에 심각한 문제를 일으키지 않고 수용될 수 있는지를 살펴보았다. 이제 이렇게 정립된 하향인과 개념이 경험적으로 정당화될 수 있는지를 살펴보기로 하자. 여기서 요청되는 정당화는 구체적으로 하향인과 개념에 대한 경험적 증거나 사례를 발굴하고 그것을 행화주의적 연구 프로그램 안에서 재구성하는 것이다. 지나치게 전문적이지 않은 정도에서 한 가지 예를 검토해 보기로 하자. **체계 이론**(System theory)이나 마음에 대한 **역동적 접근**(Dynamic approach)을 취하는 학자들은 하향인과를 뒷받침할 수 있는 다양한 이론적 장치들을 개발해 왔다.[76] 예를 들어 프리먼은 의식을 신경세포 간의 관계를 중재하는 '상태변수 연산자'로 보고 그것에 대한 이론을 개발했다.[77] 행화주의가 주장하듯이 의식이 창발적 현상이라면 의식 활동은 국소적 신경 활동에 인과적 영향을 미칠 것이고 과학자들은 의식 차원에서 하위 수준의 대규모 신경 연합체에 대한 영향을 관찰할 수 있을 것이다.

　간질 발작이 심적 상태에 심각한 영향을 미친다는 것은 잘 알려져 있으며, 상향인과를 지지하는 좋은 증거로 간주되곤 한다. 간질 환자

---

[75] 수반 논증에서 거부된 하향인과를 약한 유형으로 보아야 한다는 것은 비환원적 물리주의를 부활하는 것을 의미하며 김재권이 제시한 "환원이냐 아니면 인과적 무기력이냐"라는 상황을 벗어날 방안을 제시한다.

[76] J. Kelso(1995), R. Port and T. van Gelder(1995), W. Freeman(1999).

[77] W. Freeman(1999), p. 132.

들이 발작으로 이어지는 물리적 조건에 의도적으로 인과적 영향을 행사할 수 있다는 점을 보여주는 실험 보고들이 있다. 예를 들어 펜 필드와 재스퍼(W. Penfield and H. Jasper, 1954)에 따르면 환자들은 발 작이 시작할 무렵에 복잡한 계산을 수행하여 측두엽 간질의 발작을 사전에 차단할 수 있다. 간질 발작과 관련된 뇌 영역들은 복잡한 신 경 연합체의 일부이고 그 연합체의 상호작용은 다층적이고 대규모로 분산되어 있으므로 상향인과의 결과로 형성된 인공신경망 패턴이 간 질 발작에 관련된 국소적 차원에 하향인과적 영향을 미친 것으로 추 측된다. 여기서 우리는 특정한 인지 상태가 간질 발작을 차단하는 국 소적 활동으로 작용했는지를 확인할 필요가 있다. 이와 관련하여 톰 프슨과 바렐라(E. Thompson and F. Varela, 2001)는 간질이 발작하는

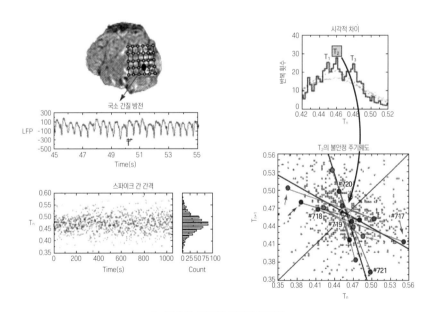

[그림 21] 간질의 지각적 모듈성

(E. Thompson and F. Varela, 2001, P. 423)

동안에 기록된 뇌파에서 보이는 패턴이 특정한 인지 과제를 수행하는 도중에 조절될 수 있다고 보고했다. ([그림 21] 참조) 예를 들어 간질 초점으로부터 정상 방전 간 간격의 계열을 분석한 결과 파동 정상이 다른 시간 패턴으로 이행하기 전 단기간 특정한 주기적 활동이 나타났는데, 여기서 나타나는 변조는 감마 주파수 범위(30~70 Hz) 내의 주파수에 의해 수행되었다. 톰프슨과 바렐라는 그것이 하향인과를 보여주는 좋은 사례라고 주장했다.[78]

여기서 우리는 간질 환자의 사례들이 어떤 의미에서 하향인과의 사례인지를 생각해 볼 필요가 있다. 톰프슨과 바렐라가 보고한 사례는 앞에서 검토한 하향인과의 유형 중 어디에 해당하는가? 톰프슨과 바렐라는 자신들의 사례는 호혜적 인과를 보여준다고 주장했는데 우리는 앞에서 호혜적 인과를 '중간 유형의 인과'로 분류했다. 중간 유형은 인과적 폐쇄를 전제로 하는 강한 유형에서의 물리적 인과도 아니고 단순히 끌개로 작용하는 약한 유형의 인과도 아니다. 그것은 차원 간 창발적 활동을 위한 규제 조건으로 작용한다. 위의 간질 사례들 같은 추가적 연구가 계속 수행되어 경험적 자료가 축적된다면, 우리는 어느 정도 확신을 갖고 중간 유형으로서의 하향인과의 성립 가능성을 주장할 수 있다. 그러나 이런 주장은 여러 가지 단서를 전제로 한다는 점을 잊어서는 안 된다. 특히 하향인과에 대해 지금까지 제시된 사례들은 정상인이 아니라 환자들로부터 유래한 것이라는 점에서 그것들의 일반화 가능성이 확보되어야 한다. 이 점을 고려하면 행화주의적 하향인과 개념이 정당화되기 위해서는 여기서 시도된

---

[78] E. Thompson and F. Varela(2001), P. 422.

이론적 정립뿐만 아니라 광범위한 경험적 연구가 수행될 필요가 있다.[79] 과학자들이 경험적 연구로부터 호혜적 인과의 기제를 발견하고 그것을 행화주의적 연구 프로그램 안에서 이론화할 수 있다면 하향 인과 개념은 유기체의 심적 영역을 설명하고 예측하는 데 있어서 중요한 역할을 담당하게 될 것이다.

일반적으로 설명적 간극 개념과 의식의 어려운 문제 개념은 호환 가능한 것으로 사용되고 있다. 우리가 그 두 개념을 이런 방식으로 이해하면, 우리는 바렐라 등이 제안한 신경현상학과 그에 따른 호혜적 인과 방법론과 하향인과 개념이 설명적 간극의 문제나 의식의 어려운 문제를 제대로 해결하지 못했다고 평가해야 할 것이다. 그렇지만 이것은 바렐라의 연구에 대한 공정한 평가가 아니다. 이와 관련하여 톰프슨의 견해(2005, 2007)를 참조해 보자. 톰프슨은 과학적 문제로서의 설명적 간극과 심리철학에서 제기된 의식의 어려운 문제로서의 설명적 간극을 구분한다. 우선 과학적 문제로서의 설명적 간극은 현상학과 의식의 신경생물학을 통합적이고 일관적 방식으로 설명할 수 있는 모형을 제시하는 문제이다. 다른 한편으로, 의식의 어려운 문제는 자연에서의 의식의 위상에 대한 형이상학적 문제이며 객관적이고 물리적인 자연으로부터 주관적 경험이나 현상학적 의식을 도출하는 것이 개념적으로 가능한지의 문제이다. 이런 구분을 사용하여 톰프슨은 신경현상학이 겨냥하는 것은 바로 과학적 문제로서의 설명적 간극이라고 주장한다.

---

[79] 대표적 예로는 행복의 신경생리학적 기제와 신경상관자를 발견하기 위해 최근 많은 신경과학자가 시도하고 있는 '명상하는 뇌'에 대한 연구가 있다. R. Davidson(2000), A. Lutz and E. Thompson(2003), J. Kabat-Zinn(2003), G. Pagnoni et al.(2008) 참조.

바렐라는 자신의 1996년 논문에서 신경현상학을 '의식의 어려운 문제에 대한 방법론적 해결책(A Methodological Remedy for the Hard Problem)'으로 제안했지만, 그의 글을 주의 깊게 읽어보면, 그는 '어려운 문제'라는 용어로 의식의 형이상학적 문제를 지칭하지 않았다는 점이 드러난다. 왜냐하면 그는 메를로퐁티의 견해에 따라 그런 형이상학적 문제는 데카르트적인 '정신'과 '물질'이라는 개념 틀 안에서 제기된 문제일 뿐이라고 보기 때문이다. 우리가 설명적 간극을 의식의 어려운 문제와 구별해야 한다는 톰프슨의 제안을 수용하면, 신경현상학에 대한 평가는 그것이 과연 '과학적 문제'로서의 설명적 간극의 문제를 제대로 극복했는지, 또는 극복하는 길을 제대로 보여주었는지에 초점을 두어야 한다. 나는 이에 대해 긍정적 평가를 할 수 있는 몇 가지 논거들을 앞에서 검토했다. 신경현상학은 설명적 간극의 문제를 인지과학적 방법을 통해 극복하는 방안을 개척하려고 하지만 존재론적 환원의 의미에서 그 문제를 해소하려고 시도하는 대신에, 주관적 경험과 신경생물학 간 호혜적 규제를 통해 간극의 양안을 연결하려고 한다. 현재로서는 신경현상학이 그것을 위한 교량이나 하향인과 이론을 구체적으로 충분히 제시하지 못하고 있지만 그런 목표를 지향하는 연구 프로그램을 구성했다고 보는 것이 올바른 평가일 것이다.[80]

---

[80] 9장은 이영의(2013)와 이영의(2018b)의 내용을 중심으로 재구성하였음.

제4부

—

의미론

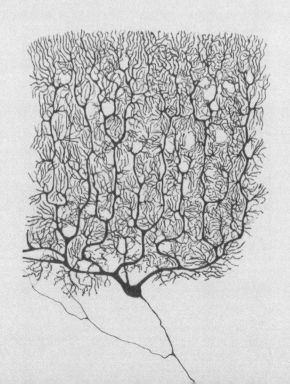

10

모듈성

10.1 사고언어 가설

인간의 본질적 특성 중 하나는 데카르트가 강조했듯이 사고 능력이 있다는 것이다. 우리는 시간과 공간의 제약을 벗어나는 온갖 대상을 상상할 수 있고 그 내용을 언어를 통해 표현할 수 있다. 한국인은 한국어를 사용하여 생각을 표현하고 세계를 기술하고 타인과 소통한다. 영어와 중국어를 모국어로 사용하는 사람은 현실적 언어의 차이에도 불구하고 언어적 표상(linguistic representation)을 통해 언어적 활동을 한다는 점에서 한국어를 모국어로 사용하는 우리와 차이가 없다. 언어적 활동은 단어들을 규칙에 따라 상황에 맞게 사용하여 생각을 표현하는 행위이다.

우리의 생각과 사고는 어떻게 발생하는가? 이 질문에 대해 사고언어 가설(language of thought hypothesis)은 세계 내 언어와 유사한 기능을 하는 사고 내 언어, 즉 **사고언어**(mentalese)를 가정한 후 거기에서 사고가 발생한다고 주장한다. 그 가설에 따르면 사고언어는 여러 가지로 자연언어를 닮았다. 자연언어에서는 단어들이 모여 문장을 만들고, 문장들이 모여 문단과 같은 더 큰 단위가 형성된다. 자연언어의 '단어'에 대응하는 것으로 사고언어에는 '개념(concept)'이 있다. 개념들이 모여 명제를 만들고 명제들이 모여 논증과 같은 더 큰 단위가 형성된다. 자연언어의 단어, 문장, 단락과 같은 언어적 표상에 대응하여 사고언어에는 개념, 명제, 논증과 같은 심적 표상(mental representation)이 있다.

사고언어 가설은 중세 말기에 아우구스티누스, 토마스 아퀴나스, 던스 스코터스 등을 통해 활발히 연구되었지만, 근대 이후로는 연구자들의 주목을 크게 받지 못했다. 이런 상황에서 포더(J. Fodor)는 초기의 사고언어 가설에 명제태도 이론(theory of propositional attitude)과 사고언어의 본유성(innateness)을 추가하여 사고언어 가설을 부활시켰다. 포더에 따르면, 사고는 심적 표상을 예화하는 심적 사건들의 인과적 연속이다.[1] 예를 들어 연역추리에서 사고는 전제에 대한 믿음으로부터 결론에 대한 믿음으로 이행한다. 사고언어의 본질은 **조합성**(compositionality)이다. 조합성은 다음과 같이 두 가지를 의미한다.

• 복잡한 사고는 더 단순한 사고들로 구성된다.

---

1 J. Fodor(1987), p. 17.

- 복잡한 사고의 의미는 그것을 구성하는 단순한 사고들의 의미의 함수이다.

포더가 체계화한 사고언어 가설은 통속심리학, 표상 이론, 기호주의에 대한 정당화를 제공하는 주요 이론이다. 그 세 가지는 모두 '기호', '명제', '표상', '의미'를 통해 심적 내용, 상태, 작용을 설명한다. 이 점을 가장 잘 보여주는 것은 기호논리학이다. 예를 들어 기호 "P"와 "Q"가 각각 "이순신은 장군이다.", "이순신은 용감하다."라는 문장을 나타낸다고 하자. 이 경우 "이순신은 용감한 장군이다."라는 문장은 "P and Q"라는 기호적 표상으로 나타낼 수 있다. 여기서 복합문장(또는 분자문장) "P and Q"는 요소문장(또는 원자문장) "P"와 "Q"로 조합된다. 복합문장들의 의미('참'과 '거짓'이라는 진리값)는 다음과 같이 요소문장들의 진리값에 의해 진리함수적으로 결정된다. (여기서, T, F는 '참'과 '거짓'을 의미한다.) ([표 9] 참조)

- 복합문장의 진리값 = 함수(요소문장의 진리값)

[표 9] 진리함수표

P	Q	P and Q	P or Q	If P, then Q
T	T	T	T	T
T	F	F	T	F
F	T	F	T	T
F	F	F	F	T

이제 [표 9]에서 주어진 진리함수표만 있으면, 아무리 많은 요소문장으로 구성된 복합문장이 주어지더라도 그것의 진리값을 계산적으로, 즉 기계적이고 효율적으로 결정할 수 있다. 인공지능의 주요한 목표 중 하나는 바로 이런 '기계적이고 효율적인 절차'를 계산하는 프로그램을 개발하는 것이다. 4장에서 보았듯이, 사고언어 가설과 사고언어의 조합성이 기호주의의 핵심 가설인 이유가 여기에서 분명히 드러난다.

만약 사고언어의 조합성이 사고와 인지의 본질적 특징이라면, 그것은 인간의 사고와 인지에 관한 이론의 참을 판별하는 데 사용할 수 있다. 예를 들어 그것은 2부에서 논의한 인지과학의 세 가지 연구 프로그램인 기호주의, 연결주의, 체화주의 중 어느 것이 가장 올바른 이론인지를 결정할 수 있다.

이런 가정에서 포더와 필리쉰(J. Fodor and Z. Pylyshyn, 1988)은 조합성을 이용하여 기호주의는 참인 이론이고 연결주의는 거짓 이론이라고 주장했다. 그들의 주장은 다음과 같이 **딜레마** 형식을 갖고 있다.

a. 인지체계에 대해 참인 이론은 사고의 본질적 속성인 표상의 조합성을 갖고 있어야 한다.
b. 만약 연결주의가 그런 조합성을 갖고 있으면, 그것은 기호주의를 기술적으로 다르게 구현한 것에 불과하다.
c. 만약 그렇지 못하면, 연결주의는 참인 인지 이론이 될 수 없다.

포더와 필리쉰은 자신들의 주장에 대해 두 가지 논거를 제시했다.

첫째는 연결주의적 표상은 조합적이 아니라는 것이고, 둘째는 연결주의적 표상 처리는 통계적 처리일 뿐 인지구조에 민감하지 않은 '성질 표상(feature-like representation)'의 연합에 불과하다는 것이다.

연결주의가 제시하는 인공신경망은 수학적으로 엄밀하게 기술된 형식체계이기 때문에 그것이 인지구조에 관한 이론이 되기 위해서는 그 형식체계에 대한 해석이 필요하다. 특히 인공신경망을 구성하는 유닛과 층에서 처리되는 정보가 갖는 의미가 제시되어야 한다. 인공신경망에 관한 다양한 철학적 논쟁의 초점은 그것에 대한 적절한 의미론적 해석을 부여하는 것과 관련된다. 인지 이론으로서 연결주의와 경쟁하는 기호주의는 지식은 명제로 구성되고 언어적으로 표현된다고 주장한다. 그러나 5장에서 보았듯이 인공신경망에서 지식이 표현되는 방식은 기호주의적 구성과는 근본적으로 차이가 난다. 인공신경망에서 지식이 표현되는 방식을 이해하기 위해 유닛들이 표현하는 대상을 고려해 보자. 이와 관련하여 두 가지의 해석이 제안되었다. 첫째, 유닛들이 개념이나 명제를 표현한다고 보는 **국소표상**(local representation) 해석이 있다. 국소표상 해석에 따르면, 인공신경망에서 표현되는 지식은 유닛들이 표현하는 개념들과 명제들이 적절한 관계를 맺으면서 표현된다. 예를 들어 타가드(P. Thagard, 1989)가 제시한 프로그램 **에코**(Echo)에서 유닛들은 개념들을 표현하고 전체 인공신경망은 하나의 이론을 표현한다. 둘째, 지식 표현의 단위를 유닛이 아니라 전체망으로 보는 **분산표상**(distributed representation) 해석이 있다. 분산표상 해석을 채택한 대표적 인공신경망으로 세즈노프스키와 로젠버그(T. Sejnowski and C. Rosenberg, 1987)가 개발한 **넷토크**(NETtalk)가 있다. 분산표상 해석에 따르면 인공신경망 전체가 하나의 지식을 표현하기 때문에 개별 유닛은 지식의 구성 요소가 될 수 없다.

국소표상 해석과 분산표상 해석 중 후자가 인간 뇌의 작동 원리와 인공신경망의 병렬 분산 처리 방식에 대한 더 적절한 이론이다. 이런 판단을 내리는 이유는 뇌를 구성하는 수십억 개의 신경세포들이 각각 특정 개념이나 명제를 표현하고 있다고 가정할 과학적 근거가 없기 때문이다. 인지과학자들이 종종 인공신경망을 구성하면서 국소표상 방식을 이용하는 것은 그것이 뇌신경망에 대한 단순한 해석을 제공하고 기술적으로 제어하기가 쉽기 때문이다. 그러나 국소표상 방식이 아무리 기술적 효율성을 갖는다고 하더라도, 만약 그것이 인간 뇌가 작동하는 방식이 아니라면, 그런 장점은 단순히 계산적 차원에서의 장점으로 그치고 인지 이론의 차원에서는 인정되기 어렵다.

국소표상 해석은 포더와 필리쉰(1988)이 위에서 제시한 딜레마에 적절히 대응할 수 없다는 문제를 안고 있다. 국소표상 방식은 기호주의가 강조하는 사고의 조합성을 구현할 수 있다. 왜냐하면 개별 유닛이 개념을 표현하기 때문이다. 만약 그것이 사실이라면, 국소표상 방식을 채용한 인공신경망은 새로운 인지 구성이 아니라 기호주의를 새로운 방식으로 구현한 것에 불과하게 된다. 이런 이유로 포더와 필리쉰의 논증은 국소표상 방식을 겨냥하고 있으며 인공신경망이 국소표상 방식으로 구성되는 한 연결주의자들은 그들의 비판에 적절히 대응하기는 어렵다.

그러나 인공신경망이 분산표상 방식으로 해석되는 경우 포더와 필리쉰의 논증은 적절한 비판이 될 수 없다. 포더와 필리쉰의 논증에 대해 분산표상 해석에서 제시된 스몰렌스키(P. Smolensky)의 대응책을 살펴보자. 스몰렌스키는 분산표상 방식으로 구성된 인공신경망에서 조합성이 처리될 수 있다고 주장한다. 스몰렌스키(1990)는 벡터 합과 텐서 곱을 이용하여 **텐서 곱 표상**을 제시한다.[2] 예를 들어 n항 벡터 v와 w에 대해 그것들의 벡터 합 (v + w)은 각각의 항을 더한 값을 항으로 갖는 벡터이다. 한편 n항 벡터 v와 m항 벡터 w의 텐서 곱 (n × m)의 요소들은 v와 w의 곱에 의해서 생성된다. 텐서 곱 표상의 특징은 텐서 곱을 이용하여 역할이 변하지 않은 표상을 생성하고 벡터 합을 이용하여 단순한 표상들로부터 복잡한 표상을 생성하는 데 있다. F를 충원자라고 불리는 원소들을 갖는 n항 벡터들의 집합이라고 하고, r은 충원자들의 역할들이 원소인 m항 벡터라고 가정해 보자. 예를 들어 "철수는 영희를 사랑한다."라는 문장에서, 벡터 f_1, f_2, f_3는 각각 "철수", "사랑한다", "영희"를 표현하고 벡터 r_1, r_2, r_3는 각각 그것들의 역할, 즉 주어, 동사, 목적어를 표현한다. 이 경우 세 가지의 텐서 곱이 있다. 즉 "$f_1 × r_1$"은 "주어의 역할을 하는 철수"를 표현하고, "$f_2 × r_2$"는 "동사의 역할을 하는 사랑한다"를 표현하며, "$f_3 × r_3$"는 "목적어의 역할을 하는 영희"를 표현한다. 이 세 가지 벡터를 더하면 벡터 합 "$(f_1 × r_1) + (f_2 × r_2) + (f_3 × r_3)$"이 나타나고, 그것은 "철수는 영희를 사랑한다."라는 문장을 표현한다.

　스몰렌스키가 제시한 텐서 곱 표상이 분산표상을 갖는 인공신경망이 조합성을 갖는다는 점을 보여주는가? 텐서 곱 표상이 조합성을 갖는지는 분명하지 않다.[3] 인공신경망은 특정 시간에 단 하나의 표상

2　스몰렌스키의 인지구조 이론은 융합 연결주의 · 기호주의 구조(integrated connectionists/ symbolic architecture)라고 한다. 그의 이론은 P. Smolensky(1988, 1990, 1995) 참조.
3　스몰렌스키(P. Smolensky, 1990)는 위에서 제시한 예 이외에도 "커피가 들어 있는 컵"

만이 아니라 여러 가지 표상을 처리해야 한다. 그러므로 스몰렌스키의 주장이 옳다면 하나의 인공신경망은 여러 가지 하위 표상들이 결합된 하나의 매우 큰 상위 텐서 곱 표상을 처리할 것이다. 매우 큰 텐서 곱 표상을 가진 인공신경망이 실시간으로 적절한 부분적 표상을 처리하는 것이 기술적으로 가능한지는 분명치 않다. 기호주의자들은 하나의 인공신경망은, 그것의 처리 속도와 용량의 크기와 관계없이, 매 시점에서 "철수는 영희를 사랑한다."와 같은 단 하나의 하위 표상만을 처리한다고 보아야 한다고 주장할 것이다. 이 문제를 해결하기 위해 스몰렌스키(1995)는 텐서 곱 표상 처리는 기호주의가 가정하듯이 기호 수준(symbolic level)이 아니라 **하위기호 수준**(subsymbolic level)에서 이루어진다고 주장했다. 여기서 하위기호 수준은 기호 수준과 신경 수준 사이에 위치하며, 기호는 하위기호들로 구성된다. 스몰렌스키의 주장대로 텐서 곱 표상이 하위기호 수준에서 처리된다면, 처리의 단위가 기호가 아니라 '하위기호'이므로 의미 처리가 기존의 명제중심적인 기호처리와 차이가 날 것이다. 또한 그것은 명제중심적 기호처리를 완전히 배격하는 신경 수준에서의 처리와도 차이가 날 것이다. 스몰렌스키는 하위기호 수준에서 의미 처리가 어떻게 이루어지는지에 대해 분명한 설명을 제시하지 않았다.

여기서 우리는 스몰렌스키의 새로운 제안이 분산표상 인공신경망에 대한 표준적 해석과 차이가 있다는 점에 유의할 필요가 있다. 예를 들어 다음 장에서 논의할 처칠랜드의 신경의미론(neuro-semantics)

의 예를 제시했다. 스몰렌스키의 논증에 대한 포더의 재비판은 J. Fodor and B. P. McLaughlin(1990)을 참조.

에 따르면 인공신경망에서의 표상은 분산표상이며 신경 차원에서 처리된다. 이상에서 드러나듯이, 연결주의적 표상 처리가 구문론적이고 의미론적인 차원에서 조합성을 갖는지를 결정하기 위해서는 연결주의 구성에 관한 세부 내용을 검토할 필요가 있다. 나는 그 문제를 더는 다루지 않을 것이다. 최근 딥러닝 인공신경망이 개발되면서 '**설명 가능한 인공지능**(eXplainable AI)'이 중요한 주제로 부상하고 있는 것을 보면, 분산표상에서의 의미론적 처리 문제는 여전히 중요한 문제로 남아 있다는 점이 드러난다.

10.2 포더 모듈

인지구조에 대한 이론들은 마음이 특정한 인지 과제를 수행하는 부분으로 이루어져 있다고 전제한다. 이처럼 고유한 인지 과제를 수행하는 인지체계의 부분을 모듈(module)이라고 하고, 모듈의 성질을 모듈성(modularity)이라고 한다. 인지의 하위 체계로서의 모듈이 학문적으로 여러 가지 형태로 논의되었지만(라이프니츠의 단자론이 그 좋은 예이다), 인지체계가 상호작용하는 모듈들의 체계로서 이해되어야 한다는 견해는 19세기의 **능력심리학**(faculty psychology)에서 분명한 형태로 나타났다. 능력심리학에 따르면 음악적 재능이나 수학적 재능과 같은 다양한 정신 능력을 규제하는 독립적 모듈들이 존재하며, 그것들은 물리적으로 특정한 위치를 차지하고, 심적 능력의 강도는 대응하는 뇌의 위치에서 돌기의 크기와 상관되어 있다(골상학).

모듈성의 현대적 개념은 정보처리 패러다임과 더불어 등장했는데,

그 기본 생각은 전체적으로 지각체계나 인지체계에서의 다양한 하위 체계들은 상대적으로 정보처리와 관련하여 독립적이라는 점이다. 즉, 모듈은 상대적으로 다른 인지적 하위 체계들과 제한적인 상호작용만을 한다. 1960년대 '인지과학 혁명'이 일어나기 전에 지배적 이론이었던 행동주의에서 마음은 블랙박스이며 그것의 내용에 관한 설명과 예측은 비과학적이라고 간주되었다. 인지과학 혁명은 이런 분위기를 바꾸어놓았고 블랙박스의 내용, 즉 정보적 입력과 행동적 출력 간 성립하는 관계를 체계적으로 설명할 수 있는 내적 구조에 관한 기술이 인지과학의 중요한 목표가 되었다. 그 작업의 일부로 심적 현상에 대한 여러 가지 정보처리 이론들이 등장했는데 그것들은 인지주의로 불리고 있다. 인지주의의 핵심은 모듈성 개념이다. 모듈은 그 작동이 상대적으로 인지를 구성하는 다른 부분들로부터 독립적이고 그 기능이 전체 체계와 독립적으로 분석되고 이해될 수 있는 하위 체계이다. 인지과학자들은 마음이 내적 구조를 갖는다는 데 동의한다. 예를 들어 지각을 구성하는 정보처리체계는 추리나 동작 통제를 구성하는 체계와는 차이가 난다. 그러나 마음이 하위 체계(모듈)로 구성되어 있다는 일반적 합의를 제외하고 구체적인 구성 방식에 대해서는 인지과학자들 간 합의된 바가 없다.

모듈성에 관한 가장 영향력 있는 현대적 견해는 포더의 『마음의 모듈성(The Modularity of Mind)』(1983)에서 제시되었다.[4] 포더에 따르면, 인지체계는 근본적으로 세 가지 요소로 구성되어 있다.

---

4 포더의 모듈성 개념을 다른 모듈성 개념과 구별하기 위해 '포더 모듈성'이라고 표기하기로 한다.

- **변환기**(transducer): 변환기는 입력된 자극을 사후 처리에 사용될 신호로 변환한다.

- **입력체계**(input system): 정보적으로 캡슐화된 모듈로서 입력의 원천에 대해 추리한다. 입력 모듈은 제한되어 있고 캡슐화된 하위 체계이지만 변환기와는 달리 자극에 주어지지 않은 정보를 넘어서는 비논증적인 추리에 관여한다는 특징을 갖는다. 예를 들어 지각의 경우 입력 모듈은 멀리 떨어져 있는 환경에 대한 가설을 생성한다.

- **중앙체계**(central system): 비모듈적으로 일반적 추리와 신념을 생성한다. 중앙체계는 전체론적이고, 맥락 의존적인 방식으로 정보를 처리한다. 또한 그것은 비정보밀봉적이므로 체계의 한 부분이 다른 부분을 추리하거나 입증하는 데 관여한다. 유비추리나 최선의 설명으로의 추론이 가능한 것은 비정보밀봉적 특징 때문이다.

포더 모듈은 다음과 같은 특징을 갖는다.[5] ① 영역 특수성(domain specificity): 모듈은 매우 구체적이고 제한적인 정보만을 처리한다. 모듈이 영역 특수적이라는 것은 그것이 정확히 특정 영역의 내용만을 처리하고 그 밖의 다른 영역의 내용을 처리하지 않는다는 것을 의미한다. ② 필수적 작동(mandatoriness): 모듈은 자동으로 작동한다. 특정 모듈이 작동 중이고 그에 대해 가능한 적용이 제공되면, 그 모듈은 그것을 수행해야 하며 다른 선택지는 없다. 예를 들어 우리는 착

---

5 J. Fodor(1983), pp. 47-52.

시임을 알고 있음에도 불구하고 착시를 지각할 수밖에 없다. ③ 제한된 접근 가능성(limited accessibility): 모듈이 계산하는 심적 표상에 대해 중앙체계는 제한적으로만 접근할 수 있다. ④ 속력(speed): 모듈은 신속하게 출력을 생성한다. 모듈은 망막의 광수용기가 수용하는 자극강도의 패턴을 3차원 표상으로 신속히 효율적으로 처리한다. ⑤ 정보적 밀봉(informational encapsulation): 모듈은 중앙체계의 정보에 의해 영향받지 않는다. 예를 들어 모듈은 의식적 사고에 의해 저장된 정보를 사용할 수 없고, 설사 사용하더라도 많은 부분을 사용할 수는 없다. ⑥ 피상적 출력(shallow outputs): 모듈의 출력은 비교적 단순하다. 모듈은 입력체계이기 때문에 그것이 중앙체계를 위해 준비한 만큼의 정보를 분석하지 않는다. 그 결과 모듈의 출력은 비교적 피상적이다. ⑦ 고정된 신경 구성(fixed neural architecture): 모듈은 고정된 신경 구성에 구현되어 있다. ⑧ 독특한 와해(Characteristic and specific breakdown): 모듈은 특징적이고 특정한 방식으로 와해된다. 특정 모듈이 손상되거나 파괴되면 결과적으로 특정한 기능이 손상되거나 사라질 수 있다. ⑨ 개체 발생적 결정(Ontogenetic determination): 모듈의 발생에는 규칙성이 존재한다.[6]

위에서 볼 수 있듯이 인지는 크게 중앙체계 및 입력체계로 구성되어 있다. 중앙체계에서는 보편적 문제들과 관련된 광범위한 정보를 수반하는 상위 수준의 비모듈적 인지 처리가 수행된다. 이에 비해 입

---

6 포더는 모듈들이 위에 제시한 아홉 가지 특징들을 모두 충족한다고 주장하지는 않았고 "대부분 또는 그것들 모두"라는 표현을 사용했다.

력체계에서는 매우 제한적인 문제에 대해 신속한 해결책을 제공하도록 작동하는 하위 수준의 인지 처리가 이루어진다. 포더는 그 두 가지를 각각 **중앙처리**와 **모듈처리**라고 불렀다. 포더에 따르면, 마음이 모두 모듈적으로 작동하는 것은 아니다. 모듈성은 마음을 세상과 연결하는 하위 수준의 말초신경계와 하위 체계들에 제한되며, 사고와 추리와 같은 상위 차원의 인지 과정과는 관련이 없다.

포더의 모듈성 논제(modularity thesis)는 모든 모듈이 동일한 근본 원리에 따라 작동한다고 주장하지 않는다. 그런 근본 원리를 가정하는 것은 전통적인 '수평적' 능력심리학의 전유물이다. 포더는 지각의 일반적 능력은 없다고 주장한다는 점에서 그의 논제는 갈(F. Gall)의 골상학(phrenology)을 연상시킨다. 포더는 능력심리학의 두 가지 유형을 구별한다. ① 수평적 능력심리학: 전통 심리학을 의미하며 기억, 지각, 시각 등에 관한 오직 하나의 일반적 능력만을 인정한다. ② 수직적 능력심리학: 갈의 골상학에서 볼 수 있듯이, 추리 능력이나 다른 유형의 지각 입력에 대한 지각 능력처럼 다른 유형의 정보에 대한 기억 능력을 인정한다. 지각 능력 내부에 다른 유형의 시각적 자극에 대한 능력이 있는데 그런 능력이 바로 모듈이다. '능력(faculty)'이라는 용어는 19세기 관념론적 용어인 데 비해 '모듈'이라는 용어는 물리적 구조에 기반을 둔 계산주의적 용어이다. 이처럼 포더는 '수직적' 능력에 관한 '골상학적' 이론을 도입함으로써 현대 인지과학의 주요 흐름에서 이탈하게 된다.

포더의 모듈성 논제에 따르면 사고와 신념의 고정은 비모듈적이므로 중앙체계에 귀속된다. 중앙체계는 비모듈성 때문에 선형적으로 분석될 수 없다. 이 점은 인지과학에 중요한 한계를 설정한다. 포더는 인지과학이나 심리학이 마음이 작동하는 원리를 완벽하게 제시할 수 있다고 믿지 않는다. 그러나 모듈 체계는 그것의 전체적 성질이 정의상 기능적으로 분명하므로 비교적 쉽게 이해될 수 있다. 포더의 이론은 인지과학에 크게 두 가지 영향을 미쳤다.

첫째, 포더가 모듈성 개념을 매우 자세히 제시했기 때문에 인지과학자들은 쉽게 그것을 연구에 활용할 수 있었다. 모듈성은 인지과학에서 다음과 같은 중요한 역할을 담당하고 있다. ① 기술적 역할: 모듈성 개념, 특히 정보밀봉 개념은 인지과학자들이 설명력 있는 인지모형을 구성하는 데 사용하고 있는 중요한 정보처리 개념 중 하나이다. 모듈성에 관한 경험적 증거들은 상대적 분리, 즉 길이에 대한 지각과 대상의 성질에 관한 판단을 분리해야 할 필요가 있음을 보여준다. 그런 경험적 증거가 어느 정도로 모듈적 모형을 요청하는지를 결정하는 일은 이론 구성과 이론 검사의 문제이다. ② 방법론적 역할: 모듈성은 인지를 연구하는 데 있어서 일종의 분할 정복(divide and conquer) 전략을 제공한다. 연구자들은 하위 체계의 상대적으로 고립된 행동이 실제적이고 구현된 맥락에서의 행동과 매우 유사하다고 가정함으로써 점차 체계의 복잡한 작동을 이해할 수 있다.

포더가 언어 영역과 시각 영역이 매우 모듈적 체계라고 주장했기 때문에 모듈성에 관한 후속 연구들은 대부분 그 두 가지 영역에 집중되어 왔다. 시각 처리에 관한 마(D. Marr, 1982)의 견해는 시각 체계에 대한 모듈적 견해를 확립하는 데 큰 영향력을 발휘했다. 마에 따르면, 시각 모듈에서는 그 과정이 상위 차원의 정보에 의해 전혀 영향받지 않으며 시각 모듈은 대체로 하위 모듈(stereopsis, raw primal sketch)로 분해 가능한데, 그 각각은 시각 모듈 안에서의 나머지 활동으로부터 정보적으로 밀봉되어 있다.[7] 언어처리 영역에서도 모듈성이 발견되었다. 예를 들어 재켄도프(R. Jachendoff, 1997)에 따르면, 구문론은 조음체계 및 지각체계와 아무런 직접적 연관이 없다. 오히려 구문론은 음운론적 구조와 연관을 맺고 있으며 음운론적 구조는 다시 조음 및 지각과 연관을 맺는다.[8]

둘째, 모듈성 개념은 인지과학자들이 그것을 이용하여 어떻게 마음이 작동하는지를 설명할 수 없는 결과를 낳았다. 모듈성 논제에 따르면 모듈에 대한 중앙체계의 하향적 정보 흐름은 인지과학에 따라 분석되기 어렵다. 포더는 모듈성의 한계는 우리가 마음에 대해 이해 가능한 것의 한계라고 본다. 심리학뿐만 아니라 물리학에서도 성공적 과학이 성립되기 위한 조건은 자연이 그것을 조작한 조각들을 갖고 있어야 한다는 것이다. 그 조각들은 인위적으로 고립될 수 있고 원래의 자리에서 행동하는 방식처럼 고립된 경우에도 행동하는 상대적으로 단순한 하위 체계들이다.[9] 그러나 그런 조각들을 분할해서 정복하는 방법은 인지를 이해하는 데 근본적 한계를 갖는다. 방법론적으로 그것이 유용할 수는 있지만, 분할은 인지체계를 근본적으로 실제보다 더 단순화시킬 가능성이 크기 때문이다.

7 D. Marr(1982), p. 351.
8 R. Jachendoff(1997), p. 30.
9 J. Fodor(1983), pp. 126−128.

10.3 대량모듈 가설

앞에서 보았듯이 포더의 모듈성 논제는 한편으로는 인지과학자들이 말초신경계와 같은 입력체계를 계산적으로 설명할 수 있는 근거를 제공하지만 다른 한편으로 사고와 추리, 신념고정과 같은 상위 차원의 인지 활동을 계산적으로 설명할 가능성을 봉쇄하기 때문에 많은 비판을 받고 있다. 특히, 진화심리학자들은 시각과 같은 피상적 체계만이 모듈적이라는 포더의 견해와 대조적으로 마음의 많은 또는 대다수의 정보처리체계 역시 모듈적이라는 견해를 제시했는데 거기에는 포더가 중앙처리라고 불렀던 것도 포함된다.

진화심리학자들의 주장은 **대량모듈 가설**(massive modularity hypothesis)이라고 하는데 그것은 모듈성뿐만 아니라 인지구조와 관련하여 많은 논쟁을 야기하고 있다. 스퍼버(D. Sperber, 1994)에 따르면, 다수의 모듈이 인지구조에 참여한다. 대량모듈 가설은 인지구조의 곳곳에 존재하는 모듈에 관한 진화론적 설명과 보조를 맞추어 왔는데, 여기서 모듈의 작동 영역은 시각 처리와 같은 영역보다 더 추상적이다. 대량모듈 가설의 중심 내용은 다음과 같다.

- 모든 정보처리는 모듈적이다.
- 인지 과정에 중앙처리는 없다.
- 일반 조건문보다 규범 조건문이 더 잘 추리된다.
- 인간은 영역 특수적 거짓말쟁이 탐지 모듈을 갖고 있다.
- 진화는 협력적 행동을 선호한다.

포더는 자신의 저서 『마음은 그렇게 작동하지 않는다』(2000)에서 대량모듈성 가설을 비판한다. 그는 『마음의 모듈성』에서 주장했듯이 현재의 인지과학은 마음을 이해하는 데 있어 근본적 잘못을 범하고 있다고 주장한다. 포더의 비판은 그가 '신종합설(New Synthesis)'이라고 부르는 이론을 겨냥하고 있다. 신종합설은 코스미데스와 투비(L. Cosmides and J. Tooby, 1997), 핑커(S. Pinker, 1997)와 같은 진화심리학자들이 주장하는 이론이다. 포더는 신종합설이 다음의 네 가지 주장으로 구성되어 있다고 본다.

- 마음에 대한 계산주의적 이론(Computational theory of mind)
- 모듈성(modularity)
- 생득주의(Nativism)
- 적응주의(Adaptationism)

신종합설에 대한 포더의 비판은 크게 두 부분으로 구성되어 있다. 첫째, 마음에 대한 계산주의적 이론에서는 신념의 고정이나 행위 계획과 같은 중앙과정에 대한 심리학적 이론이 설 자리가 없다. 둘째, 신종합설은 모듈성과 적응주의와 연관되어 있다. 신종합설의 지지자들은 포더와 달리 대부분 대량모듈 가설을 지지한다. 그들은 마음이 말초적 체계뿐만 아니라 그보다 상위 체계에서도 모듈적이라고 주장하며, 대량모듈적 인지구조는 다원적 적응의 집합이므로 자연선택의 산물로 설명될 수 있다고 본다.

포더는 대량모듈 가설이 참이라면 마음에 대한 계산주의적 이론의 한계에 대한 자신의 비판은 성립하지 않을 것이라고 인정하지만 대량모듈 가설은 거짓이라고 주장한다. 다른 한편으로 그는 대부분의 모듈 체계에 대한 적응주의를 신종합설과는 다른 이유에서 지지한다. 포더에 따르면 마음에 대한 계산주의적 이론은 적어도 일부 심적 상태는 논리적 형식을 갖고 있으며 그 상태들의 인과적 역할은 논리적 형식에 부분적으로 의존한다는 점에서 '합리주의적 심리학(rationalist psychology)'이다. 마음에 대한 계산주의적 이론은 다음 주장들로 구성되어 있다. ① 합리주의적 심리학. ② 논리적 형식을 지닌 심적 상태들의 경우 그것들이 수반하는 구문론적으로 구조화된 심적 표상이 존재한다. ③ 심적 표상 간 이행을 결정하는 인과 과정은 그것들을 구현하는 심적 표상의 구문론적 성질에 대해서만 민감하다. 여기서 심적 과정은 참인 전제들이 주어지면 그 결론이 참일 때 합리적이라고 한다.

지금까지의 논의를 종합하면, 마음을 설명하는 데 있어서 인지과학의 불완전성에 대한 포더의 주장은 다음과 같이 논증으로 구성될 수 있다.

a. 계산 과정은 심적 표상의 구문론적 성질에만 민감하다.
b. 구문론적 성질은 그것을 소유하는 심적 표상에 국소적이다.
c. 전체 추리는 명제태도의 비국소적 성질에 민감하다.
d. 전체 추리가 민감한 성질은 심적 표상의 구문론적 성질로 환원 불가능하다.
e. 그러므로 전체 추리는 계산 과정에 의해서 수행될 수 없다.

위의 논증에서 핵심은 (a)와 (c)에서 정의된 구문적 민감성과 총체적 추리에 있다. 만약 그것들이 참이라면 마음에 관한 계산주의적 이론은 중앙체계를 설명할 수 없다.

그러나 계산 과정이 심적 표상의 구문론적 과정에만 민감한 것인지 아니면 의미론적 과정에도 민감한지는 여전히 논쟁의 대상이다. 우리는 이와 관련된 문제를 설이 주장한 중국어방 논증과 인공지능의 프레임 문제(frame problem of AI)에서도 발견할 수 있다. 계산주의 이론가들은 계산 과정은 심적 표상의 구문론적 차원뿐만 아니라 의미론적 차원에도 민감하다고 주장한다. 다시 말하면 컴퓨터와 같이 계산 과정을 처리하는 체계는 의미 처리를 할 수 있다. 포더는 계산주의 이론이 중앙체계를 설명할 수 있다는 주장의 문제를 보이기 위해 **원리 E**(Principle E)를 제시한다.

- 원리 E: 오직 심적 표상의 본질적 성질들만이 심적 삶에서 그것의 인과적 역할을 결정할 수 있다.[10]

원리 E는 계산주의적 이론으로부터 함축된 것이다. 원리 E에 따르면, 구문론적 성질은 유형적으로 동일한 심적 표상들에 본질적이므로 그것들은 인과적 역할의 부분적 결정자이다. 그러므로, 심적 표상의 구문론이 변하면 표상의 의미가 변하게 된다. 그러나 포더는 원리 E가 타당하려면, 인지가 모듈적이라는 전제가 충족되어야 한다고 지적한다. 앞에서 보았듯이 중앙처리는 비모듈적이므로 원리 E는 부당

10 J. Fodor(2000), p. 24.

하다. 그 결과 구문론적 성질은 전체 인과적 역할을 결정하기에 충분
하지 못하며 다른 비모듈적인 본질적 성질들도 인과적 역할을 담당
한다는 결론이 유도된다.

11

신경의미론

11.1 원형 활성화 모형

신경의미론(neuro-semantics)은 인공신경망이 구현하는 매개변수들로 구성된 공간은 의미론적으로 분할될 수 있다고 주장한다. 그러므로 신경의미론이 옳다면, 포더가 연결주의자들에게 제기한 딜레마는 성립되지 않을 것이다. 이번 장은 처칠랜드가 제시한 원형 활성화 모형을 중심으로 신경의미론을 검토한다. 처칠랜드의 이론의 핵심은 다음과 같다.

- 사고언어 가설은 잘못된 이론이다. 그것이 가정하는 언어는 진정한 자연언어가 아니다.
- 언어의 일차적 기능은 소통이며 표상은 이차적 기능이다.
- 심적 표상은 실제 세계에서의 범주화, 예측, 행동과 직접 연결된다.

• 연결은 병렬적 신경망에서 구현된다.

다층 인공신경망에서 지식이 표현되는 방식을 검토해 보자. 인공신경망에서 입력층은 인지체계가 처한 환경으로부터 정보를 수용한다. 입력층에서 발생하는 환경으로부터의 정보의 수용은 감각기관에서의 지각의 과정에 대응된다. 지식의 기원에 관한 경험주의적 전통에 따르면, 과학적 지식과 같은 추상적 지식 체계는 체계적인 과학적 관찰과 실험으로부터 주어지는 자료를 기반으로 성립한다. 그 자료들이 어떠한 방식으로 법칙과 이론에 연결되는가에 대해 일반적으로 일치된 견해는 없지만, 일차적인 감각적 정보의 단계는 범주화와 개념화의 과정을 거쳐 추상적인 단계로 이행한다는 점에 대해서는 인지과학자 간에 합의가 이루어져 있다. 특정 개념을 갖는다는 것은 그 개념의 사례들이 갖는 성질에 대해 안다는 것을 의미한다.

개념에 관한 전통적 이해에 따르면, 개념의 특성은 그것을 정의하기 위한 필요충분조건이다. 심리학자들은 그 입장을 **고전적 견해**(classical view)라고 부르는데, 그것은 근본적 문제를 갖는다는 사실이 드러났다. 치명적 문제점은 일차적으로 자연종과 같은 개념이 필요충분조건으로서의 특성으로 정의하기가 어렵다는 데 있다. 심리학자들은 실험을 통해 사람들이 특정 대상이 특정 개념의 사례인가를 판단하는 데 있어서 대표성을 기준으로 한다는 점을 발견했다. 이런 발견으로부터 개념에 관한 새로운 견해가 등장하게 되는데, 처음으로 로쉬(E. Rosch, 1975, 1978)에 의해 **원형 이론**(prototype theory)으로 체계화되었다. 원형 이론에 따르면, 특정 개념의 사례들은 성질을 공유하는 정도에 의해 해당 개념의 대표성이 판단된다. 로쉬의 원형 이론은 비트겐슈타인(L. Wittgenstein, 1953)의 **가족 유사성** 개념에 기반을 두고 있다. 가족 구성원들이 일정한 정의적 특성을 갖지 않으면서도 서로 생김새가 비슷하듯이 개념의 사례들 역시 서로 성질을 공유한다는 점에서 닮았다는 것이다. 예를 들어 새와 박새는 깃털이 있고, 날수 있고, 몸집이 작고, 곤충을 먹고, 노래한다는 특성을 공유한다. 반면에, 박새와 대머리수리는 깃털이 있고, 날 수 있는 특성만을 공유한다. 그러므로, 박새는 대머리수리보다 '새'의 더 전형적 사례이다. 특정 개념에 관한 가장 많은 특성을 공유하는 사례를 원형(prototype)이라고 하는데, 로쉬의 분석에서는 박새가 개념 '새'의 원형이다.

인공신경망에서의 분산표상 방식은 개념을 정의하는 데 있어서 이용되는 필요충분조건이 아니라 개념 사례들의 공통 성질을 통한 유사성에 의해 더 잘 설명될 수 있다. 이 점에 착안하여 처칠랜드는 분산표상의 방식을 설명하기 위해 유사성에 기반을 둔 원형 개념을 이용한다. 원형 이론에 기반을 둔 처칠랜드의 이론은 **원형 활성화 모형**(prototype-activation model, PA 모형)이라고 한다. PA 모형에 따르면 지식은 은닉층에 구현되는 벡터공간에서 표현되며 벡터공간상의 특정한 점은 특정 개념을 표현한다. 개념을 표현하는 벡터, 즉 개념 벡터는 해당 개념의 원형을 표현하는 원형 벡터와 유사성 관계를 갖는다. 예를 들어 원형으로서의 새가 벡터 A로 표현되고 새의 한 사례인 박새는 벡터 a로 표현된다고 가정해 보자. 인공신경망이 새에 대한 원형 벡터 A를 가진 경우 박새는 원형적 새에 가깝게 분류되므로 벡터 a는 벡터 A와 매우 가까운 거리에 있게 된다.[11] 벡터공간이 적절

---

[11] 유사성 관계를 표현하는 몇 가지 다른 방식들이 있는데 처칠랜드는 벡터공간상의 상대

하게 분할된 인공신경망의 입력층에 A에 더 유사한 사례가 입력될수록 그것은 더 활성화된다.

포더와 르포르(J. Fodor and E. Lepore, 1992)는 인공신경망이 의미를 표상할 수 없다는 비판을 제기했다. 그들의 비판 요지는 어떠한 두 사람도 정확히 그들의 감각 신경세포에서 동일한 인과적 의존성을 가질 수 없으므로 그들은 동일한 벡터공간을 가질 수 없다는 것이다.[12] 포더와 르포르의 비판이 옳다면, 사람들에게 공통적인 벡터공간은 존재할 수 없고 그 결과 "동일한 개념은 개인들의 벡터공간에서 동일한 위치를 차지한다"라는 처칠랜드의 입장이 성립할 수 없게 된다. 이런 비판에 대해 처칠랜드는 그 앞부분을 인정하면서도 뒷부분은 부인한다. 처칠랜드는 이에 대해 유사성은 벡터공간의 변환에 대해서 불변적이라고 대답한다. 설사 포더와 르포르가 지적하듯이 개인들의 벡터공간이 다르더라도, 개인들의 벡터공간은 구조적 동형성을 갖는다는 것이다. 처칠랜드는 벡터공간에서의 유사성을 검토하는 데 있어서 중요한 것은 벡터공간에서의 위치가 아니라 벡터공간의 내적 구조이며 내적 구조에서 규정된 유사성은 공간 변환에 대해 불변적이라는 점을 보여주었다.[13] 처칠랜드는 공간 변환에 따른 의미 변화에 대한 포더의 비판에 성공적으로 답변한 것처럼 보인다. 하나의 벡터공간에서 표현된 유사성이 다른 공간으로 의미의 변화가 없이 변환될 수 있으므로 포더의 비판은 처칠랜드의 입장에 심각한 타격을 줄 수 없다.[14]

적 거리로 이해한다.
12 J. Fodor and E. Lepore(1992), pp. 197-202.
13 P. M. Churchland(1998), p. 8.

11.2 과학적 설명

이제 처칠랜드의 원형 활성화 모형(PA 모형)에서 어떻게 과학적 설명이 이해되는지를 살펴보자. 앞 장에서 논의한 스몰렌스키와 대조적으로, 처칠랜드는 분산표상 이론을 적극적으로 개념뿐만 아니라 과학 이론에도 적용한다. PA 모형에서 개념, 개별 이론, 전체 이론은 다음과 같은 내용을 갖는다.

- 개념, 개별 이론, 전체 이론은 뇌에서 구현된 벡터공간에서 표현되는 원형 벡터이다.
- 개념은 벡터공간에서 특정한 위치를 갖는다.
- 개인의 개별 이론은 개념들을 표현하는 부분 벡터들의 합이다.
- 개인의 전체 이론은 개별 이론들을 표현하는 부분 벡터들의 합이다.

이처럼 PA 모형에서는 전체 이론과 개별 이론의 관계는 벡터 합의 관계로 설명된다. PA 모형에서 설명적 이해와 과학적 설명은 원형 벡터들을 갖는 인공신경망이 특정한 경험 자료에 대한 활성화와 그에 따른 반응으로서 설명된다. 학습을 통한 인공신경망은 특정한 범주에 속하는 경험 자료에 대해 일정한 방식의 원형적 반응을 나타낸다. 실제로 인공신경망에 대한 어떠한 입력도 원형적 반응을 촉발할 수

---

14 상태공간 의미론에 대한 처칠랜드와 포더의 논쟁은 J. Fodor and E. Lepore(1992)와 R. McCauley(1996) 참조. 상태공간에서 유사성이 확률로 표현될 가능성에 대한 논의는 이영의(2003) 참조.

는 없지만, 그 반응에 매우 가까운 반응을 촉발할 수 있다. 다음의 인용문에서 나타나듯이 처칠랜드는 과학적 설명도 지각 과정과 본질에서 동일한 방식으로 이해되어야 한다고 주장한다.

> 설명적 이해는 잘 훈련된 신경망에서 하나의 특정한 원형 벡터의 활성화이다. 설명적 이해는 해당 사례를 일반적 유형, 즉 생명체가 상세하고 충분한 정보가 있는 표현을 갖는 유형의 한 사례로서 이해하는 것이다. (P. M. Churchland, 1989, p. 210)

PA 모형에서 과학적 설명은 인지적 유기체가 어떤 상황(피설명항)을 자신에게 유리한 방향으로 처리할 수 있도록 하는 원형(설명항)을 활성화하는 것이다. 특정 대상을 감각적으로 재인하는 것과 특정 사실을 과학적으로 설명하는 것은 모두 원형의 활성화이다. 앞에서 보았듯이, 감각적 재인 과정은 잘 훈련된 인공신경망에서 원형을 표현하는 벡터를 활성화하는 과정이다. 마찬가지로 과학적 설명 역시 과학적으로 잘 훈련된 인공신경망에서 특정한 이론을 표현하는 벡터의 활성화에 해당한다.

처칠랜드는 과학적 설명의 본질을 **최상의 설명으로의 추리**(inference to the best explanation)로 파악한다. 최상의 설명으로의 추리는 퍼스(C. S. Peirce) 이래로 많은 철학자에 의해 논의되고 있는데, 그 기능과 역할에 관한 표준적 이론이 없고 그것이 다른 유형의 귀납추리와 어떤 공통점과 차이점이 있는지도 잘 설명되고 있지 않다. 이러한 상황에서 처칠랜드는 최상의 설명으로의 추리는 '가장 적합한 원형 벡터의 활성화'라는 개념으로 적절하게 해명될 수 있다고 주장한다.[15] 처칠랜드에 따르면, 최상의 설명으로의 추리 개념이 갖는 문제점은 선택 및 시간과 관련된다. 선택의 문제는 어떻게 다양한 가능성을 갖는 후보 중 가장 좋은 설명을 선택할 수 있느냐는 문제이며, 시간의 문제는 그런 선택 상황에서 후보들의 설명력을 비교하고 평가할 수 있는 시간이 충분치 못하다는 문제이다. 처칠랜드는 그 문제들은 인공 신경망의 고유한 탐색 방식에 의해 해결 가능하다고 주장한다. 즉 피설명항이 적절한 원형을 활성화하는 경우 거의 즉각적인 설명적 이해가 발생하고, 그렇지 못한 경우 가중치의 조절을 통한 원형의 활성화가 시도된다.[16]

　　PA 모형의 특징을 구체적으로 검토하기 위해 예를 들어보자.[17] 깊은 바닷속에 있는 기뢰와 바위를 구별하는 과제가 주어졌다고 가정해 보자. 연구자들은 음파를 기뢰와 바위에 발사하여 그것들로부터 나온 반향 음파를 진동분석기를 이용하여 디지털화한 다음에 그 결과를 인공신경망의 입력층에 입력한다. 연구자들은 인공신경망이 정확하게 두 종류의 음파를 분류하기를 원한다. 물론 학습되지 않은 인공신경망은 그런 작업을 처음부터 성공적으로 수행할 수 없다. 인공신경망이 일정한 학습 과정을 거치게 되면 그 과정은 일반화되고 그 이후에 입력된 자료는 정확하게 분류된다. ([그림 22] 참조)

15 P. M. Churchland(1989), p. 218.
16 인공신경망에서의 탐색과 문제 해결에 대한 철학적 설명은 W. Bechtel and A. Abrahamsen(2002) 참조.
17 P. M. Churchland(1989), pp. 202-204.

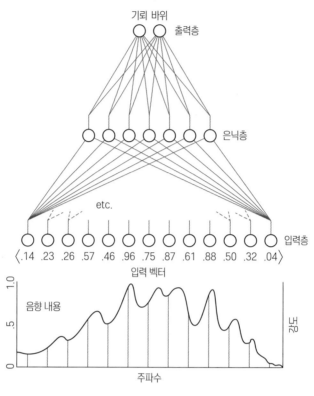

[그림 22] PA 모형에서의 지각 재인
(P. M. Churchland, 1989, p. 203)

처칠랜드에 따르면, 학습된 인공신경망에서 은닉층의 상태는 [그림 23]과 같은 구조를 갖는다. [그림 23]은 편의상 3차원으로 표현되어 있지만 실제로 지각공간은 7차원으로 이루어져 있으므로 실제 지각공간은 그림에서 제시된 것보다 더 복잡한 구조로 분할될 것이다. 원으로 표현된 부분이 각각 기뢰와 바위의 원형 벡터를 나타낸다. 인공신경망은 이와 같은 지각 재인 작업을 매우 성공적으로 수행한다. 만약 일상적 추리와 과학적 추리에서 발견되는 설명이나 설명적 이

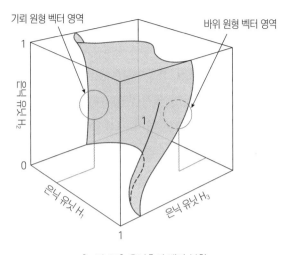

기뢰 원형 벡터 영역   바위 원형 벡터 영역

은닉 유닛 H₂

은닉 유닛 H₁   은닉 유닛 H₃

[그림 23] 은닉층의 벡터 분할
(P. M. Churchland, 1989, p. 203)

해의 과정이 본질에서 지각 재인의 과정과 동일하다는 처칠랜드의 주장이 옳다면 PA 모형은 과학적 설명에 관한 좋은 모형이 될 수 있다. 따라서 PA 모형의 타당성은 인공신경망에 대한 의미론적 해석보다는 "지각 재인의 과정 = 과학적 설명의 과정"이라는 주장의 타당성에 달려 있다. 이와 관련하여 PA 모형에 대한 비판자들은 과연 과학적 설명이 지각 재인과 본질에서 유사한지, 과학적 설명이 지각 재인과 마찬가지로 즉각적인지에 대해 의문을 제기한다.[18] 이 문제는 얼핏 보면 전적으로 철학적 문제로 보이지만 실제로는 철학적 문제와 경험적 문제의 혼합 문제라는 점이 드러나고 있다.

    PA 모형에 대한 비판은 연결주의적 과학철학의 외부로부터의 비판

---

18 연결주의적 과학철학과 PA 모형에 대한 비판적 논의는 W. Bechtel(1996), W. Lycan(1998), C. Glymour(1992) 참조.

과 내부로부터의 비판으로 구분된다. 연결주의적 과학철학의 외부로부터의 비판은 인지에 대한 기호주의적 접근으로부터 기호주의적 접근에 대해서는 중립적이면서 연결주의적 접근에 회의적인 입장에 이르기까지 다양하므로 그 논점 역시 다양하다. 반면에 연결주의적 과학철학의 내부로부터의 비판은 당사자들이 인지에 대한 연결주의적 접근을 지지하기 때문에 논제가 몇 가지로 한정되어 있는데, 그 중심 논제는 연결주의적 과학철학의 적절한 구성과 적용에 있다.

우리의 논의를 PA에 대한 가장 대표적인 두 가지 비판에 국한하기로 한다. 첫째 비판은 "PA 모형은 과학적 설명에 대한 올바른 이론이 될 수 없다"라고 주장한다(C. Glymour, 1992, W. Lycan, 1998). 이런 비판에서 가정되는 모범적인 과학적 설명은 **연역 법칙적 설명 모형**(deductive-nomological model of explanation, DN 모형)이다. 처칠랜드는 이런 비판에 대응하기 위해 먼저 과학적 설명의 유형을 다음과 같이 구분한다.[19]

E_1. 이해의 방식으로서의 설명

E_2. 발견의 대상으로서의 설명

E_3. 평가의 중심으로서의 설명

E_4. 진술의 집합으로서의 설명

처칠랜드의 구분에서 E_4는 DN 모형에서 볼 수 있듯이 과학적 설명

---

[19] P. M. Churchland(1996), p. 257.

을 진술들로 표현된 설명항으로부터 피설명항을 연역하는 과정으로 간주한다. 우리는 과학적 설명에 관한 그동안의 매우 많은 논의를 통해 과학적 설명이 DN 설명뿐만 통계적 설명(statistical explanation), 인과적 설명(causal explanation), 화용론적 설명(pragmatic explanation), 통합적 설명(unification theory of explanation) 등이 있다는 점을 알게 되었다. 처칠랜드는 자신이 제시한 구분에서 나타난 설명 유형에 대해 자세한 설명을 제시하지 않지만 그는 여기서 그런 다양성을 염두에 두고 있는 것으로 보인다. 이런 점에서 우리는 위의 구분을 설명 유형에 관한 독립적인 주장이 아니라 자신의 접근을 정당화하기 위해 제시된 논거로 이해할 필요가 있다.

처칠랜드에 따르면, 위의 분류에서 나타난 설명 유형들의 관계는 $E_1 = E_2 = E_3 \neq E_4$이다.[20] 중요한 것은 DN 모형의 일차적 관심이 E_4에 있고 이차적 관심은 E_3에 있는 데 비해, PA 모형의 일차적 관심은 E_1에 있다는 점과 더불어 E_2와 E_3에 대한 설명은 E_1에 대한 신경생리학적 설명에 기반을 두고 있다는 점이다. 여기서 처칠랜드가 강조하는 것은 $E_1 \sim E_3$에 비해 E_4는 과학적 근거가 부족하고 문제가 많은 설명 이론이라는 점이다. 예를 들어 처칠랜드는 인지과학의 관점에서 볼 때 DN 모형이 다음과 같은 문제점을 갖고 있으며, PA 모형은 그것과 비교하여 장점이 있다고 주장한다.[21]

---

20 P. M. Churchland(1996), p. 258.
21 위에서 제시한 내용은 처칠랜드가 제시한 목록 일부이다. 완전한 목록과 그것에 대한 구체적 논의는 P. M. Churchland(1996), pp. 259-260 참조.

[표 10] DN 모형과 PA 모형 비교

DN 모형의 문제	PA 모형의 장점 및 해결책
설명적 이해에 대한 느린 접근	1/1000초의 접근
법칙에 대한 무지의 경우	법칙이 아니라 원형에 접근
연역 불가능한 경우	연역이 거의 없음
추론 법칙이 없는 설명적 이해	법칙이 아니라 원형에 접근
비대칭성 문제('깃대' 문제)	원인적 원형은 비대칭적임

[표 10]에서 나타나듯이 처칠랜드가 주장하는 PA 모형의 우월성은 과학적 증거와 적용 가능성에 기반을 두고 있다. 처칠랜드는 DN 모형이 위의 문제들을 갖는 근본 원인을 이론적 측면에서 찾고 있다. 그에 따르면 DN 모형은 다음의 가정에 기반을 두고 있으므로 그런 문제가 발생한다.[22]

- 언어적 구조는 인지적 유기체가 갖는 표상의 가장 중요한 형식이다.
- 인지는 구조에 민감한 규칙들에 따른 표상의 조작이다.

이런 가정은 기호주의를 구성하는 근본 가설, 특히 사고언어 가설을 표현하고 있다. 처칠랜드에 따르면 DN 모형의 근본 문제는 인지에 대한 명제중심적인 관점이다. 그러나 엄밀히 말하자면 사고언어 가설이 아직 검증되지 않은 '가설'이듯이 처칠랜드의 주장, 즉 "DN 모형의 근본 문제는 사고언어 가설에서 유래한다"라는 주장 역시 '가설'이다. 두 가지 가설의 타당성을 입증할 수 있는 결정적 증거는 없다.

22 P. M. Churchland(1989), p. 154.

이와 관련하여 처칠랜드는 미래의 발전된 심리학은 자신의 가설이 타당함을 보여줄 것이라고 기대한다.[23] 그러나 이러한 기대감 역시 또 다른 가설이라는 점에서 PA 모형의 우월성을 이론적 측면에서 찾으려는 처칠랜드의 전략은 그다지 성공적이지 못한 것처럼 보인다.

우리는 10장에서 인공신경망에서 구현된 분산표상이 명제적 표상과 어떤 차이를 갖는지를 살펴보았다. 바로 전에 지적한 처칠랜드의 전략이 갖는 한계를 고려할 때, 우리는 그 차이가 바로 우월성을 비교하는 기준으로 작용한다는 처칠랜드의 주장에 쉽게 동의할 수 없다. 왜냐하면 그의 주장은 벡터 표상 방식과 명제적 표상 방식 중 어느 것이 과학적 설명을 더 잘 설명하는지를 판단하는 데 도움이 되지 않기 때문이다. PA 모형이 DN 모형보다 더 우월하다는 처칠랜드의 주장이 타당하기 위해서는 경험과학적 근거도 고려되어야 한다. DN 모형은 실제로 경험과학적 근거가 빈약한가? DN 모형이 기반을 두고 있는 명제중심적인 입장을 지지할 수 있는 경험과학적 근거는 없는가? 이런 질문에 대해 다수의 인지과학자는 부정적이거나 회의적 반응을 보일 것이다. 예를 들어 인지심리학 분야에서의 연구는 여전히 명제중심적인 관점에서 수행되고 있으며 우리는 인지심리학의 표준적인 교과서에서 종종 명제태도, 개념, 범주에 관한 논의를 볼 수 있다. 역설적으로 처칠랜드는 이런 이유로 통속심리학의 제거를 주장한다.

한편 PA 모형에 대한 비판자들은 DN 모형의 초점이 과학적 설명인 데 비하여 PA 모형의 초점은 설명적 이해이기 때문에 그것들의 상호 비교가 매우 어렵다고 비판할 수 있다. 이런 맥락에서 라이칸(W.

---

23 P. S. Churchland(1986), pp. 282-283. 이러한 기대감은 전형적인 환원론의 특징이다.

Lycan)은 DN 모형에 대해 PA 모형이 우월하다는 처칠랜드의 주장은 적절한 평가가 될 수 없다고 지적한다. 라이칸은 헴펠과 오펜하임(C. Hempel and P. Oppenheim, 1948)이 DN 모형을 통하여 추구했던 것은 '설명의 논리'였지 '설명의 심리학'이 아니었다고 지적한다.[24] 그의 요지는 DN 모형은 규범적이며 PA 모형은 기술적이기 때문에 그것들은 비교될 수 없다는 것이다. 라이칸의 비판에 대해 처칠랜드는 다음과 같이 대답한다.

> [DN 모형에서] 설명을 추구하는 것은 법칙들과 그것들을 유지하는 조건을 찾는 것이다. 설명적 이해를 추구하는 것은 필요한 법칙들, 조건들, 그리고 당면한 피설명항에 대한 그것들의 연역적 관계에 대한 지식을 갖는 것이다. 이렇게 이해되었을 때, DN 설명은 실로 인간의 지식의 본성에 대한 일반적 설명과 긴밀히 통합된다. (P. M. Churchland, 1996, p. 259)

위의 인용문에서 나타나듯이 처칠랜드는 DN 모형이 PA 모형과 마찬가지로 인간 지식의 본성에 관련된다고 주장한다.

처칠랜드는 지식의 본성에 관한 일반적 설명을 담당하는 분야를 분명히 밝히지 않았지만 그것은 분명히 인식론일 것이다.[25] 처칠랜드에 있어서 인식론은 인식적 판단의 정당성을 확보하기 위한 기초

---

24 W. Lycan(1996), p. 105.
25 처칠랜드는 그러한 일반적 설명은 전통적인 인식론이 아니라 신경생리학이 제공한다고 주장할 것이다. 이러한 경우에도 신경생리학 자체는 우리의 지식의 본성에 대한 신경 수준에서의 해명이기 때문에 신경생리학에 기반을 둔 "자연화된 인식론"이 있게 되므로 위의 분석은 여전히 유효하다.

를 강조하는 규범적 인식론이 아니라 경험과학의 연구 결과에 기반을 둔 **자연화된 인식론**(naturalized epistemology)이다. 처칠랜드의 입장에서 보았을 때 규범과 기술을 분리하려는 라이칸의 전략은 잘못이다. 여기서 우리는 처칠랜드와 라이칸의 견해 차이는 '과학 인식론'에 대한 서로 다른 이해에서 유래한다는 점을 확인하게 된다. 우리는 앞에서 처칠랜드가 DN 모형의 문제점을 기호주의에서 찾는다는 점을 보았다. 그 사실이 의미하는 것은 두 사람 간 논쟁이 규범적 접근과 기술적 접근이라는 두 평행선을 달린다는 점이다. 종종 경쟁 이론들을 비교 평가하는 작업이 소모적 논쟁으로 끝나는 경우가 있는데 우리의 논의가 그런 사례가 되는 것을 방지하기 위해 나는 여기에서 자연화된 과학철학의 타당성을 주장하지 않을 것이다. 그러나 나는 과학적 설명이 인간이 수행하는 다양한 인지 과제 중 한 가지인 이상 그것을 설명하는 이론은 그것이 무엇이든지 간에 경험과학이 제시하는 과학적 사실에 부합해야 한다는 요구는 정당하다고 생각한다. 이런 자연주의적 관점에서 보았을 때 설명의 논리는 설명의 심리학에 기반을 두지 않더라도 적어도 그것과 어떤 관계를 맺어야 한다. 과학적 설명을 해명하는 이론이 어떻게 구체적인 경험적 자료와 무관할 수 있겠는가? 규범적 이론이 경험적 증거와 어긋난다면 그것은 쓸모가 없다고 보아야 한다. 물론 이런 요구는 규범적 이론뿐만 아니라 처칠랜드의 PA 모형과 같은 기술적인 이론에도 해당한다. 따라서 라이칸이 규범과 기술이라는 이분법을 이용하여 PA 모형의 우월성에 대해서 제기한 비판은 적절하지 못하다고 보아야 한다.[26]

---

[26] 이러한 판단은 궁극적으로 자연화된 과학철학과 자연화된 인식론에 관한 찬반 논쟁으

PA 모형은 전통적인 과학철학의 입장에서 보면 매우 이단적이다. 그것은 또한 인지과학에 참여하는 철학자가 볼 때도 급진적 이론으로 보일 수 있다. 글리무어(C. Glymour)가 그 대표적인 예이다. 글리무어는 PA 모형이 좋은 과학철학 이론이 되려면 다음과 같은 문제를 제대로 다루어야 한다고 주문한다.[27]

a. 개인의 전체 이론이 단지 그의 시냅스적 연결 가중치라면, 그리고 어떠한 명제도 국소적으로 표현되지 않는다면, 전체 이론의 부분은 무엇인가?
b. 어떤 사람이 가정적으로 고려는 하지만 믿지 않는 이론은 무엇인가?
c. 어떻게 사람들은 이론을 공유하는가?
d. 이론을 검사하는 것은 무엇인가?
e. 사람들이 이론에 대해 논쟁할 때 그들이 하는 것은 무엇인가?

위에 제시한 문제들은 과학철학의 중심 문제들이다. 글리무어는 PA 모형이 그런 문제들을 전혀 설명하지 못하고 있고, 물리적 상태와 계산적 상태를 혼동하고 있으므로,[28] 과학철학의 올바른 이론이 될

로 연결될 수 있다. 이러한 점에서 나의 입장은 자연화된 인식론에 기반을 두고 있으므로 순환적 논증이라는 비판이 가능하다. 그러나 철학적 논증에서 그것을 피할 수 없는 경우가 종종 있으며, 특히 과학철학의 경우에서는 경험적 증거에 대한 요구가 다른 분야보다 더 강하기 때문에, 그 판단이 중립적이지 못하다는 비판은 라이칸의 주장을 반복한다.

27 C. Glymour(1992), p. 465.
28 Ibid., p. 466.

수 없다고 주장한다.

처칠랜드는 글리무어의 비판에 대해 PA 모형은 글리무어가 생각하는 문제들을 모두 다루었으며, 글리무어가 그렇게 비판하게 된 것은 "자신의 글을 충실히 읽지 않았기 때문"이라고 응수한다. 따라서 우리는 처칠랜드의 이론이 글리무어가 지적한 문제들을 어떻게 다루고 있는지를 구체적으로 살펴볼 필요가 있다.

먼저 "어떻게 이론이 공유되는가?"라는 문제를 살펴보자. 처칠랜드는 빛의 본성에 관한 파동이론을 공유하면서도 그것의 참에 대해 상반된 입장을 보인 두 과학자의 예를 제시한다.[29] 호이겐스는 파동이론이 빛의 본성에 대해서 참이라고 생각하고 뉴턴은 입자 이론을 참이라고 생각했다. 처칠랜드는 이 상황에서 호이겐스와 뉴턴은 각자 자신의 벡터공간에서 유사한 분할 집합을 갖고 있었기 때문에 파동이론을 공유할 수 있었다고 주장한다. 즉, 그들은 파동이론에 대한 유사한 원형을 소유하고 있었으며, 그 원형은 활성화를 통하여 적절한 방식으로 비슷한 인지적, 언어적, 조작적 행위를 산출했다. 그러나 그들이 가진 원형 이론은 다른 방식으로 활성화된다. 호이겐스의 경우 그 원형은 수면파, 음파, 광파에 접했을 때 활성화되지만, 뉴턴의 경우 그 원형은 단지 수면파와 음파에 접했을 때만 활성화된다. 뉴턴이 광파적 현상에 접했을 때 활성화되는 원형은 입자 이론이다. 처칠랜드의 주장에서 핵심은 "호이겐스와 뉴턴의 벡터공간은 매우 비슷하게 분할되어 있다"라는 주장이다. 어떻게 다른 방식으로 가

---

[29] P. M. Churchland(1989), p. 171, 234, pp. 237-241, P. M. Churchland(1992), pp. 477-478.

중치가 부여된 두 가지의 인공신경망이 벡터공간에서 유사한 분할을 생성할 수 있는가? 이에 대한 처칠랜드의 대답은 앞 절에서 논의한 전체 이론과 개별 이론의 구분과 상태공간 의미론에서 발견된다. 호이겐스와 뉴턴의 경우에서 파동이론은 전체 이론이 아니라 개별 이론이다. 개별 이론으로서의 파동이론은 파동 현상들에 관한 원형이다. 마치 박새와 대머리수리가 유사성을 중심으로 원형 새에 가까운 사례들로 분류되듯이 파동이라는 개념은 호이겐스와 뉴턴의 경우에서 매우 유사한 적용 사례를 가지며 그런 유사성은 벡터공간의 유사한 분할을 의미한다. 한편, 상태공간 의미론에 따르면 서로 다른 벡터공간의 분할을 가진 두 사람이 유사한 원형 벡터를 가질 수 있으므로 그 두 사람은 유사한 파동 개념을 가질 수 있다.

　이론의 공유 가능성에 대한 처칠랜드의 해명은 인공신경망 이론과 PA 모형에 기반을 두고 있다. 이런 점에서 라이칸의 비판과 글리무어의 비판은 연결주의적 과학철학에 대한 기호주의자의 '불평'으로 보인다. 글리무어는 자신이 제시한 문제들에 대한 처칠랜드의 해명을 '대답'으로 인정하지 않는다. 물론 글리무어의 비판이 전적으로 불평 수준에서 제기된 것은 아니다. 글리무어가 보기에 PA 모형은 기호주의 과학철학에 비추어 볼 때 엄밀하지 않다. 예를 들어 인공신경망과 베이즈망(Bayesian network)은 동일한 '망'이라는 용어를 사용하지만, 베이즈망은 수리적이고 철학적으로 엄밀하게 정의되어 있으며 기존의 인공지능의 기법을 충분히 활용하고 있다. 이에 비하여 인공신경망은 앞의 논의에서 나타나듯이 지식표상의 방식과 처리 수준에서 몇 가지 다른 이론들이 경합하고 있다. 그러나 이로부터 PA 모형이나 연결주의적 과학철학이 과학철학의 이론으로 부적당하다는 결론은 나오지 않는다.

이런 점을 고려하면 우리는 글리무어와 처칠랜드의 대립을 기호주의적 과학철학과 연결주의적 과학철학의 대립으로 볼 수 있다. 위에서 보았듯이, 처칠랜드는 라이칸과 글리무어가 제기한 비판에 대해 적절히 대답했다. 문제는 처칠랜드가 제시하는 대답이 비판자가 기대하는 종류의 대답이 아니라는 점에 있다. 기호주의적 과학철학을 지지하는 글리무어가 보기에 처칠랜드의 대답은 진정한 대답이 아니다. 우리는 글리무어의 비판을 "PA 모형은 그가 생각하는 진정한 의미에서의 과학철학이 될 수 없다"라는 주장으로 보아야 한다. 정리하면, PA 모형에 대한 연결주의적 과학철학의 외부에서 제기된 비판들은 본성상 '비판'이 아니라 과학철학 또는 인지과학의 연구 프로그램 간 논쟁으로 보는 것이 옳다.

11.3 외적 표상

이제 우리의 관심을 PA 모형에 대한 연결주의적 과학철학의 내부로부터의 비판으로 돌리기로 하자. PA 모형에 대한 연결주의적 과학철학 내부로부터의 비판은 주로 **외적 표상**(external representation)의 역할에 집중된다. 이러한 현상은 일차적으로 비판자들이 처칠랜드와 마찬가지로 연결주의를 지지하기 때문에 연결주의적 과학철학의 기본 전제에는 동의하기 때문에 발생한다.

여기서 논의의 출발점은 "과학적 설명이나 설명적 이해에서 외적 표상은 고려할 필요가 없다"라는 처칠랜드의 주장이다. 체화주의에서 보았을 때 외적 표상에 대한 이런 입장은 심각한 문제를 안고 있다. 왜냐하면 인지는 근본적으로 뇌·몸·외부 세계와의 역동적 관계에서 이루어지기 때문이다. 외적 표상의 역할을 무시하는 처칠랜드의 입장은 바람직한 연결주의적 과학철학을 구성하는 데 있어서 도움이 되지 않는다. 1980년대 연결주의 부활을 주도했던 맥클런드와 러멜하트는 PDP 이론을 제안하면서, 언어 행위와 수학 공부와 같은 인지 활동을 하는 데 필요한 기호처리가 어떻게 가능하냐는 질문을 제기했다. 이 질문에 대한 그들의 대답은 외적 표상을 만들고 조작함으로써 가능하다는 것이다.[30] 예를 들어 '456×789'의 계산을 생각해 보자. 우리는 대부분 그것을 암산 할 수 없고 외적 표상을 활용한 계산을 통해 답을 구하게 된다. 그런 계산 과정은 단순히 뇌에서만 진행되는 것이 아니라 손을 이용한 숫자라는 기호의 조작을 포함한다. 다시 말하면 그 계산은 "뇌와 손"에 의해서 수행된다. 물론 인공신경망은 '손'의 도움을 받지 않고서도 그 계산을 하도록 학습될 수 있다. 만약 처칠랜드와 같이 외적 표상의 역할을 부정하면 인공신경망 이론은 인간의 추리 과정에 대한 설명을 설명하는 것이 아니라 무한한 인지 능력을 가진 '이상적 존재'의 추리를 설명하게 된다.

연결주의적 과학철학에서 외적 표상의 역할을 부정하는 처칠랜드의 견해에 대한 비판은 벡텔(W. Bechtel)과 기어리(R. Giere)에 의해 제기되었다. 우선 벡텔은 다음의 인용문에서 나타나듯이 연결주의적 과학철학이 언어적 패러다임을 전적으로 무시하는 것이 과연 현명하

---

30 J. McClelland and D. Rumelhart(1986), pp. 44-48.

나는 의문을 제기한다.[31]

> 표상은 과학적 활동에서 중심적이지만 문제가 되는 표상들은 배타적으로 심적 표상만은 아니다. 표상은 그 외에도 자연언어의 문장들에서 발견되는 외적 표상뿐만 아니라 표, 도형, 그림도 포함한다. … 우리는 이런 표상들로 **이론**과 **설명**이라는 용어를 이해할 필요가 있다. (W. Bechtel, 1996, p. 122, 원저자 강조)

벡텔이 보기에 PA 모형의 문제점은 과학철학의 초점을 배타적으로 과학자들의 머리에서 발생하는 활동에 국한한다는 데 있다. 설명을 구성하는 것은 인지적 행위자와 다양한 외적 표상의 체계를 포함하는 상호작용이다. 벡텔은 맥클런드와 러멜하트의 입장을 지지하면서, 과학적 활동에서는 내적 표상뿐만 아니라 외적 표상도 중요한 역할을 한다고 지적한다. 그러므로 개념과 이론을 일차적으로 뇌에서의 표상으로 보고 설명적 이해를 내적 인지 활동으로 국한하는 처칠랜드의 입장은 잘못이라는 것이다.

벡텔과 기어리는 외적 표상이 어떻게 설명에 도움을 줄 수 있는가를 보여주기 위해서 위에서 제시한 것과 비슷한 예를 제시한다.[32] 그들이 이런 예들을 통해 강조하려는 것은 인지자는 주어진 문제를 외적 표상과 상호작용하여 해결한다는 점이다.[33] 벡텔은 추리하고 언어

---

31 W. Bechtel(1996), p. 122.
32 W. Bechtel(1996), pp. 126-127. R. Giere(2002), p. 288.
33 좀 더 정확히 말하면 연필과 같은 필기도구가 필요하다. 연필은 과학적 설명의 경우는 실험 도구가 된다. 이러한 점에서 벡텔과 기어리의 제안은 실험의 중요성을 환기하는

를 사용하는 우리의 능력은 계산 능력과 비슷한 특징을 갖는다고 강
조한다. 특히 언어는 단순히 생각을 다른 과학자들에게 전달하는 매
체가 아니라 법칙, 이론, 모형이 개발되는 매체이다. 그는 과학자들
이 빈번하게 자신의 모형을 언어적으로 표현한다는 점을 강조한다.[34]
그러므로 우리는 과학자들이 하는 작업에 대한 모든 설명을 그들의
머리에서 일어나는 것에 초점을 맞추는 실수를 범하지 말아야 한다.

한편 기어리는 다음과 같이 외적 표상의 역할을 분명히 지적한다.

> [계산을 수행하는 인지체계는] 단순히 그것을 수행하는 뇌와 마음도 아니고
> 곱하기를 하는 전체 인간도 아니라, 인간 더하기 외적 물리적 표현으로
> 구성된 체계이다. 인지적 과제, 즉 그 곱하기를 수행하는 것은 바로 이런
> 전체 체계이다. 인지 과정은 인간과 외적 표상 사이에 분산되어 있다. (R.
> Giere, 2002, p. 289)

위의 인용문에서 나타나듯이 기어리는 분산표상을 두뇌에만 적용
하는 것이 아니라 두뇌 외부에도 적용하고 있다. 그에 따르면 인지
는 인간 뇌와 사회 환경에 분산되어 있다. 인지는 분산된 인지이다.
우리는 여기에서 연결주의적 과학철학에서 외적 표상의 역할에 대
한 논쟁이 '분산인지'라는 주제와 밀접하게 관련되어 있음을 알 수 있
다. 우리는 여기서 분산인지와 관련된 문제를 더는 다루지 않을 것이
지만 과학철학에 대한 사회구성주의(social constructivism)의 도전을

것으로도 이해될 수 있다. 인지 활동에서의 실험의 역할에 대한 연결주의적 과학철학
적 관점은 R. Giere(1988), 5장 참조.
34 W. Bechtel(1996), pp. 128-129.

고려할 때 분산인지 개념은 분명히 처칠랜드가 구상하는 연결주의적 과학철학의 한계를 극복하는 데 큰 역할을 할 수 있다.[35]

처칠랜드의 연결주의적 과학철학과 벡텔과 기어리의 연결주의적 과학철학의 차이는 다음과 같이 외적 표상에 관한 질문에 의해 드러난다.

- 외적 표상에 관한 연구는 이차적인가?
- 외적 표상은 인지적 구성 요소인가?

여기에서 '이차적'이라는 말은 인식론적 의미와 방법론적 의미를 동시에 갖는다. 처칠랜드에 따르면 외적 표상은 개별 뇌의 활성화 함수가 아니라 많은 뇌의 활성화 결과이기 때문에 인식론적으로 이차적이다. 다른 한편으로 외적 표상은 과학적 활동을 설명하는 데 있어서 뇌의 작용과 기능에 관한 연구가 충분히 이루어진 다음에야 규명될 수 있으므로 방법론적으로도 이차적이다. 이것을 (a)와 (b)에 적용하면 전자는 인식론적 측면과 방법론적 측면에 관한 문제이고 후자는 인식론적 측면에 관한 문제에 해당한다. 그 반면에 벡텔과 기어리의 연결주의적 과학철학에 따르면, 외적 표상은 과학적 이론화와 설명적 이해의 도구이기 때문에 인식론적으로 이차적이 될 수 없고 따라서 뇌의 인식론적 작용에 관한 연구와 동시에 연구되어야 한다는 의미에서 방법론적으로도 이차적이 될 수 없다.

지금까지 우리는 PA 모형을 중심으로 처칠랜드의 연결주의적 과학

---

[35] 분산된 인지에 대한 논의는 P. Thagard(1993), A. Clark(1997), R. Giere(2002) 참조.

철학과 벡텔과 기어리의 연결주의적 과학철학의 차이점을 검토해 보았다. 두 종류의 연결주의적 과학철학은 세부적으로 상당한 차이를 갖는다. 앞에서 제시한 논의를 토대로, (충분한 분석이 이루어지지 않았기 때문에 약간은 무모하기는 하지만) 그들의 이론 중 어느 것이 더 올바른 연결주의적 과학철학인지를 검토해 보자. 처칠랜드와 벡텔·기어리 모두 연결주의적 과학철학을 지지하기 때문에 우리는 그 질문에 대해 처칠랜드와 라이칸·글리무어의 경우에 비해 쉽게 대답할 수 있다. 먼저 인식론적 측면을 고려해 보자. 처칠랜드의 PA 모형은 과학적 활동, 특히 이론화와 설명적 이해를 뇌에서 발생하는 원형의 활성화로 설명한다. 한편 벡텔과 기어리는 인지 활동은 내적인 벡터 표상뿐만 아니라 외적 표상을 함께 이용하여 설명되어야 한다고 주장한다. 이러한 의견 대립을 판단하는 한 가지 방법은 과연 인지 활동이 그런 외적 표상에 어느 정도로 인식론적으로 의존하고 있는가를 검토해 보는 것이다. 예를 들어, 보어(N. Bohr)가 자신의 원자 모형을 구상할 때 태양계 모형을 종이에 그렸다고 하자. 그 그림을 그리지 않고 보어는 원자 모형을 구성할 수 있었는가? 그렇지 않을 것이다. 이에 대해 처칠랜드는 다음과 같은 이의를 제기할 것이다. 보어는 그림을 그리기 이전에 이미 머릿속에서 완전한 것은 아니었지만 원자 모형에 대한 원형 벡터에 근접한 벡터를 갖고 있었고 그 벡터를 그림을 통해 외적으로 표현했다.

그러나 우리는 여전히 외적 표상의 일차적 역할을 무시할 수 없다. 외적 표상은 뇌의 원형 벡터의 산물일 수 있지만, 그 자체는 인공신경망 이론을 구성하는 많은 규칙과 수식으로 기술될 수 없다. 처칠랜드는 인지 활동에서 외적 표상이 수행하는 이차적 역할을 인정한다.

그러나 인공신경망 이론은 내적인 벡터 표상에 관한 이론일 뿐 외적 표상에 관한 이론은 아니므로 처칠랜드는 외적 표상을 인공신경망 이론의 규칙과 수식을 이용하여 기술할 수 없다. 여기에 처칠랜드의 딜레마가 있다. 만약 그가 PA 모형에서 외적 표상을 설명하려고 한다면 그 시도는 거의 확실히 실패할 것이다. 이는 곧 처칠랜드의 연결주의적 과학철학은 과학에서 중요한 역할을 하는 외적 표상의 역할이나 기능을 설명할 수 없다는 것을 의미한다. 다른 한편 만약 그가 이런 작업을 포기한다면 그는 인지 활동의 중요한 요소를 설명하는 과제를 포기하게 된다.

외적 표상의 역할에 대한 인식론적 검토로부터 우리는 하나의 방법론적 교훈을 얻을 수 있다. 외적 표상은 분명히 과학적 활동을 설명하는 데 있어 필수적 요소이다. 우리가 처칠랜드처럼 연결주의적 과학철학을 인공신경망의 내적 표현에만 국한하면 외적 표상의 역할을 충분히 설명할 수 없게 된다. 처칠랜드 자신은 언급하지 않았지만, PA 모형이 외적 표상의 역할을 설명할 수 있는 유력한 방식이 있는데 그것은 인공신경망이 환경과의 관계에서 학습과 일반화를 할 수 있다는 점을 이용하는 것이다. 즉 전체 원형 벡터를 가진 뇌가 특정한 외적 표상의 집합에 대해 반응하는 방식에 대한 '규칙'을 찾아내면 된다. 만약 그러한 규칙이 발견된다면 연결주의자들은 처칠랜드가 의도하는 방식으로 과학적 활동을 해명할 수 있다. 물론 그런 작업이 현재 신경과학의 수준에서 보았을 때 쉽지는 않겠지만 우리는 그 점에 대해서 낙관적으로 생각할 수 있다. 처칠랜드는 그 점에 대해서 통속심리학과 신경생리학의 상호진화론적 전략을 주장했었다 (P. S. Churchland, 1986). 그러므로 우리는 왜 처칠랜드가 외적 표상에 대해 그처럼 급진적인 내재주의를 주장하는지를 이해하기 어렵다.

이상의 논의를 종합하면 처칠랜드의 연결주의적 과학철학에 대한 벡텔과 기어리의 비판은 적절하다고 생각된다. 우리는 굳이 처칠랜드처럼 연결주의적 과학철학이 내적 표상만으로 인지 활동의 모든 것을 설명할 수 있다는 일종의 **연결주의적 내재주의**를 주장할 필요가 없다. 올바른 연결주의적 과학철학이 나아갈 방향은 내적 표현과 외적 표상을 함께 고려하는 데 있다.

12

부분 · 전체의 오류

이 장의 목적은 현대 신경과학이 채용하고 있는 개념 체계를 의미론적 차원에서 검토하는 데 있다. 우리는 이와 유사한 작업이 현대철학에서 수행된 것을 알고 있다. 예를 들어 논리실증주의는 검증원리를 통해 유의미한 진술과 무의미한 진술을 구분했고, 포퍼는 반증원리를 통해 과학적 진술과 비과학적 진술을 구분하고자 했다. 여기서 비과학적 진술은 경험적으로 거짓임이 입증될 수 없는 진술이다. 또한 처칠랜드는 제거적 유물론을 통해 통속심리학의 진술들이 경험적 근거가 없으므로 과학의 영역에서 추출되어야 한다고 주장했다.

이제 새로운 질문의 대상은 통속심리학이 아니라 신경과학이다. 과연 신경과학의 개념 체계는 유의미성을 갖고 있는가? 이 질문에 대해 최근 흥미로운 답변이 제시되었다. 신경과학자 베넷(M. Bennett)과 철학자 해커(P. Hacker)는 신경과학의 개념 체계가 심각하게 오염되어 있으므로 유의미성을 상실했다고 진단한다. 그들에 따르면 신경생리학자들은 통속심리학적 개념들을 부주의하게 사용하고 있으며, 특히 전체 인간에게 귀속될 용어들을 인간의 부분인 뇌에 귀속시키는 오류를 범하고 있다. 그들은 후자의 오류를 **부분 · 전체의 오류**(mereological fallacy)라고 부른다. 나는 이번 장에서 부분 · 전체 오류를 중심으로 신경과학적 진술의 유의미성에 관한 베넷과 해커의 주장을 검토하고 거기에 포함된 이론적이고 경험적인 문제를 논의한다.

12.1 비트겐슈타인적 기준

우리가 일상적으로 사용하는 심리적 용어의 용법은 종종 어려운 문제를 제기한다. 예를 들어, 나는 다른 사람이 특정 대상에 대해 내가 감각하는 것과 동일하게 감각하는지에 대해 궁금해할 수 있다.[36] 비트겐슈타인의 후기 철학에 따르면, 이런 문제는 부적절한 유비나 외연 확장과 같은 잘못된 언어 사용으로 발생하므로 그것을 해결하기 위해서는 일차적으로 우리가 언어를 잘못 사용하고 있다는 점을 깨달아야 한다. 여기서 중요한 점은 그 문제를 해결하는 데 필요한 것은 경험적 탐구가 아니라 개념의 명료화라는 사실이다.[37]

그렇다면 일상적 언어의 적절한 합법적 사용을 판단하는 것은 무엇인가? 이 질문에 대한 비트겐슈타인의 대답은 '기준' 개념이다. 기준은 한편으로는 특정 용어의 의미를 고정하면서도 다른 한편으로

---

36 이것을 '전도된 감각질 문제'라고 하는데, 비트겐슈타인이 관심을 가졌던 주제이다. L. Wittgenstein(1953), §272−279; (1965), pp. 60−61.

37 L. Wittgenstein(1953), §89, 109, 122 참조.

그것의 사용을 정당화한다. 용어에 대한 기준이 있는 곳에 그 기준과 경험적으로 상관된 현상인 징후가 있다.[38] 예를 들어 감기는 이러저러한 바이러스 감염의 존재에 대한 기준인 동시에 독특한 징후를 갖는다. 우리는 일상적으로 징후에 의해 병을 진단하지만, 병의 존재에 대해서는 확실한 근거가 없고 개연적 근거만이 있을 뿐이다. 비트겐슈타인은 기준과 징후라는 개념 쌍을 심적 상태에도 적용한다. 그런데 그 적용이 1인칭 관점에서 이루어지는지 아니면 3인칭 관점에서 이루어지는지에 따라 다른 결과가 나타난다. 1인칭 관점의 경우, 즉 자신의 경험에 관해 이야기할 때 우리는 어떤 기준도 필요 없다. 이와 반대로 3인칭 관점의 경우, 즉 다른 사람의 경험에 관해 이야기할 때 우리는 기준으로서 그의 행동, 특히 그의 말을 사용한다. 이 경우에 심적 상태에 대한 기준은 '행동주의적'이다. 즉 어떤 믿음을 갖는다는 것은 어떤 환경에서 특정한 방식으로 행동하는 것을 의미한다. 따라서 말의 의미는 기준을 따르는 사용으로 결정되고, 그것을 사용하는 화자들이 올바르다고 수용하는 것에 의해 결정된다.

베넷과 해커는『신경과학의 철학적 기초』(2003)에서 비트겐슈타인의 철학, 더 정확히 말하면 비트겐슈타인의 후기 철학 및 일상언어학파의 사상에 기반을 두고, 신경과학자들이 매우 중대한 개념적 오류를 범하고 있다고 주장한다. 비트겐슈타인은 철학자들이 관심이 있는 개념적 문제는 새로운 사실의 발견으로 해결될 수 없다고 강조했다.[39] 어떠한 경험적 발견도 심리적 언어의 사용이나 개념적 문제

---

38 L. Wittgenstein(1965), pp. 24-25.
39 L. Wittgenstein(1953), §89, 109, 122, 370, 376.

의 해결과는 관련이 없다는 것이다. 베넷과 해커는 비트겐슈타인의 이런 입장을 수용하여 다음과 같이 그 두 가지 문제를 분명히 구분한다. ([표 11] 참조)

[표 11] 개념적 문제와 경험적 문제

개념적 문제	경험적 문제
철학의 문제 의미 · 무의미의 문제 개념적 분석으로 결정됨	과학의 문제 참 · 거짓의 문제 관찰 및 실험으로 결정됨

위에서 나타난 차이 때문에 그 두 가지를 혼동하고 구별하지 않으면 심각한 문제가 발생한다. 구체적으로 그것은 어떤 문제인가? 첫째, 개념적 문제는 과학적 방법을 이용하여 해결될 수 없으므로 그것을 다른 문제로 혼동하면 해결하기 어려운 상황이 나타난다. 둘째, 경험적 문제가 개념적으로 명료하지 않은 방식으로 제기되면 잘못된 질문이 나타나고 잘못된 연구가 수행될 것이다.

베넷과 해커가 강조하는 개념적 문제와 경험적 문제의 구분은 라이헨바흐(H. Reichenbach, 1938)가 주장한 발견 맥락과 정당화 맥락의 구분을 이어받고 있다. 라이헨바흐에 따르면 철학의 임무는 정당화 작업을 수행하는 것이고 발견의 과정을 설명하는 것은 심리학의 임무이다. 발견의 과정과 정당화의 과정을 분명하게 구분하려는 시도는 역사적으로 논리학 분야에서는 프레게 그리고 과학철학 분야에서 포퍼를 통해 **반심리주의**로 나타났다. 논리학의 경우와 달리 과학의 경우에 발견의 과정과 정당화의 과정을 분명히 구분하는 것은 실제로 거의 불가능할 뿐만 아니라 이론적으로도 바람직하지 않다. 쿤의 업적 중 하나는 그 두 맥락의 구분을 과학사 연구를 통하여 타파했다는 데 있다. 쿤은 과학적 활동에서 두 맥락이 실제로 구분될 수 없으며 정당화의 맥락에서 작용하는 기준이나 규범은 발견의 맥락으로부터 유래한다는 점을 보여주었다.[40] 두 가지 맥락을 엄격히 구분하여 현대 신경과학의 '언어 게임(language game)'을 분석하려는 베넷과 해커의 시도는 비트겐슈타인 철학이 적용되는 영역을 확대한다는 점에서 나름대로 의의가 있겠지만 과학, 특히 발전의 초기 단계에 있는 신경과학을 제대로 분석할 수 없다는 한계를 안고 있다.

우리는 여기서 베넷과 해커가 위의 주장을 하면서 전제하고 있는 존재론을 검토할 필요가 있다. 베넷과 해커에 따르면 마음은 뇌와 구분되는 실재도 아니고(실체이원론 반대), 그렇다고 뇌와 동일시될 수 있는 실재도 아니다(동일론 반대). 그렇다면 그들에게 마음이란 무엇인가? 그들의 저서(2003) 어느 곳에서도 이 질문에 대한 분명한 대답을 제시하지 않고 있으므로 우리는 그들이 비트겐슈타인의 후기 입장을 수용하고 있다고 볼 수 있다. 심리적 술어의 적용에 대한 비트겐슈타인의 이론은 종종 행동주의로 오인되어 왔다. 예를 들어 로티(R. Rorty)는 비트겐슈타인 학파가 전통적 행동주의와 동맹 관계에 접어들었다고 지적했다.[41] 물론 비트겐슈타인의 저서에서는 그런 오해를 불러일으킬 만한 부분이 적지 않게 발견된다. 예를 들어 1인칭 시점과 3인칭 시점에 대한 『쪽지(Zettel)』(1967)에서의 언급이 그 대표적 예이다.

---

40 T. Kuhn(1970), p. 9.
41 R. Rorty(1977), p. 169.

심리적 개념들의 처리에 대한 계획. 심리적 동사들은 현재의 3인칭 인간은 관찰로 검증되고, 1인칭 인간은 그렇지 못하다는 사실에 의해 규정된다. (L. Wittgensetin, 1967, §472)

위의 인용문에서 비트겐슈타인은 3인칭 인간에게 적용된 심리적 문장들에 대해 검증원리를 적용할 수 있지만, 1인칭 인간에게 적용된 심리적 문장들에 검증원리를 적용하는 것은 무의미하다고 주장한다. 카르나프는 잘 알려져 있듯이 1인칭 관점에서 심리적 문장의 사용과 관련된 문제를 해결하기 위해서 검증원리를 적용했다. 철학적 행동주의를 주장한 카르나프(1933)는 심적 상태를 설명하기 위해 검증 불가능한 내성을 사용하는 것을 반대하고 그 대신 다른 기준을 제시했다. 그 기준은 대략 다음과 같다. 누군가 자신에 대해 심리적 문장을 적용하는 법을 배우게 되면 그는 다른 사람도 기술할 수 있는 간주관적인 물리적 언어를 배우게 된다. 카르나프는 방법론적 행동주의들과 마찬가지로 마음이 심리학의 주제는 아니지만, 과학의 도구라는 기능을 담당한다고 보았다. 의식은 존재론적으로 허구이지만 방법론적으로 과학적 기능을 담당하고 있다는 것이다.

반면에 비트겐슈타인은 내성을 인정하지 않았을 뿐만 아니라 방법론적 행동주의도 비판했다. 그에게 있어서는 3인칭 관점에서 사용된 심리적 문장들만이 표상 기능을 갖고, 1인칭 관점의 문장들은 감각의 표현에 불과하다.[42] 타인의 행동은, 철학적 행동주의처럼 타인의 심리적 상태를 추리할 수 있는 증거가 아니라, 타인에게 특정한 심리적

---

42 L. Wittgenstein(1953), §307.

개념을 귀속시키기 위한 기준이다. 이런 점에서 우리는 비트겐슈타인의 입장을 철학적 행동주의나 방법론적 행동주의로 분류할 수 없지만, 심리적 용어의 적용을 위한 기준을 행동에서 찾는다는 점에서 **언어적 행동주의**라고 부를 수 있다. 그러나 언어적 행동주의라는 명칭은 비트겐슈타인의 후기 철학이 갖는 형이상학적 성격을 잘 드러내지는 못한다. 이와 관련하여 비트겐슈타인의 후기 철학을 신아리스토텔레스주의(neo-Aristotelianism)로 보아야 한다는 주장이 설득력을 얻고 있다.[43] 이런 해석에 따르면, 마음은 물리적 실체나 정신적 실체가 아니라, 3인칭 관점에서 심리적 술어가 귀속되고 이해될 수 있는 능력들의 집합이다. 사고하고 감각하고 느끼는 것은 비물질적인 영혼도 아니고 몸의 부분도 아니며, 물리적이고 사회적 환경에서 작동하는 전체로서의 유기체이다. 이렇게 이해된 신아리스토텔레스주의는 체화주의와 여러 가지 점에서 공통점을 갖고 있다.

12.2 개념적 오류

현대 신경과학은 크게 세 단계를 거쳐 발전해 왔다. 제1세대 신경과학은 20세기 초반에 등장했고 셰링턴(C. S. Sherrington)과 그의 동료들에 의해 신경과학의 이론적 토대가 구축되었다. 제2세대 신경과학은 1930년대 이후에 성립했는데 1세대 학자들이 양성한 연구자들(E. Adrin, J. Eccles, W. Penfield)에 의해 뇌 질환에 대한 다양한 치료법이 개발되는 등 큰 발전이 이루어졌다. 제3세대 신경과학은 1950

---

43 A. Kenny(1989), P. Hacker(2007), H-J. Glock(2020) 참조.

년대 이후에 성립되었는데 뇌영상기법을 비롯한 다양한 실험 장치와 방법이 본격적으로 신경과학에 도입되어 비약적으로 발전하고 있다.

베넷과 해커는 신경과학의 역사에서 비트겐슈타인적 의미에서 개념적 혼동이 반복해서 발생했다고 주장한다. 비트겐슈타인이 의미의 명료화를 통해 '파리통에 빠진 파리'의 신세를 면치 못한 철학자들을 구하려고 시도했듯이, 베넷과 해커도 신경과학적 개념들의 정당한 사용을 통해 개념적 혼동에 빠진 신경과학자들을 구하려고 시도한다. 그들의 분석에 따르면, 셰링턴과 그의 동료들은 데카르트적 실체이원론에 따라 심리적 속성을 비물질적 실재인 마음에 귀속시켰고, 그 결과 사이비 문제인 '심신 문제'가 등장했다.[44] 제1세대와 제2세대의 신경과학들이 실체이원론을 수용함으로써 개념적 혼동에 직면하게 된 것과 대조적으로 제3세대 신경과학자들은 유물론을 수용함으로써 또 다른 개념적 혼동에 직면하게 되었다고 지적된다. 즉 그들은 심리적 술어를 부당하게 뇌에 귀속시킴으로써 무의미한 주장을 남발하고 있다. 정리하면, 초기 신경과학자들은 데카르트적 실체이원론을 지지함으로써 비물질적 마음을 물질적 뇌와 구분하고 심리적 속성을 마음에 귀속시켰다. 반면에 현대의 신경과학자들은 환원론적 물리주의를 수용하여 심리적 속성을 뇌에 귀속시켰다.

베넷과 해커는 이처럼 심리적 속성을 부당하게 뇌에 귀속시키는 것을 **부분 · 전체의 오류**라고 부른다.[45] 부분 · 전체의 오류는 다음과

---

44 M. Bennett and P. Hacker(2003), pp. 43-47.
45 여기서 'mereology'는 부분 · 관계에 관한 이론(theory of parthood relations)으로서 전체에 대한 부분의 관계, 전체 안에서의 부분, 부분 간 관계를 다룬다. 부분 · 관계 이론의 역사는 소크라테스 이전의 고대 원자론에까지 거슬러 올라간다. 그 이론은 플라톤,

같은 원리를 위반한 결과로 나타나는 오류이다.

오직 전체로서의 인간(또는 다른 동물들)에게만 적용되는 심리적 술어들이, 뇌와 같은 인간의 부분들에 이해할 수 있게 적용될 수 없다는 원리를 우리는 '신경과학에서의 부분 · 전체의 원리'라고 부른다.[46]

위의 인용문에서 나타나듯이 부분 · 전체의 오류는 전체에만 적용될 수 있는 심리적 속성을 전체의 부분에 적용할 때 발생한다. 부분 · 전체의 오류는 신경과학자들이 체계적으로 비정합적이고 개념적으로 혼동된 방식으로 언어를 잘못 사용하고 있다는 점을 비판하기 위한 근거로 사용된다. 부분 · 전체의 오류는 일찍이 라일(G. Ryle)이 데카르트의 실체이원론에 의존하여 마음의 본성을 잘못 해석하는 것을 지적하기 위해 도입했던 **범주 착오**(category mistake)와 동일한 노선에 있다.[47] 범주 착오는 특정 속성을 가질 수 없는 대상에 그것을 귀속하는 오류이다. 물리주의자들이 주장하듯이 마음이 존재하지 않는데도 불구하고, 마음을 물질과 논리적으로 동일한 실체로 간주하면 그것을 범하게 된다.

다수의 현대 신경과학자는 뇌가 다양한 인지적 · 지각적 · 의지적

아리스토텔레스를 거쳐서 중세철학에서 중요한 위치를 차지했다. 부분 관계 이론은 근대철학에서 브렌타노와 후설에 의해 형식화가 진행되었으며, 20세기 초 폴란드 논리학자 레스니에프스키(S. Leśniewski)에 의해 엄밀한 형식화가 제시되었다.

[46] M. Bennett and P. Hacker(2003), p. 73.
[47] G. Ryle(1949), 1장 참조.

능력을 갖춘다고 생각한다. 다음은 베넷과 해커(2003)가 제시한 매우 많은 예 중 일부이다.

- "당신이 보는 것은 실제로 존재하지 않는다. 그것은 당신의 뇌가 거기에 있다고 믿는 것이다. … 당신의 뇌는 이전 경험과 눈이 제공하는 제한적이고 애매한 정보에 따라 자신이 할 수 있는 최상의 해석을 내린다."[48]
- "우리는 신경세포들이 지식을 갖고 있다고 말해야 한다. 뇌는 고전적인 과학적 방법의 추론과 유사한 과정에 의해 지식을 획득한다. 신경세포들은 그것들이 탐지하는 특별한 특성에 기반하여 뇌에 논증들을 제시하는데, 그 논증들은 뇌가 구성한 지각 가설에 근거를 두고 있다."[49]
- 뇌는 범주화를 하고 개념적으로 규칙을 조작한다. (G. Edelman)
- 뇌는 의사결정하고 의지적 행위를 한다. (A. Damasio)

베넷과 해커는 심리적 속성을 뇌에 귀속하는 것은 신경과학자들만이 아니라 심리학자들과 인지과학자들도 그런 경향이 보인다고 예시한다. 다음은 그 대표적인 예이다.

- 뇌에 기호가 존재한다. (J. P. Fisby)
- 뇌는 보고 · 분류하고 · 비교하고 · 의사결정한다. (R. Grerory)

[48] F. Crick(1994), p. 16.
[49] C. Blackmore(1977), P. 16.

- 뇌는 자체 능력에 대한 부분적 모형에 접근할 수 있으며, 그 모형 안으로 모형을 삽입하는 회귀적 기제를 갖고 있다. 의식은 병렬적 알고리즘 집합의 성질이다. (P. N. Johnson-Laird)

이제 왜 심리적 속성을 뇌에 귀속하는 것이 오류인지를 살펴보자. 베넷과 해커에 따르면, 심리적 속성을 뇌에 귀속시키는 표현은 무의미하기 때문이다. 그런 표현은 의미가 없으므로 우리는 그것의 의미를 이해할 수 없다. 베넷과 해커는 그들이 제기하는 문제는 경험적 문제가 아니라 개념적 문제라고 주장한다.[50] 이런 이유로 그 문제는 경험적 탐구가 아니라 개념적 명료화를 요구한다. 그들이 제기한 문제는 구체적으로 다음과 같다. "심리적 속성을 뇌에 귀속하는 것은 의미가 있는가?", "뇌는 실제로 사고하고 믿는가?" 등이다. 이런 질문에 베넷과 해커가 "결코 아니다"라고 대답하는 근거는 다음과 같이 비트겐슈타인의 사상에 근거를 두고 있다.

> 우리는 오직 살아 있는 사람(human being)에 대해서만, 그리고 그와 비슷한 (비슷하게 행동하는) 것에 대해서만, 그것은 감각을 갖고 있다, 그것은 본다, 눈이 멀었다, 듣는다, 귀먹었다, 의식을 갖는다, 또는 의식이 없다고 말할 수 있다. (L. Wittgenstein, 1953, §281, Bennett and Hacker, 2003, p. 19)[51]

---

50 Ibid. p. 71.
51 비트겐슈타인의 이런 주장은 A. Kenny(1984), P. Hacker(1990)를 통해 신아리스토텔레스주의로 계승되고 있다.

비트겐슈타인의 입장에 기반을 두고 베넷과 해커는 심리적 속성을 뇌에 귀속시키는 설명을 다음과 같이 평가한다.[52] 첫째, 심리적 속성을 뇌에 귀속시키는 것은 데카르트적 이원론이 퇴보한 형태이다. 데카르트적 이원론의 특징은 마음에 심리적 속성을 귀속시키고 인간에게는 그것을 파생적으로만 귀속시키는 문제를 갖는다. 둘째, 심리적 속성을 뇌에 귀속시키는 것은 무의미하다. 뇌에 심리적 속성을 귀속시키는 것은 거짓이 아니라 의미가 없다. 이런 점에서, 뇌는 보지 못하고 보지 못하지도 않다. 뇌는 논리적으로 심리적 술어의 적합한 주체가 될 수 없다. 비트겐슈타인이 주장했듯이, 우리는 인간이나 인간처럼 행동하는 존재만이 보거나 보지 못하거나, 듣거나 듣지 못한다고 말할 수 있다. 따라서 심리적 술어는 본질에서 전체로서의 인간이나 동물에게만 적용될 수 있을 뿐 그것의 부분들에는 적용될 수 없다. 인간의 경우 보는 주체는 뇌도 아니고 눈도 아니라 눈을 가진 인간이다.

베넷과 해커의 주장은 다음과 같이 논증으로 정리될 수 있다.

a. 심리적 술어를 적용하기 위한 기준은 '인간처럼 행동하는 것'이다.

b. 만약 X가 인간처럼 행동하지 않는다면, 심리적 술어를 X에게 적용하는 것은 개념적 오류이다.

c. 뇌와 뇌의 부분은 인간처럼 행동하지 않는다.

d. 그러므로 심리적 술어를 뇌(또는 뇌의 부분)에 적용하는 것은 개

52 M. Bennett and P. Hacker(2003), pp. 72~73.

녑적 오류이다.

e. 그리므로 심리적 술어들을 그렇게 적용하면, 무의미한 표현이
   나타난다.

   심리적 술어를 뇌에 귀속하는 것이 오류인 이유는 그렇게 하는 것
이 언어 사용법의 규칙을 위반하기 때문이다. 비트겐슈타인, 그리고
베넷과 해커에 따르면, 개념들은 그것들의 적절한 사용을 결정하는
규칙의 지배를 받는다. 무의미한 표현은 언어 용법의 규칙들이 위반
될 때 발생한다.[53] 프로이트가 유비적 확장으로 무의식적 '신념', '욕
구', '동기'와 같은 개념들을 도입했지만 그런 새로운 용법은 동일한
언어 게임에서 작은 규칙 개정을 수반했다. 그러나 현대 신경과학자
들이 범하고 있는 부분 · 전체의 오류에서 나타나는 표현들은 새로운
의미가 주어질 수 없다. 왜냐하면 그런 새로운 개념들을 정립하는 데
필요한 새로운 규칙이 없기 때문이다. 여전히 오랜 규칙들이 오랜 비
전문적 개념들, 예를 들어 마음, 몸, 사고, 상상, 감각, 지각과 같은
개념 등의 의미 경계를 설정하는 데 사용되고 있다.[54] 그 결과 규칙
위반이 발생하고 이는 곧 다양한 형태의 비정합적인 언어 사용, 즉
부분 · 전체의 오류로 이어진다.

   이상에서 볼 수 있듯이, 베넷과 해커의 진단에 따르면 현대 신경과
학은 심각한 개념적 오류를 범하고 있다. 21세기 첨단 과학의 대명사

---

53 M. Bennett, D. Dennett, P. Hacker, and J. Searle(2007), p. 12.
54 Ibid., p. 11.

로 불리는 신경과학에서 어떻게 이런 일이 가능한가? 이에 대해 베넷과 해커는 다른 지적인 작업과 마찬가지로 과학도 개념적 오류에서 예외일 수 없다고 주장한다. 개념적 오류에 관한 논의에서 단골로 등장하는 슈탈(G. E. Stahl)의 연소 이론은 플로지스톤(Phlogiston)에 음의 질량을 귀속하는 오류를 범했다. 베넷과 해커는 개념적 오류는, 뉴턴의 경우에서 볼 수 있듯이, 발전하는 과학에서 종종 발생한다는 점을 인정한다. 그들이 우려하는 것은 그런 오류로 인해 과학이 더디게 진보할 수 있다는 점이다. 그 경우를 대비하기 위해 개념적 오류를 정확히 판단하고 그것을 제거하기 위한 개념적 탐구가 필요하다.[55] 이런 개념적 탐구는 비트겐슈타인이 철학의 핵심 과제라고 보았던 의미의 명료화에서 비롯된다. 베넷과 해커에 따르면, 개념적 탐구가 경험적 탐구에 도움을 줄 수 있는 유일한 길은 개념적 오류를 확인하고 경험과학자들이 의미 상황에서 방황하지 않도록 올바른 '지도'를 제공하는 것이다.

12.3 비판적 논의

부분·전체의 오류를 중심으로 하는 베넷과 해커의 주장은 관련 학자들 사이에 많은 반응을 유발했다. 나는 여기서 그중 대표적인 비판을 검토한다. 우선, 베넷과 해커는 그들이 부분·전체의 오류를 범했다고 지목한 당사자들이 보인 반응을 다음과 같이 세 가지로 분류

---

55 M. Bennett and P. Hacker(2003), p. 5.

한다.

첫째 반응에 따르면, 그 술어들은 **동음이의어**로 사용되었다(S. Ullman).[56] 이런 주장에 대해 베넷과 해커는 신경과학자들이 그처럼 '특별한 의미'로 해당 용어들을 사용하지 않는다고 지적한다. 예를 들어 영(J. Z. Young)이 사용한 '뇌의 지식과 정보의 소유(brain's containing knowledge and information)'라는 표현에는 특별한 의미가 있는 '지식'과 '정보'가 아니라 '책에 쓰일 수 있다'라는 의미에서의 일상적 의미만이 있다.

둘째 반응에 따르면, 그 술어들은 그 일상적 표현에 대한 **유비적 표현**이다(R. Gregory).[57] 이 주장에 대해 베넷과 해커는 심리적 술어들은 인간의 부분인 뇌가 아니라 오직 전체로서의 인간에만 부여될 수 있다는 점을 강조한다. 그러므로 심리적 술어들을 뇌에 귀속하는 것은 '의미의 경계'를 벗어나는 것이다. "뇌가 생각하고, 사유하고, 보고, 듣는다"라는 표현이 무엇을 의미하는지를 이해할 길이 없으므로 그런 표현은 거짓이 아니라 의미가 없다.

셋째 반응에 따르면, 그 술어들은 **은유적으로** 사용되었다. 예를 들어, 블랙모어(C. Blackmore, 1977)는 뇌가 세계를 표상하고 해석하는 데 본질적 역할을 담당하는 '뇌지도(brain map)'라는 개념을 주장했다. 베넷과 해커는 블랙모어의 '뇌지도'는 실제 지도와 같지 않다고 지적한다. 왜냐하면 지도는 규약이나 규칙에 따라 제작되지만, 뇌지도는 규약이나 규칙에 따라 제작되는 것이 아니기 때문이다. 또한 뇌의 경

---

56 Ibid., p. 74.
57 Ibid., p. 75.

우 세포의 발화와 지각 간의 관계는 인과적 관계에 있다.

이제 베넷과 해커의 부분·전체의 오류에 대한 대표적인 철학적 비판(D. Dennett, J, Searle, P. Churchland, R. Harré)을 살펴보기로 하자.

데닛의 비판

부분·전체의 오류에 대한 데닛의 비판은 크게 두 부분으로 구성되어 있다. 첫째, 데닛은 개념적 문제와 경험적 문제를 엄격하게 구분하는 베넷과 해커의 주장을 비판한다. 자연주의자인 데닛이 보기에 개념적 분석이 전적으로 비경험적 방식으로만 이루어지는 것은 아니다. "단어들의 용법을 검토하는 것은 경험적 탐구이다. 그 탐구는 종종 일상적인 평범한 참과 거짓을 생성하며, 표준적인 관찰과 반대로 교정될 수 있다."[58] 여기서 데닛은 개념적 문제와 경험적 문제의 구분을 반대하는 것이 아니라는 점에 유의할 필요가 있다. 그가 비판하는 것은 그 구분을 지나치게 엄격히 적용하는 베넷과 해커의 입장이다.

둘째, 데닛은 부분·전체의 오류는 오류가 아니라고 주장한다. 그는 먼저 자신이 '**개인·하위개인의 구분**'(personal-subpersonal distinction, 1969)을 통해 '부분·전체의 오류'를 이미 제시했다는 점을 강조한다. 데닛에 따르면 인간에 대한 두 가지 심리학적 설명이 있는데, 그 하나는 개인(person) 및 개인의 인지, 감각, 행위의 차원

---

[58] M. Bennett, D. Dennett, P. Hacker, and J. Searle(2007), p. 81.

(personal level)에서 제시된 설명이고 다른 하나는 뇌 및 신경계 사건들의 차원(sub-personal level)에서 제시된 설명이다. '왜 그런가?'라는 질문에 대해 개인 차원의 설명은 비기계적 설명을 제공하고 하위개인 차원의 설명은 기계적 설명을 제공한다.[59] 데닛에 따르면, 부분·전체의 오류는 하위개인 차원에서 발생한다. 데닛의 주장에 대해 베넷과 해커는 부분·전체의 오류와 하위개인 차원의 오류는 다르다고 주장한다. 왜냐하면 부분·전체의 오류는 기계적 설명과 비기계적 설명의 구분과는 무관하기 때문이다.[60]

그러나 데닛이 보기에 베넷과 해커가 지적하는 신경과학의 오류적 현상은 개념적 혼동이 아니라 신경과학에서의 심리적 용어들의 사용에 관한 새로운 발견과 언어적 혁신을 보여주는 일화이다.[61] 그 일화는 과학이 성장하는 과정에서 나타날 수 있는 다양한 일화 중 하나이므로 그것을 '오류'라고 보는 것은 잘못이다. 개인·하위개인의 구분은 이론적으로 완전히 설명된 인지적 성질을 전체에 귀속하는 것과 그렇지 못한 인지적 성질을 전체의 부분에 귀속하는 것의 차이이다. 부분·전체의 오류는 완전히 설명된 인지적 성질을 부분에 귀속하는 오류라는 점에서 일종의 소형인간 오류(homunculus fallacy)이다.

데닛이 보기에, 부분·전제의 오류나 소형인간 오류는 오류가 아니거나,[62] 오류이지만 신경과학자들이나 다른 분야의 과학자들이 범하지 않는 오류이다. 후자인 이유는 그들은 이론적으로 완전히 개발

59 D. Dennett(1969), p. 91.
60 M. Bennett, D. Dennett, P. Hacker, and J. Searle(2007), p. 133.
61 Ibid., p. 86.
62 Ibid., p. 87.

된 성질을 뇌에 귀속하지 않기 때문이다. 인지과학은 자체적인 의미론적 규칙들을 갖고 있는데, 그것들은 하위개인 차원에서 작동 중인 규칙들과 차이가 난다. 베넷과 해커는 양 차원에서 동일한 규칙들이 작동한다고 본다. 개인 차원에서 작동하는 규칙들이 하위개인 차원에서 위반되는 일이 발생하고 있다. 그것이 바로 부분·전제의 오류이다. 그러나 데닛은 양 차원에서 심리적 술어의 사용을 규제하는 규칙들은 다르다고 주장한다. 데닛은 하위개인 차원에서 '믿는다'라는 술어의 용법이 문자 그대로 완전히 이론적으로 해명되지 않았다고 보는 데 있어 베넷과 해커와 같은 의견이지만, 그런 '부분적으로 개발된 술어'를 뇌에 하위개인 차원의 대상에 적용하는 것은 유의미하다고 본다. 데닛이 이처럼 미개발된 술어를 하위개인 차원에 적용하는 것을 긍정적으로 보는 것은 자신의 **지향적 자세**(intentional stance) 이론에 근거를 두고 있다. 그 이론에 따르면, 미개발된 술어의 적용은 지향적 태도로부터 나타나는 시적 자유(poetic license)로 인한 것이다.[63]

베넷과 해커는 부분·전체의 오류 개념을 비트겐슈타인의 철학에서 유도했지만, 그것이 비트겐슈타인의 후기 철학을 제대로 반영하고 있는지는 분명하지 않다. 데닛의 비판에는 전반적으로 이런 의문에 기반하고 있다. 이런 이유로 우리는 비트겐슈타인의 철학을 수용하면서도 베넷과 해커의 주장을 반박할 수 있다. 예를 들어 데닛은 앞에서 인용한 『철학적 탐구』(1953)의 281절을 다음과 같이 해석한다. "로봇과 체스 경기 컴퓨터, 그리고 뇌와 그 부분들은 (인간처럼 행동함

---

63 Ibid., p. 89.

으로써) 살아 있는 인간을 실제로 **닮는다**. 그리고 이러한 유사성은 그 행동을 규정하는 심리적 용어의 조정된 사용을 충분히 보증한다.”(원 저자 강조)[64] 데닛의 해석에 따르면, 우리는 비트겐슈타인의 사상을 이용하여 심리적 술어를 유기체가 아니라 로봇에게도 적용할 수 있다. 이런 예가 보여주는 것은 베넷과 해커의 주장은 비트겐슈타인의 철학에 대한 그들의 해석에 근거한 것이라는 점이다. 철학 사상에 대한 다양한 해석의 우월을 가린다는 것은 매우 어렵다는 점을 고려하면 우리는 베넷과 해커가 주장하는 신경과학의 개념적 혼동과 오류를 절대적으로 타당성을 갖고 수용할 필요는 없다.

설의 비판

설은 우선 부분 · 전체의 오류는 잘 알려진 ‘범주 착오’의 새로운 사례라는 점을 지적한다. 앞에서도 지적했듯이 범주 착오는 비트겐슈타인 철학의 산물이다. 그러나 설은 인간처럼 행동하는 것이 심리적 술어의 적법한 적용에 대해 항상 중요하다고는 생각하지 않는다. 설은 다음과 같이 심리적 술어에는 하위개인 수준에 귀속하는 세 가지 종류가 있다고 주장한다.[65]

a. 행위자로서의 뇌. (예) “뇌는 생각한다.”

---

64 Ibid., p. 78. 데닛은 자신의 저서(1969, p. 91)에서 제시한 개인적 설명 차원과 초개인 적 설명 차원의 구분이 비트겐슈타인의 사상을 제대로 반영한 것이라고 보고 있다. 매 카머와 시츠마(P. Machamer and J. M. Sytsma, 2005)도 비슷한 해석을 제시한다.

65 M. Bennett, D. Dennett, P. Hacker, and J. Searle(2007), pp. 107-114.

b. 심적 과정으로서의 뇌. (예) 사고는 뇌에서 발생한다.

c. 행위자로서의 신경세포. (예) 개별 신경세포들이 생각한다.

베넷과 해커는 (a)와 (b)를 반대하는데, 설은 베넷과 해커의 이런 주장은 비트겐슈타인의 철학과 거리가 있다고 주장한다.[66] 비트겐슈타인의 철학은 행위자는 적절한 행동을 보일 수 있는 체계이어야 할 것을 주장한다. 따라서 위의 (a)에서 보는 능력을 갖춘 체계는 적절한 행동을 보일 수 있어야 한다. 그러므로 뇌가 본다고 말할 수 없고 전체 체계, 즉 개인이 본다고 말해야 한다. 이 점에도 불구하고 우리는 시각적 지각이란 뇌에서 지각 경험을 보고 위치 짓는 요소라고 주장할 수 있다. 예를 들어, 누군가 소화는 전체로서의 인간이 하는 것이라고 주장한다고 가정해 보자. 탐구의 목적상 우리는 '어디서' 그리고 '어떻게' 소화가 이루어지는지를 질문할 수 있고, 그에 대한 대답은 "소화는 위와 소화계의 나머지 부분에서 발생한다"라는 것이 될 것이다. 마찬가지로 의식적으로 생각하고 지각하는 것은 전체로서의 인간이라고 주장할 수 있지만, 우리는 여전히 '어디에서' 그리고 '어떻게' 인지가 작동하는지를 질문할 수 있고, 그에 대한 적절한 대답은 "인지는 뇌에서 발생한다"가 된다.[67]

베넷과 해커는 행위자로서의 신경세포 개념(c)도 반대한다. 뇌의 부분인 신경세포들에 심리적 술어가 귀속되기 때문이다. 그러나 설은 이것을 '**무해한 은유**'에 해당한다고 주장한다.[68] 여기에는 단서가

66 Ibid., p. 108.
67 Ibid., p. 109.
68 Ibid., p. 112.

있다. 즉, 우리가 문자 그대로의 관찰자 독립적인 의미와 은유적이고 관찰자 상대적인 의미 간 차이를 분명히 한다면 그것은 무해하다는 것이다. 여기서 전자는 우리가 정보를 추론하는 경우이고 후자는 "나의 신경세포가 이러저러한 추리를 한다"라고 말하는 경우이다.

설은 인지적 능력은 행위자 또는 주체로서의 뇌에 귀속되거나 인지적 활동의 장소로서 귀속될 수 있다고 주장한다.[69] 설은 앞에서 보았듯이 후자가 '무해한 은유'라고 주장했다.[70] 왜 그것이 왜 무해한가? 설에 따르면 그것이 오류가 아닌데도 불구하고 '이상하게' 보이는 이유가 있다. 베넷과 해커에게 그 이상함은 의미론적 규칙 위반 때문에 나타난다. 심리적 술어를 장소로서의 뇌에 적용하는 것이 이상하게 보이지만 은유로서 완벽하게 유의미한 이유는 우리가 그것을 이해할 때 사회적 인지(social cognition)를 분해해서 그중 순수히 심리적 요소만을 인정하기 때문이다.[71] 설이 제시한 예를 들어보자.

  d. 나는 시각적으로 청색을 자주색으로부터 구별할 수 있다.
  e. 나는 민주당 후보에게 투표하기로 했다.
  f. 나는 버클리에 재산을 소유하고 있다.

설은 (d)와 (e)에서 '나의 뇌'가 '나'를 대체할 수 있다고 주장한다. 물론 베넷과 해커는 그런 대체를 부정한다. 왜냐하면 (d)에서의 대체는 장소로서의 뇌에 심리적 술어의 귀속이 발생하기 때문이다. (d)에

69 Ibid., p.107.
70 Ibid., pp. 112–114.
71 Ibid., p. 119.

서의 대체는 귀속의 사회적 상황을 잘라낸다. 그 결과 "나의 뇌는 민주당 후보에게 투표하기로 했다"라는 말이 이상하게 들리게 된다. (f)의 경우 아무것도 잘라낼 것이 없다. 왜냐하면 거기에는 뇌에만 귀속시킬 수 있는 것이 전혀 없기 때문이다.[72] 재산의 소유자는 체화된 뇌(embodied brain)이지만, 오직 사회적이고 법률적인 측면에서만 그것은 재산 소유자가 될 수 있다. 이제 설에 따르면 위의 세 가지 중 어느 경우든, 신경과학자는 부분·전체의 오류를 범할 가능성을 우려하지 않고 심리적 술어를 '장소로서의 뇌'에 귀속할 수 있다.

폴 처칠랜드의 비판

폴 처칠랜드(2005)는 심리적 술어를 뇌에 귀속시키는 것은 오류가 아니라고 주장한다. 왜냐하면 개념적 참과 경험적 참 간 어떤 중요한 차이도 없기 때문이다. 또한 개념적 문제는 경험적 연구로 해결될 수 있다. 특히, 비물리적 마음이 물리적 몸에 인과적 영향을 미칠 수 있다는 실체이원론적 가정은 운동량 보존의 법칙을 위반한다.[73] 경험적 증거는 뇌를 포함한 물리계의 행동이 고전역학의 법칙 아래에 닫혀 있다는 것을 보여주므로 실체이원론은 경험적 탐구로 논박되고 전적으로 무의미한 것으로 드러난다.

스밋과 해커(H. Smit and P. Hacker)는 처칠랜드의 주장을 재반박한다. 예를 들어, 비물질적 마음이 물질적 몸과 상호작용한다는 데카르

---

[72] Ibid., p. 121.
[73] P. M. Churchland(2005), p. 467.

트적 가정은 시험 가능한 경험적 진술이 아니다. 왜냐하면 비물질적 실체에 대한 담화는 이해할 수 없기 때문이다. 우리는 비물질적 실체로서의 마음을 어떻게 확인할 수 있는지를 알지 못한다는 것이다. 비물질적 마음을 확인할 기준이 없으므로 그런 마음이 인과적 힘을 갖는다고 말하는 것은 무의미하다.[74]

처칠랜드가 보기에 베넷과 해커의 주장은 구닥다리 이론이 제시하는 기준으로 새로운 이론을 평가하는 데 발생하는 불평에 지니지 않는다. 우리는 그런 낮은 기대를 신경과학적 용어들의 의미 있는 용법에 대한 기준으로 영원히 보존할 필요가 없다. 그는 우리가 베넷과 해커가 부여하는 '개념적 위생'의 기준을 수용하면 과학은 매우 느리게 진보할 것이라고 우려한다.[75]

하레의 비판

하레(R. Harré, 2012)는 베넷과 해커가 지적한 오류가 '오류'라는 점을 인정하면서도 그것은 '전체 · 부분의 오류'가 아니라 다른 오류라고 주장한다. 하레에 따르면 그것은 흄의 자연주의에서 발견되는 사실과 당위를 구분하지 않은 자연주의적 오류(Naturalistic fallacy)이다.

신경심리학의 결함은 연구자들이 일관적으로 그리고 지속적으로 전체 · 부분의 오류를 범했다는 것이 아니라 오히려 그들이 결과적으로 그리고

---

[74] H. Smit and P. Hacker(2014), p. 1086.
[75] P. M. Churchland(2005), p. 473.

지속적으로 당위(ought)로부터 사실(is)을 연역하는 실수를 범하지 않았다는 것이다. 문화심리학은 규범들을 교환하면서 무엇이 발생해야 하는지에 대해 말해준다. 반면에 신경과학은 경험적 사실과 가설을 비교하면서 무엇이 작동하고 무엇이 발생할 것인지에 대해 말해준다. (R. Harré, 2012, pp. 332-333)

하레에 따르면, 베넷과 해커가 지적한 것은 전체ㆍ부분의 오류가 아니라 사실로부터 당위로 나아가는 흄적인 자연주의적 오류이다.

하레의 비판에 대해 스밋과 해커는 원래의 논증(M. Bennet and P. Hacker, 2003)은 신경과학자들이 오로지 인간에게만 귀속될 수 있는 규범적 술어를 인격체(person)의 부분에 적용하고 있다고 주장하지 않았다고 대답한다. 하레의 비판은 초점을 벗어났다는 것이다. 여기서 우리는 양 입장의 차이를 발견한다. 하레는 그것이 오류인 이유는 '사실'로부터 '당위'로 나아가는 '불법적인' 방향성 때문인 데 비해, 베넷과 해커에게 그것은 심리적 술어들이 '불법적인' 대상에 적용되기 때문이다. 그렇다면 하레는 후자의 불법적 성격, 즉 심리적 술어를 뇌에 작용하는 것은 실제로 불법적이 아니라고 주장한 것이므로 결과적으로 그는 부분ㆍ전체의 오류는 진정한 오류가 아니라고 주장했다.

그렇다면, 무슨 근거로 하레는 부분ㆍ전체의 오류를 부정하게 되었는가? 하레의 논거는 뇌가 몸의 부분인 것은 분명하지만, 뇌가 인격체의 부분인지는 분명치 않다는 데 있다. 로크(J. Locke, 1689/1894)는 일찍이 인격체와 몸을 구분하면서 인격체는 사고하고 시간에 걸쳐서 자신을 반성하는 실재이자 행위자라고 주장했다. 로크의 인격체 개념에 따르면, 인격체는 인간의 몸적 요소들의 총체가 아니다.

하레는 로크의 인격체 개념을 수용하면서 다음과 같이 인격체와 몸을 규정한다. 첫째, 인격체는 지표로서의 역할을 통해 그 존재 양상이 인격적 삶의 시공간적 장소로 드러나는 단일체이다. 그러므로 인격체는 부분을 갖지 않는다. 둘째, 몸은 물리적 실체들의 전체 · 부분의 법칙을 따르는 부분들을 가진 물리적 실체이다.[76] 하레에 따르면, 인격체는 부분을 갖지 않는 단일한 실재이다. 인격체는 몸이 아니므로 부분을 갖지 않으며, 뇌와 같은 몸 일부가 인격체의 일부가 될 수 없다.

지금까지의 논의한 하레의 비판은 다음과 같이 하나의 논증으로 정리할 수 있다.

a. 부분 · 전체의 오류는 심리적 술어들이 인격체에만 적용되고 그 부분인 뇌에는 적용될 수 없다고 주장한다.
b. 그러나 인격체는 몸이 아니며, 부분을 갖지 않는다.
c. 그런데 심리적 술어는 인격체의 부분이 아닌 몸의 부분에 적용되고 있다.
d. 그러므로 부분 · 전체의 오류는 심리적 술어들이 몸 전체에만 적용되고 그 부분인 뇌에는 적용될 수 없다고 주장한다.

이상의 재구성된 하레의 논증은 부분 · 전체의 오류가 어디서 잘못되었는지를 분명히 보여준다. 베넷과 해커는 비트겐슈타인이 강조한 '살아 있는 인간' 개념을 '전체로서의 인간' 개념으로 변경하고 뇌

---

76 R. Harré(2012), p. 337.

를 그런 '전체로서의 인간'의 부분이라고 생각한다. 그러므로, 베넷 · 해커와 하레가 충돌하는 곳은 '전체로서의 인간'이 '인격체'인지 아니면 '몸 전체'인지에 있다. 하레는 베넷과 해커가 그 용어가 '인격체'를 지시하는 것으로 보았다. 왜냐하면 만약 그들이 그것을 '몸 전체'로서의 인간을 의미했다면 뇌가 심리적 술어의 담지자가 될 수 없는 이유로 몸 전체도 심리적 술어의 담지자가 될 수 없기 때문이다. 물론, 베넷과 해커는 뇌는 그렇지 못하지만, 뇌를 포함한 몸 전제는 인지적, 정서적, 행동적 차원에서 의미를 처리할 수 있으므로 심리적 술어의 담지자가 될 수 있다고 주장할 수 있다. 만약 이런 주장이 성립한다면, 그들이 제시한 오류는 실제로는 의미 귀속 가능성에 근거한 비환원론에 해당한다. 즉, 그것은 뇌는 의미 처리를 할 수 없지만 몸 전체는 그럴 수 있으므로, 심리적 술어의 담지를 몸 전체가 아니라 뇌로 환원시키는 것은 부당하다고 주장한다. 우리는 4장에서 중국어방 논증에 대한 시스템 답변이 그와 유사한 답변을 제시하는 것을 보았다. 사정이 이러하다면, 부분 · 전체의 오류는 보기와는 달리 새로운 주장을 담은 것이 아니라 신경과학의 환원적 성격에 대한 의미론적 비환원론을 제기한 것으로 이해될 수 있다.

베넷과 해커의 '전체로서의 인간'이 '인격체'를 의미한다면, 그들은 하레의 비판에 직면하게 된다. 그러나 스밋과 해커(2014)는 이 또한 오해라고 지적한다. 그들에 따르면 '전체로서의 인간'이 '몸 전제'를 의미하지 않는 것처럼 '인격체'를 의미하는 것도 아니라는 것이다. 그들은 '몸'의 용법을 다음과 같이 두 가지로 구분한다.

• 나로서의 몸

• 소유 대상으로서의 몸

위의 구분에 따르면 용어 '몸'은 '한 인간으로서의 몸'과 '한 인간이 소유하고 있는 몸'이라는 두 가지 용법을 갖는다. 이런 구분을 제시한 후 스밋과 해커는 전체 · 부분의 오류에서 나타난 '전체로서의 인간'은 "우리는 몸이다(We are a body)"라는 표현이 의미하듯이 '한 인간으로서의 몸'을 의미한다고 주장한다. 스밋과 해커가 몸의 용법을 두 가지로 구분한 이유는 분명하다. 그들은 '전체로서의 인간'은 '인격체'를 의미하고 인격체는 부분을 가질 수 없다는 하레의 비판에 응수하기 위해, '전체로서의 인간'은 '인격체'가 아니라 '한 인간으로서의 몸'을 의미하며, 그런 인간은 뇌를 부분으로 갖는다는 점을 주장하기 위해서이다. 그들에 따르면, 만약 베넷과 해커가, 하레가 주장하듯이, "뇌는 인격체의 부분이다"라고 주장했더라도, 그로부터 뇌가 우리가 그런 존재인 인간 유기체(인간)의 부분이 아니라는 점은 따라 나오지 않는다고 주장한다.[77]

스밋과 해커의 주장은 문제가 있다. 그 이유를 보기 위해 그들의 주장을 다음과 같이 논증으로 정리해 보자.

⟨논증 A⟩
인격체는 전체로서의 인간이다.
전체로서의 인간은 '한 인간으로서의 몸'이다.
한 인간으로서의 몸은 뇌를 부분으로 갖는다.

---

[77] H. Smit and P. Hacker(2014), p. 1084.

위 논증의 타당성은 두 가지 전제에서 주장되고 있는 동일성, 즉 "인격체 = 전체로서의 인간"이라는 동일성과 "전체로서의 인간 = 한 인간으로서의 몸"이라는 동일성에 의존하고 있다. 그 논증의 문제는 설사 그 두 가지 동일성이 성립하더라도, 그로부터 결론이 도출될 수 없다는 데 있다. 왜냐하면 동일성으로부터 소유 관계를 유도할 수 없기 때문이다. 그 결론이 성립하기 위해서는 "한 인간으로의 몸 = 소유 대상으로서의 몸"이라는 동일성이 추가되어야 하는데, 스밋과 해커는 그것을 반대한다.

이상의 논의에서 나타나듯이 스밋과 해커는 하레의 비판에 적절한 대답을 제시하지 못했다. 이런 판단에 대해 해커는 아마도 다음과 같이 주장할 수 있다. 즉 그는 한 인간으로서의 몸과 인격체는 동일성 관계가 아니라 부분 · 전체의 관계에 있다고 주장할 수 있다. 이런 추측은 해커(2007)가 하레의 비판에 대해 대답하면서 제시한 비유적 예에서 정당화된다. 해커의 예에서 런던은 영국의 부분이고, 영국은 유럽연합(EU)의 부분이지만 런던은 유럽연합의 부분은 아니다. 이 예를 통해 해커는 런던이 유럽연합의 일부가 아니라는 사실이 런던이 영국의 부분이라는 점을 부정하지 못한다고 지적한다. 마찬가지로, 우리가 인격체라는 사실이 우리 뇌가 한 인간으로서의 인간 몸의 부분이라는 점을 부정하지 못한다. 이 비유를 다음과 같이 정리해 보자.

〈논증 B〉

런던은 영국의 한 부분이다.

영국은 유럽연합의 한 부분이다.

그러나, 런던은 유럽연합의 한 부분은 아니다.

〈논증 C〉

인간 뇌는 한 인간으로서의 몸의 일부이다.

한 인간으로서의 몸은 인격체의 일부이다.

그러나, 인간 뇌는 인격체의 일부가 아니다.

〈논증 B〉는 부분·전체의 관계가 비이행적이라는 참인 논리적 사실을 지적한다는 점에서 '사소하게' 타당하다. 이에 비하여 〈논증 C〉는 명백히 부당하다. 왜냐하면 그 논증의 두 가지 전제 모두 참이 아니기 때문이다. 우선, 인간 뇌가 '한 인간으로서의 몸'의 일부가 될 수 없다. 스밋과 해커가 제시한 몸의 용법에 따르면, 인간 뇌는 두 번째 용법에서의 몸의 일부이지만, 첫 번째 용법에서의 몸의 일부는 될 수 없다. 왜냐하면, 거기서는 "인간 = 몸"이기 때문이다. 또한 '한 인간으로서의 몸'이 '인격체'의 일부라는 주장도 문제가 있다. 해커는 '한 인간으로서의 몸'을 '전체로서의 인간'과 동일시하고 있으므로, 전자가 후자의 부분이라는 주장은 성립하기 어렵다.

이상 우리는 부분·전체의 오류에 대한 철학자들의 비판을 살펴보았다. 그 논의를 통해, 비판자들이 공통으로 주장하는 것은 그 오류는 진정한 오류가 아니라는 것과 설사 오류라고 하더라도 중요한 문제를 야기하는 오류는 아니라는 것이다. 우리는 후자의 주장을 채택하여 다음과 같이 더 강한 주장으로 만들 수 있다.

• 부분·전체의 오류는 과학이 발전하는 데 있어서 나타나는 정상적 현상이다.

과학적 활동에서 은유의 사용은 종종 해가 없을 뿐만 아니라 특정 이론이 발전하고 성숙하기 위해 거쳐야 할 필요한 단계일 수 있다. 그 점을 보여주는 인지과학의 연구들이 있다.[78] 여기서 우리는 왜 신경과학자들이 그런 은유를 사용하느냐는 질문을 제기할 수 있다. 그 질문에 대한 표준적 대답은 과학적 활동에서 은유의 사용은 해당 분야의 과학이 성숙한 단계에 접어들기 직전에 자주 등장한다는 것이다. 이런 현상은 과학이 비약적으로 발전하는 단계에서 흔히 나타나는 현상이다. 예를 들어, 양자역학의 경우 원자의 '태양계 모형'이 등장했고, 인지과학에서는 기호주의를 바탕으로 '컴퓨터 은유'가 등장했고 뒤이어 연결주의를 배경으로 '뇌 은유'가 등장했다. 일반적으로 그런 은유들은 해당 과학 이론이 **성숙 단계**로 접어들면 자연스럽게 그 역할이 축소되거나 아니면 은유 자체가 구체적 모형으로 발전한다.[79]

현대 신경과학에서 은유가 많이 사용되고 있다는 사실은 신경과학이 아직 성숙하지 못했다는 점을 보여주는 징표이다. 우리는 쿤의 관점에서 현대 신경과학이 전 과학 단계에 있으므로 연구자들이 그런 비유와 은유를 사용한다고 볼 수 있다. 비유나 은유의 사용은 패러다임의 부재로 인한 일종의 '느슨한 설명'에 해당한다. 다른 한편으로 신경과학자들이 그런 비유나 은유를 사용하는 이유는 신경과학이 정상과학 단계에 진입했기 때문이라고 볼 수도 있다. 정상과학의 문제풀이 과정에서 비유, 은유의 사용은 패러다임의 정교화와 확장을 위

78 대표적인 예는 D. Gentner, K. Holyoak, and B. Kokinov eds.(2001)이다.
79 R. Giere, J. Bickle, and R. Maudlin(2006), pp. 21-22.

해서 '무해한 도구'일 수 있다. 현재의 신경과학의 상황은 위의 두 가지에서 전자일 가능성이 크다. 왜냐하면 누구도 현재의 신경과학이 과학적으로 충분히 발전했다고 말할 수 없기 때문이다.

그렇다면 이런 상황에서 신경과학자들은 어떤 태도를 취해야 하는가? 베넷과 해커가 주장하듯이 부분·전체의 오류를 피하려고 은유나 비유, 유비를 자제해야 하는가? 심리적 속성을 뇌에 귀속하는 것을 자제하고 다른 방식의 설명을 추구해야 하는가? 아니면 은유나 유비를 자유롭게 사용하면서 현재의 설명 방식을 이어가야 하는가? 우리는 이런 질문들에 대해 확실한 대답을 제시할 수 없지만, 적어도 신경과학자들이 베넷과 해커의 충고를 따른다면 신경과학은 과학적 체계에서 '개념적 외톨이'가 될 가능성이 크다고 말할 수 있다. 즉 신경과학의 개념 체계는 통속심리학의 개념 체계와 단절될 수 있고 이는 다시 심리학 위에 있는 사회학, 철학, 예술, 종교와의 소통 부재를 야기할 것이다. 또한 베넷과 해커의 주장이 옳다면 현재의 신경과학과 통속심리학의 관계에서 발생하는 현상이 신경과학이 발전함에 따라서 물리학과 화학과의 관계에서 재현될 가능성이 크다. 즉 신경과학의 개념 체계의 많은 부분이 물리학 또는 화학의 개념 체계와 충돌할 것이고 그 현상은 또 다른 '부분·전체의 오류'로 분류되면서 결과적으로 신경과학이 제거될 수 있다.

제5부

—

신경윤리

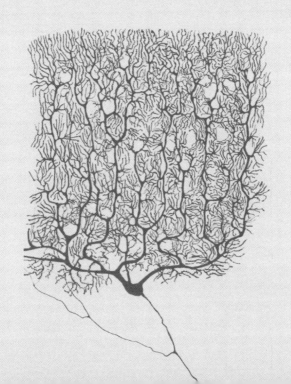

13

자유의지

13.1 필연과 자유

'신경윤리(neuroethics)'라는 용어는 2002년 다나재단(Dana Foundation)이 개최한 학술대회(주제: "Neuroethics: Mapping the Field")에서 처음으로 사용된 이후 널리 쓰이고 있다. 신경윤리는 크게 두 가지 분야로 구분된다. 첫째 분야는 신경과학의 윤리적 주제를 다루는 '신경과학의 윤리(ethics of neuroscience)'이다. 이는 신경과학 연구가 함축하는 다양한 윤리적 문제와 연구자들이 지켜야 할 규범 체계를 다룬다. 신경윤리의 두 번째 분야는 윤리학의 신경과학적 기초를 다루는 '윤리학의 신경과학(neuroscience of ethics)'이다. 이는 윤리학의 전통적 주제인 자유의지와 도덕적 책임 등에 대해 신경과학적 관점에서 접근한다. 이번 장에서는 그 두 가지 분야에서 다루고 있는 주제 중 자유의지, 마음 읽기, 신경 향상을 차례로 검토하기로 한다.

우리는 자신의 의사에 따라 자유롭게 행위를 한다고 믿는다. 그러나 이런 믿음은 인간을 포함한 자연계의 모든 대상의 움직임을 결정론적 법칙에 따라 설명하려는 과학적 접근과 종종 충돌한다. 인간이 자유로운지, 인간이 어떤 의미로 자유의지를 갖는지는 단순히 철학적 문제로 끝나지 않는다. 왜냐하면 자유의지의 문제는 종교적, 사회적, 정치적 함축을 하기 때문이다. 인간은 자율적으로 자신의 행위를 선택할 자유를 갖는다는 점에서 자유의지가 있다는 주장이 있다. 이처럼 인간 행위가 진정으로 자유의지에 따른 것이라면 우리는 행위의 주체자로서 자신의 행위에 대한 책임을 져야 할 것이다. 자유의지의 문제와 관련하여 다음과 같이 세 가지 입장이 있다.

강한 결정론

인간의 행위와 선택을 포함한 모든 사건은 예외 없이 다른 선행 사건에 의해 완전히 결정되어 있다. 여기서 등장하는 '완전한 결정'이라는 말은 여러 가지 의미가 있다. 예를 들어 "1937년 6월 3일에 에드워드 8세(Edward VIII)가 왕위를 포기하고 심프슨(W. W. Simpson)과 결혼한 사건(E)는 완전히 결정된 것이다"라는 말은 다음과 같은 의미로 이해될 수 있다.

a. 인과적 필연성: 사건 E는 인과적 연쇄에서 필연적으로 발생했다.
b. 이유의 충분성: 사건 E에 대한 선행하는 충분한 이유가 있다.
c. 예측 가능성: 사건 E의 발생은 원칙적으로 예측할 수 있다.

d. 운명: 사건 E의 선행 사건이 발생하면 그것의 발생을 피할 수 없다.

위에서 제시한 의미 중 (a)는 인과적 원인(causal cause)에 주목하여 **인과 결정론**(causal determinism)으로 나타났다. 인과 결정론에 따르면, 모든 사건은 선행하는 사건들과 조건 및 자연법칙에 의해 필연적으로 발생한다. 프랑스 수학자 라플라스(P. S. Laplace, 1812)는 다음과 같이 고전적 인과 결정론을 표현했다.

우리는 우주의 현재 상태를 선행 상태의 결과로, 후속 상태의 원인으로 간주해야 한다. 주어진 순간에 자연에서 작용하는 모든 힘과 우주 만물의 순간적 위치를 아는 지성은, 모든 데이터를 분석할 수 있을 만큼 충분히 강력하면, 가장 큰 물체와 가장 가벼운 원자의 운동을 하나의 공식으로 이해할 수 있고, 그에 대해서 불확실한 것은 아무것도 없을 것이며, 그의 눈에는 과거와 마찬가지로 미래도 현재로 존재한다.[1]

(b)는 이유(reason)에 주목하는데,[2] 그것을 대표하는 이론으로 라이프니츠(Leibniz)의 **충족이유율 원리**(Principle of Sufficient Reason)가 있다. 충족이유율 원리에 따르면, 이 세상에 존재하는 대상에는 반드시 그것이 존재할 만한 그럴 만한 충분한 이유가 있다. 다시 말하면 충분한 이유 없이는 어떤 사건도 발생하지 않는다. (c)와 (d)는 (a)

---

1 위 인용문은 E. Nagel(1961, p. 281)의 영어 번역을 인용한 것임.
2 자유의지와 결정론에 대한 많은 철학적 논의는 그 차이에 주목하여 전개되고 있다.

의 자연스러운 귀결이다. 인간 행위와 선택이 위에 제시된 의미 중 어느 하나로 이해된다면 우리는 그로부터 다음의 강한 결정론(strong determinism)을 유도할 수 있다.

인간 행위를 포함한 모든 사건은 선행 원인의 필연적 결과이다. 그러므로, 자유의지는 없다.

강한 결정론에 따르면, 모든 사건이 완전히 결정되어 있으므로 자유로운 선택이 불가능하고 그 결과 자유의지는 없다. 우리가 자유의지를 갖고 있다는 주관적 느낌은 결정론적 세계와는 무관하게 발생하는 환상이다. 강한 결정론자들은 자유의지가 존재하지 않는다는 주장으로부터 "우리는 자신의 행위에 대해 윤리적 책임을 질 필요가 없다"라는 결론을 유도하여 행위에 대한 윤리적 책임을 부정할 수 있다. 그러나 우리는 행위에 대한 윤리적 책임과 법률적 책임의 차이를 놓쳐서는 안 된다. 강한 결정론자들이 부정하는 것은 전자이지 후자는 아니다. 그들은 우리가 자신의 행위에 대한 윤리적 책임을 져야 할 필요는 없다고 주장할 수 있지만, 우리가 자신의 행위에 대한 법률적 책임에서 벗어난다고 주장할 필요가 없다. 이와 관련하여 행위에 대한 사회적이고 법률적인 책임은 해당 사건이 발생한 사회·문화적 맥락에 따라 다르게 이해된다고 주장하는 **윤리적 상대주의**와 그것을 부정하는 **윤리적 보편주의**가 대립하고 있다.

비결정론

비결정론(Indeterminism)은 인간 행위와 선택은 어떤 것에 의해서도 미리 결정되어 있지 않다는 의미에서 인간은 자신의 행위를 자유롭게 선택할 수 있는 자유의지가 있다고 주장한다. 비결정론은 다음과 같이 논증으로 정리될 수 있다.

인간은 자신의 행위를 선택할 수 있는 자유의지를 갖고 있다.
그러므로 인간 행위는 결정되지 않았다.

위에서 볼 수 있듯이, 비결정론의 타당성은 자유의지의 존재를 주장하는 전제의 진위에 달려 있다. 이런 사정은 강한 결정론도 마찬가지이다. 그 두 가지 이론은 자유와 인과적 필연성은 양립 불가능하다는 점에 동의한다. 그러므로 강한 결정론과 비결정론 중 어느 것이 옳은 이론인지는 인과적 결정에 달려 있다. 사건들의 발생이 완전한 인과적 연쇄로 결정되는 세계가 과연 어떤 세계인지를 이해하기 위해서는 그와 관련된 철학적 이론들뿐만 아니라 과학 이론도 검토해야 한다. 우리는 여기서 그 작업을 수행할 수 없지만, '완전한 결정'에 의존하는 결정론은 과학적으로 정당화되기 어렵다는 점에 유의할 필요가 있다. 우리는 그 점을 여러 가지 과학 이론을 통해 정당화할 수 있다.[3] 예를 들어 양자역학에 따르면, 물리계는 상태함수(state

---

3 또 다른 유력한 이론은 복잡계 이론(Complex theory)이다. 복잡계 이론은 L. von Bertalanffy(1968)와 J. Ladyman and K. Wiesner(2020) 참조.

function)로 확률적으로 기술되는데 선행 상태와 후속 상태는 비결정론적 관계이다. 여기서 중요한 것은 물리계의 비결정론적 특징은 우리의 무지 때문에 나타난 것이 아니라 물리계 자체의 특징이라는 점이다.[4] 그러므로, "사건 E_1이 발생하면 반드시 사건 E_2가 발생한다"라고 주장하는 인과 결정론은 잘못이다. 그러나 고전 물리학의 존재론과 양자물리학의 존재론 중 어느 것이 옳은가라는 질문은 "세계가 완전히 결정되어 있는가"라는 질문으로 변환될 수 있다. 여기서 우리는 고전적 인과 결정론과 양자역학적 비결정론의 차이는 형이상학의 차이라는 점을 알 수 있다. 이 점을 고려하면 다음에 논의할 제3의 이론이 등장하는 이유가 쉽게 이해된다.

양립가능론

양립가능론(compatibilism)은 인과적 필연성과 자유가 양립 가능하다고 주장한다는 점에서 앞에서 제시한 강한 결정론과 비결정론과 구별된다. 인과적 필연성과 자유의 양립 가능성을 주장하기 위해 다음과 같은 두 가지 주요한 전략이 동원된다. 첫째, 인과적 필연성은 자연계의 모든 대상과 사건에 적용되는 것은 아니다. 예를 들어, 그것은 인간 행위에는 적용되지 않는다. 다시 말하면 인간 행위는 강한 결정론이 주장하는 것처럼 '결정되지' 않는다. 둘째, 자유의 반대는 '인과적 필연성'이 아니라 '강제'이다. 그러므로 인간 행위는 인과적으로 결정되어 있지만, 강제되어 있지 않으므로 자유로울 수 있다. 이처럼 양

---

4 양자물리학의 존재론에 대해서는 P. J. Lewis(2016), 6장 참조.

립가능론은 인간 행위의 결정성을 오직 인과적 결정에서만 구하지 않는다는 점에서 **약한 결정론**(weak determinism)으로 불리기도 한다.[5]

양립가능론은 다음과 같이 하나의 논증으로 정리될 수 있다.

인간 행위는 그것의 원인이 있다는 의미에서 결정되어 있다.
인간 행위는 물리적 원인이 아닌 다른 원인에 의해 결정될 수 있다.
자유로운 행위는 강제되지 않은 것이다.
그러므로, 강제되지 않으면 행위는 자유롭다.

양립가능론과 비결정론은 한 가지 공통점을 갖고 있는데 그것은 바로 자유의지의 조건을 행위를 야기하는 원인의 부재에서 찾는다는 점이다. 행위가 자유롭기 위해서는 그것이 무언가에 의해 야기되지 않아야 한다. 어떤 행위가 무언가에 의해 야기된 경우, 즉 원인을 갖는 경우, 그것은 자유롭지 못하다. 앞에서 지적했듯이, 양립가능론은 '원인의 부재'를 '강제의 부재'로 변경했다. 그러므로 양립가능론은 '강제'를 어떻게 해석하는지에 따라 다른 내용을 주장하게 된다. 고전적 양립가능론을 주장했던 홉스(Hobbes, 1651)는 그것을 '외적 강제'로 보았다. 홉스에게 자유로운 행위는 외적 원인에 의해 강제되지 않은 것이다. 반면에 흄은 자유는 외적 강제뿐만 아니라, 내적 강제도 없음을 의미한다고 보았다. 그러나 우리는 흄이 주장한 '내적 강제' 개념이 '인과적 필연성'과 충돌하지 않느냐는 의문을 갖게 된다. 흄

---

5 D. Hume(1748), T. Hobbes(1651), A. J. Ayer(1954), P. S. Churchland(2002), D. Dennett(2003), M. Gazzaniga(2005, 2011) 참조.

을 비롯한 양립가능론자들은 그 두 가지의 충돌을 해결하기 위해 인과적 필연성을 담고 있는 자연법칙은 우리에게 특정 행위를 강요하지 않는다는 점을 강조한다. 자연법칙은 인간 행위를 결정하지만, 그것을 강요하지는 않는다는 것이다. 이런 의미에서 흄(D. Hume, 1988)은 인과적 필연성과 자유는 양립 가능하다고 보았다. 인간 행위는 물리적 원인에 의해 결정되지만 그것이 수행되기 위해서는 신념, 욕구, 의도라는 내적 원인이 작동해야 한다. 이런 의미에서 인간은 자유의지를 갖고 있다. 그러므로 강한 결정론은 잘못이다. 흄은 또한 비결정론도 잘못이라고 보았다. 우리가 자유롭다고 생각한 행위 선택은 자신의 개성, 욕구, 습관, 믿음 등에 의해 강제되므로 행위의 비결정성은 환상이다. 흄에 따르면 자유로운 선택은 결정되지 않은 것이 아니라 비자발적 행위를 유발하는 조건들과 구별되는 적절한 조건들에 의해 강제되지 않은 것이다.

이상의 논의에 따르면, 인간 행위는 물리적 인과에 의해 결정되지만 내적 원인에 의해 다르게 발현될 수 있다. 이런 이유로 양립가능론자들은 공통으로 "행위자 X가 다르게 행위할 수 있었다"라는 진술은 "X가 다른 선택을 했더라면 X는 다르게 행위를 했을 것이다(X would have done otherwise, if X had so chosen)"라는 진술을 의미하는 것으로 가정적으로 이해될 수 있다고 주장한다. 가정적 의미에서는, 결정론이 참이라고 하더라도 우리는 자신이 했던 행위와 다른 행위를 선택할 수 있었다는 것이다. 강한 결정론과 양립가능론을 구분하는 주요 기준은 "다른 방식으로 행위할 수 있었다", "다른 방식으로 행위할 자유가 있다", "그렇게 행위하는 것을 피할 수 있었다"라는 표현에 대한 이해상의 차이에 있다. 일반적으로 우리는 어떤 사람이 그가 했던 것과 달리 행위할 수 있었을 때만 자신의 행위에 책임질 수 있다는 데 동의한다. 따라서 **회피 가능성**(avoidability)은 책임의 필요 조건이다. 여기서 회피 가능성은 두 가지로 해석될 수 있다. 정언적 의미에서 어떤 행위가 회피 가능하다는 것은 그것의 발생에 대한 선행 조건(원인)이 존재하지 않는다는 것을 의미한다. 강한 결정론은 그런 회피 가능성을 부정한다. 그러나 가정적 의미에서는 어떤 행위가 회피 가능하다는 것은 만약 행위자가 다른 행위를 선택했더라면 그는 다르게 행위했을 것이라는 점을 의미한다. 그러므로 가정적 의미에서는 회피 가능성이 양립가능론과 양립할 수 있지만, 정언적 의미에서는 그렇지 못하다.

에이어(A. J. Ayer, 1954)는 자유와 회피 가능성에 대한 정교한 가정적 분석을 제시했다. 그에 따르면, 자유의지 문제의 핵심은 결정된 행위와 결정되지 않은 행위의 구분이 아니라 자유로운 행위와 강제된 행위의 구분에 있다. 자유로운 행위는 내적 원인에 의해 야기된 행위이고 강제된 행위는 외부 원인에 의해 야기되는 행위이다. 행위는 강제되지 않는 한 자유롭다. 그러므로, 물리적 무작위성이나 확률적 기회는 자유로운 행위의 전제 조건이 될 수 없으므로 비결정론자들이 양자물리학에 의존하여 그들의 이론을 정당화하는 것은 잘못된 전략이다.

양립가능론자인 데닛은 특정한 결정론적 모형을 제시하고 그것이 자유의지를 허용한다는 점을 보임으로써 결정론과 자유의지가 양립 가능하다는 점을 주장한다.[6] 데닛이 제시한 모형은 **생명 세계**(life world)라고 불리는 결정론적 세계들의 집합으로 구성된다. 하나의 생

---

6 D. Dennett(2003), 2장.

명 세계는 픽셀들의 격자인데 픽셀이 채워지면 'ON'이고 비어 있으면 'OFF'라고 불린다. 개별 픽셀은 8개의 픽셀로 둘러싸여 있으며 픽셀의 움직임에 대한 규칙은 매우 간단하다. 먼저 개별 픽셀에 대해 현재 몇 개의 픽셀이 'ON'인가를 계산한다. 만약 그것이 둘이면 픽셀의 다음 순간의 상태는 현재의 상태를 그대로 유지한다. 만약 그 숫자가 셋이면 다음 상태는 'ON'이고, 그 외의 경우 픽셀의 상태는 'OFF'이다.[7] 이런 규칙을 따르는 생명 세계는 결정론적이다. 즉 그 세계는 그 규칙을 회피할 방도가 없으며 모든 다음 상태는 주위 픽셀의 배열로 결정된다. 데닛은 'ON-OFF' 픽셀의 진화 형태를 연구하여 두 가지 형태인 유지자(Gliders)와 소비자(Eaters)를 구별해 냈다. 유지자는 계속 형태를 유지하는 반면에 소비자는 유지자를 소비한다(먹어치운다). [그림 24]에는 생명계에서 시간의 흐름에 따라 유지자를 먹어치우는 소비자의 진화 형태가 나타나 있다.

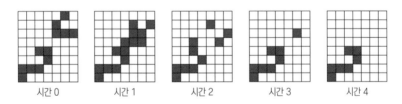

시간 0   시간 1   시간 2   시간 3   시간 4

[그림 24] 유지자를 먹는 소비자
(D. Denntt, 2003, p. 39)

이상의 결정론적 세계에서 우리는 다른 것들보다 '손해'를 더 잘 피하는 회피자(Avoiders)를 설계할 수 있다. 이로부터 다음의 논증이 성립

---

7 Ibid., p. 36.

한다.[8]

    a. 어떤 결정론적 세계들에는 손해를 피하는 회피자들이 존재한다.

    b. 그러므로 어떤 결정론적 세계들에서 피해지는 것들이 존재한다.

    c. 피해지는 것은 무엇이나 피할 수 있다.

    d. 그러므로 어떤 결정론적 세계들에서 모든 것이 피할 수 없는 것은 아니다.

    e. 그러므로 결정론은 피할 수 없음을 함축하지 않는다.

하나의 체계가 자유롭다는 것은 한 가지 이상의 가능성 집합이 있고 그런 가능성 중 어느 것이 어느 시기에 현실적인지는 자유의 정도를 조절하는 기능이나 스위치에 의존한다.[9] 데닛의 모형은 결정론이 회피할 수 없음을 함축한다는 강한 결정론을 논박한다. 따라서 결정론이 반드시 자유의지의 가능성을 배제할 필요는 없다. 자연과학자들은 생명체의 행동은 일차적으로 유전자에 의해 결정되고 유전자에 의해 결정되지 않는 것은 환경에 의해 결정된다고 주장해 왔다. 데닛은 유전자와 환경을 대표하는 자연(Nature)과 양육(Nurture)이라는 두 요소 외에 제3의 요소로 기회(Chance)와 행운(Luck)을 제안한다.[10] 기회와 행운은 다른 무엇보다도 비결정론적 세계의 특징이다.

---

8 Ibid., p. 56.
9 Ibid., p. 162.
10 Ibid., p. 158.

13.2 도덕성의 신경적 기반

양립가능론은 내적 원인을 이용하여 인과성과 책임성의 양립을 주장할 수 있다. 처칠랜드는 양립가능론의 문제를 지적하기 위해 다음과 같이 그것의 핵심주장을 차례로 검토한다.[11] ① 자발적 원인은 내적 원인이다. 내적 원인이 행위자의 자발적 의도에 의한 것이므로 우리는 행위자에게 그의 행위에 대한 책임을 물을 수 있다. 그러나 처칠랜드는 이 주장이 성립하지 않는다고 지적한다. 우선, 내적 원인이 모두 자발적 원인은 아니라는 문제가 있다. 예를 들어, 헌팅턴병(Huntington disease) 환자나 몽유병 환자의 행위는 그들의 의도와는 상관없이 행해지는 몸적 움직임이다. 또한 설사 내적 원인이 자발적 원인이라고 하더라도, 양립가능론자들이 최종적으로 주장하려고 하는 행위의 책임성이 성립하기 어렵다. 헌팅턴병 환자의 행위는 분명히 그의 내적 원인에 의한 것이지만 우리는 그에게 그로 인한 몸적 움직임에 대한 책임을 묻기는 어렵다.

② 행위자는 자신의 자발적 의도를 알고 있다. 그러므로, 우리는 그의 행위에 대한 책임을 물을 수 있다. 이 경우는 위에서 제시된 비판을 벗어날 수 있지만, 처칠랜드는 이 또한 성립하지 않는다고 비판한다. 예를 들어, 강박장애(OCD) 환자는 자신의 손을 씻으려고 의도하고 있으며 그 의도를 잘 알고 있지만, 그는 손을 씻는 행위를 통제할 수 없다. 여기서 우리는 의식 가능성과 통제 가능성의 차이를 보게 된다. 우리는 통제할 수 없는 행위에 대해 행위자에게 책임을 물

---

11 P. S. Churchland(2002), pp. 208-210.

을 수 없다.

③ 자발적 원인은 내적으로 다르게 느껴진다. 즉, 자발적 행위와 강제된 행위는 내적으로 다르게 느껴지므로, 전자에 의한 행위에 대해 우리는 그 행위자에게 책임을 물을 수 있다. 그러나 처칠랜드는 우리에게 그 양자를 구별할 방안이 없다고 지적한다. 내성은 그 양자를 구별하지 못한다. 예를 들어, 투렛증후군(Tourette syndrome) 환자나 밀실공포증(claustrophobia) 환자의 경우 강제된 행위는 자발적 행위만큼이나 그것에 저항하려는 욕구를 매우 강력하고 절실하게 느낄 수 있다.

④ 자유로운 선택이 가능했다면, 행위자는 다르게 선택할 수 있었다. 처칠랜드는 이런 가정적 해석도 문제가 있다고 본다. 그것은 자발적 행위의 원인과 비자발적 행위의 원인을 구별하는 데 도움을 주지 못한다. 예를 들어, 투렛증후군 환자가 외치는 "바보, 바보, 바보"라는 비자발적 행위와 국회에서 한 국회의원이 다른 국회의원에게 외치는 자발적인 외침 행위는 만약 그 양자에서 선행 조건이 달랐더라면, 그 결과도 달랐을 것이라고 볼 수 있다. 그러나 우리는 동료 의원을 '바보'라고 부른 국회의원에게 책임을 물을 수 있지만, 투렛증후군 환자에게 책임을 물을 수는 없다.

이제 처칠랜드는 인과성과 예측 불가능성이 양립 가능하다는 점을 보임으로써 양립가능론을 신경과학적으로 구성하고 자유의지를 확보하는 전략을 취한다.[12] 처칠랜드에 따르면 뇌는 인과적 기제이다. 인과성은 사건이 발생하는 조건에 관련되는 반면 예측 가능성은

---

12 Ibid., 5장.

그 조건에 대해 우리가 무엇을 아는지와 관련된다. 이런 구분을 바탕으로 처칠랜드는 뇌에서 발생하는 모든 사건은 물리적으로 결정되지만, 그로부터 우리 행위가 예측 가능하다는 점이 함축되지는 않는다고 주장한다. 이는 일종의 '무지로부터의 논증'에 해당한다.

우리는 아직도 행위 결정과 관련된 구체적인 신경 기제를 정확히 알지 못하지만,[13] 신경과학적 기제와 구성이 자유의지의 행사와 관련된 변수들의 최적값을 규정할 것으로 예측할 수 있다. 변수들의 값이 최적 범위 내에 있으면 행위자는 자신의 행동을 통제할 수 있고 자유의지를 가지며, 그것이 최적 범위 밖에 있으면 행위자는 그의 행동을 통제할 수 없고 자유의지를 갖지 못한다.[14] 예를 들어 [그림 25]에서 볼 수 있듯이 신경계에는 편도체와 전두엽의 연결, 세로토닌, 호르몬, 전전두엽 활동 등과 같이 행위의 자기통제와 관련된 여러 가지 차원이 있는데, 행위자가 행위를 통제할 수 있는지는 그런 차원들로 구성된 공간에서 결정된다.

처칠랜드가 강조한 도덕적 판단과 행위의 신경적 기반의 관계를 보여주는 고전적 예는 피니어스 게이지(Phineas Gage, 1823-1860)이다. 게이지는 미국 버몬트주의 철도회사 작업반장이었다. 그는 성실하면서도 사교적 성격을 가졌고 그에 대한 사회적 평판도 좋았다. 1848년 게이지가 바위를 폭파하기 위해 화약을 설치하던 중 폭발 사고가 발생했고 작업용 쇠막대(굵기 3cm, 길이 1m)가 그의 왼쪽 뺨으로

---

13 이에 대해 A. Damasio는 이의를 제기할 수 있다.
14 P. S. Churchland(2002), p. 218.

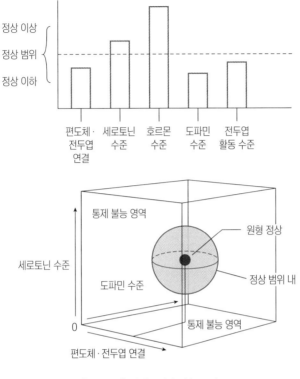

[그림 25] 자기통제의 변수 공간

(P. S. Churchland, 2002, p. 220)

뚫고 들어가 머리를 관통했다. 많은 사람이 게이지가 사고로 사망할 것으로 생각했지만 그는 장시간의 수술 끝에 왼쪽 눈을 잃은 것을 제외하고 거의 완벽하게 건강을 회복했다. 그러나 게이지는 더는 예전의 게이지가 아니었다! 게이지는 사고 전보다 더 충동적이고 자기통제력을 잃었고, 부적절한 상황에서 욕설하고, 무례한 행동을 하는 사람으로 변했다. 게이지는 기억력을 점차로 상실했으나 신체적으로 건강했지만 사회 적응력이 현저히 떨어져 사고 후 10년 이상 고통스러운 삶을 살았다. 왜 이런 일이 발생했는가? 당시 게이지를 치료했던 의사들은 정확한 이유를 알지 못했지만 사고로 상실된 게이지의 뇌 부분이 그런 변화의 주원인일 것으로 추측했다. 게이지 사망 이후 신경과학자들은 게이지의 두개골에 대한 컴퓨터 복원기술을 이용하여 사고로 상실한 게이지 뇌의 부분은 전전두엽, 특히 안와전두엽과 **복내측 전전두엽**이었다는 점을 밝혀냈다.

여기서 이후의 논의를 위해 도덕적 판단 및 행위와 밀접한 연관이 있다고 밝혀진 전전두엽의 기능을 간단히 정리해 보기로 한다. ([표 12] 참조)

[표 12] 전전두엽의 주요 기능과 손상 장애

명칭	주요 기능	대표적 손상 장애
배외측 전전두엽 (Dorsolateral Prefrontal Cortex)	• 작업기억과 주의 집중 • 목표 지향적 행동 • 이성적 정보에 의한 판단	• 합리적 의사결정 능력의 감소 • 사기와 같은 비양심적 행위의 증가
복내측 전전두엽 (Dorsomedial Prefrontal Cortex)	• 이타적 행위 • 감정적 정보에 의한 판단	• 고통스럽거나 혐오스러운 장면에 대한 자율신경계의 반응 저하 • 도덕적 문제에 대한 냉혹한 판단
완와전두엽 (Orbitofrontal Cortex)	• 욕구 및 동기에 관련된 정보 처리 • 사회적 행동 수행	• 무책임한 행동 • 사회적으로 부적절한 행동

게이지의 사례는 전전두엽의 손상은 중대한 인격 변화를 초래하고 사회적 행위에도 큰 영향을 미칠 수 있다는 점을 결정적으로 보여주었다. 우리는 여기서 사고 후 나타난 게이지의 행위에 대해 그가 책임을 져야 하느냐는 문제를 생각해 볼 필요가 있다. 예를 들어 게이

지는 적절치 않은 상황에서 욕설한 행위에 대해 윤리적 책임이 있는가? 이 질문에 대해 앞에서 검토한 세 가지 이론은 [표 13]에서 제시한 대답을 제시한다.

[표 13] 게이지의 행위와 책임

이론	분석	책임
강한 결정론	(폭발 사고 → 뇌 손상)과 (뇌 손상 → 욕설 행위)는 모두 인과 결정론적 과정이다.	책임이 없다.
비결정론	(폭발 사고 → 뇌 손상)은 결정론적 과정이지만 (뇌 손상 → 욕설 행위)는 비결정론적 과정이다.	책임이 있다.
양립 가능론	(폭발 사고 → 뇌 손상)은 결정론적 과정이지만 (뇌 손상 → 욕설 행위)는 강제된 과정이 아니다. (흄)	책임이 있다.
	(폭발 사고 → 뇌 손상)은 결정론적 과정이지만 (뇌 손상 → 욕설 행위)는 예측 가능한 과정이 아니다. (처칠랜드)	책임이 없다.

위의 분석에 따르면, 양립가능론은 윤리적 책임에 대해 서로 다른 태도를 보인다. 즉, 흄의 양립가능론에 따르면, 게이지의 욕설 행위는 그의 내적 원인에 의한 것이므로 그는 자기 행위에 대한 책임이 있다. 반면에 처칠랜드의 양립가능론에 따르면, 당시에 게이지를 포함하여 누구도 게이지의 뇌 손상이 비윤리적 행위를 유발할 것이라고 정확히 예측할 수 없었으므로, 그는 자신의 행위에 대해 윤리적 책임을 질 필요가 없다. 우리는 여기서 행위의 책임에 대한 이러한 의견 대립은 경험적으로 결정될 수 있다는 점에 유의할 필요가 있다. 게이지의 경우 그에게 책임을 묻는 것은 반직관적으로 보인다. 왜냐하면 게이지처럼 안와전두엽과 복내측 전전두엽의 손상을 입은 사람은 비윤리적 행위를 하지 않을 가능성이 거의 없으므로, 그에게 그

행위에 대한 도덕적 책임을 묻는 것은, 마치 다리에 상처를 입어 절룩거리며 걷는 사람에게 정상적으로 걷지 못한 책임을 묻는 것과 같기 때문이다.

그러나 비결정론자와 흄적인 양립가능론자는 복내측 전전두엽에 심각한 손상을 입었더라도 '반드시 그리고 항상' 비윤리적으로 행위하는 것은 아니라고 대답할 수 있다. 게이지와 같은 뇌 손상을 입은 환자들 대부분이 자신의 행위를 통제할 수 있다는 점이 경험적으로 밝혀진다면 비결정론자의 주장은 설득력을 얻게 될 것이다. 이와 관련하여 흄적 양립가능론의 지지자인 가자니가(M. S. Gazzaniga)는 전전두엽이 손상된 사람들이 모두 반사회적 현상을 보이는 것은 아니라고 주장한다. 특히 게이지처럼 완와전두엽과 복내측 전전두엽에 손상을 입은 환자들은 대부분 '법적으로 제재할 만한' 반사회적 행동을 보이지 않는다. 가자니가는 이 외에도 어려서부터 반사회적 인격장애를 보여온 한 소년이 러시안룰렛 놀이를 하면서 자기 머리에 총을 쏘아 전전두엽이 손상된 경우를 제시한다. 그 소년은 사고 후에 생존했는데 그의 인격에 거의 또는 어떤 변화도 없었다고 한다. 그 사고 이전에 그 소년의 행위가 반사회적이었다는 것은 그의 전전두엽이 이미 적절히 작동하지 않았다는 것을 보여주며, 그 사고는 이미 오작동하고 있는 뇌에 추가적인 손상을 입혔을 뿐이다.[15]

그러나 가자니가의 사례들은, 마치 게이지의 사례가 강한 결정론이 타당하다는 것을 단정적으로 보여주지 못한 것처럼, 흄적 양립가능론이 타당하다는 것을 보여주지 못한다. 게이지와 같은 뇌 부분이

---

15 M. S. Gazzaniga(2005), p. 97.

손상된 환자들이 대부분 '법적으로 제재할 만한' 반사회적 행동을 보이지 않았다는 사실은 그의 주장을 강화하는 데 도움이 되지 않는다. 왜냐하면, 게이지 역시 그런 손상에도 불구하고 법적인 제재가 필요한 반사회적 행위를 하지 않았기 때문이다. 또한 러시안룰렛 놀이를 하면서 자신의 머리에 총을 발사한 소년이 사고 후 여전히 반사회적 행위를 계속했다는 것은 양립가능론을 위한 논거가 아니라 뇌의 기제가 행위를 강하게 결정한다고 주장하는 강한 결정론을 지지하는 사례로 보인다. 우리가 여기서 볼 수 있는 것은 몇 가지 사례로 자유의지와 결정론의 문제를 경험적으로 해결할 수는 없다는 점이다. 경험적 사례가 문제를 해결하는 데 도움이 되기 위해서는 그것이 왜 특정 이론을 지지하는 논거가 되는지에 대한 분석이 선행되어야 한다.

트롤리 문제

윤리적 판단은 종종 딜레마를 낳는다. 이를 잘 보여주는 것으로 트롤리 문제(Trolley problem)[16]가 있는데 그것은 다음과 같이 두 가지 형태가 있다.

- 첫째 형태: 당신은 기관사이다. 당신이 운전하는 기차의 브레이크가 고장이 났는데 선로 앞쪽에는 다섯 명의 인부가 작업하고 있다. 오른쪽에 비상 선로가 있고 그곳엔 한 명의 인부만이 작업

---

16 트롤리 문제는 1967년 푸트(P. Foot)가 처음 "The Problem of Abortion and the Doctrine of the Double Effect"로 제안했고, 톰프슨(J. J. Thompson)이 'Trolley Problem'라는 명칭을 사용했다. https://en.wikipedia.org/wiki/Trolley_problem.

하고 있다. 기차가 그대로 달리면 다섯 명의 인부가 희생될 것이고, 당신이 선로를 변경하면 한 명의 인부만이 희생될 것이다. 당신이 기관사라면 선로를 변경할 것인가, 아니면 그대로 둘 것인가?

- 둘째 형태: 여기서도 상황은 첫째 형태와 같다. 그러나 이번에는 당신은 기관사가 아니라 고속으로 다가오는 기차를 다리 위에서 내려다보고 있는 구경꾼이다. 당신 옆에는 매우 뚱뚱한 사람이 서 있다. 만약 당신이 그 사람을 다리 밑으로 밀쳐서 선로에 추락시키면, 기차가 멈추게 되어 다섯 명의 목숨을 구할 수 있다. 만약 당신이 구경꾼이라면 당신은 옆에 서 있는 뚱뚱한 사람을 밀쳐서 다섯 명의 목숨을 구할 것인가, 아니면 그냥 보고 있을 것인가?

이 두 가지 질문은 각각 윤리적 선택 문제에 대한 **공리주의적 접근**(Utilitarian approach)과 **위해 가하지 않기 전략**(Do-no-harm approach)을 대표한다. 위의 두 가지 질문에 대한 사람들의 반응은 다음과 같이 매우 차이가 났다.[17]

- 첫째 형태에 대한 대답: 응답자들은 대부분 선로 변경을 선택했다.
- 둘째 형태에 대한 대답: 응답자들의 절반이 그대로 있는 것을 선택했다.

---

[17] E. Awada 등(2020)은 42개 국가 출신, 10개 언어 사용자 7,000명을 대상으로 두 가지 형태의 트롤리 문제에 대한 설문 조사를 실시했다. 국가에 상관없이 (a)에 대해 응답자의 81%가 선로 변경을 선택했고 (b)에 대해서는 51%가 그대로 있는 것을 선택했다.

왜 그런 차이가 발생했는가? 우리는 그 차이가 각각의 질문에 대해 반응하는 뇌의 기제가 달랐기 때문에 나타났다고 설명할 수 있다. 구체적으로 첫째 딜레마에서는 논리적 판단을 주관하는 배외측 전전두엽이 활성화되었고 둘째 딜레마에서는 정서적 판단을 주관하는 복내측 전전두엽이 활성화되었기 때문에 그 차이가 발생했다.

전통적으로 인간 행위를 설명하는 데 있어 두 가지 설명 방식이 경쟁해 왔다. **인과적 설명**(causal explanation)과 **목적론적 설명**(teleological explanation)이 그것이다. 인과적 설명은 인과관계에 의존하여 피설명항인 행위가 발생하게 된 원인과 초기 조건을 추적하여 설명한다. 이런 방식의 설명은 결정론적 세계관과 강한 결정론과 잘 어울린다. 반면에 목적론적 설명은 행위의 동기, 이유, 목적에 의존하는 설명이다. 앞에서 우리는 트롤리 선택 상황에 대해 배외측 전전두엽과 복내측 전전두엽을 행위의 원인으로 지목하는 인과적 설명을 제시했다. 우리의 설명이 타당하기 위해서는 그것이 가정하는 인과관계가 성립해야 한다. 즉, 첫 번째 선택 상황에서는 일반적으로 사람들의 배외측 전전두엽이 활성화되고, 두 번째 선택 상황에서는 대체로 사람들의 복내측 전전두엽이 활성화되어야 한다.

최근 그런 법칙적 관계가 성립하지 않는다는 것을 보여주는 실험 결과가 보고되었다. 설선혜 등의 연구에서(S. Sul et al., 2015) 연구진은 피험자들에게 과제수행 점수가 자신이나 타인에게 이롭게 또는 해롭게 작용할 수 있다는 사실을 알려준 다음, 도형 중 정답 하나를 선택하는 과제를 수행하게 하고 fMRI로 활성화된 뇌 부위를 촬영했다. 실험 결과 이타적인 사람의 경우 두 상황에서 모두 배외측 전전두엽이 활성화되는 반면에, 이기적인 사람의 경우는 이타적 결정을

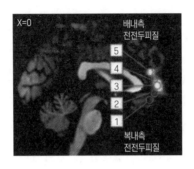

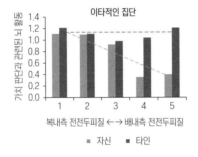
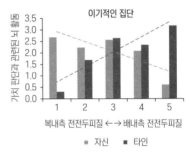

[그림 26] 가치 판단에 대응하는 뇌 영역

(S. Sul et al., 2015, p. 7853)

내리는 경우 배외측 전전두엽이 활성화되고 이기적 결정을 내리는 경우 복내측 전전두엽이 활성화된다. ([그림 26] 참조)

위의 실험 결과에 따르면, 행위를 설명하는 데 있어서 행위자의 윤리적 성향이 크게 작용한다. 이 점이 게이지의 행위를 윤리적으로 평가하는 데 어떻게 작용하는가? 사고 후 게이지의 비윤리적 행동은 신경생리적 손상에 의한 것으로 볼 수 없다. 왜냐하면 게이지의 사고 전후 행동 성향을 결정하는 것은 신경생리적 기제가 아니라, 그의 윤리적 성향, 즉 이기적 또는 이타적 성향이기 때문이다. 신경과학적 지식만으로 인간 행위를 설명할 수 없는 또 다른 이유는 신경과학은 행위의 이유, 의도, 목적을 다루지 않는다는 데 있다. 전통적으로 이유, 의도, 목적을 활용한 설명은 지향적 설명, 목적론적 설명, 역사적 설명으로 나타났다. 여기에서 볼 수 있듯이 신경과학이 사실과 가치, 원인과 이유를 엄격히 구분하고 전자만을 중시한다면 그것은 인간 행위를 적절히 설명할 수 없다.

13.3 리벳 실험

신경과학의 윤리적 함축에 대한 표준적 입장은 강한 결정론이다. 표준적 입장에 따르면 인간의 모든 행위가 뇌의 기제에 의해 결정되므로 행위를 선택하는 자유는 없다. 만약 이런 '신경 결정론'이 옳다면 자유로운 행위 선택에 대한 우리의 생각은 잘못일 것이다.

신경과학은 자유의지를 어떻게 연구하는가? 이 질문과 관련하여 리벳(B. Libet, 1985)은 자유의지의 존재를 확인하기 위해 나중에 많은 논쟁을 유발하게 될 실험을 수행했다. 리벳 실험에서 피험자 앞에는 버튼이 하나 놓여 있고, 피험자는 그가 원하는 시간에 자유롭게 그것을 누를 수 있다. 피실험자는 컴퓨터 화면에 제시된 시계를 보고 자신의 손가락을 움직이겠다는 의지를 갖는 순간의 시간을 보고했다. 그 시계는 0.05초(50ms) 간격으로 시간을 표시하기 때문에 피실험자는 자신이 행위 의지를 갖는 순간을 거의 동시에 확인할 수 있다.

리벳 실험에서는 세 가지 시간이 측정되었다. ① 피험자가 손가락을 움직이려는 의지가 발동하는 시간(W)은 앞에서 설명한 정교한 시계로 측정되었다. ② 손가락의 동작 발생을 위한 뇌 반응인 준비전위(readiness potential, RP)가 발생한 시간은 뇌전도(EEG)에 의해 측정되었다. ③ 버튼을 누르는 손가락의 동작이 발생하는 시간은 근전도 (electromyogram, EMG)로 측정되었다. 이제 우리는 자유의지가 존재한다면, W가 가장 앞서고, RP와 EMG가 차례로 나타날 것이라고 예상할 수 있다.

• 의지 발동(W) ≫ 뇌 반응(RP) ≫ 손가락 동작(EMG)

우리의 이런 예상은 리벳 실험을 통해 잘못임이 드러났다. [그림 27]에서 나타나듯이 리벳 실험의 결과는 RP가 W보다 평균 0.35초 (350ms) 앞섰고, EMG 보다 평균 0.55초(550ms) 앞서는 것으로 나타났다. 뇌의 신호는 1초당 60~120m의 속도로 진행한다는 것과 시각 자극이 뇌에 전달되는 데 0.02~0.04초(20~40ms) 걸린다는 점을 고려하면 0.35초의 차이는 뇌 사건에서는 상당히 긴 시간에 해당한다. 실험 결과는 피험자가 자신의 손가락을 자유의지에 따라 움직이려고 결정하기 0.35초 전에 뇌는 이미 손가락을 움직이는 데 필요한 과정을 시작하고 있었다는 것을 의미한다.

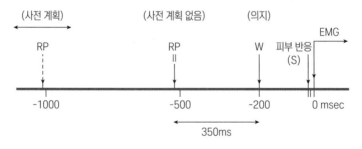

[그림 27] 리벳 실험의 결과

(B. Libet, 2004, p. 137)

- 뇌 반응(RP) ≫ 의지 발동(W) ≫ 손가락 동작(EMG)

  350ms   200ms

리벳 실험의 결과는 자유의지를 부정하는가? 많은 사람이 그렇다고 보았다.[18] 그러나 정작 실험을 수행한 리벳(2004)은 매우 흥미로운 해석을 제시했다. 그는 자신의 실험 결과가 자유의지와 양립 가능할 수 있다고 제안했다. 즉, 손가락을 움직이겠다는 의지를 의식한 순간부터 실제로 손이 움직인 순간까지 걸린 시간은 약 0.2초이고, 중뇌의 신호가 실제로 손이 움직이게 만들기까지 0.1초 정도 소요되므로, 남은 0.1초 동안(W와 중뇌 신호 처리 사이) 피험자는 뇌에서 진행되고 있는 신경 과정을 거부(Veto)할 수 있다.

- 뇌 반응(RP) ≫ 의지 발동(W) ≫ 중뇌 신호 처리 ≫ 손가락 동작(EMG)

  350ms   100ms   100ms

리벳은 그 거부 가능성이 자유의지를 보증한다고 주장했다. 리벳의 제안에 따르면 우리는 어떤 행위를 '선택하는' 자유의지가 아니라 행위 가능성을 '중단하는' 자유의지를 갖고 있다.

리벳이 제시한 '부정적 자유의지' 논증은 다음과 같이 정리된다.

a. 자발적 의지는 의지적 행동을 일으키지 않았다.
b. 그러므로 자유의지는 존재하지 않는다.

---

[18] S. A. Spense(1996), S. Pockett(2004)가 그 대표적인 예이다.

c. 그러나 자발적 의지는 이미 촉발된 신경 과정을 계속할 것인지를 결정할 수 있다.

d. 그러므로 '부정적' 자유의지는 존재한다.

리벳이 '자유'라고 부르는 자유는 전통적 의미에서의 자유는 아니다. 리벳 실험이 올바로 수행되었다면, 우리는, 베그너(D. M. Wegner)가 주장했듯이,[19] 그 실험의 결과는 자유의지를 부정한다고 말해야 할 것이다. 우리는 여기서 왜 리벳이 그런 '이상한' 해석을 내놓았는지를 생각해 볼 필요가 있다. 리벳은 자신의 실험 결과가 기존의 통념을 크게 벗어나는 것을 원치 않았다. 그렇기 때문에 그는 자유의지를 최대한 보장하는 방향으로 실험결과를 해석하려고 시도했고 그 결과는 '반쪽짜리' 자유였다. 우리는 여기서 현대 신경과학자들의 고민을 보게 된다. 그들의 연구는 우리가 현재 갖고 있는 정신세계에 대한 개념 체계와 종종 충돌하고 있다. 신경과학자들은 자신들이 발견한 내용을 언어적으로 표현하는 데 있어 은유, 비유 등을 사용하게 된다. 우리는 앞에서 다수의 신경과학자들과 인지과학자들이 부분·전체의 오류를 범하고 있다는 주장(베넷과 해커)을 살펴보았다.

리벳 실험의 경험적 타당성과 양립가능론적 해석에 대해 다양한 비판이 제기되었다. 자유의지의 존재에 대한 찬반 입장을 떠나 그 실험이 경험적으로 적절히 수행되었는지, 실험 결과를 해석하는 데 있어 개념적 오류는 없었는지 등을 검토한 많은 비판적 연구가 있다.

---

[19] 베그너는 자유의지를 신경 사건에 의해 야기되는 부수현상이라고 주장한다. D. M. Wegner(2002), p. 317.

그중 RP가 뇌 반응을 측정하는 적절한 측도가 될 수 없다고 지적하면서 그것은 특정 시간에 발생하는 신경 사건에 대한 **불완전한** 집합적 측도로 보아야 한다는 비판이 있다(C. C. Wood, 1985). 또한 데닛(1991)은 어떤 것이 의식 안으로 들어오는 정확한 순간이 있다는 리벳의 가정은 비물질적 자아가 실재한다고 보는 소위 '데카르트적 극장(Cartesian theatre)' 개념에 호소하는 오류를 범하고 있다고 지적했다.

이 외에도 리벳 실험은 또 다른 문제를 안고 있는데 그것은 바로 시간 W가 정확히 무엇을 의미하는지에 관련된다. 리벳은 시계가 '의지가 발동하는 시간'(W)을 동시적으로 측정한다고 보았다. 따라서 의지가 발동하는 바로 그 순간에 피험자들은 자신의 의지가 발동하는 것을 의식했다고 가정된다. 그러나 비판자들은 의지가 발동한 시간과 '의지 발동을 의식한 시간'은 다를 것이라고 주장한다. 그 비판에 따르면, 리벳 실험에서 진행된 신경 과정은 다음과 같다.

- 의지 발동(W) ≫ 뇌 반응(RP) ≫ 의지 의식 ≫ 손가락 동작(EMG)

      500ms   200ms

이 경우에 먼저 자발적 의지(W)가 발동하고 그다음 뇌가 반응했기(RP) 때문에 전통적인 의미에서의 자유의지가 확보될 수 있다. 이런 해석에 따르면, 의지가 발동했지만 그것은 의식되지 않은 채 적어도 0.3초 이상 작용하고 있다. 1장에서 고차사고 이론을 논의할 때 지적했듯이, 모든 의지가 반드시 의식된다고 보아야 할 필요는 없으므로 '발동된 의지가 의식되지 않았다'라는 제안이 논리적으로 문제가 되지는 않는다. 그러므로 문제는 그것이 경험적으로 타당한 내용을 담고 있는가이다.

이와 관련하여 가자니가(M. S. Gazzaniga, 2005)는 우리가 의식하기 전에 뇌가 특정 과제를 수행했다는 것을 보여주는 실험들이 많다고 지적하면서, 구체적으로 자신의 실험을 제시한다.[20] 단어 'he'와 'art'를 각각 피험자의 시야에 있는 고정점의 왼편과 오른편에 제시하면 피험자는 그 자극으로부터 단어 'heart'를 지각한다. 이것은 좌뇌와 우뇌의 시각 처리 부위에 제시된 정보가 뇌량을 통해 교차하기 때문에 가능하다. 실험자들은 사건전위(event-related potential)를 이용하여 뇌의 활동을 측정했다. 한 자극이 왼편 시야에 제시되면 우반구의 시각피질이 활성화되고 0.04초 후에는 좌반구로 퍼져나가기 시작한다. 반대편 시야에 제시된 자극도 동일한 과정을 거친다. 그리고 다시 0.04초 후 그 두 정보는 통합되어 'heart'로 의식된다. 여기서 중요한 점은 'he'와 'art'의 통합이 'heart'를 의식하기 전에 일어난다는 점이다. 이런 결과는 리벳 실험의 결과와 동일하다.

가자니가는 자신의 실험으로부터 "뇌는 결정되어 있지만, 사람은 자유롭다"라고 주장한다.[21] 여기서 검토된 리벳과 가자니가의 실험은 모두 우리가 특정 과제를 의식하기 전에 뇌에서 이미 그것이 신경생리적으로 처리되고 있다는 점을 보여주었다. 리벳이 자신의 실험으로부터 '변형된' 양립가능론을 주장하는 반면에 가자니가는 흄과 에이어(A. J. Ayer)가 주장한 양립가능론을 주장한다. 가자니가의 양립가능론은 다음과 같이 논증으로 정리될 수 있다.

20 M. S. Gazzaniga(2005), pp. 94-95.
21 Ibid, p. 99.

a. 뇌는 인과 결정적 체계이다.

b. 책임은 행위자가 속한 사회와의 개인적 상호작용에서 발생한다.

c. 그러므로 우리는 자신의 행위에 대해 개인적으로 책임이 있다.

가자니가에 따르면, 책임은 신경적 기제에서 발견되는 것이 아니라 오히려 타인과의 개인적 상호작용의 결과이다. "궁극적으로 책임은 뇌의 속성이라기보다는 두 사람 간의 계약이다. 여기서 결정론은 어떤 의미도 갖지 못한다. 인간 본성은 변하지 않은 채로 남아 있지만, 행위는 사회적 세계에서 변할 수 있다."[22] 가자니가가 제시한 '사회적 계약'으로서의 책임 개념에 따르면 게이지에게 그의 비윤리적 행위에 대한 책임을 묻는 것은 정당화되기 어렵다고 주장하는 강한 결정론은 잘못이다. 왜냐하면, 게이지가 자신의 행위에 대한 책임이 있는지는 그의 뇌 손상과는 아무런 관련이 없기 때문이다. 가자니가에 따르면 비록 자신의 뇌가 손상되었지만, 게이지는 최소한 자신과 삶을 같이 살아가는 개인들과의 계약을 지켰어야 한다.

위에서 정리된 가자니가의 양립가능론이 우리가 앞에서 살펴본 두 가지 유형의 양립가능론(흄, 처칠랜드)과 차이가 나는 것은 자유와 책임을 신경 차원이 아니라 사회적 차원에서 접근한다는 점이다. 그러나 자유의지와 책임의 문제를 이런 방식으로 해결하는 것은 '쉽게' 문제를 돌파하는 것이다. 철학적 문제를 쉽게 해결하는 것은 한편으로 매우 바람직하지만 다른 한편으로 그것은 반드시 검

---

22 Ibid p. 215.

토되어야 할 문제들을 간과하는 잘못을 범할 수 있다. 그 대표적인 예로 가자니가의 주장은 12장에서 논의한 부분·전체의 오류를 범한다는 점을 지적할 수 있다. 우리는 그 오류를 검토하면서 그것을 범하는 것이 반드시 나쁜 것만은 아니라는 것을 보았다. 그러므로 가자니가가 '자유롭다'라는 술어는 '뇌'가 아니라 '인간'에게 귀속되어야 한다고 주장하면서 부분·전체의 오류를 범했지만 거기에 정당한 이유가 있다면 그의 주장은 타당할 것이다. 그러나 가자니가는 그 점에 대해 어떤 언급도 하지 않는다. 우리는 가자니가가 행위의 자유를 확보하기 위해 '다르게 행위할 수 있었다'라는 가정적 의미를 채용한 것은 에이어의 이론을 인용한 것으로 볼 수 있다. 그렇지만, 가자니가의 주장은 본질에서 윤리적이고, 철학적 주장인 데 비해, 그 주장에 대한 이론적 근거를 제대로 제시하지 못하고 있다는 점에서 철학적으로 '독립적' 논증으로 보기는 어렵다. 그러나 가자니가의 이론은 신경과학자의 입장에서 매우 '철학적인' 주제를 과감하게 다루고 그에 대한 자신의 직관을 제시하고 있다는 점에서 그 의의가 인정되어야 한다. 최근 들어 세계적으로 범죄 행위가 자유의지에 의한 것인지에 대한 논쟁이 야기되고 있다. 강한 결정론의 지지자는 아마도 신경과학이 자유의지에 의한 행위와 강제된 행위를 구분하는 기분을 제공할 수 있다고 주장할 것이다. 그러나 가자니가는 이런 입장을 단호하게 비판하면서 자유의지의 사회적 특징을 강조한다. 그에 따르면, 행위는 신경과학적으로 결정되어 있지만 행위의 책임성은 신경과학적으로 결정될 수 없다. 나는 가자니가의 주장이 체화주의적 관점에서 충분히 수용될 수 있다고 본다. 그가 강조한 윤리의 사회성은 체화주의가 강조하는 뇌·

몸 · 세계의 관계를 바탕으로 이해될 수 있기 때문이다. 우리는 그가 제시한 신경윤리에서 신경과학 연구자로서 신경과학의 한계를 설정한 그의 용기와 고심을 엿볼 수 있다.

13.4 내러티브적 자아

자아란 무엇인가? 자아란 나를 '나'라고 인식하는 주체이다. 철학자들은 전통적으로 자아를 시공간에서 지속하는 실체로 간주해 왔지만, 그 개념을 둘러싼 논쟁의 역사에서 볼 수 있듯이 그런 자아 개념은 심각한 문제점을 안고 있다.[23] 많은 인지과학 연구자들이 자아의 형성을 연구하면서 **"자아란 내러티브의 산물이다"**라는 결론에 도달했다.[24]

내러티브는 인간의 삶과 세계에 관한 이야기를 구성하고 거기에 등장하는 대상들에 의미를 부여하는 활동이다. 이런 점에서 내러티브는 우리 경험을 구성하는 동시에 역으로 경험을 이해하기 위한 수단으로 작용한다. 이런 양방향성 때문에 내러티브는 주체와 세계를 연결하는 통로를 제공할 수 있다. 브루너(J. Bruner)에 따르면, 어린이는 이야기를 통해 자신의 경험을 내러티브적으로 조직하는 방법을 배우며, 내러티브는 문화가 제공하는 규범적 세계(cannonical world)

---

23 R. Winkler(2016), pp. 7-12.
24 대표적 연구자로 브루너 외에 매킨타이어(A. MacIntyre, 1981), 테일러(C. Taylor, 1992), 리쾨르(P. Ricoeur, 1984)와 같은 철학자와 D. Dennett(1986), A. Damasio(2003, 2010), S. Gallagher(2000)와 같은 인지과학자들이 있다.

와 믿음, 욕구, 희망 등으로 구성되는 특이 세계(idiosyncratic world)를 중재한다.[25] 인간은 내러티브 망 속에서 태어나며 내러티브적 질문을 통해 삶의 목적을 설정한다. 이런 점에서 인간은 내러티브적 주체이고 **호모 나랜스**(Homo Narrans)이다. 인간이 내러티브적 존재라면 우리는 인간의 행위와 의도를 내러티브 망과 분리하여 이해할 수 없을 것이다.

현대 신경과학의 중요한 발견 중 하나는 **무아**(無我)의 발견이다. 뇌안에는 자아가 없다. 신경과학자들은 의식이나 자아를 부정하는 다양한 주장을 제시하고 있는데 그 요지는 "실체로서의 자아는 없다", "실체로서의 자아는 환상이다"라는 것이다. 무아론(無我論)에 따르면 기쁨과 슬픔, 기억과 욕망, 자아동일성과 자유의지에 관한 우리의 감각은 실제로는 수십억 개의 신경세포와 그것들의 연접, 그리고 신경세포와 연결된 수많은 분자로 구성된 거대한 신경망의 산물이다. 그런데 왜 우리는 여전히 자아를 믿는가? 크릭에 따르면 거기에는 세 가지 이유가 있다. ① 우리는 자아와 의식을 신경과학적으로 설명하는 것을 반기지 않는다. ② 우리는 맛있는 차를 마시면서 느끼는 것과 같은 언어로 표현하기 어려운 의식의 주관성(qualia)을 믿는다. ③ 우리는 자유의지를 믿는다. 지금까지의 논의를 통해 드러나듯이 환원적 물리주의를 작업가설로 삼고 있는 신경과학자들은 그런 믿음들이 전혀 과학적 근거가 없다고 생각한다.

우리는 '나'의 존재를 믿고, '나'의 즐거움과 고통을 느끼며 살아간다. 고정·불변하는 '나'는 존재하지 않은데도 어떻게 그런 '나'를 생

---

25 J. Bruner(1990), p. 52.

각하게 되었는가? 이런 의문에 대답하기 위해서 우리 삶을 내러티브적으로 이해할 필요가 있다. 내러티브는 '말한다'라는 뜻을 지닌 라틴어에서 유래한 말로서 무엇에 대해 이야기하는 활동이다. 우리 인간은 태생적으로 이야기하기를 좋아한다는 점에서 천성적인 '이야기꾼'이다. 우리는 내러티브를 통해 삶과 세계에 관한 이야기를 구성하고 거기에 등장하는 온갖 대상에 의미를 부여하기 때문에 우리는 자아와 세계가 내러티브의 구성물이라고 말할 수 있다. 이제 세계와 자아는 이야기와 독립적인 존재가 아니라 인간 상상력의 산물이다. 신화, 소설, 영화, 예술 작품 등을 비롯하여 인간이 상상력을 동원하여 구성한 이야기 속에 등장하는 수많은 대상은 영원히 존재하지 않고, 이야기 안에 존재하며, 이야기를 기억하는 마음 안에 존재한다. 그러므로 존재하는 모든 것은 영원하지 않고 상대적인 존재이다. **제행무상**(諸行無常)이다!

다마지오(A. Damasio, 2010)는 뇌가 자아를 구성하는 과정을 다음과 같이 설명한다. 첫째, 뇌는 깨어 있는 마음 안에서 자아를 생성하여 의식을 만든다. 둘째, 자아의 본성은 마음이 몸에 집중하도록 하는 데 있다. 셋째, 자아는 **원자아**(protoself), **핵심 자아**(core self), **자전적 자아**(autobiological self)의 순서로 발전한다.[26] 여기서 원자아는 기초적 자아로서 안정된 몸에 나타나는 상태로서 살아 있는 몸에 대한 동시적 느낌을 갖는다. 핵심 자아는 원자아가 발달한 것으로 원자아와 세계의 상호작용을 통해 나타난다. 그런 상호작용은 내러티브로

---

26 A. Damasio(2010), 8장.

나타나고 그 일부는 느낌으로 나타난다. [그림 28]에서 볼 수 있듯이, 자전적 자아는 이야기에 등장하는 대상들이 핵심 자아를 생성할 때 나타난다. 핵심 자아가 '여기 지금'에 관심을 두는 데 비해 자전적 자아는 과거와 미래로 자아를 확장하며, 이런 확장을 통해 자아동일성이 확보된다.

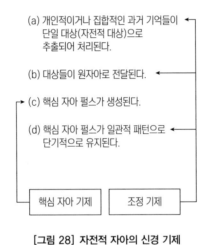

[그림 28] 자전적 자아의 신경 기제
(A. Damasio, 2010, p. 213)

좌뇌 해석기

스페리(R. Sperry, 1961)는 **분리뇌 실험**(split brain experiment)을 통해 좌뇌와 우뇌는 매우 다른 방법으로 '생각한다'라는 점을 발견했다. 좌뇌는 언어적·논리적 사고를 하지만 우뇌는 영상과 심상으로 생각한다. 분리뇌 환자는 치료를 목적으로 좌뇌와 우뇌를 연결하는 뇌량이 제거된 뇌를 갖고 있다. 연구자는 분리뇌 환자의 왼편 시야에 '눈

보라가 치는 시골' 장면을 보여주고, 오른편 시야에는 '닭발' 장면을
보여준 다음, 분리뇌 환자에게 그 장면들과 어울리는 그림을 양손으
로 가리키라고 요청한다. ([그림 29] 참조)

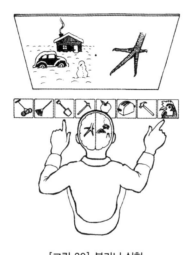

[그림 29] 분리뇌 실험
(M. S. Gazzaniga, 1992, p. 127)

　여기서 분리뇌 환자의 왼편 시야와 오른편 시야에 보인 모습은 각
각 우뇌와 좌뇌의 피질에서 처리된다. 분리뇌 환자는 오른손으로 좌
뇌가 본 닭발과 잘 어울리는 닭을 가리키고, 왼손으로는 우뇌가 본
눈보라가 치는 풍경과 잘 어울리는 삽을 가리킨다. 이제 연구자는 분
리뇌 환자에게 왜 그것들을 가리켰는지를 물으면, 언어중추인 좌뇌
는 닭발을 보았기 때문에 "닭발은 닭과 잘 어울리잖아요"라고 정상적
인 대답을 한다. 그러나 삽을 가리킨 이유를 제시하는 데는 어려움을
경험한다. 왜냐하면 뇌량이 제거되었으므로 좌뇌는 우뇌가 본 풍경
에 관한 정보를 받지 못했기 때문이다. 그러나 왼손이 '삽'을 가리키

는 것을 보고, '닭'과 '삽'을 잘 연결할 수 있는 이야기, 예를 들어 "지저분한 닭장을 치우려면 삽이 필요하잖아요"라는 이야기를 만들어낸다. 이런 엉터리 대답이 나온 이유는 우뇌는 언어를 처리하지 못하므로 자기가 본 것을 말로 표현할 수 없기 때문이다.

가자니가(M. S. Gazzaniga, 1967)는 또 다른 분리뇌 실험에서 삼각형, 사각형, 원과 같은 도형을 보여주며 환자의 반응을 살펴보다가 갑자기 왼쪽 시야에 나체 사진을 제시했다. 그리고 나서 무엇을 보았는지를 물었더니, 환자는 아무것도 보지 못했다고 대답하면서도 얼굴을 붉히면서 웃었다. 왜 웃느냐는 질문에 환자는 "선생님이 재미있는 분이라서요"라는 얼토당토않은 대답을 했다. 왼쪽 시야에 들어온 나체 사진은 우뇌로 들어온다. 환자가 킬킬거리며 웃는 이유는 우뇌가 나체 사진을 보았기 때문이다. 의사가 그에게 웃은 이유를 물었을 때 그 사진을 보지 못한 '좌뇌'가 그럴듯한 이유를 지어낸 것이다.

앞에서 보았듯이 가자니가는 양립가능론을 지지한다. 그에 따르면 우리는 자유의지가 있다고 믿고 있지만 뇌가 모든 행위를 자동으로 수행한다는 점을 인정해야 한다(신경결정론). 그러나 그는 이 점 때문에 우리가 자유의지를 부정할 필요가 없다고 강조한다. 왜냐하면 뇌 안에 "우리가 생각하는 대로 우리가 생각하고 느끼고 행위한다"라는 이야기를 지어내는 '좌반구 해석기(left-hemisphere interpreter)'가 있기 때문이다.[27] 자아는 그 해석기가 만들어낸 이야기, 즉 내러티브의 산물이다.

좌반구 해석기가 우리의 믿음을 생성하는 놀라운 능력을 갖추고

---

27 M. S. Gazzaniga(2011), pp. 113-114.

있다는 사실은 분리뇌 실험에서만이 아니라 다양한 경우에서 나타난다.[28] 예를 들어, 편마비 불각증(anosognosia with hemiplegia) 환자는 우측 측두엽이 손상되었기 때문에 자신의 왼팔을 감지하지 못하고 움직이지도 못한다. 우측 측두엽 손상으로 환자의 좌뇌는 왼팔이 마비되었다는 정보를 받지 못한다. 이런 상황에서 환자의 좌반구 해석기는 두 가지 사실, 즉 "왼쪽 팔이 몸에 붙어 있는데 움직이지 않는다"라는 사실과 "왼팔의 손상에 대한 정보가 없다"라는 사실을 적절히 조화시켜야 한다. 그 환자에게 팔을 움직일 수 없는 이유를 물으면, 그는 "그건 내 팔이 아니오"라는 대답을 한다. 중복적 기억착오증(reduplicative paramnesia) 환자는 경험한 적이 없는 일을 마치 경험한 것처럼 중복적으로 기억하여 현재 사실과 혼합한다. 그 결과 좌반구 해석기는 잘못된 정보를 받기 때문에 그것이 알고 있는 정보를 유지하기 위해 이야기를 만들어낸다. 예를 들어, 한 중복적 기억착오증 환자는 자신이 치료받고 있는 뉴욕의 병원이 메인주에 있는 자기 집이라고 믿고 있다. 의사가 그에게 복도에 엘리베이터가 있는데 어떻게 여기가 당신 집일 수 있는지를 물으면, 그는 "내가 이 엘리베이터를 설치하기 위해 얼마나 많은 돈을 들인 줄 아세요?"라고 대답한다.

뇌 손상 환자들에게서 나오는 다양한 사례는 좌반구 해석기가 왜 인간이 '호모 나랜스'인지를 잘 설명해준다. 그 사례들은 뇌 손상 환자들의 것이지만, 거기에서 나타난 좌반구의 내러티브 능력과 특징은 인간 모두에게 적용될 수 있다. 이제 우리는 좌뇌의 해석기적 특징을 이용하여 왜 인간이 스스로 자유의지를 갖고 있다고 믿는지, 왜

---

28 Ibid. pp. 149-150.

감각질이 존재한다고 믿는지, 왜 자아가 존재한다고 믿는지를 설명할 수 있다. 먼저 크릭처럼 환원적 물리주의를 지지하는 신경과학자들은 다음과 같은 설명을 제시한다. "자아, 감각질, 자유의지는 존재하지 않는다. 그것은 모두 좌뇌가 만들어낸 허구이다." 그러나 우리는 그것들을 단순히 '허구'라고 주장할 필요는 없다. 왜냐하면, 그것들은 실제로 우리 의식 안에 현존하기 때문이다. 우리는 자아, 감각질, 자유의지가 자신의 의식 안에 실제로 존재한다는 것을 알고 있고, 느끼고 있으며, 믿고 있다. 우리의 삶은 그런 믿음을 바탕으로 전개된다. 신경과학 연구가 함축하는 것은 "그것들이 존재하지 않는다"가 아니라, "그것들은 좌뇌의 산물이며, 현상적으로 분명히 존재한다"이다. 그러므로 부정되어야 할 것은 '현상적 실재'가 아니라 '항구적 실체'로서의 자아이고, '강제되지 않은' 의미에서의 자유가 아니라 '인간 본성'에 기반을 둔 자유이다.

14

마음 읽기

14.1 간접적 방법

타인의 마음을 '문자 그대로' 읽는 것은 인류의 오랜 꿈 중의 하나였지만 그것은 오랫동안 과학의 영역 밖에 있었다. 그러나 '독심술'이나 '텔레파시'와 같은 초심리학적 능력이 아니더라도 우리는 분명히 타인의 마음을 읽고 알아내는 능력을 갖고 있다. 일상적으로 타인의 마음을 읽는 것이 항상 성공하는 것은 아니고 정확한 것도 아니지만 우리에게 그런 능력이 있다는 것은 분명하다. **마음 읽기**(mind reading)는 인간이 사회적 삶을 살아가는 데 필요한 가장 중요한 능력 중 하나이며, 인간 행위를 설명하고 예측하는 데 필수적이다. 이런 이유로 마음 읽기는 20세기 후반에 들어 심리학과 인지과학의 주요한 연구 대상이 되어왔다.

마음 읽기에 대한 표준적인 두 가지 인지과학 이론이 있는데, 그것은 바로 **이론-이론**(Theory-theory)과 **모의 이론**(Simulation theory)이
다. 이론-이론과 모의 이론은 현재 인지과학에서 마음 읽기의 간접
적 방법을 대표하는 이론으로 경쟁하고 있다. 그 두 가지 이론은 뇌
를 직접 연구하여 마음 읽기에 접근하는 것이 아니라 마음의 작용을
연구하여 마음 읽기에 접근한다는 의미에서 간접적 방법이다.

이론-이론

1960년대에 들어 마음 읽기 능력의 원천은 인간 행위를 통제하는
체계의 내적 조직에 관한 이론이라는 생각이 학자들 간에 널리 받아
들여졌다. 철학자들은 그 이론을 '통속심리학(folk psychology)'이라고
부르고 심리학자들은 '마음 이론(theory of mind)'이라고 부른다. 이
론-이론이라는 다소 이상한 명칭이 붙은 이유는 그것이 통속심리학
을 하나의 '이론'으로 인정하는 '이론'이기 때문이다.
이론-이론의 핵심은 다음과 같다.

• 통속심리학(마음 이론)은 인지과학의 이론이다.
• 인간은 타인의 심적 상태를 추론하기 위한 이론으로 통속심리학
  을 갖고 있다.
• 우리는 통속심리학 때문에 일상적 삶을 성공적으로 살 수 있다.

우리는 앞에서(4장과 10장) 통속심리학이 철학, 심리학, 인지주의의
공통분모인 표상주의에 기반을 두고 있다는 점을 보았다. 인간은 외
부 세계를 지각하고 내부에 다양한 표상을 형성한다. 표상의 형성과

변형은 촘스키의 변형문법(Transformational Grammar)이나 포더가 제시한 사고언어에 따라 이루어진다. 표상은 내적 세계와 외부 세계를 연결하는 통로라는 점에서 마음 읽기의 기반이 된다. 즉, 이론-이론에 따르면 마음 읽기는 타인의 마음에 표상들의 집합을 체계적으로 적용하여 그 마음을 이해하는 것이다.

우리는 여기서 이론-이론이 지각하고 표상하는 주체로서 마음의 존재를 전제하고 있다는 점을 알 수 있다. 마음은 이론-이론이 마음 읽기를 위한 이론으로 인정하는 통속심리학이 적용되는 대상이다. 우리는 통속심리학을 이용하여 심적 상태를 이해하고 설명하고 예측할 수 있다. 인지과학에서 이론-이론은 촘스키의 언어 모듈에 비교되는 포더의 모듈 이론(J. Fodor, 1987)과 어린이를 과학자로 보는 고프닉(A. Gopnik, 1993)의 발달심리학으로 나타났다. 발달심리학에 따르면, 어린이는 세계를 관찰하고 세계의 구조에 대한 자료를 수집한다. 어린이는 자료가 축적되면 자신의 기본 이론을 수정한다.

이론-이론이 주장하듯이 통속심리학이 인지과학의 이론이 될 수 있는지에 대해 인지과학자들은 그것을 인정하는 진영과 부정하는 진영으로 나뉜다. 우리가 1부에서 검토한 이론들은 거의 모두 통속심리학을 전제로 하고 있다는 점에서 그 이론들의 지지자들은 전자에 속한다. 다른 한편으로 제거적 유물론을 지지하는 처칠랜드와 동일론을 지지하는 후토는 후자에 속한다. 우리는 2장과 7장에서 처칠랜드의 주장을 통해 통속심리학이 인지과학의 이론이 될 수 없는 이유를 살펴보았는데, 그 주된 이유는 통속심리학은 과학 이론이 갖추어야 할 조건을 충족하지 못한다는 것이었다. 즉 통속심리학은 설명력과 예측력이 매우 빈곤한 퇴행적 이론이므로 통속심리학은 발전한 신경과학 이론에 의해 제거되어야 한다. 우리는 앞에서 처칠랜드가 주장하는 통속심리학의 제거는 실제로 구현되기 어렵다는 점을 보았다.

처칠랜드의 주장과 달리 인간이 마음 이론을 실제로 갖고 있음을 보여주는 심리학적이고 신경과학적인 증거들이 있다. **틀린 믿음 과제**(false belief test)를 예로 들어보자. 어린아이 샐리(Sally)와 앤(Anne)이 방에서 각각 바구니와 상자를 갖고 노는 것을 다른 어린아이가 지켜보고 있다고 가정해 보자. 샐리가 주머니에서 구슬을 꺼내 자기 바구니에 넣고 방을 나간다. 그러자 앤이 샐리가 넣어둔 구슬을 바구니에서 꺼내 자기 상자에 넣어둔다. 그리고 샐리가 돌아온다. 실험자가 이 과정을 처음부터 지켜본 아이에게 "샐리가 구슬을 찾기 위해 어디를 살펴볼까?"라고 질문한다. 샐리가 구슬을 넣어둔 자기 바구니를 살펴볼 것이라고 대답하면 그 아이는 이 과제를 통과한다. 그러나 샐리가 상자 안을 살펴볼 것이라고 대답하면 그 아이는 그것을 통과하지 못하게 된다. 틀린 믿음 과제를 통과하기 위해서는 타인이 자신과 다른 마음 상태를 가질 수 있다는 것을 이해할 수 있어야 하고, 그런 이해를 바탕으로 아이는 타인의 행동을 예측할 수 있어야 한다. 4세 이후의 아이들은 대부분 이 과제를 통과할 수 있다. 주목할 것은, 아동 대부분은 물론 다운증후군(Down syndrome) 아이까지 그것을 통과할 수 있지만 자폐증 아이의 80%는 통과하지 못한다는 것이 연구를 통해 드러났다.[29] 틀린 믿음 과제는 어린아이들이 타인의 마음을 읽는 능력이 4세 이후를 거쳐 발달한다는 점을 보여줌으로써 결과적으로

---

29 S. Baron-Cohen, A. M. Leslie, and U. Frith(1985), p. 42.

이론-이론이 인지과학의 이론이 될 자격이 있다는 것을 입증한다.

그렇다면 이론-이론에 따르면 마음 읽기는 어떤 과정을 통해 진행되는가? 이 질문에 대해 샐리와 앤이 등장한 틀린 믿음 과제를 제안했던 바런코헨(S. Baron-Cohen, 1995)은 마음 읽기 체계는 네 가지 요소로 구성되어 있다고 제안한다. ([그림 30] 참조)

- 지향성 탐지기(ID): 움직이는 자극을 심적 상태(목적, 바람)에 기초하여 해석하는 지각장치
- 시선 탐지기(EDD): 눈의 소재와 시선의 방향을 탐지하는 장치
- 주의공유 기제(SAM): 설명자, 타인, 대상 간 표상을 형성하는 기제
- 마음 이론 기제(ToMM): 타인의 행동으로부터 그의 심적 상태를

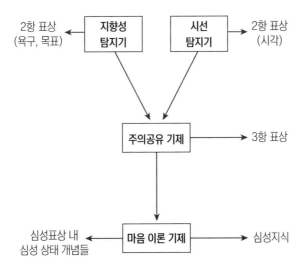

[그림 30] 바런코헨의 마음 읽기 체계
(S. Baron-Cohen, 1995, p. 32)

추론하는 기제

이론-이론에서 마음 읽기 과제는 설명하는 사람(A)이 타인(B)의 마음 상태(M)를 예측하는 것이다. 이 과정은 다음과 같이 구성된다.

a. ID와 EDD에서 나온 정보는 결합하여 SAM에서 A-B-C의 관계에 대한 표상(M_i)을 형성한다.

b. ToMM에는 표상 집합 M = M_1, M_2, ⋯ M_n과 통속심리학의 법칙 집합 L = L_1, L_2, ⋯ L_n이 있다. 법칙들의 내적 구조는 다음과 같다. $L_i : M_i \rightarrow C_i$

c. 이제 다음과 같은 추론 상황이 성립한다. $(C_1, M_1 \rightarrow C_1) \rightarrow M_1$ 설명하는 사람 A는 표상 집합 M과 통속심리학이 제공하는 법칙 집합 L에 기반을 두고, 정보 C_i와 관련 법칙 L_i로부터, 타인의 심적 상태 M_i를 예측한다.

우리는 여기서 이론-이론이 추구하는 타인의 마음 읽기는 전체적으로 최상의 설명으로의 추론의 형식을 갖고 있음을 알게 된다.

모의 이론

모의 이론은 타인의 마음을 읽거나 행위를 설명하기 위해 특정 이론, 지식, 법칙이 필요한 것은 아니라고 주장한다. 그 대신 우리는 타인의 마음을 읽기 위한 타고난 장치를 갖는데 그것은 바로 우리 자신의 마음이다. 모의 이론에 따르면, 우리는 타인의 마음을 심적으로 모의하여 그들의 심적 상태와 과정을 표상함으로써 그의 마음을 읽을 수 있다. 모의 이론은 고든(R. Gordon, 1986)과 힐(J. Heal, 1986)이 제안했고, 골드만(A. I. Goldman, 1992)과 해리스(P. Harris, 1989) 등이 발전시킨 이론이다. 모의 이론에 따르면 마음 모의는 다음과 같이 크게 두 단계로 이루어진다.

- 1단계: 모의자는 타인의 심적 상태에 대응된다고 생각되는 (자신의 마음속에 있는) 가상적인 심적 상태를 생성한다.
- 2단계: 모의자는 가상적인 심적 상태들을 현실적으로 적절한 인지 기제(예: 의사결정 체계)에 투입한다. 만약 모의자의 의사결정 기제가 타인의 것과 유사하고, 가상적인 심적 상태가 타인의 것과 유사하면, 의사결정 기제의 출력은 신빙성 있게 타자에게 귀속된다.

두 단계의 세부 과정이 [그림 31]에 제시되어 있다. 다음은 그 과정에 대한 설명이다.

a. 추리 기제는 지각처리가 제공하는 정보에 신념을 생성한다.
b. 몸 감지 체계는 욕구를 생성한다.
c. 신념과 욕구는 모의자의 의사결정 체계로 들어간다. 여기서 모의자의 의사결정 체계는 비모의적 신념과 욕구에서 작용한다.
d. 또한 모의 생성기로부터 타인의 신념과 욕구가 모의되어 의사결정 체계로 입력된다.
e. 의사결정 체계의 출력은 바로 행위제어 체계로 입력되지 않고,

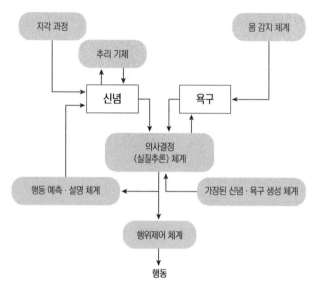

[그림 31] 모의 과정의 기본 요소
(V. Gallese and A. Goldman, 1998, p. 497)

일단 행동 예측 및 설명 체계로 보내진다.

f. 그렇게 보내진 정보는 의사결정 체계를 거쳐서 행위제어 체계로 전달되고, 최종적으로 타인의 행동에 대한 예측이 출력된다.

모의 이론이 등장하게 된 이유 중 하나는 통속심리학이 이론—이론이 가정하듯이 인과적이고 설명적인 심리 법칙들을 제공하지 못할 것이라고 보기 때문이다. 모의 이론에 따르면, 이론—이론과 모의 이론의 차이점은 전자가 마음 읽기를 자신의 심적 상태와 철저히 '분리된' 이론적 활동으로 보지만, 모의 이론은 마음 읽기를 타인의 심적 상태를 모의하려는 시도를 포함하는 것으로 간주하는 데 있다.[29] 모의 이론에서는 모의자와 타인의 심적 상태는 상호 대응한다. 우리는 그 차이를 [그림 30]과 [그림 31]에서 볼 수 있다. [그림 30]에서 최종 추리가 발생하는 마음 이론 기제(ToMM)에서 중요한 것은 인간의 심적 상태와 행위 간의 관계에 대한 법칙이다. 반면에 [그림 31]에서는 마지막 부분에서 타인의 믿음과 욕구를 모의하는 체계가 작동하고 그 결과를 자신의 의사결정 체계에서 활용한다. 여기서 모의가 성공적으로 이루어지기 위해서는 모의되는 타자로부터 거리를 두는 것이 아니라 그와 공감하는 자세가 필요하다. 환언하면 모의 이론은 인간의 공감 능력에 기반을 두고 있다.

이런 점에서 모의 이론가들과 신경과학자들은 거울신경세포(mirror neuron)의 존재가 모의 이론을 지지할 수 있다고 주장한다. 그 대표적인 예는 가자니가이다. 그에 따르면, 거울신경세포는 '행위 이해'와 밀접한 관련이 있다. 신경생리학과 뇌영상 실험은 거울신경세포가 존재하며 행위 모방뿐만 아니라 행위 이해에 도움을 준다는 것을 보여준다.[31] 여기서 나타나듯이 거울신경세포가 모의 이론에 대한 신경과학적 정당화를 제공하기 위해서는 다음과 같은 점이 성립해야 한다.

- 거울신경세포가 실제로 뇌 안에 존재한다.
- 거울신경세포가 타인의 마음을 읽는 데 관련된다.

이상의 두 가지 사항에 대해 가자니가는 추가적 증거를 제시하지 않고 이미 신경과학계에서 경험적으로 확립된 사실로 간주하고 있

---

30 V. Gallese and A. Goldman(1998), p.497.
31 M. S. Gazzaniga(2005), p. 175.

다. 그러나 적어도 간접적으로 인용된 부분을 보면 그는 거울신경세포가 인간 행위를 이해하는 것과 관련된다고 말하고 있지만, 마음 읽기와 관련된다고 주장하지 않았다. 그는 행위 이해는 마음 이해를 낳는다고 생각할 수도 있으나 그것은 지극히 행동주의적 발상이다. 여기서 거울신경세포가 마음 읽기와 관련하여 모의 이론의 강력한 증거가 될 수 있다는 견해에 대한 의문이 발생한다. 이와 관련하여 스폴딩(S. Spaulding, 2012)은 그런 의문은 정당한 것이며 거울신경세포는 모의 이론가들이 가정하는 방식으로 작동하지 않는다고 주장한다. 그에 따르면 거울신경세포는 정보가 풍부한 마음 읽기의 요소로 이해되어야 하므로 그것은 오히려 모의 이론이 아니라 이론-이론에 더 잘 들어맞는다.[32]

14.2 직접적 방법

최근 뇌영상기법이 발전하면서 뇌의 활동으로부터 직접 마음을 읽을 수 있다는 기대감이 높아지고 있다. 이런 성격 때문에 직접적 방법을 통한 마음 읽기는 종종 '**뇌 읽기**(brain-reading)'라고도 불린다. 인간 뇌를 연구하는 데 있어 가장 큰 장애물 중의 하나는 뇌 질환을 치료하는 경우를 제외하고는 직접 뇌에 외과적 개입을 할 수 없다는 것이다. 그런데 뇌에 대한 외과적 개입을 하지 않으면서 뇌의 구조와 활동을 탐구하는 비침습적 기술이 날로 발전하고 있다.

---

[32] S. Spaulding(2012), p.

비침습적 뇌 연구가 가능하게 된 것은 컴퓨터단층촬영(computed tomography, CT), 단일광자방사전산화단층촬영(single photon emission computed tomography, SPECT), 양전자방사단층촬영(positron emission tomography, PET), 자기공명영상(magnetic resonance imaging, MRI)의 발전 덕분이다. 이상의 뇌영상기법은 현재 신경계의 손상과 신경질환을 진단하는 데 주로 활용되고 있지만, 뇌 소유자의 현재의 심적 상태(생각, 사고, 의도, 감정 등)에 대한 정보를 알려주지는 못한다. 그 이유는 그것들은 실시간으로 변화하는 뇌의 활동이 아니라 뇌의 구조를 측정하기 때문이다. 뇌영상기법을 통해 우리의 현재 심적 상태를 읽기 위해서는 현재의 뇌 활동을 측정할 필요가 있다.

뇌 활동을 측정하기 위해 사용되고 있는 기법으로 뇌전도(electro-encephalography, EEG)와 뇌자도(magnetoencephalography, MEG) 등이 있다. 이 두 가지 기법은 시간 해상도는 높지만(0.001초), 공간 해상도는 매우 낮다(cm 단위). 1960년대에 EEG를 이용하여 뇌 기반 소통기가 개발되었다. 피험자들은 EEG의 **알파파 진동**을 통제하는 법을 배워 알파파로 된 모스 부호를 전송할 수 있었다(E. M. Dewan 1967). 이 기술은 신체 마비 환자들이 그들의 뇌 활동을 의도적으로 변경하여 자기 생각과 의도를 타인과 소통하는 데 도움을 주었다. 그러나 낮은 공간 해상도 때문에 그것을 통해 책이나 컴퓨터 화면상의 커서의 움직임과 같은 단순한 문자열을 읽는 일은 가능했으나 의도와 기억과 같은 복잡한 생각을 읽어내기는 어려웠다. 이런 문제가 발생한 근본 이유는 뇌는 0.5mm의 공간 해상도를 갖는 원추형 지도로 정보를 표상하기 때문이다.

기능성 자기공명영상(functional magnetic resonance imaging, fMRI)

은 높은 공간 해상도(mm 단위)를 갖기 때문에 EEG와 MEG의 한계를 보완할 수 있지만, EEG와 MEG와 비교해 시간 해상도가 낮다(초 단위). 또한 fMRI는 뇌가 활성화될 때 발생하는 변화를 혈류 내의 산소 용존량의 변화를 통해 측정하기 때문에 그 신호는 신경세포 활동에 대한 직접적 표지가 아니다. 그러나 fMRI는 현재 비침습적이고 높은 공간 해상도를 갖는 유일한 기법이기 때문에 EEG보다 마음을 읽어 내는 데 더 효율적인 기법으로 인정받고 있다.

fMRI는 통계 패턴과 결합하여 마음 읽기의 새로운 장을 열고 있다. 마음 읽기는 심적 상태가 뇌 활동의 독특한 패턴과 결합되어 있다는 점을 전제로 한다는 점에서 8장에서 논의한 신경상관자 이론을 구현하고 있다. 지문과 비슷하게 특정 **뇌 활동 패턴**은 하나의 특정한 생각을 나타내는 **뇌 지문**에 해당한다. 그러므로 특정 뇌 활동 패턴을 확인하는 방법을 알게 되면 뇌 소유자의 생각을 추론할 수 있다. 전형적인 마음 읽기 과정은 어떤 사람이 특정한 생각을 할 때 발생하는 뇌 활동 패턴을 측정하는 것으로 시작하여 그다음 패턴인지 알고리즘을 활용하여 컴퓨터를 다른 생각들과 관련된 뇌 활동 패턴을 알아내도록 학습시킨다. (5장 연결주의 참조)

가까운 미래에 마음을 읽을 수 있는 '**보편 마음 읽기 기계**(Universal mind reading machine)'가 등장할 것인가? 보편 튜링기계가 모든 튜링기계를 모의할 수 있듯이, 보편 마음 읽기 기계는 실시간으로 모든 사람의 마음을 읽을 수 있다. 그러나 보편 마음 읽기 기계가 실제로 등장할 가능성은 매우 낮다. 이런 비관적 전망을 뒷받침하는 여러 가지 이유가 있는데 여기서는 그중 몇 가지를 살펴보기로 한다.

측정 기술의 한계

현재까지 개발되어 활용되고 있는 뇌영상기법들은 뇌 활동과 그에 대응하는 심적 상태를 구분하는 데 필요한 충분한 해상도를 갖지 못한다. 앞에서 지적했듯이, EEG와 MEG는 시간 해상도는 높지만 (0.001초 단위) 공간 해상도가 낮고, fMRI는 공간 해상도는 높지만(mm 단위) 시간 해상도는 낮다(초 단위). ([그림 32] 참조)

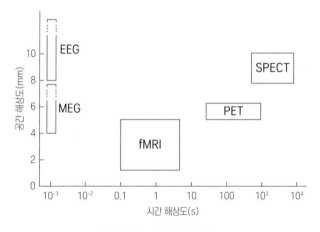

[그림 32] 뇌영상기법 해상도
(M. Boly et al., 2016, p. 33)

보편 마음 읽기 기계를 제작하기 위해서는 시공간적으로 높은 해상도를 갖는 기계가 개발되어야 한다.

보편적 읽기

우리 생각을 복호화(decoding)하기 위해서는 어떻게 생각이 일반적으로 뇌 안에서 부호화되는지를 알아야 한다. 현재 우리에게는 그런 부호화 방식이 없으므로 '사고언어' 또는 '뇌의 언어'를 직접 읽을 수 없다. 이런 이유로 현재는 통계적 패턴인지 기법을 활용하여 뇌 활동 패턴으로부터 심적 상태로의 상관이 연구되고 있다. 그 결과 심적 상태에 대해 매우 제한된 자료만이 존재하며, 그런 자료에서 성립하는 통계적 패턴은 보편적일 수가 없다. 이런 보편성 문제는 단기간에 해결될 수 없다는 점을 고려하여, 현재 자료를 활용하는 대안들이 제안되고 있는데 그중 하나는 다수의 단순 지각과 개념으로부터 복합 지각이나 개념을 추론하는 방안이다.[33] 예를 들어 '자동차' 개념과 '자전거' 개념으로부터 '모터바이크' 개념이 추론될 수 있다. 이런 방안은 사고의 조합성과 선형성 원리를 전제로 하여 성립하는데, 그 원리들이 성립하지 않는다면, 그것은 마음 읽기를 위한 적합한 방안이 될 수 없다.

학습과 신경가소성

복호화 접근은 뇌 활동 패턴과 마음 상태 간 정적인 대응과 상관을 전제하고 있다. 그러나 우리는 출생 후 계속되는 경험과 학습으로 인한 의미상의 변화를 설명할 방안을 갖고 있지 않다. 예를 들어 '내가 좋아하는 영화'라는 생각에 대응하는 뇌 활동 패턴과 내용은 특정인의 어린아이 시절과 어른 시절에서 차이가 날 것이다. 인간 뇌는 손

---

[33] K. N. Kay, T. Naselaris, R. J. Prenger, and J. L. Gallant(2008), T. M. Mitchell et al.(2008).

상과 장애로부터 회복하고 경험을 통해 변화하는 성질을 갖고 있다. 뇌의 그런 성질을 **신경가소성**(neural plasticity)이라고 한다. 마음 읽기가 기술적으로 구현되기 어려운 이유는 뇌 활동 패턴과 심적 상태 간 상관이 신경가소성을 반영할 정도로 불변적이라고 보기 어렵기 때문이다.[34]

신경가소성은 다음과 같이 세 가지로 구별된다.

a. 출생 초기: 미숙한 부분을 뇌 스스로 조직한다.
b. 뇌 손상의 경우: 뇌가 손상된 기능을 보상하거나 남은 기능을 극대화한다.
c. 성인의 경우: 새로운 것이 학습되면 뇌의 구성이 변화한다. 구체적으로 신경세포가 생성·소멸하고, 신경세포들의 연결인 시냅스가 생성·소멸하거나 강화·약화되고, 시냅스의 길이가 변화한다. 학습은 신경세포의 생성·소멸과 시냅스의 변화를 일으키는 주요한 요인이다.

진화를 통해 나타난 신경계의 주요한 변화 중 하나는 복잡성의 현저한 증가이다. 신경 복잡성의 주요 원인은 신경세포의 수 및 신경세포 간 연결(시냅스)의 엄청난 증가이다. 인간 뇌는 약 10^{11}개의 신경세포와 10^{15}개의 연접으로 구성되어 있다. 유전적 요인이 뇌 구조의 상당 부분을 결정하지만 뇌는 출생 이후 사춘기까지 구조적으로 계속

---

34 마음 읽기와는 별도로 신경가소성은 신경과학철학과 관련된 다양한 주제에서 중요한 역할을 하고 있다. 예를 들어 신경가소성은 신경 향상(neuro-enhancement)이나 신경 교육(neuro-education)의 이론적 토대를 제공한다.

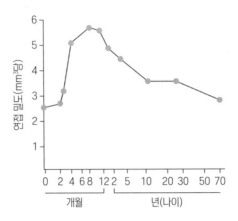

[그림 33] 나이별 신경가소성의 전개

(C. Piochon et al., 2016, p. 1300)

발달하고, 사춘기 이후로는 주로 뇌의 기능적 변화가 발생한다. 시냅스의 생성과 소멸은 [그림 33]에서 볼 수 있듯이 나이에 따라 일정한 패턴을 보인다. 생후 8개월에 시냅스 밀도가 가장 높고 그 이후로 **신경가지치기**(prunning)가 진행되는데 나이 구간별(생후~1세, 1세~10세, 10세~25세, 23세 이후)로 가치치기의 정도가 차이가 난다.

14.3 거짓말 탐지

앞에서 지적했듯이, 가까운 미래에 보편 마음 읽기 기계가 등장할 것으로는 보이지 않는다. 이런 전망에도 불구하고 보편 마음 읽기가 아니라 거짓말 탐지와 신경마케팅과 같은 특별한 용도를 갖는 마음 읽기 기계는 제작할 수 있고 실제로 현장에서 활용되고 있다. 거짓말 탐지에 대한 고전적 접근은 뇌파, 맥박, 호흡, 피부 전도 등 여러 가지 종류의 생리적 지표를 동시에 측정하고 기록하는 장치인 **폴리그래프**(polygraph)이다. 폴리그래프는 다음과 같은 이론적 전제를 갖고 있다.

- 거짓말하기는 신경·생리 상관자를 갖는다.
- 거짓말을 하는 사람의 말초신경은 매우 흥분한 상태에 있다.

폴리그래프는 초보 피험자에게 적용했을 때 매우 신뢰적이라는 점이 드러났다. 다양한 실험 상황에서 초보 피험자가 거짓말을 할 때 말초신경 지표들은 그의 말초신경이 흥분 상태에 있다는 것을 보여준다. 그러나 8장에서 논의했듯이, 신경상관자 이론이 옳더라도, 즉 모든 심적 상태에 대응하는 신경상관자가 있다는 주장이 타당하더라도, 그로부터 심적 상태의 유형에 대한 고유한 신경상관자가 있다는 주장은 성립하지 않는다. 이는 곧 특정인이 거짓말을 할 때마다 그에 대응하는 신경상관자가 있다고 하더라도 그 대응은 보편적이 아니므로 폴리그래프를 통해 그것을 탐지할 수 있다는 점이 보장되지 않는다는 것을 의미한다. 더구나 말초적 흥분은 불안과 같은 다른 심적 상태나 의도적 조작으로 영향받을 수 있다. 이런 가능성 때문에 폴리그래프의 결과만으로 거짓말 여부를 가리는 데는 한계가 있다. 이런 한계에도 불구하고 미국 중앙정보국(CIA)이나 연방수사국(FBI) 등은 여전히 보안이나 수사를 목적으로 폴리그래프를 사용하고 있다.

뇌 기반 거짓말 탐지기는 생리적 반응을 측정하는 폴리그래프의 한계를 극복하고 거짓말을 탐지할 수 있다. 뇌 기반 거짓말 탐지기는 fMRI와 EEG를 이용하여 거짓말하기와 관련된 신경 과정을 직접 탐지한다. 뇌 기반 거짓말 탐지의 대표적 기법은 **뇌 지문**(brain fingerprinting) 기법이다. 뇌 지문 기법은 두피 여러 곳에서 나온 EEG 자료를 결합한다.[35] 뇌 지문 거짓말 탐지는 다음과 같이 진행된다. 피험자에게 특정 그림을 보여주거나 질문을 하고 그의 뇌파를 측정한다. 만약 피험자가 그림을 인지하거나 질문 내용에 친숙하면 **'P300파**(P300-MERMER)'가 나타나고, 그렇지 않으면 P300파의 크기가 매우 작아진다(L. A. Farewell and S. S. Smith, 2001).

이 과정을 블레스─헤인즈의 연구(M. Bles and J-D. Haynes, 2008)를 통해 구체적으로 살펴보자.

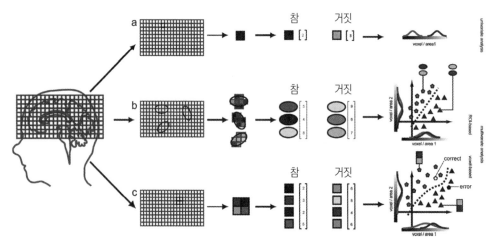

[그림 34] 거짓말 탐지를 위한 패턴 분류

(M. Bles and J-D. Haynes, 2008, p. 85)

35 'P300파(Memory and encoding related multifaceted electroencephalographic response, MERMER)'라는 명칭은 자극이 주어지고 0.3초(300ms) 후에 나타나기 때문에 붙여졌다.

[그림 34]에서 맨 왼편은 fMRI가 복셀(voxels)로 구성된 그리드 (1~3mm 해상도)를 사용한다는 것을 보여준다. (a) 거짓말을 할 때 강하게 반응하고 진실을 말할 때 약하게 반응하는 복셀. 복셀들의 분포가 분리되어 있으므로 피험자가 거짓말을 하는지는 하나의 복셀만으로 결정 내릴 수 없다. (b) 거짓말 상관자가 전반적 패턴을 보이는 경우. 두 군데 뇌 영역에서 평균 뇌 활동을 이용한 패턴인지가 맨 오른편에 나타나 있다. 오각형(red)은 진실에 대응하는 뇌 활동 패턴이고, 삼각형(blue)은 거짓말에 대응하는 뇌 활동 패턴이다. 거짓말 여부는 점선으로 결정된다. 여기서는 그런 독특한 패턴이 다른 사람, 환경, 거짓말 유형에서 성립하는지가 중요하다. (c) 국소적 뇌지도의 미시적 패턴에 저장된 정보를 알아내기 위한 국소적 복합적 접근. 오른쪽에 결정이 비선형적인 경우가 나타나 있다. 뇌 활동의 새로운 측정이 어느 영역에 위치하는지에 따라 거짓말이나 참말이 분류된다.

페어웰(L. A. Farewell)은 P300파가 '비자발적'이라는 점을 강조했는데 만약 그의 주장이 맞는다면 피의자가 의도적 조작을 통해 뇌 지문 기법을 통과할 가능성이 사라지게 된다. 피의자의 의도적 조작 가능성을 기준으로 볼 때 뇌 지문 기법은 폴리그래프보다 상대적으로 나은 기법이다. fMRI를 이용한 거짓말 탐지기는 인공적인 실험실 환경에서는 정확하게 거짓말을 탐지하는 것으로 나타났다. 예를 들어 피험자에게 자신이 이전에 특정 게임카드에 노출되었는가에 대해 거짓말을 하도록 요구하는 실험을 살펴보자. 랭글벤 등(D. D. Langleben et al., 2002)은 fMRI를 이용하여 의도적으로 거짓말을 하는 피험자의 뇌를 촬영하여 전측대상피질(anterior cingulate cortex)과 상측전두회

(superior frontal gyrus) 영역이 거짓말을 하지 않는 경우에 비해 더 활성화된다는 점을 발견했다. 그러나 실험실 환경은 피험자의 동기, 연구 표본의 개성적 특징, 기대 결과의 보상, 처벌 값 등에 있어서 실제 세계와 매우 다르다. 이런 이유로 fMRI 기반 거짓말 탐지기도 실제 세계에서 정확히 거짓말을 탐지하는 데 상당한 한계를 갖고 있다.

뇌 지문 기법은 위의 한계보다 더 근본적인 문제를 안고 있다.[36] 첫째, 뇌 지문 기법에 사용된 분석 방법은 **특허**로 등록되어 있어서 그 내용이 공개되지 않아 타당성에 대한 독립적인 검사가 불가능하다. 둘째, 연구에 사용된 표본 크기가 매우 작다. 이런 이유로 연구 결과를 일반화하여 실제 세계에 적용하는 데 한계가 있다. 셋째, P300파 탐지 방법은 실패할 수 없다는 페어웰의 주장은 근거가 부족하다. 예를 들어 P300파 자극이 피험자에게 의미 있는 경우에 발생한다면, 부적절한 조사를 피험자에게 의미 있게 만들어서 그것을 조작할 수 있다.[37] 이런 문제점에도 불구하고 뇌 지문 기법은 현대 거짓말 탐지에 있어서 가장 활발히 활용되고 있는 기법이다.

14.4 윤리적 문제

우리는 앞에서 마음 읽기와 관련하여 폴리그래프, EEG와 fMRI에 기반한 뇌 지문 기법의 거짓말 탐지의 효율성에 대해 살펴보았고, 후

---

36 N. Levy(2007), pp. 136-137.
37 실제로 그런 일이 가능하다는 연구 결과가 있다. J. P. Rosenfeld et al.(2004) 참조.

자가 상대적으로 이론적 근거는 충분치 않지만 실제로 널리 활용되고 있다는 점을 지적했다. 마음 읽기와 관련된 윤리적 문제의 핵심은 크게 네 가지이다.

- 마음 읽기 기법을 이용하여 타인의 마음을 읽는 것이 윤리적으로 정당한가?
- 마음 읽기 기법의 결과는 범죄 행위에 대한 사법적 판단의 증거가 될 수 있는가?
- 마음 읽기 기법의 상업적 활용을 허용해야 하는가?

위의 문제 중 첫 번째는 정신세계의 자유에 관한 이론적 주제이고, 나머지 두 가지는 마음 읽기 기법의 활용과 관련된 실용적 문제이다. 그 주제들을 검토하기 전에 마음 읽기 기법을 현실에 적용하기 위한 기준을 검토할 필요가 있다. 이와 관련하여 다음과 같은 네 가지 기준이 있다.[38]

- 정확성(accuracy): 해당 기법이 심적 내용을 정확히 확인하는 비율
- 신빙성(reliability): 해당 기법의 결과가 시간과 사람에 대해 갖는 불변성
- 정보성(informativity): 해당 기법을 활용한 목적에 부합한 정보량
- 보안성(securability): 해당 기법의 결과가 원래의 용도에 국한되

---

[38] 처음 세 가지 기준은 G. Mecacci and P. Haselager(2019), pp. 451-455에서 제안되었다. 마음 읽기 기법의 활용을 위해서는 정신적 자유를 보장해야 하고, 그것은 다시 보안성 기준을 충족해야 한다.

는 정도

  마음 읽기 기법의 효율성은 위의 기준을 중심으로 판정될 수 있다
면 우리가 특정 기법이 효율적인 마음 읽기인지를 판가름하기 위해
서는 그것들을 검토해야 한다. 그러나 효율성이 윤리성을 함축하는
지는 여전히 논쟁의 대상이다. 철학자 무어(G. E. Moore, 1903)는 자
연적 속성으로부터 당위적 주장을 추론하는 것은 **자연주의적 오류**
를 범하는 것이라고 주장했다. 만약 우리가 무어의 주장을 수용한다
면, 특정 기법이 실제로 널리 활용되고 있고 매우 효율적이라고 해
서 그것을 사용하는 것이 윤리적으로 정당화되는 것은 아니다. 그
러므로 우리는 위에서 제시한 주제 목록에 또 하나의 주제를 추가할
수 있다.

  • 마음 읽기의 효율성이 보증되면 그것을 사용하는 것이 도덕적으
    로 정당한가?

  이제 위에 제시한 주제들을 네 가지 기준을 중심으로 검토해 보기
로 하자.

정신적 자유

  우리의 정신세계는 '사적' 세계이고 그 내용은 타인에 의해 읽힐 수
없다는 것은 당위적 요청이다. 우리는 누군가 우리의 자발적 허락 없
이 우리의 정신세계에 침입하여 심적 상태와 심적 내용을 읽어내는

것을 원치 않는다. 마음 읽기 기법은 개인의 정신적 사밀성(privacy)을 침범하는 데 사용될 수 있으므로, 마음 읽기 기법의 사용은 신중히 다루어져야 한다.

에이어(A. J. Ayer)는 심적 상태가 사적이라고 말할 수 있는 적어도 네 가지 방식이 있다고 주장했다.[39] ① 심적 상태는 소통 불가능하다는 점에서 사적이다. 우리는 자기 생각과 감정을 타인과 적절히 소통할 수 없다. ② 우리는 자신의 내적 정신세계에 관한 1인칭적 관점을 갖는다는 점에서 심적 상태는 사적이다. 개별 인간은 자신의 심적 상태에 대해 오직 그런 특별한 방식으로, 즉 내성적으로 알 수 있다. 이에 비해 타인은 우리의 내적 상태에 3인칭적 관점에서 접근한다. 우리의 심적 상태에는 타인이 접근할 수 없는 질적 요소가 있다. ③ 심적 상태는 공유될 수 없다는 의미에서 사적이다. 우리는 타인과 함께 정확히 동일한 방식으로 동일한 생각을 정확히 공유할 수 없다. ④ 심적 내용은 교정 불가능하다는 의미에서 사적이다. 생각이나 감각에 대한 주관적 보고를 정언적으로 부정할 방도는 없다.

지금까지 살펴본 에이어의 사상에 따르면, 마음 읽기는 원리적으로 불가능하다. 우리의 내적 상태는 소통 불가능하고, 1인칭적으로만 접근할 수 있고, 타인과 공유될 수 없고, 교정 불가능하기 때문이다. 그러므로, 에이어의 관점에서 보면 현재 개발되어 사용되고 있는 마음 읽기 기법들은 마음을 정확히 읽을 수 없고, 효율성의 기준 중 정확성, 신빙성, 정보성 기준을 충족하지 못한다. 이런 한계와 불완전성에도 불구하고 그것들은 특정 목적과 용도를 위해 사용되고

---

[39] A. J. Ayer(1963), pp. 52-81.

있다.

이제 에이어의 사상을 수용하더라도 마음 읽기 기법의 사용이 윤리적으로 문제가 되는지를 생각해 보기로 하자. 마음 읽기와 관련된 기법들이 현재로서는 불완전하지만 가까운 미래에 발전해서 네 가지 효율성 기준을 모두 충족할 수 있는 단계에 이르렀다고 가정해 보자. 이 경우에도 마음 읽기 기법을 사용하여 타인의 마음을 읽는 것이 윤리적으로 문제가 되는가? 이 질문에 대한 대답은 사밀성의 존중과 관련하여 찬반 입장으로 나타난다. 찬성 입장은 사밀성은 존중되어야 한다는 전제에서 출발한다. 마음 읽기는 사밀성을 침해하므로, 그것은 윤리적으로 정당화될 수 없다. 이에 비하여 반대 입장은 사밀성 개념은 어떤 이유로 문제가 있으므로 그것을 존중할 필요가 없다고 주장한다. 우리는 사밀성이 인격의 본래적 범주가 아니며 다른 범주로 환원될 수 있다고 주장할 수 있다. 예를 들어, 톰프슨(J. Thompson, 1975)은 먼저 사밀성에 대한 일반적 합의가 없다고 지적하고, 다양한 경우에서 발생한 사밀성 권리의 위배 사례는 궁극적으로 소유권이나 인간권의 위배로 환원 가능하다고 주장한다. 사밀성이란 여러 가지 권리들의 집합에 지나지 않는다. 이상의 논의로부터, 사밀성에 기반을 둔 정신적 자유를 들어 마음 읽기의 윤리적 정당성을 부정하는 표준적 입장은 사밀성 개념이 얼마나 확고하게 정립되었는가에 따라 그 타당성이 결정된다는 점이 드러난다.

범죄의 증거

범죄 방지를 위한 거짓말 탐지기의 사용을 생각해 보자. 일반적으로 마음속으로 범죄 계획을 세우고 있지만 그것을 실제로 실행에 옮기지 않는 한 그의 범죄 구상은 법적 처벌의 대상이 아니다. 그러나 만약 특정인이 구상 중인 범죄 계획이 범죄 행위로 나타날 가능성이 매우 크고, 또한 그것이 실행되면 인명 피해와 커다란 사회적 문제가 발생하는 경우, 사법 당국은 그 머릿속 계획을 정당하게 저지할 수 있는가? 톰 크루즈(T. Cruise) 주연의 영화 〈마이너리티 리포트 (Minority Report)〉(2002)에서는 마음 읽기 능력이 매우 뛰어난 사람을 이용하여 감시망을 구축하고, 수행 이전의 범죄를 예방하고 저지하는 경찰이 등장한다. 이제 그 영화처럼 감시망을 구축하는 것이 가능하다면, 실행 이전의 범죄를 단속해야 하는가?

이와 관련하여 찬반 논쟁이 지속되고 있다. 반대 입장의 논거는 크게 두 가지이다. ① 범죄 예방을 위해 시민의 마음을 읽는 것은 윤리적으로 정당화될 수 없다. ② 실행되지 않은 생각의 소유자를 처벌할 법적인 근거가 없다. 반대 입장의 첫째 논거는, 앞서 정신적 자유에 관한 논의에서 드러나듯이, 결국 사밀성이 존중되어야 하느냐는 문제로 귀착된다. 차이가 있다면 여기서는 범죄의 맥락에서도 사밀성이 존중되어야 한다는 주장이 추가되었다는 것이다. 반대 입장의 둘째 논거는 실행된 범죄와 실행될 것이 분명하지만 아직 실행되지 않은 범죄를 구분하고 후자는 수사적 차원에서의 단속 대상이나 사업적 차원에서의 처벌 대상이 될 수 없다고 주장한다. 다른 한편, 찬성 입장의 주요 논거는 초연결과 초지능을 특징으로 하는 현대사회에서 내적 세계의 사밀성은 더는 유지되기 어렵다는 점이다. 인간과 사물이 연결되고, 컴퓨터가 인간 지능을 추월하고 정서적으로 인간과 관련되는 포스트휴먼 시대에서는 전통적인 사밀성은 성립되기 어렵다는 것이다. 이런 관점에서 찬성 입장은 범죄적 맥락에서는 시민의 안전을 위해 마음 읽기가 허용되어야 하고, 실행되지 않았지만 실행될 것이 분명한 범죄도 수사 대상이 될 수 있다고 주장한다.

여기서 우리는 특정인의 생각을 읽는 것과 그가 생각대로 행위할 것인지를 읽는 것은 별개의 문제라는 점에 유의할 필요가 있다. 앞에서 보았듯이 전자의 의미에서의 마음 읽기는 기술적으로 개별 인간에게 효율적으로 작동될 가능성이 있다. 그러나 후자의 의미에서의 마음 읽기는 이론적으로나 기술적으로 구현될 가능성이 매우 낮다. 리벳 실험에서 보았듯이 우리는 의도가 발생하는 시간과 그것이 실행되는 시간을 측정할 수 있지만, 특정 의도가 특정한 행위의 원인인지를 가려내는 것은 거의 불가능하다. 그런 일이 가능해지려면 의도와 행위 간 법칙적 관계를 주장하는 유형 동일론(환원적 물리주의)이 성립해야 한다. 우리는 6장과 7장에서 유형 동일론의 문제점을 환원과 체화주의를 통해 살펴보았다.

마지막으로, 마음 읽기의 결과가 법적 증거물이 될 수 있느냐는 문제가 있다. 범죄 현장에서 수거된 지문이 법적 증거물이 될 수 있듯이, 범죄와 관련된 기억을 보여주는 '뇌 지문'도 법적 증거를 갖는다고 보아야 한다는 주장이 있다. 실제로 그런 일이 발생했다. 2001년, 미국 아이오와주에서 살인죄 누명을 쓰고 종신형을 선고받고 22년간 복역 중이던 한 남성에게 무죄가 선고됐다. 그 판결에서 중요한 역할을 한 것은 뇌 지문이었다. 그의 뇌가 범죄 장면에는 반응하지 않고, 그가 알리바이로 내세운 음악회 관람에 대해서는 강하게 반응했기 때문에 그의 무죄가 입증됐다. 뇌 지문 기법의 개발자인 페어웰(2012)은 뇌 지문이 법적 증거로 인정되어야 한다고 주장한다. 페어웰은 우선 범죄 행위를 판단하는 데 있어서 목격자의 증언에 크게 의존하는 것은 다음과 같은 두 가지 문제가 있다고 주장한다. ① 인간의 기억은 불완전하다. ② 목격자가 거짓말을 할 수 있다. 이어서 그는 뇌 지문은 범죄 피의자의 뇌에 저장된 범죄의 특성들을 탐지하는 객관적 방법이라고 주장한다.[40] 우리는 앞에서 뇌 지문 기법이 특허 등록이 되어 있어 객관적 검증을 거치지 않았다는 점을 보았다. 뇌 지문 기법이 '객관적' 방법인지는 아직은 미결정으로 남아 있지만, 그 기법은 수사 기관에서 활용되고 있고 법정에서 증거로 채택되고 있다.

신경마케팅

마음 읽기 기법은 다양한 방식으로 상업적으로 활용될 수 있는데, 그중 대표적인 예는 신경마케팅(neuromaketing)이다. 신경마케팅은 제품과 광고의 극대화를 위해 뇌 활동으로부터 소비자의 행동을 예측한다. 지난 10년간 신경마케팅에 대한 기업의 관심이 증가함에 따라 그것은 주요한 연구 주제가 되었고 뇌 기반 정보를 추가하여 마케팅 전략을 극대화하려는 많은 연구가 진행되고 있다.

거짓말 탐지의 경우처럼 신경마케팅은 보편 마음 읽기 기계의 존재를 필요로 하지 않는다. 간단한 부호화 및 복호화 체계만으로 마케팅 극대화의 목적을 달성할 수 있기 때문이다. 예를 들어 마케팅을 위해서는 소비자가 특정 제품을 구매할 것인지, 특정 제품이 소비자에게 좋은 감성과 경험을 유발할 것인지를 결정하는 것으로 충분하

---

40 L. A. Farewell(2012), pp. 116-117.

다. 신경마케팅 연구는 주로 측좌핵(nucleus accumbens)이나 완와전두엽처럼 소비자의 선택을 결정하는 데 관련된 **보상체계 영역**에 초점을 둔다. 예를 들어 특정 제품이 소비자들의 측좌핵에서 강한 반응을 유발한다면 이는 곧 해당 제품에 대한 소비자의 높은 욕구를 나타내는 지표로 해석된다. 보상체계 영역은 해부학적으로 확인하기가 쉬우므로 소비 행동 패턴에 대한 예측 가능성이 크고, 반응 결과의 일반화도 거짓말 탐지보다 비교적 쉽다는 장점이 있다.

우리는 신경마케팅 기법은 거짓말 탐지 기법과 마찬가지로 근본적 문제를 안고 있다는 점에 유의할 필요가 있다. 신경마케팅 기법은 보편적인 기법이 아니므로 특정한 한계 내에서 작동한다. 이 문제는 8장에서 신경상관자를 논의할 때 거론된 상관-인과의 문제에서 비롯된다. 특정 뇌 영역 B의 활동과 특정 심적 상태 M의 상관이 경험적으로 관찰되었다고 하더라도 그로부터 "B가 있으면 M이 있다"라거나 "M이 있으면 B가 있다"라고 주장할 수 없다. 왜냐하면 B는 제3의 요인인 C와 상관될 수도 있고, 때에 따라 B는 M이 아니라 C에 의해 야기될 수도 있기 때문이다.

신경마케팅도 지금까지 논의한 윤리적 문제를 낳는다. 무엇보다 신경 마케팅은 소비자의 사밀성을 침해할 가능성이 크다. 왜냐하면 소비자들은 자신의 구매 행위는 공적이라는 점을 인정하지만, 내적 상태와 두뇌 상태는 사적이라고 믿기 때문이다. 소비자의 눈으로 보면 신경마케팅 기법을 사용하는 기업은 위의 암묵적인 사회적 관행을 어기는 것이 된다. 신경마케팅이 야기하는 또 다른 문제는 소비자의 내적 상태를 조작할 수 있다는 점이다. 이것은 사밀성 침해와는 다른 차원의 문제이다. 신경마케팅 기법에 포함된 광고나 특정 정보를 통해 소비자의 뇌는 무의식적 영향을 받고 특정 유형의 소비성향을 보일 수 있다. 이것은 소비자의 동의 없이 소비가가 의식하지 못하는 상태에서 이루어진다는 점에서 자율성 침해와 의식 조작이라는 심각한 문제를 낳는다.

15

신경 향상

15.1 현황과 논쟁

　신경 향상(neuro-enhancement)은 신경과학적 방법을 이용하여 인간 사회에서 '정상'이라고 생각되는 기준을 넘어서는 정신 능력 및 뇌 기능을 향상하는 것이다. 여기에는 기억, 추리, 정보처리, 집중, 의사결정과 같은 인지 능력의 향상뿐만 아니라 타인에게 이득을 주거나 손해를 끼치는 행동에 대한 도덕적 추리에 필요한 인지적이고 정서적인 능력 향상도 포함된다. 신경 향상은 목적에 따라 인지적 향상(cognitive enhancement)과 도덕적 향상(moral enhancement)으로 구분된다. 인지 능력과 도덕 능력의 향상을 위해 현재 사용되고 있는 방법으로 다음과 같은 것들이 있다.[41]

---

[41] 신경 향상은 아니지만 인지적 향상의 중요한 기법으로 유전 조작(Genetic Modifica-

경두개 자기자극(transcranial magnetic stimulation, TMS): 전자기 코일에서 발생한 자기장을 머리 표면을 통해 두개골을 통과시켜 뇌의 특정 부위의 신경세포를 활성화하거나 억제하는 기법이다. TMS는 의료 현장에서 주로 조현병과 우울증을 치료하는 데 사용되고 있는데, 인지 능력의 향상을 위해 사용하기 위해서는 개인의 두뇌 차를 조정할 필요가 있다. 그러나 아직 TMS의 장시간 사용 효과가 확인되지 않았고, 간질 유발의 위험도 있다고 보고되고 있다.

뇌-컴퓨터 인터페이스(brain-computer interface, BCI): 뇌와 컴퓨터를 직접 연결하여 뇌파를 통해 감각운동 능력을 강화하고 인지 능력을 향상하는 기법이다. 현재는 EEG를 이용한 인터페이스에 의존하여 재활 치료에 집중적으로 활용되고 있으며 뇌파 훈련을 통한 인지 능력의 향상도 시도되고 있다. BCI는 뇌 신호에서 사람의 의도를 읽을 뿐만 아니라 외부 정보를 뇌에 직접 자극을 줘 입력하는 기술도 함께 개발하고 있으므로 마음 읽기뿐만 아니라 **마음 쓰기**(mind writing)에도 적용될 수 있다.

약물: 항신경성약물을 이용하여 기억 능력이나 학습 능력과 같은 인지 능력을 향상하고 도덕적 능력까지 향상하는 기법이다.

tions)이 있다. 동물 실험을 통해 유전공학적으로 기억이나 지능을 향상하는 유전 조작 가능성을 보여주는 실험 결과들이 보고되고 있다. 그러나 그런 방법이 인간에게 성립하는지는 입증되지 않고 있다. 또한 개별 인간의 지능에 영향을 미치는 많은 유전변이가 있다는 점이 밝혀졌지만 개인 간 차이는 거의 설명되지 않고 있다. 이는 곧 대립형질을 직접 삽입하여 유전적으로 지능을 향상하는 것은 큰 효과를 거두기가 어렵다는 것을 의미한다.

신경 향상은 적용 대상에 따라 치료를 목적으로 하는 신경 향상과 건강한 사람을 대상으로 하는 신경 향상으로 구분된다. 건강한 사람을 대상으로 하는 신경 향상은 치료를 목적으로 하는 향상에 비해 개인적, 사회적, 법적 차원에서 다양한 문제를 야기한다. 우리는 이번 장에서는 건강한 사람을 대상으로 하는 신경 향상 중 약물에 의한 향상을 중점적으로 다루기로 한다.

신경 향상을 목적으로 하는 약물 사용에 관한 연구에 따르면, 미국 중고등학생의 약 25%가 비치료적 목적으로 '덱스트로암페타민'(Adderall), '메틸페니데이트'(Ritalin), '모다피닐'(Provigil)과 같은 각성제를 복용하고 있는 것으로 나타났다(T. Wilens et al., 2008). 이 수치는 미국 대학생의 경우에는 약 7%이다(S. McCabe et al., 2005). 이 현상은 대학생이 고등학생에 비해 상급학교로 진학하는 데 있어서 학습 스트레스 정도가 낮기 때문으로 분석된다. 국가별로 차이가 있겠지만 통계에 반영되지 않은 사례를 고려하면 청소년, 대학생, 직장인들이 여러 가지 이유로 인지적 향상을 위해 약물을 복용하고 있다는 점은 분명하다.

신경 향상에 대한 찬반 논쟁이 있다. 신경 향상을 반대하는 입장은 다음과 같은 논거를 제시한다.

- 신경 향상은 사회적 불평등과 부정의를 낳는다(J. Harbermas, 2003).
- 신경 향상은 인간 본성을 나쁜 방향으로 유도할 것이다. 인간 본성은 선하며 그것을 변경하는 것은 비윤리적이다(L. Kass, 2003).

- 인지 능력과 신체 능력을 향상하려는 욕구는 우리 삶에 대한 완전성과 절대적 통제에 대한 욕구에서 비롯된다. 우리는 '삶의 선물'을 변경하는 것보다 있는 그대로 수용해야 한다(M. Sandel, 2007).
- 향신경성 약물의 장기 복용은 이득보다 손해가 더 크다(A. Heinz et. al., 2012).

이에 비해 신경 향상을 지지하는 입장은 다음과 같은 논거를 제시한다.

- 인간 본성은 고정된 것이 아니라 진화한다. 인지 능력이나 도덕 능력을 향상하기 위해 약물을 사용하는 주요 이유는 인간이 불완전한 존재이기 때문이다(J. Harris, 2007).
- 인지적 향상에 대해 반대론자들이 주장하듯이 인지적 향상이 반드시 더 치열한 경쟁을 낳는 것은 아니다. 인지적 향상은 생산성을 증가시키고 개인과 사회에 많은 이득을 제공할 수 있다. 우리의 제한된 도덕적 능력을 향상하는 것은 친사회적 행동을 고무하고 자기 이익을 추구하는 행동으로부터 초래되는 손해를 감소시킨다(A. Buchanan, 2011).
- 도덕적 향상은 대량파괴 무기의 잠재적 사용과 환경파괴라는 인류 생존을 위협하는 두 가지 요소를 제거하는 데 도움이 된다(I. Person and J. Savulescu, 2012).

우리는 여기서 신경 향상에 대한 찬반 논쟁을 비교 평가하지는 않을 것이다. 그러나 우리는 반대 논증이 자체적으로 정당성 문제를 안고 있다는 점을 지적할 필요가 있다. 예를 들어, "**인간 본성**은 선하며 그것을 변경하는 것은 나쁘다"라는 카스의 주장은 "인간 본성이 선하다"는 것을 논점선취하는 오류를 범하고 있다. 카스는 인간 본성의 선함을 주장하기 위해 관련 증거나 이유를 제시해야 하지만 카스를 포함하여 누구도 그것을 제시하지 못했다.

또한, "인간의 현재 상태는 자연이 우리에게 준 **선물**이다"라는 샌델의 주장은 자연이 우리에게 준 것 중 선물과 그냥 준 것을 구별하지 않고 있다. 자연이 우리에게 준 것이 모두 '선물'은 아닐 것이다. 또한 그의 주장은 비록 선물이더라도 그것이 매우 불완전한 경우에 그것을 개선하는 것이 낫다는 점을 놓치고 있다. 마지막으로 우리의 능력을 향상하는 것이 완전성을 지향하는 것이 아닐 수 있다. 인간 향상이 반드시 **호모 데우스**(Homo Deus)를 지향하지는 않는다. 트랜스 휴머니스트들이 주장하듯이, 인간 향상은 인간의 주어진 한계 때문에 나타나는 불필요한 고통과 비극을 예방하고 인간 삶의 환경을 개선하여 더 나은 인간다운 세계를 건설하려는 욕구에서 비롯된 것으로 보아야 한다.

트랜스휴머니즘

트랜스휴머니즘(trans-humanism)은 지난 2세기를 걸쳐서 점진적으로 발전해 온 느슨하게 연결된 다양한 사상들의 집합체로서 'H'로 상징되는 인간 향상(human enhancement)을 지향한다. '트랜스휴머니즘'이라는 용어를 현대적 의미로 처음 도입한 모어(M. More, 1990)에 따르면,

트랜스휴머니즘은 생명 고양의 원리와 가치에 의해 인도되는 과학과 기술을 수단으로 하여 인간의 현재 형태와 인간적 한계를 초월함으로써 지적 생명체 진화의 연속성과 가속화를 추구하는 생명철학이다.

트랜스휴머니즘의 목표는 세계트랜스휴머니스트협회(World Transhumanist Association)가 제시한 **트랜스휴머니스트 선언**(Transhumanist Declaration)에 구체적으로 잘 나타나 있다.[42] ① 인간성은 장차 과학과 기술에 의해 근본적인 부분까지 영향을 받을 것이다. 우리는 노화, 인지적 결함, 불의의 고통을 극복하고 지구의 한계를 벗어남으로써 인간의 잠재력을 확장할 수 있다. ② 우리는 인간성의 잠재력이 아직도 대부분 실현되지 않았다고 믿는다. 인간의 조건을 멋지고 대단히 가치 있는 것으로 향상할 수 있는 시나리오들이 있다. ③ 우리는 인간성이 심각한 위험들, 특히 새로운 기술들의 오용에서 비롯된 위험에 직면하고 있다는 것을 알고 있다. … 모든 진보는 변화에서 비롯되지만 그렇다고 해서 모든 변화가 진보를 불러오는 것은 아니다. ④ 이런 전망을 이해하기 위해 연구 역량을 경주할 필요가 있다. 우리는 위험을 줄이고 이로운 응용을 촉진하는 가장 좋은 방법이 무엇인지를 신중히 숙고해야 한다. 또한 사람들이 무엇을 해야 할지를 건설적으로 토론할 수 있는 포럼과 책임 있는 결정을 실행할 수 있는 사회 질서가 필요하다. ⑤ 생존 위험을 줄이는 것과 생명과 건강을 보존할 수단들 개발하는 일, 심각한 고통을 덜어주고 인간의 예지와 지혜를 개선하는 일은 최우선으로 추구되어야 하고, 이런 일에는 전폭적인 재정 지원이 이루어져야 한다. ⑥ 정책 입

---

42 https://humanityplus.org/philosophy/transhumanist-declaration.

안은 책임 있는 포괄적인 도덕적 전망에 따라, 기회와 위험을 동시에 진지하게 고려하고, 자율과 개인의 권리를 존중하며, 전 지구의 모든 사람의 이익과 존엄성을 고려하는 연대를 보여주면서 이루어져야 한다. 또한 우리는 미래에 존재할 세대를 향한 도덕적 책임도 고려해야 한다. ⑦ 우리는 인간과 인간 아닌 동물, 미래의 모든 인공 지능체, 변형 생명체, 또는 기술과 과학의 진보로 인해 등장하게 될지도 모르는 여타의 지성적 존재를 포함해서 감정을 가진 모든 존재의 행복을 옹호한다. ⑧ **우리는 개인이 자신의 삶을 살아가는 방식에 대해 독자적으로 선택할 수 있는 폭을 넓히는 것에 찬성한다.** 여기에는 기억, 집중력, 정신력을 보조하기 위해 개발될 기술의 사용을 비롯하여 생명 연장 시술, 생식에 관한 선택 기술, 인체 냉동 보존술, 인간 변형 및 능력 향상을 위한 여타의 가능한 기술들이 포함된다.

우리는 마지막 부문에서 트랜스휴머니즘이 인지적 향상을 가장 기본적인 목표로 설정하고 있음을 볼 수 있다.

15.2 인지적 향상과 도덕적 향상

인지적 향상은 '애더럴'(Adderall, 덱스트로암페타민), '리탈린'(Ritalin, 메틸페니데이트), '프로비질'(Provigil, 모다피닐)과 같은 약물을 이용하여 작업기억과 관련된 주의, 집중 및 다른 인지 능력을 향상하는 것을 목표로 한다. 그러나 그런 약물을 복용하면 항상 인지 능력이 향상되는 것은 아니다. 그 약물들은 다음과 같은 문제와 부작용을 갖는다는 점이 보고되었다.

- 낮은 인지 능력을 가진 사람이 높은 인지 능력을 가진 사람보다 그런 약물로부터 더 많은 이득을 본다(D. Repantis et al., 2010).
- 다양한 종류의 각성제는 도파민 회로에 작용하여 그 분비를 조절한다. 주의력결핍증(ADHD)을 앓는 어린이는 리탈린을 복용하면 그렇지 않은 ADHD 어린이보다 학업 성적이 좋아진다. 그러나 도파민이 정상 이상으로 분비되는 것이 항상 다른 인지적 기능을 향상하는 것은 아니다. 리탈린과 같은 메틸페니데이트 계열 약물은 새로운 과제에 대한 인지 기능을 향상시키지만 학습된 과제에 대한 기능을 약화시키는 것으로 나타났다(R. de Jongh et al., 2008).

이상에서 볼 수 있듯이 약물 사용에는 이득과 손해가 교환된다. 또한 그런 약물을 장기간 복용하면 마약과 마찬가지로 중독의 위험뿐만 아니라 부적응과 병리적 행동이 나타날 위험이 있다. 그러므로, 약물에 의한 인지적 향상을 제대로 평가하기 위해서는 해당 약물의 효과와 부작용에 대한 장기적이고 대규모의 연구가 수행되어야 한다. 그런 연구가 없이 일시적으로 인지 향상을 가져오는 약물을 복용하는 것은 매우 위험한 행위이다.

여기서 우리는 약물에 의한 향상과 자연식품에 의한 향상은 큰 차이가 없으므로 후자를 사용하는 것이 좋다는 주장을 생각해 볼 필요가 있다. 그러나 음식물 섭취에 의한 도파민 방출과 항신경성 물질에 의한 도파민 방출 간에는 근본적 차이가 있다는 점이 연구를 통해 드러났다. 음식이나 인간 간 소통으로 촉발된 도파민 정신집중은 50~100% 향상을 보이지만, 애더럴, 리탈린, 프로비질에 의한 효과

는 175~1000%에 이르렀다.[43] 그러나 이런 약물을 반복적으로 장기
간 복용하면 도파민 기제 조절장애가 발생한다. 카페인은 전두엽에
서 도파민 방출을 자극하지만 보상체계를 구성하는 선조체에서는 그
런 효과가 없다. 이런 점에서 항신경성 약물은 음식이나 음료보다 직
접적이고 근본적인 효과를 낳는다.

도덕적 향상은 도덕적 감정에 반응하는 인지적 능력뿐만 아니라
수치나 후회와 같은 사회적 정서 능력을 향상하는 것을 목표로 한다.
도덕적 향상을 신경 향상의 한 유형으로 보는 사람들은 도덕적 향상
이 다음과 같은 장점을 갖고 있다고 주장한다.

- 사람들이 윤리적 상황을 반사실적으로 생각하고, 더 윤리적 행
  위를 고려하는 능력을 향상시킨다.
- 공감, 신뢰, 협동 능력이 향상되어 타인에 대한 위협과 손해의
  발생이 감소한다.
- 전체 구성원의 안녕을 낳는 행위를 장려하여 도덕적 진보가 이
  루어진다.
- 도덕적 능력의 향상은 인지적 능력의 향상과 관련된 지나친 경
  쟁과 만연된 부정행위에 대한 해독제이다.

도덕공학의 창시자인 페르손과 사불레스쿠(I. Persson and J. Savu-
lescu, 2012)는 다음과 같은 이유로 우리 사회가 도덕적 향상에 대해

---

43 A. Heinz et. al.(2012), p. 373.

선험적인 규제를 가하지 않도록 조심할 필요가 있다고 주장한다.

- 대량파괴 무기와 환경파괴의 위험으로부터 우리의 안녕과 생존에 집중하도록 도덕적 태도를 변경할 수 있다.
- 향상 약물은 그런 태도의 변화를 가져오도록 뇌에서 화학적 변화를 야기한다.
- 인류 생존의 위험을 고려할 때 약물에 의한 효과적인 도덕 향상은 가장 중요한 생의학적 향상이 될 것이다.

우리는 이런 당위적 요청을 반대하기 어렵다. 그러나 여기서 중요한 것은 신경 향상이 과연 인류 생존을 위협하고 인간다운 사회 건설을 방해하는 다양한 도전에 맞서도록 윤리적 태도 변화를 일으킬 수 있는지의 여부이다. 윤리적 요청만으로는 그것이 보장되지는 않으므로 그들의 주장에 대한 증거가 필요하다. 이와 관련하여 다음과 같은 실험 보고가 있다. **세로토닌** 농도가 증가하면 '위해 혐오'를 유도하여 타인에게 해를 끼치는 행동에 반대하는 도덕적 감정이 유발된다. 시탈로프램(SSRI citalopram, Celexa)은 건강한 피험자들의 위해 혐오 능력을 증가시켜 사회적 인지를 향상하고 친사회적 행동을 고양한다 (M. Crockett et al., 2010; S. Chan and J. Harris, 2011).

그러나 위해 행동과 관련된 공포와 손상된 공감은 대뇌피질이 아니라 세로토닌이 다량으로 존재하는 하부피질영역으로 통제된다. 그러므로 도덕적 추리를 위해 필요한 인지적이고 정서적인 능력은 피질과 하부피질의 상호작용 속에서 분산적 신경망에서 조정된다고 보아야 한다. 편도체와 전측대상회는 특히 공포와 공감과 관련되는 것으로 알려져 있다. 그렇지만 전두엽에서의 세로토닌 농도를 목표로 하는 약물이 이런 영역에 작용하고 공포와 공감 반응을 중재하는 다른 신경전달물질에 영향을 미치는지에 대해 알려진 바가 없다.

옥시토신(oxytocin)의 농도 증가를 유도하는 약물이 이런 중재 효과를 낳을 수 있다. 이런 신경펩티드가 사회적 인지에서 중요한 역할을 한다는 것을 보여주는 증거가 있다(H. Ross and L. Young, 2009). 옥시토신은 시상하부 · 뇌하수체 · 부신 축(Hypothalamic-Pituitary-Adrenal Axis)과 상호작용하여 공포반응을 중재하는 편도체의 활동을 억제한다. 공포반응을 줄임으로써 해당 약물은 관심, 신뢰, 협동에 관한 인지적 · 정서적 능력을 증가시킨다. 또 다른 신경펩티드인 **바소프레신**(vasopressin)도 동일한 방식으로 작용한다. 그러나 이런 신경펩티드들의 수준을 증가하는 것을 목표로 하는 약물의 이로운 효과는 아직은 알려지지 않았다. 사람들의 행동에서 사회적 맥락이 옥시토신의 효과에 영향을 미치는 것으로 밝혀졌다. 또한 사회적 요인이 옥시토신에 작용하여 불신과 반사회적 행동을 조장하는 때도 있다(J. Bartz et al., 2011). 그러므로 옥시토신과 바소프레신을 장기간 복용하는 것의 안정성과 효율성은 검증되지 않았다고 보아야 한다.

우리는 신경 향상과 관련하여 다음과 같은 점들에 유의할 필요가 있다.[44] 첫째, 안전하고 효율적으로 우리의 도덕심을 향상하는 약물을 확인하기 위한 대규모의 연구가 수행되어야 한다. 둘째, 인지 능력과 정서 능력에 대한 신경약리적 조정만으로 도덕 감정에 대해 행동적으로 더 잘 반응하도록 할 수는 없다. 교육도 마찬가지이다. 그

---

44 W. Glannon(2015), pp. 1261-1262.

러나 윤리적 행위를 유도하는 데 있어 올바른 교육과 사회적 환경은 신경약리학을 보완할 수 있다. 그러므로 도덕적 향상은 교육, 환경적 조정, 신경약리적 개입의 연합으로 이루어진다고 보아야 한다. 이런 결론은 왜 체화주의가 뇌만을 고려하는 인지주의보다 더 나은 이론 인지를 잘 보여준다. 셋째, 신경 향상 약물이 공감, 신뢰, 돌봄, 관심 협력을 향상한다는 점이 우리가 그런 능력을 행사한다는 것을 의미 하지 않는다. 신경 향상으로 도덕 능력이 향상된 사람들이 실제로 도 덕적 행위를 하지 않을 수도 있다. 넷째, 도덕적 능력 향상 이전에 도 덕적 향상의 대상이 되는 덕목과 태도에 대한 사회적 합의가 필요하 다. 또한 안전하고 효율적인 도덕적 향상을 보장하는 약물에 대한 사 회적 합의도 필요하다.

15.3 인지적 자유

신경 향상을 지지하는 주요 논거 중 하나는 자율성을 강조한다. 트 랜스휴머니스트 선언에서도 나타났듯이, 자기 삶을 변형하고 자기 건강과 안녕에 관해 결정을 내리는 것은 개인에게 달려 있다. 개인은 신경 향상 약물을 사용할 것인지를 자유롭게 결정할 수 있고, 그런 약물에 자유롭게 접근할 수 있어야 한다. 센텐티아(W. Sententia)는 이 와 관련된 자유를 **인지적 자유**(cognitive liberty)라고 부르면서, 그것이 '사상의 자유'의 21세기적 수정이라고 주장한다. 그에 따르면, 인지적 자유는 자기 뇌의 화학적 상태에 대해 독립적으로 생각하고 자기 마 음의 범위를 사용하고, 자율성을 갖는 개인의 근본적 권리이다.[44] 다른 사람에게 해를 끼치지 않는 한, 개인은 자기 뇌의 상태를 선택하고 뇌 기능을 능동적으로 조절할 수 있는 자유가 있다.

그러나 신경 향상 약물이 실제로 인지적 자유와 개인의 자율성을 고양하는 데 기여하는지는 분명하지 않으므로 다양한 문제가 발생한다. 첫째, 자기 뇌의 화학적 상태에 관한 자율적 통제는 '자유롭게 충분히 알고 내린 결정'을 전제로 한다. 그러기 위해서는 우리는 인지 향상 약물의 효과와 부작용뿐만 아니라 적절한 측면을 잘 알고 있어야 한다. 그러나 실제로 그런 정보는, 특히 건강한 사람의 경우에 관한 정보는 일반인이 접근하기 매우 어렵다. 둘째, 의사결정의 자유와 관련된 문제가 있다. 개인이 신경 향상 약물의 사용에 대해 자유롭게 결정하는 상황은 실제로 매우 드물다. 대부분은 개인이 속한 기관, 단체, 회사의 요청, 경쟁 상황에서의 간접적 압력, 사회적 기대에 부응하려는 욕구가 중요한 역할을 한다. 특히 군인, 아이, 청소년의 경우, 자유로운 선택이 거의 불가능하고 간접적 강압이 작용하기도 한다. 예를 들어 미군은 전투 능력 향상을 목적으로 F16 폭격기 조종사들에게 비행 전에 **암페타민**(amphetamine)을 지급하고, 기지로 돌아온 후에는 잠을 재우기 위해 진정제를 투여했다. 이 충격적 사실은 2001년 아프가니스탄의 캐나다 기지에 500lb급 레이저 유도탄을 떨어뜨려 10여 명의 캐나다 군인을 사망케 한, 미군 전투기 조종사 두 명에 대한 조사를 통해 드러났다.[46] 암페타민은 중추신경계 각성제의 일종으로 주로 주의력결핍과다행동장애, 기면증, 비만증 등의 치료

45 W. Sententia(2004), p. 222.
46 L. Heard(2003), https://www.counterpunch.org/2003/01/23/flying-high/.

제로 사용된다. 여기서 중요한 것은 그런 약물이 자유로운 선택이 아니라 간접적 강압 때문에 복용된다는 점이다. 수험생, 군인, 운동선수는 특수한 목적 달성을 위한 간접적인 강압에 의해 신경 향상 약물을 복용할 가능성이 크다. 셋째, 인지적 자유와 공정 간 갈등이 있다. 신경 향상 약물을 사용한 개인은 그렇지 않은 개인에 비해 사회적 경쟁에서 우세한 위치를 차지할 가능성이 크고, 그 결과 **불공정**과 **불평등**의 문제가 발생하게 된다.

신경 향상과 관련된 근본 문제는 해당 약물의 효과와 관련된다. 신경 향상 약물은 어느 정도로 인지적 자유, 자율성, 개인적 안녕을 향상하는가? 자기 향상에 대한 반대 논증에 따르면, 신경 향상 약물에 의한 의도적 조정은 참된 자아에 개입하여 진정한 자신이 아닌 삶을 낳기 때문에 **진실성 문제**를 낳는다(C. Elliot, 1998). 또한 신경 향상은 노력의 결과가 아니라 약물의 도움으로 자신의 목표와 성공을 달성하기 때문에 일종의 **사기**이다(B. Maher, 2008).

이런 반대 의견에 맞서기 위해 신경 향상 약물에 의한 변화는 궁극적으로 사회 전체 구성원에게 혜택을 준다고 가정해 보자. 그러나 그런 약물이 사회에서 널리 사용되지 않은 한 신경 향상은 경쟁에서의 유리함을 낳게 될 것이다. 그리고 해당 약물이 점점 더 많이 사용될수록, 약물의 개인에 대한 경쟁적 효과는 작아질 것이다. 완전한 평등을 위해서는 사회구성원이 대부분 약물의 혜택을 볼 수 있어야 하는데 신자유주의와 결합한 자본주의 체계에서 그런 일이 발생하기는 매우 어렵다. 그러므로 개인의 이기심을 통제하고 모든 시민에게 신경 향상의 기회를 부여하려면 국가권력이 동원되어야 하고, 그 결과 헉슬리(A. Huxley, 1932)가 묘사했듯이, 약물 '소마(soma)'가 행복을 제공하는 '멋진 신세계'가 등장할 것이다.

　신경 향상이 진정한 자아를 구현하는 데 도움이 되는가? 이 질문에 대한 부정적 견해에 따르면, 신경 향상은 개인의 진정성을 위태롭게 하고 **개인 동일성**(personal identity)을 상실하게 만든다. 여기서 상실될 수 있다고 가정되는 진정성이나 동일성은 **형이상학적 본질주의**에 기반을 두고 있는데, 그 이론에 따르면 나를 진정한 나로 만들고, 그것이 없이는 나의 동일성이 상실될 수 있는 본질이 존재한다. 사고 후 게이지에 대해 주위 사람이 "게이지가 변했어. 더는 옛날의 그가 아니야"라는 말을 한 것은 게이지의 본질이 손상되어 그의 동일성이 더는 유지되지 않았기 때문이다.

　형이상학적 본질주의와 그와 관련된 일상적 용법을 신경 향상에 적용하는 것은 다소 무리가 있다. 1인칭 기술과 3인칭 기술 간 차이 때문이다. 신경 향상 약물을 복용한 사람이 이전보다 '더 자기다운' 사람이 되었다고 생각할 수 있지만, 의사와 가족은 그렇게 생각하지 않는다고 가정해 보자. 이 경우 진정성과 동일성을 판정할 기준은 무엇인가? 1인칭 판단과 3인칭 판단 중 어느 것이 더 우선적인지를 결정하는 것은 쉬운 문제가 아니다. 또한 본인은 향상되었다고 주장하지만 그를 제외한 모든 사람이 그것을 인정하지 않을 때 그를 '자기 환각의 희생자'로 판단해야 하느냐는 문제가 발생한다.

　형이상학적 본질주의를 개인 동일성 개념에 적용하는 데도 문제가 발생한다. 동일성은 '책'이나 '눈의 색'처럼 우리가 소유하고 있는 물건이나 속성이 아니라 자기에 대한 관계이다. 개인 동일성과 관련된 문제는 동일성 관계의 기준과 관련된다. 라이프니츠의 **동일자 식별**

불가능성 원리에 따르면, 동일한 두 대상은 식별 불가능하다. (x)(y)
[(x = y) → (F)(Fx ↔ Fy)]. 이 원리는 자명한 진리이다. 게이지가 자기
동일성을 상실했다는 말은 사고 전 시점(t)과 사고 후 시점(t+1)에서
본질의 변화가 발생했다는 것이다. 라이프니츠의 동일자 식별불가능
성 원리가 형이상학적 본질주의를 더 적절히 표현하도록 거기에 시
간 변수(T)를 도입하면, 그것은 (x)(y)(T)[(x_T = y_T) → (F)(Fx ↔ Fy)]이 된
다. 이 개정된 원리에 따르면, 개인 동일성이 성립하려면 시간이 지
나더라도 개인의 본질은 변하지 않고 항상 동일하게 남아 있어야 한
다. 그런데 신경윤리에서 개인 동일성에 관한 논의는 종종 '개성' 개
념과 혼동되어 사용된다. 여기서 개성은 개인이 가진 속성들의 집합
이다. 개성은 시간이 지남에 따라 변하기 마련이므로 이런 의미에서
의 개인 동일성은 유지될 수 없다. 신경 향상 약물을 복용한 사람이
주장한 향상은 자기 본질의 향상인가 아니면 개성의 향상인가? 만약
그가 본질의 향상을 의미했다면 그는 그 주장을 통해 형이상학적 본
질주의를 부정한 셈이 된다. 그러나 만약 그가 개성의 향상을 의미했
다면 그것은 형이상학적 본질주의의 진위와는 무관하고 그 결과 개
인 동일성 문제가 발생하지 않는다.

15.4 분배적 정의

신경 향상이 제기하는 또 다른 중요한 주제는 정의, 특히 **분배적
정의**와 관련된다. 신경 향상 약물을 복용한 사람에게 어떤 분명한 이
익이 나타난다면, 그것은 경쟁 사회에서 **불공정** 문제를 일으킨다. 예

를 들어 약물 복용 후 기억력을 한 달 동안 세 배로 증가시키는 약물은 대학입시를 비롯한 각종 시험을 준비하는 사람들의 경쟁을 불공정하게 만들 수 있다. 해당 약물을 복용한 사람은 그렇지 않은 사람에 비해 좋은 성적을 받을 가능성이 크기 때문이다. 기억향상제는 스포츠 분야에서 근육강화제처럼 불공정을 일으키기 때문에, 부정행위고 사기이므로 금지되어야 한다는 주장이 있다. 그러나 기억향상제를 복용하는 것이 항상 부정행위인지는 분명하지 않다. 그렇다면 신경 향상 약물을 언제, 누구에게 허용해야 하느냐는 문제가 발생한다.

여기서 논의하고 있는 정의는 사회구성원에게 신경 향상의 기회가 균등하게 분배될 수 있는가와 관련되기 때문에 '분배적' 정의이다. 분배적 정의의 초점은 어떻게 분배하는 것이 정의로운가에 있다. 어떻게 신경 향상 약물을 분배하는 것이 정의로운가? 자본주의 사회에서 모든 사회구성원이 신경 향상 약물에 접근할 수 없다는 것은 분명하므로, 분배를 규제할 원칙이 필요하다. 이와 관련하여 여러 가지 정의론들은 각자 고유한 원칙을 제시한다. 우리는 여기서 롤스(J. Rawls, 1971)의 이론을 검토하기로 한다. 롤스는 **공정으로서의 정의**를 구현하기 위해 **평등한 자유의 원칙과 차등의 원칙**을 제시했다. 평등한 자유의 원칙에 따르면, 각자는 다른 사람의 유사한 자유의 체계와 양립할 수 있는 평등한 기본적 자유의 가장 광범위한 체계에 대해 평등한 권리를 가져야 한다. 그러므로 모든 사람이 신경 향상 약물에 자유롭게 접근할 수 있도록 평등한 권리를 보장하는 것이 정의로운 것이다. 해당 약물에 대한 모든 사람의 접근 금지도 여기에 해당한다. 자본주의 사회에서 부유한 사람이 가난한 사람에 비해 신경 향상 약물을 구매할 가능성이 더 크고, 그로 인해 사회적 경쟁에서 유리한 위치를 차지하게 되어 불평등이 나타날 것이다. 롤스의 두 번째 원리는 사회 경제적 불평등은 모든 사람의 이익이 되리라는 것이 합당하게 기대되고(차등의 원칙), 모든 사람에게 개방된 직위와 직책이 결부되도록 편성되어야 한다(기회균등의 원칙)고 요청한다. 그렇다면 신경 향상 약물 사용과 관련하여 가난한 사람에게 나타난 불평등은 가난한 사람뿐만 아니라 다른 사람들에게도 이익이 되는 방향으로 해결되어야 한다. 이를 구현하는 여러 가지 사회 정책적 방안이 있다. 예를 들어 가난한 사람이나 정상보다 낮은 인지 능력의 보유자에게 해당 약물에 대한 접근을 더 허용함으로써 차등적 분배를 할 수 있다. 기회균등의 원칙은 신경 향상 약물의 직접적 분배와 관련되지 않으며, 불평등의 더 근원적인 원천인 사회적 지위에 대한 균등한 접근을 요청한다. 우리는 여기서 롤스의 정의론을 신경 향상 약물의 분배 문제에 적용하면서, 그 약물을 분배하는 것이 정의와 밀접한 관련이 있다고 가정했다. 그러나 그 가정의 정당성에 의문이 제기될 수 있다. 예를 들어 카스와 샌델처럼 신경 향상 자체를 비판하는 사람들은 신경 향상 약물이나 기법에 대한 접근을 정의의 차원이 아니라 선악의 차원에서 보기 때문이다. 과학 기술의 발전으로 다양한 신경 향상 약물과 기법이 개발될 것이다. 지금까지의 논의를 통해 드러났듯이 신경 향상을 위해 정상인이 복용하거나 이용할 수 있는 약물과 기법의 종류와 범위에 대한 사회적 합의가 필요하다.

1980년대 이후로 신경과학이 급속도로 발전함에 따라 그것에 대한 인문학자들의 관심이 고조되어 왔다. 특히 철학과 문학에서 그 현상이 두드러지게 나타났다. 철학의 경우, 신경과학의 토대를 연구했던 기존의 접근과는 달리 새로운 접근은 신경과학의 연구 성과를 철학에 적용하려는 작업으로 나타냈고, 그 결과 **신경철학**(neurophilosophy)과 **신경윤리**(neuroethics)가 등장했다. 문학에서는 미학이나 비평 분야를 중심으로 해당 분야의 주제에 관해 경험적 연구를 추구하는 작업이 시도되어 **신경미학**(neuroaesthetics)이라는 분야가 등장했다. 이제는 철학과 문학 외에 신경교육학(neuroeducation), 신경법학(neurolaw), 신경정치학(neuropolitics), 신경경제학(neuroeconomics), 신경마케팅(neuromarketing), 신경커뮤니케이션(neurocommunication) 등 'neuro'라는 접두어를 달고 있는 다양한 분야들이 등장했다. 이처럼 다양한 '뉴로 학문'들이 등장하면서

'뉴로' 부분이 해당 영역에 큰 영향을 미치게 되어 학문의 융·복합화 현상이 가속화되고 있다. 신경과학의 발전은 그 분야와 다양한 타 분야 간 융·복합화를 유도하는 긍정적 효과를 가져왔지만 다른 한편으로는 신경과학에 대한 과대한 기대와 오해를 야기하기도 한다.

신경신화

경제협력개발기구(OECD)의 '뇌 및 학습 프로젝트'(Brain and Learning Project, 2002)가 교육 분야의 전문가들 사이에 뇌 및 신경계에 관한 그릇된 이해가 존재한다고 경고했듯이, 신경과학이 발전함에 따라 다양한 **신경신화**(neuromyths)가 양산되고 있다. 다음은 그 대표적인 예이다.

- 특정한 것이 학습되어야 할 결정적 시기가 있다.
- 뇌의 좌우 반구는 근본적으로 다르게 작용한다.
- 인간은 뇌의 10%만을 사용한다.
- 개인마다 고유한 학습 스타일이 있다.
- 학습은 뇌에 새로운 뉴런이 추가되는 과정이다.
- 정신 능력은 타고난 것이며 변화하지 않는다.
- 고전음악을 감상하면 아이의 추리력이 향상된다.
- 풍요로운 환경의 제공은 지능 발달과 학습 능력의 향상으로 이어진다.

신경신화는 과학·기술의 성공에 따른 자연스러운 반응으로 이해될 수 있지만, 그것이 교육과 같은 인간 정신의 함양을 목적으로 하는 분야에서 나타날 때 심각한 문제를 일으킬 수 있다. 실제로 교사들이 신경신화를 믿고 있다는 점이 확인되고 있다. 예를 들어 242명의 미국 및 네덜란드 교사를 대상으로 실시한 연구에서 피험자의 49%가 신경신화를 믿고 있는 것으로 드러났고(S. Dekker etc, 2012), 이런 현상은 최근에 실시된 연구에서도 확인되었다(M. Torrijos-Muelas et al., 2021).

두 문화 간 대화

그러므로 신경과학 연구자가 아닌 사람들은 신경과학을 제대로 이해하고 자신의 분야와 신경과학을 적절히 연결하는 방법을 모색할 필요가 있다. 우리는 여기서 지금까지의 논의를 바탕으로 철학과 신경과학이라는 **두 문화의 대화**를 검토해 보기로 한다. 철학과 신경과학이 상호 호혜적으로 만나는 방식으로 다음과 같이 두 가지 길이 있다.

- 환원적 만남
- 비환원적 만남

환원적 만남을 지지하는 대표 이론은 제거적 유물론이다. 제거적 유물론의 제거 대상은 통속심리학이다. 그러나 신비주의나 이원론은 통속심리학에 기반을 두고 있거나 그것을 정당화하며, 유물론 중 비환원적 물리주의나 기능주의도 제거의 대상이 될 수 있다는 점에서,

그리고 비록 제거적 유물론이 관련 분야들의 상호진화를 주장하지만, 한 분야의 학문적 독립성이 유지되지 않는 상호진화는 진정한 만남이 아니라는 점에서, 제거적 유물론이 제시하는 환원과 제거라는 선택 상황에서 철학과 신경과학이 호혜적으로 만나기는 매우 어렵다. 크릭은 '놀라운 가설'을 제안하면서 의식의 문제는 과학의 문제라고 선언했다. 그러나 노에(A. Noë, 2009)가 지적하듯이, 크릭의 선언이 타당하더라도 그로부터 의식의 문제가 더는 철학의 문제가 아니라는 것이 따라 나오지는 않는다.

이런 이유로 나는 맺는말에서 비환원적 만남의 가능성을 위한 방안을 제안하고자 한다. 철학과 신경과학이 호혜적으로 만나기 위해서는 양자 간 대화를 위한 통로를 확보해야 한다. 나는 그 방안으로 **시험 가능성**(testability)을 갖는 가설 구성을 제안한다. 논리실증주의가 주장한 검증 가능성이나 포퍼가 주장한 반증 가능성, 결정적 시험 등처럼, 내가 여기서 제안하는 시험 가능성은 과학의 객관성을 확보하고, 특히 가설의 참을 검사하기 위해 구체적 실험 절차를 설계하는 가능성을 의미한다.

이런 의미에서의 시험 가능성을 확보하는 것은 결코 쉬운 일이 아니다. 신경과학은 과학이므로 당연히 신경과학자들의 주장은 모두 시험 가능성을 갖는 것으로 생각될 수 있지만 실제로는 그렇지 않다. 예를 들어 "자아는 존재하지 않는다"라는 주장만 하더라도 그 타당성을 검사할 수 있는 실험을 설계하는 것은 쉬운 일이 아니다. 이런 사정은 철학의 경우는 더 심각하다. 철학자들의 주장은 대부분 시험 가능성을 염두에 두지 않고 제시되고 있으므로 그것을 경험적 검사에 넘기는 일은 매우 어렵다. 1부에서 논의한 철학 이론 중 신비주의는 처음부터 시험 가능성을 부정하고, 속성이원론은 쉬운 문제의 시험 가능성을 인정하지만 어려운 문제의 시험 가능성을 부정한다. 이에 반하여 환원론적 표상주의와 고차사고 이론, 유물론은 정도의 차이가 있지만 시험 가능성을 인정한다.

철학 이론이 어떻게 경험적으로 시험 가능한가? 나는 이에 대한 좋은 예가 템플턴 세계자선재단(Templeton World Charity Foundation, TWCF)의 **의식 프로젝트**에서 발견된다고 생각한다. TWCF는 2019년 시카고에서 개최한 〈49회 신경과학학회 연례모임(the 49th Annual Meeting of the Society for Neuroscience)〉에서 총 2,000만 달러를 지원하여 대표적 의식 이론을 비교·시험하는 프로젝트를 후원한다고 발표하고, 그 프로젝트의 첫 대상으로 전역작업공간 이론(GWT)과 통합정보 이론(IIT)을 선정했다.[1]

전역작업공간 이론(Global workspace theory, GWT)은 바아즈(B. Baars, 1988, 2005)가 제안한 이론으로 그것에 따르면 의식이라는 '배우'는 작업기억이라는 '무대'에서 조명을 받는 곳에서 발생한다.[2] 무대 뒤는 현재의 맥락을 생성하는 곳이고 '연기자들'은 의식이라는 무대에 출연하기 위해 경쟁하는 감각이나 관념이다. '관객'은 의식적 내용을 해석하는 무의식적 신경적 활동이다. 템플턴 프로젝트의 첫 번째 실험에 참여하는 GWT는 바아즈의 이론이 아니라 그것의 후속인 드앤(S. Dehaene)의 **신경전역작업공간 모형**(neuronal global workspace

---

1 https://www.sciencemag.org/news/2019/10/outlandish-competition-seeks-brain-s-source-consciousness.

2 B. Baars(2005), p. 47.

model)이다.[3] 신경전역작업공간 모형에 따르면, 정보와 과정은 의식되거나 의식 안으로 들어오지 않는다. 전두엽이 중앙컴퓨터로 작용하여, 감각이 제공하는 정보를 수집하고 그것들의 순위를 결정한다. 의식은 순위를 결정하는 과정이다.[4] 그다음 전두엽은 해당 정보를 뇌의 다른 부분에 방송하여 그것들이 과제를 수행할 수 있게 만든다.

통합정보 이론(Integrated information theory, IIT)은 토노니(G. Tononi, 2004)가 에덜먼(G. Edelman)과 공동으로 수행한 연구에 기초하여 제시한 것이다.[5] IIT에 따르면 의식은 통합된 정보이며, 정보가 통합될수록 체계는 더 의식적이 된다. 정보량은 구성 요소들의 복잡성에 의해 생성된 정보적 관계인 변수 Φ로 측정된다.[6] 체계가 매우 큰 Φ를 갖게 되면 그것은 의식적으로 되고 자유의지를 갖는다. GWT와 IIT는 모두 분산된 역동적 과정의 중요성을 강조하고 의식을 경험적 변수로 간주한다. 그 두 가지 이론의 차이점은 GWT의 경우 작업 장소의 내용이 의식적인 데 비해, IIT에서는 뇌의 다른 부분에 영향을 주는 분산된 힘 외에는 '극장적 방송'이나 전역적 이용 가능성이 없다는 데 있다.

GWT와 IIT를 어떻게 비교 검사할 수 있는가? 템플턴 프로젝트는 그 두 이론에 대한 결정적 실험을 구성한다. 결정적 실험은 베이컨(F. Bacon, 1620)이 주장했듯이 하나의 실험을 통해 경쟁 가설 중 참인 가설을 가려내는 실험이다. 뒤엠(P. Duhem, 1914)이나 콰인(W. Quine)

---

3 S. Dehaene et al.(2006), S. Dehaene(2014).
4 S. Dehaene(2009), p. 468.
5 G. Tononi and G. Edelman(1998), G. Edelman and G. Tononi(2000).
6 G. Tononi(2008), p. 217.

이 전체론을 기반으로 결정적 실험의 가능성을 부정했지만 많은 사람이 1919년 행해진 에딩턴(A. S. Eddington)의 실험을 아인슈타인의 일반상대성 이론과 뉴턴 이론에 대한 '결정적' 실험으로 간주하고 있다. 결정적 실험의 구성에서 가장 중요한 것은 경쟁 이론이 갈라서는 지점, 즉 서로 다른 결과가 나오도록 실험을 설계하는 데 있다. GWT에 따르면 전두엽은 감각 입력으로부터 정보를 수집하고 우선순위를 매기는 중앙컴퓨터 역할을 한다. 반면에 IIT에 따르면, 의식이 발생하는 과정이 신경세포들이 격자 모양으로 연결된 후두엽에서 일어난다. 템플턴 프로젝트의 실험에서 갈라서는 지점은 피험자가 이미지를 인식할 때 반응하는 뇌의 부분이다. 이제 다음과 같은 결정적 실험이 성립한다.

- GWT: 피험자가 이미지를 인식한다. ⇒ 그의 뇌 전두엽이 활성화된다.
- IIT: 피험자가 이미지를 인식한다. ⇒ 그의 뇌 후두엽이 활성화된다.

위 실험이 성공적으로 수행되면 그 결과는 의식 이론으로서의 그 두 가지 이론의 우열을 가리는 데 중요한 역할을 할 것이다. 우리가 여기서 얻을 수 있는 교훈은 철학자들과 신경과학자들은 이런 방식으로 시험 가능성을 갖는 가설이나 이론을 제시함으로써 양 분야 간 평행선을 걷는 논쟁을 지양하고 호혜적으로 만날 수 있다는 점이다. 템플턴 프로젝트는 GWT와 IIT 외에 적어도 5쌍의 경쟁 이론을 선정 중인데 그중 한 가지는 '1차사고 이론'과 '고차사고 이론'이다. 그 두 가지 이론은 표상주의에서 논의했는데 템플턴 프로젝트가 사고의 차원성에 대한 두 가지 경쟁 이론을 결정하는 실험을 어떻게 구상할 것인지는 많은 연구자들의 관심의 대상이다.

| 참고문헌 |

강신익, 「앎, 삶, 함, 그리고 몸: 의학적 몸의 존재론」, 『과학철학』 5(1), 2002, pp. 135-159.

_____, 『몸의 역사: 의학은 몸을 어떻게 바라보았나』, 파주: 살림출판사, 2007.

_____, 「체화된 인지와 몸의 분류」, 『의철학연구』 18, 2014, pp. 3-32.

고인석, 「과학 이론들간의 환원」, 『과학철학』 3(2), 2000, pp. 21-49.

_____, 「마음은 어떻게, 그리고 얼마나 연장되어 있는가? - 클락-찰머스 대 애덤스-아이자와 논쟁」, 『철학논집』 31, 2012, pp. 91-115.

_____, 「연장된 지식이 가능한가?」, 『철학논집』 52, 2018, pp. 155-182.

_____, 「인공지능을 활용하는 인지능력 향상의 전망」, 『철학논총』 102(4), 2020, pp. 25-50.

권수현, 「원하는 것을 행하는가? 행하는 것을 원하는가?」, 『철학연구』 33, 2007, pp. 253-283.

김성일 · 김채연 · 성영신 엮음, 『뇌로 통하다 대한민국 대표 심리학자들의 뇌과학 오디세이』, 파주: 21세기북스, 2013.

김영윤, 「P300-기반 거짓말 탐지 연구」, 『한국심리학회지: 사회 및 성격』

23(1), 2009, pp. 111-129.

김영진, 「의식 연구에서 질적 접근법의 意義」, 『현상학과 현대철학』 56, 2013, pp. 125-153.

_____, 「데닛의 헤테로 현상학: 그 원리상의 난점과 의의에 관한 시론」, 『현상학과 현대철학』 77, 2018, pp. 25-50.

_____, 「의식에 대한 1인칭과 3인칭 접근법의 융합 가능성」, 『철학 · 사상 · 문화』 30, 2019, pp. 1-21.

김재영, 「확장된 좀비 논변과 현상학적 사유들: 자체생성성, 기연적 접근, 둘레세계, 온생명론」, 『범한철학』 62(3), 2011, pp. 303-337.

김태희, 「현상학 자연화의 함의와 한계 – 신경현상학의 경우」, 『현상학과 현대철학』 59, 2013, pp. 83-118.

김효은, 「신경윤리에서 보는 감정 – 도덕적 판단에서 감정의 역할」, 『호남학』 45, 2009, pp. 279-316.

_____, 「인지향상약물의 윤리적 허용기준: 인지과학적 접근」, 『생명윤리정책연구』 3(2), 2009, pp. 117-134.

김효은 · 설선혜, 「신경윤리의 독자성과 주요 쟁점들」, 『인지과학』 29(1), 2018, pp. 61-84.

노양진, 「기호적 경험의 체험주의적 해명」, 『담화와 인지』 15(1), 2008, pp. 25-42.

_____, 『몸이 철학을 말하다』, 서울: 서광사, 2013.

_____, 「몸의 침묵」, 『범한철학』 73(2), 2014, pp. 213-232.

_____, 「몸의 개입」, 『범한철학』 84(1), 2017, pp. 111-130.

_____, 「기호적 어포던스에 관하여」, 『범한철학』 95(4), 2019, pp. 175-198.

_____, 『기호적 인간 : 기호적 경험의 체험주의적 해명』, 파주: 서광사, 2021.

노양진 · 김동환 · 이영의 · 이향준 · 강태경 · 강신익 · 박병기 · 정혜윤 · 이상욱, 『몸과 인지』, 광주: 전남대학교출판부, 2015.

박길수, 「知行合一의 관점에서 본 왕양명의 심 본체론」, 『양명학』 55, 2019, pp. 71-104.

박문호, 『그림으로 읽는 뇌과학의 모든 것』, 서울: 휴머니스트, 2013.

박제윤, 「이론간 환원과 제거주의」, 『과학철학』 11(2), 2008, pp. 147-171.

_____, 『철학하는 과학 과학하는 철학, 4: 뇌와 인공지능의 철학』, 서울: 철학과현실사, 2021.

배문정, 「Enactivism을 Enact 하기: 번역의 문제를 중심으로」, 『인지과학』 25(4), 2014, pp. 303-341.

_____, 「체화된 인지와 반표상주의」, 『과학철학』 18(3), 2015, pp. 57-87.

설선혜·이춘길, 「신경윤리학: 뇌과학의 윤리적, 철학적, 법적, 사회적 문제」, 『한국심리학회지: 일반』 27(1), 2008, pp. 1-41.

성영신·강은주·김성일 엮음, 『마음을 움직이는 뇌, 뇌를 움직이는 마음』, 파주: 해나무, 2004.

송민정, 「몸-마음-내러티브의 만남: 체화된 인지의 내러티브적 이해- '자연적' 서사학을 중심으로」, 『헤세연구』 32, 2014, pp. 281-309.

신경인문학 연구회, 홍성욱·장대익 엮음, 2012, 『뇌과학 경계를 넘다 신경윤리와 신경인문학의 새 지평』, 서울: 바다출판사.

신상규, 「확장된 마음과 자아의 경계」, 『철학논집』 31, 2012, pp. 55-89.

_____, 「프로메테우스를 옹호함: 인간향상 시대의 인간학과 윤리적 쟁점」, 『과학철학』 18(3), 2015, pp. 197-221.

신인섭, 「메를로-퐁티의 창발론적 현상학 여정 – 샹쥐의 연결주의 뇌과학에 대한 리쾨르의 비판을 횡단하며」, 『철학연구』 79, 2007, pp. 129-164.

신혜은, 「인지, 문화인지, 문화예술의 관계」, 『문화예술교육연구』 12(4), 2017, pp. 23-40.

심광현, 「오토포이에시스, 어포던스, 미메시스: 환경과 인간의 인지적 상호작용의 복잡성 해명을 위한 밑그림」, 『인지과학』 25(4), 2014, pp. 343-394.

심지원, 「향상약물복용에 대한 윤리적 접근: 인지향상약물의 수단 및 방법을 중심으로」, 『윤리연구』 102, 2015, pp. 145-167.

양선이, 「체화된 평가로서의 감정과 감정의 적절성 문제」, 『인간·환경·미래』 16, 2016, pp. 101-128.

유권종, 『유교적 마음모델과 예교육』, 파주: 한국학술정보, 2009.

_____, 「노하우로서의 倫理 - 프란시스코 바렐라의 인지과학과 동양철학 연구」, 『동양철학』 34, 2010, pp. 615-641.

_____, 「통합마음연구를 위한 마음모형」, 『철학탐구』 39, 2015, pp. 1-34.

윤보석, 「확장된 마음, 동등성 원리 그리고 기능주의」, 『철학적 분석』 24, 2011, pp. 143-168.

_____, 『컴퓨터와 마음』, 서울: 아카넷, 2013.

_____, 「모듈성과 인식론」, 『철학연구』 104, 2014, pp. 211-236.

_____, 「지각과 몸: 노에의 이론을 중심으로」, 『인지과학』 25(4), 2014, pp. 277-302.

이기흥, 「리벳실험의 대안적 해석 - 리벳 이후의 뇌 과학적 발견들과 자유의 지」, 『대동철학』 49, 2009, pp. 347-374.

_____, 「체화인지 기반 통합형 인지계 모형에 관한 예비적 고찰 - 인지계의 구조에 관한 한 연구」, 『대동철학』 70, 2015, pp. 197-223.

_____, 「행화주의 마음치유: 시론」, 『철학탐구』 48, 2017, pp. 91-129.

이상묵 · 최종현, 「약물 인지향상은 부정행위인가?」, 『생명윤리』 14(2), 2013, pp. 1-13.

이상헌, 「인간 뇌의 신경과학적 향상은 윤리적으로 잘못인가?」, 『철학논집』 18, 2009, pp. 223-245.

_____, 「기술을 통한 도덕적 능력향상(moral enhancement)에 관한 비판적 고찰」, 『철학논총』 88, 2019, pp. 1-20.

이영의, 「환원론과 인지과학」, 『철학연구』 34(1), 1994, pp. 173-190.

_____, 「과학적 추리에 관한 인지적 확률모델 연구」, 『철학연구』 62, 2003, pp. 193-212.

_____, 「무엇이 적절한 연결주의적 과학철학인가?」, 『철학적 분석』 9(1), 2004, pp. 33-63.

_____, 「분산된 인지와 마음」, 『철학연구』 35(2), 2008, pp. 3-30.

_____, 「확장된 마음 가설에 대한 변호」, 『범한철학』 60, 2011, pp. 185-

204.

_____, 「확장된 마음 이론의 쟁점들」, 『철학논집』 31, 2012, pp. 29-54.

_____, 「의식의 어려운 문제와 신경현상학」, 『인문학연구』 45, 2013, pp. 7-42.

_____, 「체화된 인지의 개념도: 두뇌의 경계를 넘어서」, 『Trans-Humanities』 8, 2015, pp. 101-139.

_____, 「이원론적 신경과학은 가능한가」, 『동양문화연구』 27, 2017, pp. 7-28.

_____, 「자연화된 불교, 행복, 행화주의」, 『철학논집』 54, 2018a, pp. 195-221.

_____, 「행화주의와 창발, 그리고 하향인과」, 『철학·사상·문화』 28, 2018b, pp. 118-137.

_____, 「의식철학과 뇌과학의 진정한 만남」, 『현대과학과 철학의 대화』, 파주: 한울아카데미, 2021, pp. 164-209.

이을상, 「신경윤리학의 위상학」, 『동양문화연구』 7, 2011, pp. 275-307.

_____, 「마음 읽기의 인식론 : 영상인가, 상상인가?」, 『철학논총』 80(2), 2015, pp. 349-374.

_____, 「신경과학이 철학적 반성을 필요로 하는 까닭은? - '신경적 유물론'에 대한 베넷과 해커의 비판」, 『철학논총』 81(3), 2015, pp. 169-196.

_____, 「도덕적 생명 향상의 도덕성」, 『철학논총』 103(1), 2021, pp. 193-212.

이재호, 「배제 원리와 비환원적 물리주의」, 『철학연구』 63, 2021, pp. 131-157.

이정모, 「심리학의 개념적 기초의 재구성(2): 인지과학적 접근에서 본 '마음' 개념의 재구성과 심리학 외연의 확장」, 『한국심리학회지: 일반』 26(2), 2007, pp. 1-38.

_____, 『인지과학』, 서울: 성균관대학교, 2009.

_____, 「체화된 인지(Embodied Cognition) 접근과 학문 간 융합 - 인지과학 새 패러다임과 철학의 연결이 주는 시사」, 『철학사상』 38, 2010, pp.

27-66.

이초식, 『인공지능의 철학』, 서울: 고려대학교출판부, 1999.

장대익, 「뇌 탓이오?: 신경윤리학의 쟁점들」, 『철학과현실』 78, 2008, pp. 137-151.

전지원, 「뇌가 마음을 설명할 수 있을까?」, 『동양문화연구』 27, 2017, pp. 29-48.

전진우, 「리벳 실험에 대한 칸트적 대응: 인격을 가진 인간」, 『대동철학』 44, 2008, pp. 267-286.

정현주, 「『유식이십론』 타심지 문제의 인지과학적 해명」, 『불교학연구』 65, 2020, pp. 87-113.

정혜윤, 「신경미학, 무엇이 문제인가?」, 『미학』 82(2), 2016, pp. 235-283.

조장희 · 김영보, 『뇌영상으로 보는 뇌과학』, 서울: 뉴턴코리아, 2014.

주성호, 「메를로-퐁티의 게슈탈트와 창발론」, 『프랑스학연구』 85, 2018, pp. 197-220.

천현득, 「대량모듈성과 사고의 유연성 - "내용 통합자로서의 언어" 가설에 대한 비판적 검토」, 『철학연구』 61, 2020, pp. 307-331.

최경석, 「신경윤리의 성찰과 전망」, 『생명윤리』 12(1), 2011, pp. 71-85.

최종덕, 「시냅스 철학의 존재론적 전환」, 『과학철학』 12(1), 2009, pp. 71-94.

한일조, 「의식에 대한 신경철학적 논란과 교육인식론의 과제」, 『교육철학』 70, 2019, pp. 101-130.

한우진, 「복수 실현 가능성과 환원」, 『철학적 분석』 23, 2011, pp. 109-137.

_____, 「사회인지, 인칭, 공감의 요소」, 『철학논총』 101(3), 2020, pp. 163-184.

한정선, 「철학적 인간상에 도전해 오는 신경과학의 쟁점들」, 『철학연구』 83, 2008, pp. 211-230.

Abrahamsen, A., "Bridging Boundaries Versus Breaking Boundaries: Psycholinguistics in Perspective", *Synthese*, 72, 1987, pp. 355-

388.

Ackley, D. H., Hinton, G. E., and Sejnowski, T. J., "A Learning Algorithm for Boltzmann Machines", *Cognitive Science*, 9(1), 1985, pp. 147−169.

Adams, F. and Aizawa, K., "The Bounds of Cognition", *Philosophical Psychology*, 14, 2001, pp. 43−64.

_____, *The Bounds of Cognition*, Oxford: Wiley−Blackwell, 2008.

Anderson, John. R., *The Architecture of Cognition*, Hilsdale, NJ: Lawrence Erlbaum, 1995.

Aristotle, *Complete Works of Aristotle*, 2 vols. J. Barnes ed., Princeton, NJ: Princeton University Press, 1984.

Austin, J. H., *Zen and the Brain: Toward an Understanding of Meditation and Consciousness*, Cambridge, MA: MIT Press, 1998.

Awada, E., Dsouzab, S., Shariffc, A., Rahwanb, I., and Bonnefonb, J-F., "Universals and Variations in Moral Decisions made in 42 Countries by 70,000 Participants", *Proceedings of the National Academy of Sciences of the United States of America*, 117(5), 2020, pp. 2332−2337.

Ayer, A. J., "Freedom and Necessity", *Exploring Philosophy: An Introductory Anthology*, New York: Palgrave Macmillan, 1954, pp. 271−284, in G. Watson ed., *Free Will*, Oxford: Oxford University Press, 1982, pp. 15−23.

_____, *The Concept of a Person*, New York: St Martin's Press, 1963.

Baars, B. J., *A Cognitive Theory of Consciousness*, Cambridge: Cambridge University Press, 1988.

_____, "In the Theatre of Consciousness: Global Workspace Theory, A Rigorous Scientific Theory of Consciousness", *Journal of Consciousness Studies*, 4(4), 1997, pp. 292−309.

_____, "Global Workspace Theory of Consciousness: Toward a

Cognitive Neuroscience of Human Experience", *Progress in Brain Research*, 150, 2005, pp. 45–53.

Baars, B. J. and Gage, N. M., *Cognition, Brain, and Consciousness*. Amsterdam: Academic Press, 2010. 강봉균 옮김, 『인지, 뇌, 의식: 인지신경과학 입문서』, 파주: 교보문고, 2010.

Bacon F., *Novum Organum*, New York: P. F. Collier, 1620.

Ball, P., "Neuroscience Readies for a Showdown Over Consciousness Ideas", *Quantal*, 6, 2019. https://www.quantamagazine.org/neuroscience-readies-for-a-showdown-over-consciousnessideas-20190306/.

Baron-Cohen, S., *Mindblindness: An Essay on Autism and Theory of Mind*, Cambridge, MA: MIT Press, 1995.

Baron-Cohen, S., Leslie, A. M., and Frith, U., "Does the Autistic Child have a 'Theory of Mind'". *Cognition* 21(1), 1985, pp. 37–46.

Bartz J. A,, Zaki J,, Bolger N,, and Ochsner, K. N., "Social Effects of Oxytocin in Humans: Context and Person Matter", *Trends in Cognitive Sciences*, 15, 2011, pp. 301–309.

Bayne, T., "Closing the Gap? Some Questions for Neurophenomenology", *Phenomenology and the Cognitive Sciences*, 3(4), 2004, pp. 349–364.

Beaton, M., "Crossing the Explanatory Gap by Legwork, Not by Fiat", *Constructivist Foundations*, 11(2), 2016, pp. 364–366.

Bechra, A., Damasio, H., and Damasio, A., "Deciding Advantageously before Knowing the Advantageous Strategy", *Science*, 275, 1997, pp. 1293–1295.

Bechtel, W., "Natural Deduction in Connectionist Systems", *Synthese*, 101, 1994, pp. 433–463.

_____, "What Should a Connectionist Philosophy of Science Look Like?", in R. McCauley, ed., 1996, pp. 121–144.

_____, *Mental Mechanisms*: *Philosophical Perspectives on Cognitive Neuroscience*, London: Routledge, 2008.

Bechtel, W. and Abrahamsen, A., *Connectionism and the Mind*: *An Introduction to Parallel Processing in Networks*, Oxford: Basil Blackwell, 1991.

_____, *Connectionism and the Mind*, 2nd edition, Oxford: Blackwell, 2002.

Bechtel, W., Mandik, P., Mundale, J., and Stufflebeam, R., *Philosophy and the Neurosciences*: *A Reader*, Oxford: Blackwell, 2001.

Bennett, M. and Hacker, P., *Philosophical Foundations of Neuroscience*, Oxford: Blackwell, 2003. 이을상 · 하일호 · 신현정 · 오용득 · 박만준 · 안호영 옮김, 『신경 과학의 철학: 신경 과학의 철학적 문제와 분석』, 서울: 사이언스북스, 2013.

_____, *History of Cognitive Neuroscience*, Oxford: Wiley-Blackwell, 2013.

Bennett, M., Dennett, D., Hacker, P., and Searle, J., *Neuroscience and Philosophy*, New York: Columbia University Press, 2007.

Bermudez, J. L. Marcel, A., and Eilan, N., *The Body and the Self*, Cambridge, MA: MIT Press, 1995.

Bickle, J., *Philosophy and Neuroscience*: *A Ruthlessly Reductive Account*, Dordrecht, Netherlands: Kluwer, 2003.

Bickle, J. ed., *The Oxford Handbook of Philosophy and Neuroscience*, Oxford: Oxford University Press, 2009.

Blackmore, C., *Mechanics of the Mind*, Cambridge: Cambridge University Press, 1977.

Blackmore, S., *Consciousness*: *An Introduction*, 3rd ed., Oxford: Oxford University Press, 2018.

Bles, M., and Haynes, J-D., "Detecting Concealed Information Using Brain-imaging Technology", *Neurocase*, 14, 2008, pp. 82-92.

Block, N., "Inverted Earth", *Philosophical Perspectives*, 4, 1990, pp. 53-79.

_____, "On a Confusion about the Function of Consciousness", *Behavioral and Brain Sciences, 18*, 1995, pp. 227-247.

_____, "The Philosophy of Psychology: Classical Computationalism", in A. C. Grayling ed., *Philosophy 2: Further Through the Subject*, New York: Oxford University Press, 1998, pp. 5-48.

_____, "Behaviorism Revisited", *Behavioral and Brain Sciences*, 24, 2002, pp. 977-978.

Block, N., Flanagan, O., and Guzeldere, G. eds., *The Nature of Consciousness: Philosophical Debates*, Cambridge, MA: MIT Press, 1999.

Block, N. and Fodor, J., "What Psychological States Are Not", *Philosophical Review*, 81, 1972, pp. 159-181.

Boghossian, P., "The Status of Content Revisited", *Pacific Philosophical Quarterly*, 71, 1991, pp. 264-278.

Boly, M., Gosseries, O., Massimini, M., and Rosanova, M., "Functional Neuroimaging Techniques", in S. Laureys, S. Gosseries, and G. Tononi eds., *The Neurology of Consciousness*, 2nd edition, San Diego: CA: Academic Press 2016, pp. 31-47.

Borrett, D., Kelly, S., and Kwan, H., "Phenomenology, Dynamical Neural Networks and Brain Function", *Philosophical Psychology*, 13(2), 2000, pp. 213-228.

Botvinick, M. and Cohen, J., "Rubber Hands 'Feel' Touch that Eyes See", *Nature*, 391, 1998, p. 756.

Braddon-Mitchell, D. and Jackson, F., *Philosophy of Mind and Cognition: An Introduction*, 2nd ed., Oxford: Blackwell, 2007.

Bridgman, P. W., *The Logic of Modern Physics*. New York: Macmillan, 1927.

Brooks, D., "The Neural Buddhists", *New York Times*, May 13, 2008.

Brooks, R. A., "Intelligence without Representation", *Artificial Intelligence*, 47, 1991, pp. 139-159.

_____, *Fresh and Machines*, New York: Pantheon Books, 2002. 박우석 옮김, 『로봇 만들기』, 서울: 바다출판사, 2002.

Bruner, J., *Acts of Meaning*, Cambridge, MA: Harvard University Press, 1990.

_____, "Life as Narrative", *Social Research*, 71(3), 2004, pp. 691-710.

Buchanan, A., *Better than Human: The Promise and Perils of Enhancing Ourselves*, New York: Oxford University Press, 2011.

Bush, S. S., "Divine and Human Happiness in Nicomachean Ethics", *Philosophical Review*, 117(1), 2008, pp. 49-75.

Byrne, A., "Intentionalism Defended", *Philosophical Review*, 110, 2001, pp. 199-239.

Campbell. D. T., "'Downward Causation' in Hierarchically Organized Biological Systems", in F. J. Ayala and T. Dobzhansky eds., *Studies in the Philosophy of Biology*, London: Macmillan, 1974, pp. 179-186.

Carnap, R., "Psychologie in physikalischer Sprache", *Erkenntnis*, 3, 1932-1933, pp. 107-142.

_____, *The Unity of Science*, London: Kegan Paul, Trench, Trubner, 1934.

_____, "Logical Foundations of the Unity of Science", in O. Neurath et al eds., *International Encyclodepia of Unified Science* 1. Chicago, IL: University of Chicago Press, 1938. pp. 42-62.

Carruthers, P., *Phenomenal Consciousness: A Naturalistic Theory*, Cambridge: Cambridge University Press, 2003.

_____, "The Case for Massively Modular Models of Mind", in R. Stainton ed., *Contemporary Debates in Cognitive Science*, Oxford: Blackwell, 2005, pp. 3-21.

Carruthers, P., Stich S., and Siegel, M. eds., *The Cognitive Basis of Science*, Cambridge: Cambridge University Press, 2002.

Causey, R., *Unity of Science*, Dordrecht, Holland: D. Reidel, 1977.

Chalmers, D., "Facing up to the Problem of Consciousness", *Journal of Consciousness Studies*, 2(3), 1995a, pp. 200-219.

_____, "The Puzzle of Conscious Experience", *Scientific American*, 273(6), 1995b, pp. 80-86.

_____, *The Conscious Mind: In Search of a Fundamental Theory*, Oxford: Oxford University Press, 1996.

_____, "What is a Neural Correlate of Consciousness?", in T. Metzinger, 2000, pp. 17-39.

_____, "The Representational Character of Experience", in B. Leiter ed., *The Future for Philosophy*, Oxford: Oxford University Press, 2004, pp. 153-181.

Chan, S. and Harris, J., "Moral Enhancement and Pro-social Behavior", *Journal of Medical Ethics*, 37, 2011, pp. 130-131.

Chemero, A., *Radical Embodied Cognitive Science*, Cambridge, MA: MIT Press, 2009.

Chomsky, N., "Review of Skinner's Verbal Behavior", *Language*, 35, 1959, pp. 26-58.

Churchland, P. M., *Scientific Realism and the Plasticity of Mind*, Cambridge, MA: MIT Press, 1979.

_____, *Matter and Consciousness*, revised ed., Cambridge, MA: MIT Press, 1988. 석봉래 옮김, 『물질과 의식: 현대심리철학입문』, 서울: 서광사, 1992.

_____, *A Neurocomputational Perspective: The Nature of Mind and the Structure of Science*, Cambridge, MA: MIT Press, 1989.

_____, "A Deeper Unity: Some Feyerabendian Themes in

Neurocomputational Form", in R. Giere ed., 1992, pp. 341-363.

_____, "On the Nature of Explanation: William Lycan", in R. McCauley, ed., 1996, pp. 257-264.

_____, *On the Contrary: Critical Essays, 1987-1997*, Cambridge, MA: MIT Press, 1998.

_____, "Cleansing Science", *Inquiry*, 48, 2005, pp. 464-477.

_____, *Neurophilosophy at Work*, Cambridge: Cambridge University Press, 2007.

_____, *Plato's Camera: How the Physical Brain Captures a Landscape of Abstract Universals*, Cambridge, MA: MIT Press, 2012. 박제윤 옮김, 『플라톤의 카메라: 뇌 중심 인식론』, 서울: 철학과현실사, 2016.

Churchland, P. S., "Mind-Brain Reduction: New Light From the Philosophy of Science", *Neuroscience*, 7, 1982, pp. 1041-1047.

_____, *Neurophilosophy: Toward a Unified Understanding of the Mind-Brain*, Cambridge, MA: MIT Press, 1986. 박제윤 옮김, 『뇌과학과 철학: 마음 뇌 통합 과학을 위하여』, 서울: 철학과현실사, 2006.

_____, "The Hornswoggle Problem", *Journal of Consciousness Studies*, 3(5-6), 1996, pp. 402-408.

_____, *Brain-Wise: Studies in Neurophilosophy*, Cambridge, MA: MIT Press, 2002. 박제윤 · 김두환 옮김, 『뇌처럼 현명하게: 신경철학 연구』, 서울: 철학과현실사, 2015.

_____, *Braintrust: What Neuroscience Tells Us about Morality*, Princetion, NJ: Princeton University Press, 2011. 임지원 옮김, 『브레인 트러스트: 뇌, 인간의 도덕성을 말하다』, 서울: 휴머니스트, 2017.

_____, *Touching a Nerve: The Self as Brain*, New York: W. W. Norton, 2013. 박제윤 옮김, 『신경 건드려보기: 자아는 뇌라고』, 서울: 철학과현실사, 2014.

Clancey, W., *Situated Cognition: On Human Knowledge and Computer Representations*, Cambridge, UK: Cambridge University Press,

1997.

Clark, A., *Microcognition: Philosophy, Cognitive Science, and Parallel Distributed Processing*, Cambridge, MA: MIT Press, 1989.

_____, *Being There: Putting Brain, Body, and World Together Again*, Cambridge, MA: MIT Press, 1997.

_____, "Embodied, Situated, and Distributed Cognition", in W. Bechtel and G. Graham eds., *A Companion to Cognitive Science*, Oxford: Blackwell, 1999, pp. 506-517.

_____, "Intrinsic Concept, Active Memory and the Extended Mind", *Analysis*, 65, 2005, pp. 1-11.

_____, *Supersizing the Mind*, Oxford: Oxford University Press, 2010.

Clark, A. and Chalmers, D., "The Extended Mind", *Analysis*, 58, 1998, pp. 7-19.

Clark, A. and Toribio, J., "Sensorimotor Chauvinism?", *Behavioral and Brain Sciences*, 24(5), 2001, pp. 979-980.

Colombo, M., Irvine, E., and Stapleton, M., *Andy Clark and His Critics*, Oxford: Oxford University Press, 2019.

Cooper, J. M., "Contemplation and Happiness: A Reconsideration", *Synthese*, 72(2), 1987, pp. 187-216.

Cosmides, L. and Tooby, J., "From Evolution to Behavior: Evolutionary Psychology as the Missing Link", in J. Dupre ed., *The Latest on the Best: Essays on Evolution and Optimality*, Cambridge, MA: MIT Press, 1997, pp. 277-306.

Crane, T., *Elements of Mind*, Oxford: Oxford University Press, 2001.

_____, "Intentionalism", in A. Beckermann, B. McLaughlin, and S. Walter eds., *Oxford Handbook to the Philosophy of Mind*, Oxford: Oxford University Press, 2009, pp. 474-493.

_____, "Philosophy of Mind in the Twentieth and Twenty-First Centuries", in A. Kind ed., *The History of the Philosophy of Mind*, vol. 6, London: Routledge, 2018, pp. 78-103.

Craver, C. and Bechtel, W., "Top-down Causation without Topdown Causes", *Biology and Philosophy*, 22, 2007, pp. 547-563.

Crick, F., *The Astonishing Hypothesis: The Scientific Search for the Soul*, New York: Simon & Schuster, 1994. 김동광 옮김, 『놀라운 가설: 영혼에 관한 과학적 탐구』, 파주: 궁리, 2015.

Crick, F., and Koch, C., "Towards a Neurobiological Theory of Consciousness", *Seminars in the Neurosciences*, 2, 1990, pp. 263-275.

_____, "Are We Aware of Neural Activity in Primary Visual Vortex?", *Nature*, 375, 1995, pp. 121-123.

_____, "A Framework for Consciousness", *Nature Neuroscience*, 6, 2003, pp. 119-126.

Crockett, M., Clark, L., Hauser, M. D., and Robbins, T. W., "Serotonin Selectively Influences Moral Judgment and Behavior through Effects on Harm Aversion", *Proceedings of the National Academy of Sciences*, 107, 2010, pp. 17433-17438.

Crowell, S., "Is There a Phenomenological Research Program?", *Synthese*, 131, 2002, pp. 419-444.

Cummins, R. and Cummins, D. eds., *Minds, Brains, and Computers*, Oxford: Blackwell, 2000.

Damasio, A., "Impaired Recognition of Emotion in Facial Expressions following Bilateral Damage to the Human Amygdala", *Nature*, 372, 1994, pp. 669-672.

_____, *Descartes' Error: Emotion, Reason, and the Human Brain*, New York: Penguin Books, 1997. 김린 옮김, 『데카르트의 오류: 감정, 이성, 그리고 인간의 뇌』, 남양주: 눈출판사, 2017.

_____, *Looking for Spinoza: Joy, Sorrow, and the Feeling Brain*, New York: Harcourt, 2003. 임지원 옮김, 『스피노자의 뇌: 기쁨, 슬픔, 느

낌의 뇌과학』, 서울: 사이언스북스, 2007.

_____, *Self Comes to Mind: Constructing the Conscious Brain*, New York: Phanteon Books, 2010.

_____, *The Strange Order of Things : Life, Feeling, and The Making of the Cultures*, New York: Phanteon Books, 2018. 임지원 · 고현석 옮김, 『느낌의 진화: 생명과 문화를 만든 놀라운 순서』, 파주: 아르테, 2019.

_____, *Feeling & Knowing: Making Minds Conscious*, New York; Pantheon, 2021. 고현석 옮김, 『느끼고 아는 존재: 인간의 마음은 어떻게 진화했을까』, 서울: 흐름출판, 2021.

Darden, L. and Maull, N., "Interfield Theories", *Philosophy of Science*, 43, 1977, pp. 44-64.

Davidson, R., "Mental Events", in L. Foster and J. W. Swanson eds., *Experience and Theory*, London: Duckwort, 1970, pp. 207-224.

_____, "Affective Style, Psychopathology, and Resilience: Brain Mechanisms and Plasticity", *Cognition and Emotion*, 12, 2000, pp. 307-320.

Dehaene, S., "Neuronal Global Workspace", in T. Bayne, A. Cleeremans, and P. Wilken eds., *The Oxford Companion to Consciousness*, Oxford: Oxford University Press, 2009, pp. 466-470.

_____, *Consciousness and the Brain: Deciphering how the Brain Codes Our Thoughts*, New York: Viking Penguin, 2014.

Dehaene, S., Changeux, J. P., Naccache, L., Sackur, J., and Sergant, C., "Conscious, Preconscious, and Subliminal Processing: A Testable Taxonomy", *Trends in Cognitive Sciences*, 10(5), 2006, pp. 204-211.

Dekker, S., Lee, N. C., Howard-Jones, P., and Jolles, J., "Neuromyths in Education: Prevalence and Predictors of Misconceptions among Teachers", *Frontiers in Psychology*, 18, 2012, pp. 1-8.

Dennett, D., *Content and Consciousness*, London: Routledge and Kegan Paul, 1969.

_____, "The Milk of Human Intentionality", *Behavioral and Brain Sciences*, 3, 1980, pp. 429−430.

_____, "The Self as a Center of Narrative Gravity", *Philosophia*, 15, 1986, pp. 275−288.

_____, *The Intentional Stance*, Cambridge, MA: MIT Press, 1989.

_____, *Consciousness Explained*, Boston, MA: Little, Brown and Co., 1991.

_____, *Freedom Evolves*, New York: Penguin Books, 2003.

Descartes, *Treatise of Man*, trans. T. S. Hall, Cambridge, MA: Harvard University Press, 1769/1972.

_____, *The Philosophical Writings Of Descartes*. 3 vols., trans. J. Cottingham, R. Stoothoff, and D. Murdoch, Cambridge: Cambridge University Press, 1641/1988.

Dewan, E. M., "Occipital Alpha Rhythm, Eye Position and Lens Accommodation", *Nature*, 214, 1967, pp. 975−977.

de Jongh, R., Bolt, I., Schermer, M., and Olivier, B., "Botox for the Brain: Enhancement of Cognition, Mood and Prosocial Behavior and Blunting of Unwanted Memories", *Neuroscience and Bio-behavioral Reviews*, 32, 2008, pp. 760−776.

Dretske, F., 1995. *Naturalizing the Mind*, Cambridge, MA: MIT Press.

Di Paolo, E. A., "Autopoiesis, Adaptivity, Teleology, Agency", *Pheno-menological Cognitive Science*, 4(4), 2005, pp. 429−452.

_____, "Extended Life", *Topoi*, 28, 2009, pp. 9−21.

Dilthey, W., "Introduction to the Human Sciences", in *Wilhelm Dilthey: Selected Works*, vol. 1, R. A. Makkreel and F. Rodi eds., Princeton, NJ: Princeton University Press, 1883/1989, pp. 47−242.

Drefus, H., *What Computers Can't Do: The Limits of Artificial*

Intelligence, New York: Harper of Row, 1972.

_____, "A Merleau-Pontyian Critique of Husserl's and Searle's Representationalist Accounts of Action", *Proceedings of Aristotelian Society*, 100(3), 2000, pp. 287–302.

Duhem, P., *The Aim and Structure of Physical Theory*, Princeton, NJ: Princeton University Press, 1914/1954.

Eccles, J., "Hypotheses Relating to the Brain-Mind Problem", *Nature*, 168, 1951, pp. 53–57.

Edelman, G., *Bright Air, Brilliant Fire: On the Matter of the Mind*, New York: Basic Books, 1992. 황희숙 옮김, 『신경과학과 마음의 세계』, 고양: 범양사, 2010.

_____, *Wider than the Sky: The Phenomenal Gift of Consciousness*, New Heaven, CT: Yale University Press, 2004.

Edelman, G. M. and Tononi, G., "Reentry and the Dynamic Core: Neural Correlates of Conscious Experience", in T. Metzinger ed., *Neural Correlates of Consciousness*, Cambridge, MA: MIT Press, 2000, pp. 139–151.

Elliott, C., "The Tyranny of Happiness: Ethics and Cosmetic Psychopharmacology", in E. Parens ed., *Enhancing Human Traits: Ethical and Social Implications*, Washington, DC: Georgetown University Press, 1998, pp. 177–188.

Emmeche, C., Køppe, S, and Stjernfelt, F., "Level, Emergence, and Thee Versions of Downward Causation", in P. B. Anderson, C. Emmeche, N. O. Finnemann, and P. V. Christiansen eds, *Downward Causation. Minds, Bodies and Matter*. Arhus, UK: Aarhus University Press, 2000, pp. 13–34.

Farah, M., "Neuroethics: The Practical and the Philosophical", *Trends in cognitive Science*, 9, 2005, pp. 34–40.

_____, "The Neuroscience of Socioeconomic Status: Correlates, Causes, and Consequences", *Neuron*, 96(1), 2017, pp. 56-71.

Farah, M. ed., *Neuroethics: An Introduction with Readings*, Cambridge, MA: MIT Press, 2010.

Farwell, L. A., "Brain Fingerprinting: A Comprehensive Tutorial Review of Detection of Concealed Information with Event-related Brain Potentials", *Cognitive Neurodynamics*, 6(2), 2012, pp. 115-154.

Farwell, L. A. and Smith, S. S., "Using Brain MERMER Testing to Detect Knowledge despite Efforts to Conceal", *Journal of Forensic Science, 46(1)*, 2001, pp. 35-43.

Fechner, G. T. *Elemente der Psychophysik*. 2 vols. Leipzig: Breitkopf und Hartel, 1860.

Feyerabend, P., "Explanation, Reduction and Empiricism", in H. Feigl and G. Maxwell, eds., *Minnesota Studies in Philosophy of Science*, 3. Minneapolis, MN: University of Minnesota Press, 1962.

Flanagan O., *Consciousness Reconsidered*, Cambridge, MA: MIT Press, 1992.

Fodor, J., *Psychological Explanation: An Introduction to the philosophy of Psychology*, New York: Random House, 1968.

_____, "Special Sciences, or the Disunity of Science as a Working Hypothesis", *Synthese*, 28, 1974, pp. 97-115.

_____, *The Language of Thought*, Cambridge, MA: MIT Press, 1975.

_____, "Searle on What Only Brains Can Do", *Behavioral and Brain Sciences*, 3, 1980, pp. 431-432.

_____, *The Modularity of Mind*, Cambridge, MA: MIT Press, 1983.

_____, *Psychosemantics*, Cambridge, MA: MIT Press, 1987.

_____, *The Mind Doesn't Work That Way: The Scope and Limits of Computational Psychology*, Cambridge, MA: MIT Press, 2000. 김환영 옮김, 『마음은 그렇게 작동하지 않는다』, 서울: 알마, 2013.

Fodor, J. and Lepore, E., *Holism: A Shopper's Guide*, Oxford: Blackwell,

1992.

Fodor, J. and McLaughlin, B. P., "Connectionism and the Problem of Systematicity: Why Smolensky's Solution Doesn't Work", *Cognition*, 35(2), 1990, pp. 183–204.

Fodor, J. and Pylyshyn, P., "Connectionism and Cognitive Architecture: A Critical Analysis", *Cognition*, 28(1–2), 1988, pp. 3–71.

Foot, P., "The Problem of Abortion and the Doctrine of the Double Effect", *Oxford Review*, 5, Repinted in *Virtues and Vices*, Berkeley, CA: University of California Press, 1967, pp. 19–32.

Freeman, W., *How Brains Make Up Their Minds*, New York: Wiedenfeld & Nicholson, 1999.

Frege, G., Begriffsschrift, eine der arithmetischen nachgebildete Formelsprache des reinen Denkens. in J. vanHeijenoort ed., *From Frege to Gödel: A Source Book in Mathematical Logic*, 1879–1931, Cambridge, MA: Harvard University Press, 1967.

Galileo Galilei, *The Assayer*. trans. S. Drake and C. D. O'Malley, in *The Controversy on the Comets of 1618*, Philadelphia, PA: University of Pennsylvania Press, 1623/1960.

Gallagher, S., "Mutual Enlightenment: Recent Phenomenology in Cognitive Science", *Journal of Consciousness Studies*, 4(3), 1997, pp. 195–214.

_____, "Philosophical Conceptions of the Self: Implications for Cognitive Science", *Trends in Cognitive Science*, 4(1), 2000, pp. 14–21.

Gallagher, S., Janz, B., Reinerman, L., Trempler, J., and Bockelman, P., *A Neurophenomenology of Awe and Wonder: Towards a Non-reductive Cognitive Science*, London: Palgrave Macmillan, 2015.

Gallagher, S. and Zahavi, D., *The Phenomenological Mind*. 2nd edition, London: Routledge, 2012.

Gallese, V. and Goldman, A., "Mirror Neurons and the Simulation

Theory of Mind-reading", *Trends in Cognitive Sciences*, 2(12), 1998, pp. 493-501.

Garfinkel, A., *Forms of Explanation: Rethinking the Questions in Social Theory*, New Haven, CT: Yale University Press, 1981.

_____, "Reductionism", in R. Boyd, P. Gasper, and J. Trout eds., *The Philosophy of Science*, Cambridge, MA: MIT Press, 1981, pp. 443-459.

Gazzaniga, M. S., "The Split Brain in Man", *Scientific American*, 217(2), 1967, pp. 24-29.

_____, *The Ethical Brain*, New York: Dana Press, 2005. 김효은 옮김, 『윤리적 뇌』, 서울: 바다출판사, 2009.

_____, *Who's in Charge? Feee Will and the Science of the Brain*, New York: Ecco, 2011.

_____, *Tales from Both Sides of the Brain: A Life in Neuroscience*, New York: Ecco, 2015. 박인균 옮김, 『뇌, 인간의 지도』, 서울: 추수밭, 2016.

Gazzaniga, M. S., Ivry, R., and Mangun, G., *Cognitive Neuroscience: The Biology of the Mind*, 5th ed., New York: W. W. Norton, 2019.

Gentner, D. Holyoak, K., and Kokinov, B. eds., *The Aalogical Mind: Perspectives from Cognitive Science*, Cambridge, MA: MIT Press, 2001.

Gibson, J. J., "The Theory of Affordances", In R. Shaw and J. Bransford eds., *Perceiving, Acting, and Knowing: Toward an Ecological Psychology*, Hillsdale, NJ: Lawrence Erlbaum, 1977, pp. 67-82.

Giere, R., *Cognitive Models of Science*, Minneapolis, MN: University of Minnesota Press, 1992.

_____, *Explaining Science: A Cognitive Approach*, Chicago, IL: University of Chicago Press, 1998.

_____, "Scientific Cognition as Distributed Cognition", in eds., Carruthers, P., Stich S., and Siegel, M., *The Cognitive Basis of Science*, Cambridge, UK: Cambridge University Press, 2002, pp. 285–299.

_____, "Distributed Cognition without Distributed Knowing", *Social Epistemology* 21, 2007, pp. 313–320.

Giere, R., Bickle, J., and Maudlin, R. F., *Understanding Scientific Reasoning*. 5th ed., Belmont, CA: Thomson Wadsworth, 2006.

Glannon, W., *Bioethics and the Brain*, New York: Oxford University Press, 2006.

_____, "Reflections on Neuroenhancement", in J. Clausen, N. Levy eds., *Handbook of Neuroethics*, Dordrecht: Springer, 2015, pp. 1251–1265.

Glannon, W. ed., *Defining Right and Wrong in Brain Science: Essential Readings in Neuroethics*, New York: Dana Press, 2007.

Glock, H-J., "Minds, Brains, and Capacities: Situated Cognition and Neo–Aristotelianism", *Frontiers in Psychology*, 21, 2020, pp. 1–14.

Glymour, C., "Invasion of the Mind Snatchers", in R. Giere ed., *Cognitive Models of Science: Minnesota Studies in the Philosophy of Science*, 15, Minneapolis, MN: University of Minnesota Press, 1992, pp. 465–472.

Goldman, A. I., "In Defense of the Simulation Theory", *Mind and Language*, 7(1–2), 1992, pp. 104–119.

Gonzalez-Grandon, X. A., "The Gap Or Not The Gap: Is That The Neurophenomenological Question?", *Constructivist Foundations*, 11(2), 2016, pp. 359–361.

Gopnik, A., "How We Know Our Minds: The Illusion of Firstperson Knowledge of Intentionality", *Behavioral and Brain Sciences*, 16,

1993, pp. 1-14.

_____, "The Scientist as Child", *Philosophy of Science*, 63(4), 1996, pp. 485-514.

Gordon, Robert M., "Folk Psychology as Simulation", *Mind and Language*, 1(2): 1986, 158-171.

Gurtler, G. M., "The Activity of Happiness in Aristotle's Ethics", *The Review of Metaphysics*, 56(4), 2003, pp. 801-834.

Habermas, J., *The Future of Human Nature*, Cambridge, UK: Polity Press, 2003.

Hacker, P., *Wittgenstein: Meaning and Mind*, Vol. 3 of *An Analytical Commentary on the Philosophical Investigations*, Oxford: Blackwell, 1990.

_____, *Human Nature: The Categorial Framework*, Oxford: Basil Blackwell, 2007.

Harnad, S., "The Symbol Grounding Problem", *Physica*, D42, 1990, pp. 335-346.

Harré, R., "Behind the Mereological Fallacy", *Philosophy* 87(341), 2012, pp. 329-352.

Harris, J., *Enhancing Evolution: The Ethical Case for Making Better People*, Princeton: Princeton University Press, 2007.

Harris, P., *Children and Emotion*, Oxford: Blackwell, 1989.

Heal, J., "Replication and Functionalism", in J. Butterfield ed., *Language, Mind, and Logic*, Cambridge: Cambridge University Press, 1986, pp. 135-150.

Heard, L., 2003, "Flying High", *CounterPunch*, January 23, 2003. https://www. counterpunch.org/2003/01/23/flying-high/.

Hebb, D. O., *The Organization of Behaviour*, New York: Wiley, 1949.

Heinz, A., et al., "Cognitive Neuroenhancement: False Assumptions in the Ethical Debate", *Journal of Medical Ethics*, 38, 2012, pp. 372-

375.

Hempel, C. G., 1969, "Reduction: Ontological and Linguistic Facets", reprinted in J. H. Fetzer ed., *The Philosophy of Carl G. Hempel: Studies in Science, Explanation, and Rationality*, Oxford: Oxford University Press, 2001, pp. 189-207.

Hempel, C. G. and Oppenheim, P., "Studies in the Logic of Explanation", *Philosophy of Science*, 15(2), 1948, pp. 135-175.

Hinton, G. E., "Learning Distributed Representations of Concepts", in R. G. M. Morris ed., *Parallel Distributed Processing: Implications for Psychology and Neurobiology*, 1986, pp. 46-61.

Hinton, G. E., Osindero, S., and Teh, Y., "A Fast Learning Algorithm for Deep Belief Nets", *Neural Computation*, 18, 2006, pp. 1527-1554.

Hinton, G. E. and Sejnowski, T. J., "Learning and Relearning in Boltzmann Machines", in D. E. Rumelhart, J. McClelland, and the PDP Research Group, *Parallel Distributed Processing*, vol. 1, Cambridge: MIT Press, 1986.

Hobbes., *Leviathan: Or the Matter, Forme, and Power of a Commonwealth Ecclesiasticall and Civill*, ed. I. Shapiro. New Haven, CT: Yale University Press, 1651/2010.

Hopfield, J. J., "Neural Networks and Physical Systems with Emergent Collective Computational Abilities", *Proceedings of the National Academy of Sciences*, 79, 1982, pp. 2554-2558.

Hume, D., *Enquiries Concerning Human Understanding and Concerning the Principles of Morals*. 3rd ed., ed. A. Selby-Bigge, Oxford: Clarendon Press, 1748, 1751/1988.

Hurley, S., *Consciousness in Action*, Cambridge, MA: Harvard University Press, 1998.

Husain, M. and Mehta, M. A., "Cognitive Enhancement by Drugs in

Health and Disease", *Trends in Cognitive Sciences*, 15(1), 2011, pp. 28−36.

Husserl. E., *Ideen zur einer reinen Phänomenologie und phänomenologischen Philosophie* II, Husserliana IX. Den Haag: Martinus Nijhoff, 1952.

_____, *Zur Phänomenologie der Intersubjektivität* I, Husserliana XIII. Den Haag: Martinus Nijhoff, 1973.

Hutchins, E., *Cognition in the Wild*, Cambridge, MA: MIT Press, 1995.

Hutto, D. and Myin E., *Radicalizing Enactivism: Basic Minds without Content*, Cambridge, MA: MIT Press, 2012.

_____, *Evolving Enactivism: Basic Minds Meet Content*, Cambridge, MA: MIT Press, 2017.

Huxley, A., *Brave New World*, London: Chatto & Windus, 1932.

Illes, J., "Neuroethics in a New Era of Neuroimaging", *American Journal of Neuroradiology*, 24(9), 2003, pp. 1739−1741.

Illes, J. and Sahakian, B. eds., *The Oxford Handbook of Neuroethics*, Oxford: Oxford University Press, 2011.

Jachendoff, R., *The Architecture of the Language Faculty*, Cambridge, MA: MIT Press, 1997.

Jackson, F., "Epiphenomenal Qualia", *Philosophical Quarterly*, 32, 1982, pp. 127−136.

Johnson, M., *Moral Imagination: Implications of Cognitive Science for Ethics*, Chicago, IL: University of Chicago Press, 1993.

Juengst, E., "What does Enhancement Mean?", in E. Parens ed., *Enhancing Human Traits: Ethical and Social Implications*, Washington, DC: Georgetown University Press, 1998, pp. 29−47.

Kabat-Zinn, J., *Wherever You Go, There You Are: Mindfulness Meditation in Everyday Life*, New York: Hyperion, 1994.

_____, "Mindfulness−Based Interventions in Context: Past, Present, and

Future", *Clinical Psychology: Science and Practice*, 10(2), 2003, 144–56

Kane, R., *Free Will and Values*. Albany, NY: State University of New York Press, 1985.

Kass, L., *Beyond Therapy: Biotechnology and the Pursuit of Happiness*, New York: Harper Collins, 2003.

Kay, K. N., Naselaris, T., Prenger, R. J., and Gallant, J. L., "Identifying Natural Images from Human Brain Activity", *Nature*, 452, 2008, pp. 352–355.

Kelso, J., *Dynamic Patterns: The Self-Organization of Brain and Behavior*, Cambridge, MA: MIT Press, 1995.

Kemeny, J. and Oppenheim, P., "On Reduction", *Philosophical Studies*, 7, 1956, pp. 6–19.

Kempermann, G., Song, H., and Gage, F. H., "Neurogenesis in the Adult Hippocampus", *Cold Spring Harbor Perspectives in Biology*, 7(9), 2011, pp. 1–14.

Kenny, A., *The Legacy of Wittgenstein*, Oxford: Blackwell, 1984.

_____, *The Metaphysics of Mind*, Oxford: Oxford University Press, 1989.

Kim, J., *Supervenience and Mind*, Cambridge: Cambridge University Press, 1993.

_____, "The Myth of Nonreductive Materialism", *Proceedings and Addresses of the American Philosophical Association*, 63, 1989, pp. 31–47.

_____, *Physicalism, or Something Near Enough*, Princeton, NJ: Princeton University Press, 2005. 하종호 옮김, 『물리계 안에서의 마음』, 서울: 철학과현실사, 1999.

_____, *Philosophy of Mind*. 2nd edition. Boulder, CO: Westview Press, 2011. 하종호 · 김선희 옮김, 『심리철학』(초판), 서울: 철학과현실사, 1997.

Kirchhoff, M. D., and Hutto, D., "Never Mind the Gap: Neuropheno-
menology, Radical Enactivism, and the Hard Problem of Con-
sciousness", *Constructivist Foundations*, 11(2), 2016, pp. 346-
353.

Kitcher, P. S., "In Defense of Intentional Psychology", *Journal of
Philosophy*, 81, 1984, pp. 89-106.

Kiverstein, J. and Clark, A., "Introduction: Mind Embodied, Embedded,
Enacted: One Church or Many?", *Topoi*, 28, 2009, pp. 1-7.

Knorr-Cetina, K., *Epistemic Cultures*, Cambridge, MA: Harvard
University Press, 1999.

Koch, C., *The Quest for Consciousness: A Neurobiological Approach*,
Englewood, NJ: Robert and Company Publishers, 2004.

_____, Massimini, M., Boly, M., and Tononi, G., "Neural Correlates of
Consciousness: Progress and Problems", *Nature Reviews Neuro-
science*, 17(5), 2016, pp. 307-321.

Krankish, K., and Ramsey, W. M. ed., *The Cambridge Handbook of
Cognitive Science*, Cambridge: Cambridge University Press, 2012.

Kriegel, U., "Philosophical Theories of Consciousness: Contemporary
Western Perspectives", in *The Cambridge Handbook of Consciou-
sness*, P. D. Zelazo, M.s Moscovitch, and E. Thompson ed,
Cambridge: Cambridge University Press, 2007, pp. 35-66.

_____, "Reductive Representationalism and Emotional Phenomenology",
Midwest Studies in Philosophy, 41, 2017, pp. 41-59.

Kriegel, U. ed., *The Oxford Handbook of the Philosophy of Con-
sciousness*, Oxford: Oxford University Press, 2020.

Kuhn, T., *The Structure of Scientific Revolutions*. 4th ed., Chicago, IL:
University of Chicago Press, 1970/2012. 김명자 · 홍성욱 옮김, 『과
학혁명의 구조』, 서울: 까치, 2013.

Kurzweil, R., *How to Create a Mind: The Secret of Human Thought*

Revealed, New York: Viking, 2012. 윤영삼 옮김, 『마음의 탄생』, 서울: 크레센도, 2016.

Ladyman, J. and Wiesner, K., *What Is a Complex System?*, New Haven, CT: Yale University Press, 2020.

Lakatos, I., *The Methodology of Scientific Research Programmes. Philosophical Papers* 1, Cambridge: Cambridge University Press, 1978.

Lakoff, G. and Johnson, M., *Metaphors We Live by*, Chicago, IL: The University of Chicago Presss, 1980. 노양진 옮김, 『삶으로서의 은유』, 서울: 박이정, 2006.

_____, *Philosophy in the Flesh: the Embodied Mind and Its Challenge to Western Thought*, Oxford: Basic Books, 1999. 임지룡 · 윤희수 · 노양진 · 나익주 옮김, 『몸의 철학』, 서울: 박이정, 2002.

Langleben, D. D., Schroeder, L., Maldjian, J. A., Gur, R. C., McDonald, S., Ragland, J. D., O'Brien, C. P. and Childress, A. R., "Brain Activity during Simulated Deception: An Event-related Functional Magnetic Resonance Study", *Neuroimage*, 15, 2002, pp. 727-732.

Laplace, P. S., *Théorie analytique des probabilités*. Paris: Courcier, 1812.

Le Van Quyen M, Adam C, Lachaux JP, Martinerie J, Baulac M, Renault B, et al., "Temporal Patterns in Human Epileptic Activity are Modulated by Perceptual Discriminations", *Neuroreport*, 8, 1997, pp. 1703-1710.

Leopold, D. and Logothetis, N., "Activity Changes in Early Visual Cortex Reflect Monkeys' Percepts during Binocular Rivalry", *Nature*, 379, 1996, pp. 549-553.

Levine, J., "Materialism and Qualia: The Explanatory Gap", *Pacific Philosophical Quarterly*, 64, 1983, pp. 354-361.

Levy, N., *Neuroethics: Challenges for the 21st Century*, Cambridge, UK: Cambridge University Press, 2007. 신경인문학연구회 옮김, 『신경윤

리학이란 무엇인가』, 서울: 바다출판사, 2011.

Lewis, P. J., *Quantum Ontology: A Guide to the Metaphysics of Quantum Mechanics*, Oxford: Oxford University Press, 2016.

Libet, B., "Unconscious Cerebral Initiative and the Role of Conscious Will in Voluntary Action", *Behavioral and Brain Sciences*, 8(4), 1985, pp. 529–566.

_____, "Do We Have Free Will?", *Journal of Consciousness Studies*, 6, 1999, pp. 47–57.

_____, *Mind Time: The Temporal Factor in Consciousness*, Cambridge, MA: Harvard University Press, 2004.

Libet, B., Gleason, C. A., Wright, E. W., and Pearl, D. K., "Time of Conscious Intention to Act in Relation to Onset of Cerebral Activity (Readiness-Potential): The Unconscious Initiation of a Freely Voluntary Act", *Brain*, 106, 1983, pp. 623–642.

Llinas, R. and Churchland, P. S. eds., *The Mind-Brain Continuum: Sensory Process*, Cambridge, MA: MIT Press, 1996.

Lloyd, D., "Not–Quite–So Radical Enactivism", *Constructivist Foundations*, 11(2), 2016, pp. 361–363.

Loar, B., "Phenomenal States", *Philosophical Perspectives*, 4, 1990, pp. 81–108.

Locke, J. *An Essay Concerning Human Understanding*, 2 vols., ed. A. C. Fraser, Oxford: Clarendon Press, 1689/1894.

Logan, R. K., *The Extended Mind: The Emergence of Language, the Human Mind and Culture*, Toronto: University of Toronto Press, 2007.

Loughlin, V., "Radical Enactivism, Wittgenstein and the Cognitive Gap", *Adaptive Behavior*, 22(5), 2014, pp. 350–359.

Lowe, E. J. "Non-Cartesian Substance Dualism and the Problem of Mental Causation", *Erkenntnis*, 65(1), 2006, pp. 5–23.

Luhmann, N., *Introduction to Systems Theory*, Cambridge: Polity, 2013.

Lutz, A., "Toward a Neurophenomenology of Generative Passages: A First Empirical Case Study", *Phenomenology and the Cognitive Sciences*, 1, 2002, pp. 133−167.

_____, Lachaux, J-P, Martinerie, J., and Varela, F., "Guiding the Study of Brain Dynamics by Using First-person Data: Synchrony Patterns Correlate with Ongoing Conscious States during a Simple Visual Task", *Proceedings of the National Academy of Sciences*, 99(3), 2002, pp. 1586−1591.

Lutz A. and Thompson E., "Neurophenomenology: Integrating Sub-jective Experience and Brain Dynamics in the Neuroscience of Consciousness", *Journal of Consciousness Studies*, 10(9−10), 2003, pp. 31−52.

Lycan, W., *Consciousness and Experience*, Cambridge, MA: MIT Press, 1996.

_____, *Judgement and Justification*, Cambridge: Cambridge University Press, 1998.

Machmer, P. K. and Sytsma, J. M., "Neuroscience and the Nature of Philosophy", *Iride: Filosofia e Discussione Pubblica*, 46, 2005, pp. 495−514.

MacIntyre, A., *After Virtue: A Study in Moral Theory*, London: Duckworth, 1981.

Mackay, D., "Ways of Looking at Perception", in *Models for the Per-ception of Speech and Visual Form*, ed., W. Watthen−Dunn, Cambridge, MA: MIT Press, 1967.

Maher, B., "Poll Results: Look Who's Doping", *Nature*, 452, 2008, pp. 674−675.

Manzotti, R. and Moderato, P., "Neuroscience: Dualism in Disguise", in A. Lavazza and H. Robinson eds., *Contemporary Dualism: A*

Defense, Routledge, 2014, pp. 81−97.

Marcus, S. ed., *Neuroethics: Mapping the Field*, New York: Dana Press, 2002.

Marr, D., *Vision*. San Francisco: W. H. Freeman & Co., 1982.

Maturana, H. and Varela, F., *Autopoiesis and Cognition: The Realization of the Living*, Dordrecht: D. Reidel, 1980.

McCabe, S., et al., "Non−medical Use of Prescription Stimulants among US College Students: Prevalence and Correlates from a National Survey", *Addiction*, 100, 2005, pp. 96−106.

McCauley, R., "Intertheoretic Relations and the Future of Psychology", *Philosophy of Science*, 53, 1986, pp. 179−199.

_____, *The Churchlands and Their Critics*, Oxford: Basil Blackwell, 1996.

McClelland, J. L. and Rumelhart. D. E., "An Interactive Activation Model of Context Effects in Letter Perception: Part 1. An Account of Basic Finding", *Psychological Review*, 88, 1981, pp. 375−407.

McClland, J. L., Rumelhart, D. E., and the PDP Research Group, *Parallel Distributed Processing*, vol. 2, Cambridge, MA: MIT Press, 1986.

McCulloch, W. and Pitts, W., "A Logical Calculus for the Idea as Immanent in Nervous Activity", *Bulletin of Mathematical Biophysics*, 5, 1943, pp. 115−133.

McGinn, C., "Can We Solve the Mind−Body Problem?", *Mind*, 98, 1989, pp. 349−366.

_____, *The Problem of Consciousness*, Oxford: Basil Blackwell, 1991.

Mecacci, G. and Haselager, P., "Identifying Citeria for the Evaluation of the Implications of Brain Reading for Mental Privacy", *Science and Engineering Ethics*, 25(2), 2019, pp. 443−461.

Menary, R., *Radical Enactivism: Intentionality, Phenomenology and Narrative: Focus on the Philosophy of Daniel D. Hutto*. Amsterdam:

John Benjamins, 2006.

_____, "Introduction to the Special Issue on 4E Cognition", *Pheno-menology and the Cognitive Sciences*, 9, 2010a, pp. 459−463.

Menary, R. ed., *The Extended Mind*, Cambridge, MA: MIT Press, 2010b.

Merleau−Ponty M., *The Structure of Behavior*. A. L. Fisher trans. Boston; Beacon Press, 1942/1963. 김웅권 옮김, 『행동의 구조』, 서울: 동문선, 2008.

_____, *Phenomenology of Perception*, London: Routledge and Kegan Paul, 1945/1962. 류의근 옮김, 『지각의 현상학』, 서울: 문학과지성사, 2002.

Metzinger, T., *The Ego Tunnel: The Science of the Mind and the Myth of the Self*, New York: Basic Books, 2009.

Metzinger, T. ed., *Neural Correlates of Consciousness*, Cambridge, MA: MIT Press, 2000.

Minsky, M. and Papert, S., *Perceptrons*, Cambridge, MA: MIT Press, 1969.

Mitchell, T. M., Shinkareva, S. V., Carlson, A., Chang, K, Malave, V. L., Mason, R. A., and Just, M. A., "Predicting Human Brain Activity Associated with the Meanings of Nouns", *Science*, 320, 2008, pp. 1191−1195.

Modha, D. S., Ananthanarayanan, R., Esser, S. K., Ndirango, A., Sherbondy, A. J., and Singh, R., "Cognitive Computing", *Communications of the ACM*, 54(8), 2011, pp. 62−71.

Moore, G. E., *Principia Ethica*, New York: Cambridge University Press, 1903.

More, M., "Transhumanism: Toward a Futurist Philosophy", *Extropy*, 6, 1990, pp. 6−12.

Nadel, L. ed., *Encyclopedia of Cognitive Science*, New York: Nature Publishing Group, 2003.

Nagel, E., "The Logic of Reduction in the Sciences", *Erkenntnis*, 5, 1935, pp. 46−52.

_____, *The Structure of Science: Problems in the Logic of Scientific Explanation*, New York: Harcourt, Brace, and World, 1961.

Nagel T., "What Is It Like to Be a Bat?", *Philosophical Review*, 83, 1974, pp. 435−450.

Neurath, O., "Physikalismus", *Scientia*, 50, 1931, pp. 297−303, trans. in *Physicalism in Philosophical Papers* 1913−1946, R. S. Cohen and M. Neurath eds., Dordrecht: Reidel, 1983, pp. 52−57.

Newell, A. and Simon, H., "Computer Science as Empirical Enquiry: Symbols and Search", reprinted in M. Boden ed., *The Philosophy of Artificial Intelligence*, Oxford: Oxford University Press, 1976.

Newell, A., Rosenbloom, P., and Laird, J., "Symbolic Architecture for Cognition", in M. Posner ed., *Foundations of Cognitive Science*, Cambridge, MA: MIT Press, 1989, pp. 93−132.

Noë, A., *Action in Perception*, Cambridge, MA: MIT Press, 2004.

_____, *Out of Heads: Why You are Not Your Brain, and Other Lessons From the Biology of Consciousness*, New York; Hill and Wang, 2009. 김미선 옮김, 『뇌과학의 함정』, 파주: 갤리온, 2009.

_____, *Varieties of Presence*, Cambridge, MA: Harvard University Press, 2012.

Noë, A. and Thompson, E., "Are There Neural Correlates of Consciousness?", *Journal of Consciousness Studies*, 11, 2004, pp. 3−28.

Oblak, A., and Kordes, U., "Neurophenomenology: Ontological Remedy for the Hard Problem?", *Constructivist Foundations*, 14, 2018, pp. 59−61.

Oport, R. and van Gelder, T., *Mind as Motion: Explorations in the Dynamics of Cognition*, Cambridge, MA: MIT Press, 1995.

Oppenheim, P. and Putnam, H., "Unity of Science as a Working Hypothesis", in *Minnesota Studies in the Philosophy of Science*, vol. 2. Minneapolis, MN: University of Minnesota Press, 1958, pp. 3−36.

O'Regan., J. K, *Why Red doesn't Sound like a Bell. Explaining the Feel of Consciousness*, Oxford: Oxford University Press, 2011.

O'Regan, J. K. and Noë, A., "A Sensorimotor Account of Vision and Visual Consciousness", *Behavioral and Brain Sciences*, 24(5), 2001. pp. 883−917.

Organization for Economic Co-operation and Development (OECD), *Understanding the Brain: The Birth of a Learning Science*, 2007. https://doi.org/10.1787/9789264029132−en.

Pagnoni, G. Cekic, M. and Guo, Y., "'Thinking aboutNot-Thinking': Neural Correlates of Conceptual Processing during Zen Meditation", *PLoS ONE*, 2008(3), e3083, 2003.

Papineau D., *Thinking about Consciousness*, Oxford: Clarendon Press, 2002.

_____, "Naturalism", in *Stanford Encyclopedia of Philosophy*, 2015. https://plato. stanford.edu/entries/naturalism/.

Penfield, W. and Jasper, H., *Epilepsy and the Functional Anatomy of the Human Brain*, New York: Little, Brown & Co., 1954.

Persson, I., and Savulescu, J., *Unfit for the Future: The Need for Moral Enhancement*, Oxford: Oxford University Press, 2012.

Petitmengin, C., "Enacting as a Lived Experience: Towards a Radical Neurophenomenology", *Constructivist Foundations*, 12(2), 2017, pp. 139−147.

Petitot, J., Varela, F., Pachoud, B., and Roy, J.−M. eds., *Naturalizing Phenomenology*. Stanford, CA: Stanford University Press, 1999.

Pinker, S., *How the Mind Works*, 9th ed, New York: W. W. Norton &

Company, 1997/2009. 김한영 옮김, 『마음은 어떻게 작동하는가』, 파
주: 동녘사이언스, 2007.

Piochon, C., Kano, M., and Hanse, C., "LTD-like Molecular Pathways in
Developmental Synaptic Pruning", *Nature Neuroscience*, 19(10),
2016, pp. 1299–1310.

Place, U. T., "Is Consciousness a Brain Process?", *British Journal of
Psychology*, 47(1), 1956, pp. 44–50.

Plato., *The Collected Dialogues of Plato*, E. Hamilton and H. Cairns eds.,
Princeton, NJ: Princeton University Press, 1961.

Pockett, S., "Does Consciousness Cause Behaviour?", *Journal of
Consciousness Studies*, 11, 2004, pp. 23–40.

Poeppel, D., Mangun, G. R., and Gazzaniga, M. S., *The Cognitive
Neurosciences*, 6th ed., Cambridge, MA: MIT Press, 2020.

Popper, K., "The aim of science", in *Objective Knowledge*, Oxford:
Oxford University Press, 1972, pp. 191–205.

_____, *Three Worlds*. Ann Arbor, MI: University of Michigan Press,
1978.

Popper, K and Eccels. J., *The Self and Its Brain*. Berlin: Springer-Verlag,
1977.

Port, R. and van Gelder, T., *Mind as Motion: Explorations in the
Dynamics of Cognition*, Cambridge, MA: MIT Press, 1995.

President's Council on Bioethics, *Beyond Therapy. Biotechnology and the
Pursuit of Happiness*. Washington, DC: Dana Press, 2003.

Printz, J., "Putting the Brakes on Enactive Perception", *PSYCHE: An
Interdisciplinary Journal of Research On Consciousness*, 12, 2006.
http://journalpsyche.org/fiels/ 0xaae8.pdf.

_____, *Beyond Human Nature: How Culture and Experience Shape the
Human Mind*, New York: W. W. Norton, 2012.

Putnam, H., "Minds and Machines", in S. Hook ed., *Dimensions of*

Minds, New York: New York University Press, 1960, pp. 138–164.

_____, "Psychological predicates", in W. H. Captain and D. D. Merrill eds., *Arts, Mind and Religion*, Pittsburgh: University of Pittsburgh Press, 1967, pp. 37–48.

_____, "The Meaning of 'Meaning'", in *Philosophical Papers*, vol. 2, *Mind, Language and Reality*, Cambridge: Cambridge University Press, 1975/1985.

Quine, W. V. O., "Two Dogmas of Empiricism", *Philosophical Review*, 60(1), 1951, pp. 20–43.

Racine E., *Pragmatic Neuroethics*, Cambridge MA: MIT Press, 2010.

Rainey, S., Martin, S., Christen, A., Megevand, P., and Fourneret, E., "Brain Recording, Mind-Reading, and Neurotechnology: Ethical Issues from Consumer Devices to Brain−Based Speech Decoding", *Science and Engineering Ethics*, 26, 2020, pp. 2295–2311.

Ramachandran, V. S., *The Tell-Tale Brain: A Neuroscientist's Quest for What Makes Us Human*, New York: W. W. Norton & Co., 2011. 박방주 옮김, 『명령하는 뇌 착각하는 뇌: 당신의 행동을 지배하는 뇌의 두 얼굴』, 서울: 알키, 2012.

Ramachandran, V. S. ed., *Encyclopedia of the Human Brain*. San Diego, CA: Academic Press, 2002.

Ramachandran, V. S. and Blakeslee. S., *Phantoms in the Brain: Probing the Mysteries of the Human Mind*, New York: Quill, 1998. 신상규 옮김, 『라마찬드란 박사의 두뇌 실험실: 우리의 두뇌 속에는 무엇이 들어 있는가?』, 서울: 바다출판사, 2015.

Ramachandran, V. S., and Hirstein, W., "Three Laws of Qualia: What Neurology Tells Us about the Biological Functions of Consciousness", *Journal of Consciousness Studies*, 4(5–6), 1997, pp. 429–457.

Rapaport, W. J., 'Syntactic Semantics: Foundations of Computational Natural-Language Understanding', in J. H. Fetzer ed., *Aspects of Artificial Intelligence*, Kluwer, Dordrecht, 1988, pp. 81−131.

Rawls, J., *A theory of Justice*, Cambridge, MA: Harvard University Press, 1971.

Rayner, K., "Eye Movements in Reading and Information Processing: 20 Years of Research", *Psychological Bulletin*, 124(3), 1998, pp. 372−422

Reardon, Sara., "'Outlandish' Competition Seeks the Brain's Source of Consciousness", *Science News*(Oct 16), 2019. https://www.sciencemag.org/news/2019/10/ outlandishcompetition-seeks-brain-s-source-consciousness.

Rees, G., Kreiman, G., and Koch, C., "Neural Correlates of Con-sciousness in Humans", *Nature Reviews Neuroscience*, 3(4), pp. 2002, 261−270.

Reichenbach, H., *Experience and Prediction. An Analysis of the Foundations and the Structure of Knowledge*, Chicago, IL: University of Chicago Press, 1938.

_____, *The Direction of Time*. Berkeley, CA: University of California Press, 1956.

Repantis, D., Schlattmann P, Laisney O, Heuser I., "Modafinil and Methylphenidate for Neuroenhancement in Healthy Individuals: A Systematic Review", *Pharmacological Research*, 62, 2010, pp. 187−206.

Ricoeur, P., *Time and Narrative*, 3 vols. Trans. K. McLaughlin and D. Pellauer, Chicago, IL: University of Chicago Press, 1984. 김한식 옮김, 『시간과 이야기』 3권, 서울: 문학과지성사, 1999, 2000, 2004.

Rorty, R., "Dewey's Metaphysics", in S. Cahn ed., *New Studies in the Philosophy of John Dewey*, Hanover, NH: University Press of New

England, 1977, pp. 45−74.

Rosch, E., "Cognitive Representation of Semantic Categories", *Journal of Experimental Psychology: General*, 104(3), 1975, pp. 192−233.

_____, "Principles of Categorization", in E. Rosch and B. Lloyd eds., *Cognition and Categorization*, Hillsdale: Lawrence and Erlbaum, 1978, pp. 27−48.

Rosch, E. and Mervis, C., "Family Resemblances: Studies in the Internal Structure of Categories", *Cognitive Psychology*, 7, 1975, pp. 573−605.

Rosenblatt, F., "The Perceptron: A Probabilistic Model for Information Storage and Organization in the Brain", *Psychological Review*, 65, 1958, pp. 368−408.

Rosenfeld, J. P. Soskins, M., Bosh, G. and Ryan, A., "Simple Effective Countermeasures to P300−based Tests of Detection of Concealed Information", *Psychophysiology*, 4, 2004, pp. 205−219.

Rosenthal, D., "Two Concepts of Consciousness", *Philosophical Studies*, 49, 1986, pp. 329−359.

_____, *Consciousness and Mind*, Oxford: Oxford University Press, 2005.

Ross, H., and Young, L., "Oxytocin and the Neural Mechanisms Regulating Social Cognition and Affiliative Behavior", *Frontiers in Neuroendocrinology*, 30, 2009, pp. 534−547.

Rowlands, M., *Externalism: Putting Mind and World back Together Again*. Montreal: McGill−Queen's Press, 2003.

_____, "Enactivism and the Extended Mind", *Topoi*, 28(1), 2009, pp. 53−62.

_____, *The New Science of the Mind: From Extended Mind to Embodied Phenomenology*, Cambridge, MA: MIT Press, 2010.

Roy J.-M., Petitot J., Pachoud B., and Varela F. J., "Beyond the Gap: An Introduction to Naturalizing Phenomenology", in J. Petitot, F.

Varela, B. Pachoud, and J.-M. Roy eds., 1999, pp. 1–80.

Rudrauf, D., Lutz, A., Cosmelli, D., Lachaux, J., and Van Quyen, M. Le., "From Autopoiesis to Neurophenomenology: Francisco Varela's Exploration of the Biophysics of Being", *Biological Research*, 36, 2003, pp. 21–59.

Rumelhart, D. E., "The Architecture of Mind: A Connectionist Approach", in M. Posner ed., *The Foundations of Cognitive Science*, Cambridge, MA: MIT Press, 1989, pp. 133–160.

_____, McClelland, J., and PDP Research Group, *Parallel Distributed Processing*, vol. 1, Cambridge, MA: MIT Press, 1986.

Rupert, R., "Challenges to the Hypothesis of Extended Cognition", *Journal of Philosophy*, 101, 2004, pp. 389–428.

Ryle, G., *The Concept of Mind*, Chicago, IL: University of Chicago Press, 1949.

Samuels, R., "Evolutionary Psychology and the Massive Modularity Hypothesis", *British Journal for the Philosophy of Science*, 49, 1998, pp. 575–602.

Sandel, M., *The Case against Perfection: Ethics in the Age of Genetic Engineering*, Cambridge, MA: Harvard University Press, 2007.

Savulescu, J. and Persson, I., "Moral Enhancement, Freedom and the God Machine", *The Monist*, 95(3), 2012, pp. 399–421.

Schaffner, K., "Philosophy of Medicine", in M. H. Salmon et al. eds., *Introduction to the Philosophy of Science*, Englewood Cliffs, NJ: Prentice Hall, 1992, pp. 310–345.

Schermer, M., Bolt, I., de Jongh, R., and Olivier, B., "The Future of Psychopharmacological Enhancements: Expectations and Policies", *Neuroethics*, 2, 2009, pp. 75–87.

Schoemaker, S., "Some Varieties of Functionalism", *Philosophical Topics*, 12(1), 1981, pp. 93–119.

Scoville, W. and Milner, B., "Loss of Recent Memory After Bilateral Hippocampal Lesions", *Journal of Neurol Neurosurg Psychchiatry*, 20, 1957, pp. 11−21.

Searle, J., "Minds, Brains, and Programs", *Behavioral and Brain Sciences*, 3(3), 1980, pp. 417−457.

_____, *Mind: A Brief Introduction*, Oxford: Oxford University Press, 2004. 정승현 옮김, 『마인드』, 서울: 까치, 2007.

_____, *Freedom & Neurobilogy: Reflections on Free Will, Language, and Political Power*, New York: Columbia University Press, 2007.

Sejnowski, T. and Rosenberg, C., "Parallel networks that learn to pronounce English text", *Complex Systems*, 1, 1987, pp. 145−168.

Sententia, W., "Neuroethical Considerations: Cognitive Liberty and Converging Technologies for Improving Human Cognition", *Annals of the New York Academy of Sciences*, 1013, 2004, pp. 221−228.

Seth, A. K., "Consciousness: The Last 50 Years (and the next)", *Brain and Neuroscience Anvances*, 2, 2018, pp. 1−6.

Shapiro, L., *The Mind Incarnate*, Cambridge, MA: MIT Press, 2004.

Sheinberg, D. L. and Logothetis, N. K., "The Role of Temporal Cortical Areas in Perceptual Organization", *Proceedings of the National Academy of Sciences of the United States of America*, 94, 1997, pp. 3408−3413.

Sherrington, C., *Man on His Nature*, Cambridge: Cambridge University Press, 1942.

Silberstein M. and Chemero A., "Complexity and Extended Phenomenological-cognitive Systems", *Topics in Cognitive Science*, 4(1), 2012, pp. 35−50.

Skinner, B. F., *Walden Two*. Indianapolis, IL: Hackett Publishing Co., 1948.

Smart, J. J. C., "Sensations and Brain Processes", *Philosophical Review*, 68, 1959, pp. 141–156.

Smit, H., and Hacker, P., "Seven Misconceptions About the Mereological Fallacy: A Compilation for the Perplexed", *Erkenntnis*, 79(5), 2014, pp. 1077–1097.

Smolensky, P., "On the Proper Treatment of Connectionism", *Behavioral and Brain Sciences*, 11(1), 1988, pp. 1–23.

＿＿＿, "Tensor Product Variable Binding and the Representation of Symbolic Structures in Connectionist Systems", *Artificial Intelligence*, 46, 1990, pp. 159–216.

＿＿＿, "Constituent Structure and An Integrated Connectionist/Symbolic Cognitive Architecture", in C. Macdonald and G. Macdonald eds., *Connectionism: Debates on Psychology Explanation*, Oxford: Blackwell, 1995, pp. 223–290.

Sneed, J., *The Logical Structure of Mathematical Physics*, Dordrecht: D. Reidel, 1971.

Spaulding, S., "Mirror Neurons are not Evidence for the Simulation Theory", *Synthese*, 189, 2012, pp. 515–534.

Spence, S. A., "Free Will in the Light of Neuropsychiatry", *Philosophy, Psychiatry, & Psychology*, 3, 1996, pp. 75–90.

Sperber, D., *The Epidemiology of Representations*, Cambridge: Cambridge University Press, 1994.

Sperry, R. W., "Cerebral Organization and Behavior: The Split Brain Behaves in Many Respects like Two Separate Brains, Providing New Research Possibilities", *Science*, 133(3466), 1961, pp. 1749–1757.

＿＿＿, "A Modified Concept of Consciousness", *Psychological Review*, 76(6), 1969, pp. 532–536.

＿＿＿, "Mind-brain Interaction: Mentalism, Yes; Dualism, No",

Neuroscience, 5(2), pp. 195–206.

Staats, A. W., "Social Behaviorism, Unified Theory, Unified Theory Construction Method, and Zeitgeist of Separatism", *American Psychologist*, 36, 1981, pp. 239–256.

＿＿＿, "Unified Positivism and Unification Psychology", *American Psychologist*, 46, 1991, pp. 899–912.

Stillings, N. A., Weiser, S. E., Chase, C. H., Feinstein, M. H. Garfield, J. L., and Rissland, E. L., *Cognitive Science: An introduction*, 2nd ed., Cambridge, MA: MIT Press, 1995.

Suchman, L., *Plans and Situated Actions*, Cambridge, UK: Cambridge University Press, 1987.

Sul, S., Tobler, P. N., Grit Hein G., Leiberg, S., Jung, D., Fehr, E., Kim, H., "Spatial Gradient in Value Representation along the Medial Prefrontal Cortex Reflects Individual Differences in Prosociality", *Proceedings of the National Academy of Science*, 112(25), 2015, pp. 7851–7856.

Suppes, P., "What is a Scientific Theory?", in S. Morgenbesser ed., *Philosophy of Science Today*, New York: Basic Books, 1967, pp. 55–67.

Swinburne, R., *Mind, Brain, and Free Will*, Oxford: Oxford University Press, 2013.

Tallon-Baudry, C., "Oscillatory Synchrony as a Signature for the Unity of Visual Experience in Humans", in A. Cleeremans ed., *The Unity of Consciousness: Binding, Integration and Dissociation*, New York: Oxford University Press, 2003, pp. 153–167.

Tancredi,, L., *Hardwired Behavior: What Neuroscience Reveals about Morality*, Cambridge: Cambridge University Press, 2005.

Taylor, C., *Sources of the Self: The Making of the Modern Identity*, Cambridge, MA: Harvard University Press, 1992.

Thagard, P., "Explanatory Coherence", *Behavioral and Brain Sciences*, 12(3), 1989, pp. 435-502.

_____, *Computational Philosophy of Science*, Cambridge, MA: MIT Press, 1993.

Thompson, E., "Sensorimotor Subjectivity and the Enactive Approach to Experience", *Phenomenology and the Cognitive Sciences*, 4(4), 2005, pp. 407-427.

_____, *Mind in Life: Biology, Phenomenology, and the Sciences of Mind*, Cambridge, MA: Harvard University Press, 2007.

_____, *Waking, Dreaming, Being: Self and Consciousness in Neuro-science, Meditation, and Philosophy*, New York: Columbia University Press, 2014.

Thompson, E., Lutz, A., and Cosmelli, D., "Neurophenomenology: An Introduction for Neurophilosophers", A. Brook and K. Akins eds., *Cognition and the Brain: The Philosophy and Neuroscience Movement*, Cambridge, MA: Cambridge University Press, 2005, pp. 40-97.

Thompson E. and Varela F. J., "Radical Embodiment. Neural Dynamics and Consciousness", *Trends in Cognitive Sciences*, 5(10), 2001, pp. 418-445.

Thomson, J. J., "The Right to Privacy", *Philosophy and Public Affairs*, 4, 1975, pp. 295-314.

_____, "Killing, Letting Die, and the Trolley Problem", *The Monist*, 59(2), 1978, pp. 204-17.

Tononi, G., "An Information Integration Theory of Consciousness", *BMC Neuroscience* 5(42), 2004, pp. 1-22.

_____, "Consciousness as Integrated Information: A Provisional Manifesto", *The Biological Bulletin*, 215(3), 2008, pp. 216-242.

Tononi, G., and Edelman, G., "Consciousness and Complexity", *Science*,

282, 1998, p. 5395.

Torrijos-Muelas, M., Gonzalez-Villora, S., and Bodoque-Osma, A. R., "The Persistence of Neuromyths in the Educational Settings: A Systematic Review", *Frontiers in Psychology*, 11, 2021, pp. 1−18.

Turing, A., "On Computable Numbers with An Application to the Entscheidungs−problem", *Proceedings of the London Mathematical Society*, 42(1), 1936, pp. 230−265.

Tse, P. U., *The Neural Basis of Free Will: Criterial Causation*, Cambridge, MA: MIT Press, 2013.

Tye, M., "The Subjectivity of Experience", *Mind*, 95, 1986, pp. 1−17.

_____, *Ten Problems of Consciousness*, Cambridge, MA: MIT Press, 1995.

_____, "Another Look at Representationalism about Pain", in M. Aydede ed., *Pain: New Papers on its Nature and the Methodology of its Study*, Cambridge, MA: MIT Press, 2005.

van Fraassen, B., *The Scientific Image*, Oxford: Clarendon Press, 1980.

van Gelder, T., "Compositionality: A Connectionist Variation on a Classical Theme", *Cognitive Science*, 14, 1990, pp. 355−384.

van Inwagen, P., *An Essay on Free Will*, Oxford: Oxford University Press, 1983.

Varela F., *Principles of Biological Autonomy*. Amsterdam: North Holland, 1979.

_____, *Ethical Know-How: Action, Wisdom, and Cognition*. Stanford, CA: Stanford University Press, 1992. 유권종 · 박충식 옮김, 『윤리적 노하우』, 서울: 갈무리, 2009.

_____, "Neurophenomenology: A Methodological Remedy for the Hard Problem", *Journal of Consciousness Studies*, 3(4), 1996, pp. 330−349.

Varela, F., Lachaux, J.- P., Rodriguez, E., and Martinerie, J., "The

Brainweb: Phase Synchronization and Large-scale Integration", *Nature Reviews Neuroscience*, 2(4), 2001, pp. 229−239.

Varela, F., Thompson, E. and Rosch, E., *The Embodied Mind*, Cambridge, MA: MIT Press, 1991. 석봉래 옮김, 『몸의 인지과학』, 파주: 김영사, 2017.

Varela, F. and Shear, J. eds., *The View from Within*, Exeter, UK: Imprint Academic, 1999.

Villalobos, M. and Silverman, D., "Extended Functionalism, Radical Enactivism, and the Autopoietic Theory of Cognition: Prospects for a Full Revolution in Cognitive Science", *Phenomenology and the Cognitive Sciences*, 17(4), 2018, pp. 719−739.

von Bertalanffy, L., *General System Theory: Foundations, Development, Applications*, New York: George Braziller, 1968.

von Neumann J., "Probabilistic Logics and Synthesis of Reliable Organisms from Unreliable Components", in C. Shannon and J. McCarthy eds., *Automata Studies*, Princeton, NJ: Princeton University Press, 1956, pp. 43−98.

Walter, H., *Neurophilosophy of Free Will: From Libertarian Illusions to a Concept of Natural Autonomy*, trans C. Klohr, Cambridge, MA: MIT Press, 2001.

Ward, D., Silverman, D., and Villalobos, M., "Introduction: The Varieties of Enactivism", *Topoi*, 18(4), 2017, pp. 1−11.

Watson, J., *Behaviorism*. revised ed., Chicago, IL: University of Chicago Press, 1930.

Wegner, D. M., *The Illusion of Conscious Will*, Cambridge, MA: MIT Press, 2002.

_____, "Who is the Controller of Controlled Processes?", in R. Hassin, J. Uleman and J. Bargh eds. *The New Unconsious*, New York: Oxford University Press, 2005.

Wheeler, M., "The Revolution will not be Optimised: Radical Enactivism, Extended Functionalism and the Extensive Mind", *Topoi*, 36(3), 2017, pp. 457−472.

Wilens, T., et al., "Misuse and diversion of stimulants prescribed for ADHD: A systematic review of the literature", *Journal of the American Academy of Child and Adolescent Psychiatry*, 47, 2008, pp. 21−31.

Winkler, R., *Identity and Difference*, London; Palgrave Macmillan, 2016.

Winograd, S. and Cowan, J. D., *Reliable Computation in the Presence of Noise*, Cambridge, MA: MIT Press, 1963.

Wittgenstein, L., *Philosophical Investigations*. trans. G. E. M. Anscombe, Oxford: Blackwell, 1953.

_____, "A Lecture on Ethics", 1965, *Philosophical Review*, 74, 1965, pp. 3−12.

Wittgenstein, L., *Zettel*. G. E. M. Anscombe and G. H. von Wright eds., G. E. M. Anscombe trans, Oxford: Blackwell, 1967.

Wolpe, P. R., "Neuroethics", in *Encyclopedia of bioethics*, 3rd ed., S. G. Post ed., New York: Macmillan Reference, 2004.

Wood, C. C., "Pardon, Your Dualism is Showing", *Behavioral and Brain Sciences*, 8, 1985, pp. 557−558.

Zahavi D., "Naturalized Phenomenology: A Desideratum or a Category Mistake?", *Royal Institute of Philosophy Supplement*, 72, 2013, pp. 23−42.

기어리(Giere, R.) 145, 146, 296~
    300, 302
기호주의 13, 89, 90, 93~95, 104,
    105, 119, 123, 124, 134, 260~
    262, 264, 286, 288, 291,
    294, 295, 322

네이글(Nagel, T.) 42, 77, 178,
    179, 181, 182, 184, 185, 192,
    209, 230
노어세티나(Knorr-Cetina, K.) 145
뇌 은유 332
뇌영상기법 11, 56, 230, 231, 310,
    384, 385, 387
능동적 외재주의 138, 139, 161

다덴과 마울(Darden, L. and Maull,
    N.) 197, 199, 201
다마지오(Damasio, A.) 127, 143,
    144, 369
대량모듈 가설 272~274
데닛(Dennett, D.) 40, 214, 318~
    321, 345~347, 363
데카르트적 극장 363
동일론 13, 37, 52~58, 60, 62, 82,
    83, 163, 165, 241, 307, 377
두뇌 상태 14, 37, 53, 54, 56, 58,

82, 215, 402
딥러닝망 119~121
딥신념망 120

리벳 실험 15, 359~364, 400

마음 읽기 15, 337, 375~377, 379,
    380, 382, 384, 386~390, 394~
    401, 406
매사추세츠 공과대학 심리학과 189
모의 담금질 기법 114
무해한 은유 322, 323
물리적 속성 73~76, 82, 243
물리주의 9, 36, 40, 53, 60, 82~
    85, 176, 216, 223, 229, 242,
    247, 310, 311, 368, 374, 425

방법론적 유물론 176
방법론적 행동주의 45, 46, 50~52,
    308, 309
범주 착오 46, 57, 311, 321
베넷과 해커(Bennett, M. and Hacker,
    P.) 214, 303~307, 310, 312~
    323, 325~329, 333, 362
병렬 분산 처리 모형 117
보편 마음 읽기 기계 386

■ 저자소개

이영의

고려대학교 철학과를 졸업하고 뉴욕주립대학교에서 과학철학을 전공하여 철학박사 학위를 받았다. 강원대학교 교수를 역임하고, 정년 후 현재 고려대학교 철학과 객원 교수로 있다. 한국과학철학회, 한국철학상담치료학회, 한국인문치료학회 회장을 역임했고, 현재 한국체화인지 회장과 한국인문철학상담연구원 원장으로 있다. 베이즈주의, 신경철학, 체화인지, 포스트휴머니즘, 정신치료를 연구하고 있다. 저서로 『베이즈주의』(2020, 2판), 『인과』(2020, 공저), 『포스트휴먼이 몰려온다』(2020, 공저), 『인문예술치료의 이해』(2020, 공저), 『인공지능의 윤리학』(2019, 공저), 『입증』(2018, 공저), 『인공지능의 존재론』(2018, 공저), *Understanding the Other and Oneself* (공저, 2018), 『부모의 공감교육이 아이의 뇌를 춤추게 한다』(2016, 공저) 등이 있고, 논문으로는 「포스트휴먼의 삶: 돌봄로봇과 속임문제」(2022), 「어떻게 의식의 어려운 문제를 해결해야 하는가」(2021), 「정신질환에 대한 행화주의적 접근」(2021) "Being and Relation in the Posthuman Age"(2020), 「죽음의 해로움에 관한 논쟁-박탈이론을 중심으로-」(2020), 「행화주의와 창발 그리고 하향인과」(2018), 「자연화된 불교, 행복, 행화주의」(2018), 「감성컴퓨팅의 범위와 한계」(2018), 「이원론적 신경과학은 가능한가?」(2017), "Can scientific cognition be distributed?"(2017), "Philosophical Practice in South Korea"(2017), 「인공지능과 딥러닝」(2016), 「객관성을 향한 베이즈주의의 여정」(2016), "Teleological Narrative Model of Philosophical Practice"(2016), 「고통변증법」(2016) 등이 있다.

표지그림 스페인 신경과학자 산티아고 라몬 카할이 신경세포 염색법을 활용하여 그린 인간 소뇌의 푸르키네 세포

출처 Santiago Ramón y Cajal, *Texture of the Nervous System of Man and the Vertebrates*, vol. 1 (Springer, 1999)

신경과학철학

뇌중심주의에서 체화주의로

대우학술총서 635

1판 1쇄 펴냄 │ 2021년 12월 17일
1판 2쇄 펴냄 │ 2021년 10월 7일

지은이 │ 이영의
펴낸이 │ 김정호

책임편집 │ 김일수
디자인 │ 이대응

펴낸곳 │ 아카넷
출판등록 │ 2000년 1월 24일(제406-2000-000012호)
주소 │ 10881 경기도 파주시 회동길 445-3
전화 │ 031-955-9511 (편집) · 031-955-9514 (주문)
팩시밀리 │ 031-955-9519
www.acanet.co.kr

Printed in Paju, Korea.

ISBN 978-89-5733-766-0 94130
ISBN 978-89-89103-00-4 (세트)

이 책은 대우재단의 지원을 받아 연구 및 출간되었습니다.